Eckard Wolz-Gottwald

# Yoga-Philosophie-Atlas

via nova
Verlag Via Nova

Eckard Wolz-Gottwald

# Yoga-Philosophie-Atlas

via nova
Verlag Via Nova

6. Auflage 2020

**Verlag Via Nova, Alte Landstraße 12, 36100 Petersberg**
Telefon (06 61) 6 29 73
Fax: (06 61) 9 67 95 60
E-Mail: info@verlag-vianova.de

**Internet:**
www.verlag-vianova.de
www.transpersonale.de

Titelgestaltung: Klaus Holitzka
Satz: Eckard Wolz-Gottwald
Druck und Verarbeitung: Appel & Klinger, 96277 Schneckenlohe


ISBN 978-3-936486-04-9

# Inhalt

# Einleitung

Yoga-Philosophie im ursprünglichen Sinn meint nicht die Theorie des *Yoga*, sondern das reflektierte und bewusste Gehen des *Yoga*-Weges. *Yoga*-Philosophie meint die Schulung der Wachheit für das, was wirklich zählt, was Sinn macht in diesem Leben. *Yoga*-Philosophie bedeutet Bewusstseinsschulung. *Yoga*-Philosophie heißt in der alten Fachsprache des Sanskrit *Jñāna-Yoga* (Skrt.: *jñāna* (m.) - Wissen, Erkenntnis, Weisheit; *yoga* (m.) - Anschirren, Verbindung, Einung, Übung). Es geht um den Übungs-Weg zur Erkenntnis des tieferen Sinns des *Yoga*. Als eigenständiger Übungsweg zählt Yoga-Philosophie als *Jñāna-Yoga* zu den ältesten und bedeutendsten Übungsformen des Yoga.

Natürlich beginnt jedes philosophische Reflektieren mit theoretischen Überlegungen. Philosophie als das theoretische Nachdenken über das Wesen der Wirklichkeit bildet weithin die Praxis der Philosophie an den Hochschulen, Akademien oder in philosophischen Zirkeln. Theorien können sehr anspruchsvoll und kompliziert sein. Theorien vermögen zu klären, was Menschsein im ursprünglichen Sinn bedeutet, was Erleuchtung meint oder wie das Absolute zu definieren ist. Theorien und Lehren spielen so auch in der *Yoga*-Philosophie eine wichtige Rolle. Sie bilden jedoch nur den Ausgangspunkt, von dem aus es in die Tiefen der eigenen Erfahrung durchzubrechen gilt. Würde sich *Yoga*-Philosophie nur auf die Ansammlung von Wissen oder auf das Nachdenken über die Prinzipien des *Yoga* beschränken, so wäre nur der erste Schritt eines langen Weges getan. Philosophie wird zur Übung der Bewusstseinsschulung, wenn nicht mehr das Menschsein an sich, sondern der oder die Übende selbst zum Gegenstand der Reflexion wird. Es geht dann nicht nur um ein Verstehen der Bedeutung von *Yoga*, sondern um das Verändern und Transformieren der eigenen Person. Die *Yoga*-Philosophin oder der *Yoga*-Philosoph, die *Jñāna-Yoga* praktizieren, üben *Yoga* mit dem Denken. Die theoretischen Lehren des *Yoga* werden zur konkreten Praxis, zur eigenen Bewusstseinsschulung, um zur Erfahrung ursprünglicher Bewusstheit durchzubrechen.

Das Bild von Yoga als dem Aufstieg auf einen Berg gibt eine nützliche Hilfe an die Hand, um den Weg der *Yoga*-Philosophie von der Theorie zur Übung der Bewusstseinsschulung zu verdeutlichen. Das Erlernen der Theorien des *Yoga* verlangt manche Anstrengung und ein umfassendes Studium. Alle Bemühungen gleichen jedoch einer durchaus langen und mühsamen Wanderung am Fuße eines Berges als ständiges Kreisen, ohne jedoch auf den Gipfel hinaufzusteigen. Auch wenn derjenige, der die Theorien des Yoga in all ihrer Komplexität kennt, seine Mitmenschen beeindruckt, so kreist er doch nur

*Jñāna-Yoga: Der Weg der Philosophie von der Theorie zur Übung der Bewusstseinsschulung*

*Das Bild vom Aufstieg auf den Berg*

um den Berg. Trotz aller Bewegung, die er verursacht, kann er vom Sinn des *Yoga* doch nur aus der Ferne berichten. *Yoga*-Philosophie im ursprünglichen Sinn bedeutet, den Aufstieg auf den Berg zu wagen. Und auf den Berg des *Yoga* hinaufzusteigen heißt: Schulung des Bewusstseins bis in die Tiefen der eigenen Existenz. Der Aufstieg geschieht, wenn Philosophie zur konkreten personalen Veränderung und Transformation führt. Dabei wurde in der fast 3000-jährigen *Yoga*-Tradition eine Fülle von verschiedenen Lehren und Konzepten entwickelt, die alle jedoch auf die gleiche Perspektive ausgerichtet sind. Wie jeder dieser Wege von einer anderen Stelle des Berges seinen Ausgang nimmt und auf dem Weg des Aufstiegs auch eine je verschiedene Route findet, unterscheiden sich auch die Übungswege der Bewusstseinsschulung. Alle Wege treffen sich jedoch in ihrer gemeinsamen Perspektive auf dem Gipfel der Erfahrung ursprünglicher Bewusstheit.

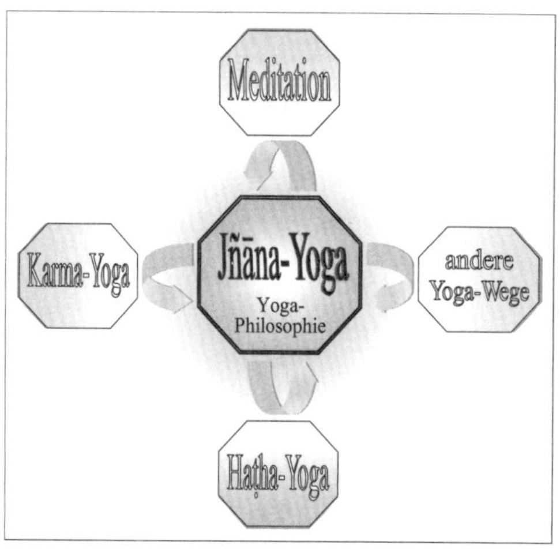


*Die wechselseitige Befruchtung der Übungswege*

Nun hat die Tradition des *Yoga* nicht nur eine Vielzahl von *Yoga*-Philosophien, sondern auch eine Fülle von weiteren Übungswegen hervorgebracht. Die Verschiedenheit der *Yoga*-Wege hat ihre Ursache darin, dass sie bei verschiedenen Aspekten menschlicher Existenz ansetzen. Der *Haṭha-Yogī* übt mit dem Körper, der Karma-Yogi mit dem Handeln, der Meditierende mit dem Geist und der *Jñāna-Yogī* nützt eben die Fähigkeit des Denkens und der Reflexion als Übungsinstrument. Jeder Aspekt menschlicher Existenz kann so zum Übungsfeld der Bewusstseinsschulung als Aufstieg auf den Berg des *Yoga* werden. Der *Yoga*-Philosophie kommt dabei die besondere Aufgabe zu, den ursprünglichen Sinn aller anderen *Yoga*-Wege bewusst zu machen. Sie hat die Aufgabe zu klären, was zum Beispiel die Körperübungspraxis bezwecken soll oder wie die eigene Erfahrung der Atemübung zu deuten ist. Fragen sind zu beantworten wie: Was ist der Sinn, und was vor allem ist der tiefere Sinn der eigenen Praxis? Welche Wege gibt es und welche Abwege? Welcher Weg und welche Übung ist für mich persönlich richtig?

*Yoga*-Philosophie zeigt sich somit als ein Glied im Netzwerk der verschiedenen Yoga-Wege. Dabei erscheint es durchaus möglich, verschiedene Wege zu verbinden. Körper-Übungen werden den *Yoga*-Philosophen erden, und umgekehrt mag das Üben der *Yoga*-Philosophie den *Haṭha-Yogī* zu einer größeren Intensität seiner Praxis führen. Gerade in der wechselseitigen Befruchtung und Förderung der Übungsformen liegt die große Chance, die uns die Vielfalt der *Yoga*-Wege aufzeigt.

Der hier vorliegende Yoga-Philosophie-Atlas versteht sich in diesem Sinne als Übungsinstrument der Bewußtseinsschulung des *Jñāna-Yoga*. Der Atlas ist eine Enzyklopädie der *Yoga*-Philosophie, der Texte zu allen zentralen Themen der *Yoga*-Philosophie mit ca. 350 Grafiken verbindet. Texte und Grafiken wollen nicht nur das Denken, sondern auch das sinnliche Sehen ansprechen. Gerade Grafiken vermögen die Grundstrukturen eines Gedankens treffend auf den Punkt zu bringen und ermöglichen so den Einstieg in die oft komplizierten Zusammenhänge der Philosophie. Durch die wechselseitige Befruchtung von Denken und Sehen ist der Weg gewiesen von allgemeinverständlicher Anschaulichkeit zu den Tiefen des yogischen Wissens.

Der Yoga-Philosophie-Atlas zeigt die einzelnen Wege und Schulen und setzt sie in den großen Zusammenhang der Philosophie des *Yoga*. Systematisch werden die Grundthemen der *Yoga*-Philosophie erläutert, von den Phasen des *Yoga*-Weges, über die Bedeutung des *Yoga*-Meisters bis hin zur Klärung des Verhältnisses von *Yoga* zu Religion, Therapie oder Wissenschaft. Die großen Grundlagenschriften der *Yoga*-Tradition bilden besondere Schwerpunkte, die Texte des religiösen *Yoga*, des klassisch-philosophischen *Yoga* und auch des den Körper integrierenden *Haṭha-Yoga*. Nun ist die Grundlage dafür geschaffen, auf das Zusammentreffen von Ost und West in der Gegenwart einzugehen, die Entwicklung des modernen Yoga. Dem Atlas ist ein umfassender Anhang angefügt. Zahlreiche Adressen zeigen Wege zum Studium der *Yoga*-Philosophie im indischen Ursprungsland. Angaben zu weiterführender Literatur, ein Lexikon der Fachbegriffe und ein umfassendes Sach- und Personenregister machen den Atlas zu einem praktischen Arbeitsinstrument.

Wenn *Yoga*-Philosophie im Sinne des *Jñāna-Yoga* wirklich den Übungsweg der Bewusstseinsschulung meint, dann wird das alleinige Studium der Karten dieses Atlasses allerdings nicht ausreichen. Niemand ist bisher durch das bloße Lesen einer Speisekarte satt geworden. Genauso ist bisher auch niemand nur durch das Lesen einer Landkarte ans Ziel gelangt. Wer wissen will, was der Sinn des *Yoga* ist, der hat den Berg hinaufzusteigen, muss den *Yoga*-Weg des transformativen Wandels selbst gehen. Die Texte und die mit ihnen verbundenen Grafiken sind wichtig, um Orientierung zu gewinnen. Sie zeigen jedoch nicht die Wahrheit des *Yoga*. Sie dienen nur als Werkzeug, als Vehikel, als Übungsmaterial. Die Landkarten der Philosophie können verdeutlichen, wo wir auf dem Weg stehen und wohin er führen wird. Sie sind darüber hinaus jedoch vor allem als Sprungbrett zu nutzen, das einen Erkenntnisprozess in Gang setzen kann. Das Stehenbleiben bei den Texten oder Grafiken gleicht dem Festhalten an dem Sprungbrett. Den Weg des *Jñāna-Yoga* gehen heißt dagegen, das Springen zu lernen, das Abspringen von allem Wissen über den richtigen Weg. Verstehen der Wahrheit des *Yoga* bedeutet die Rückbesinnung auf das, was Yoga im ursprünglichen Sinn meint: den Sprung in die Praxis und das Leben.

Ein altes Gleichnis aus der östlichen Weisheit vergleicht die spirituellen Lehren mit einem Finger, der auf einen Stern zeigt. Sich nur auf die Lehren zu konzentrieren bedeutet hiernach, nur auf den Finger zu blicken und den Stern zu

*Grafiken und Texte als Sprungschanze zurück zum Leben des Yoga*

*Die wegweisende Funktion der Grafiken und Texte*

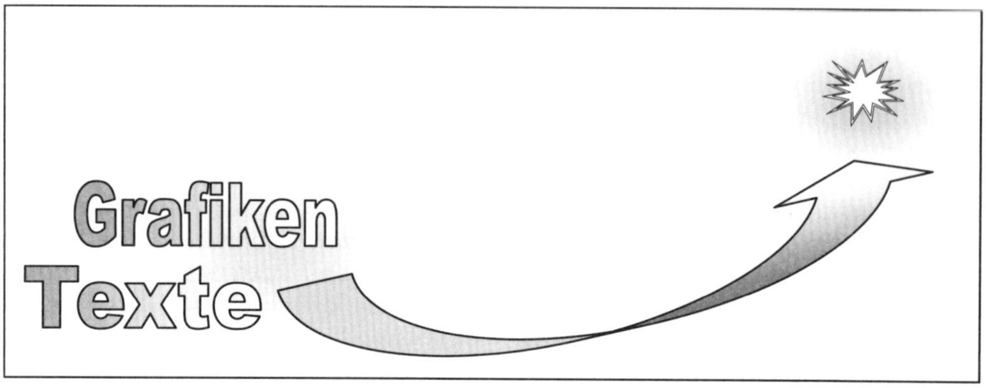


übersehen, worauf er weist. Wie der Finger auf den Stern deutet, so weisen die spirituellen Lehren den Weg in die Praxis. In der gleichen Weise gilt es den Blick von den Landkarten dieses Atlasses zu lösen, so dass der Blick frei wird für die eigene Erfahrung, das eigene Leben, den eigenen Prozess der Transformation. Die Landkarten dieses Atlasses weisen Wege zu uns selbst. Sie weisen den Weg vom Anwachsen des Wissens über die Lehren und Traditionen des *Yoga* zu einem Anwachsen der eigenen Bewusstheit und Klarheit des Geistes. Durch ein so verstandenes Studium des Yoga-Philosophie-Atlasses werden die Leserin und der Leser nicht nur vieles über die Philosophie des *Yoga* lernen, sondern auch manches über sich selbst, über die spirituellen Tiefen des eigenen Lebens erfahren.

# *Erster Teil:* Die Grundthemen

## 1. Der Yoga-Weg

In der langen Geschichte des *Yoga* wurde eine heute kaum zu überschauende Vielzahl von *Yoga*-Wegen entwickelt. Ob vorzugsweise mit dem Körper, mit dem Handeln oder mit dem Geist geübt wird oder ob gar eine religiöse Form des *Yoga* vorliegt - allen Wegen des *Yoga* liegt doch dieselbe Grundstruktur zugrunde. Allen Wegen geht es um eine Verwandlung menschlicher Existenz. *Yoga* meint den Weg der Transformation, welche die Unbewusstheit des Alltags auflöst, um das Bewusstsein für das ursprüngliche Leben des Menschen zu fördern. Bei aller Verschiedenheit der jeweiligen Praxis erscheint es so doch immer möglich, zwischen drei Momenten des Weges zu unterscheiden. Der Weg nimmt *erstens* seinen Ausgang von dem *Alltagsbewusstsein*, in welchem der Mensch durch eine innere Gebundenheit und Unbewusstheit von seinen ursprünglichen Möglichkeiten abgeschnitten ist. *Yoga* bedeutet dann *zweitens* eine alle Dimensionen des Menschseins erfassende *spirituelle Transformation*, den Prozess der Loslösung von der alltäglichen Unbewusstheit. Die Transformation richtet sich schließlich *drittens* auf die Perspektive des *Erwachens* zum ursprünglichen Bewusstsein und Leben, das oft sogar als das Erwachen zu dem göttlichen Sein des Menschen bezeichnet wird. Mit Alltagsbewusstsein, spiritueller Transformation und Erwachen sind auch die drei Momente des *Yoga*-Weges genannt, die im folgenden näher analysiert und dargestellt werden.

### Alltagsbewusstsein

Das Alltagsbewusstsein ist das Bewusstsein des Menschen, wie wir es zunächst und zumeist vorfinden. Es meint den Zustand, von dem aus *Yoga* seinen Anfang nimmt. Die zweieinhalbtausendjährige Tradition des *Yoga* hat nun eine Fülle von unterschiedlichen Analysen des Alltagsbewusstseins hervorgebracht. Bei jeweils durchaus verschiedener Betonung scheint durch die unterschiedlichen Darstellungen jedoch *eine* Grundstruktur hindurchzuleuchten.

Bewusstsein beginnt damit, dass sich der Mensch sich selbst und der Welt bewusst wird.

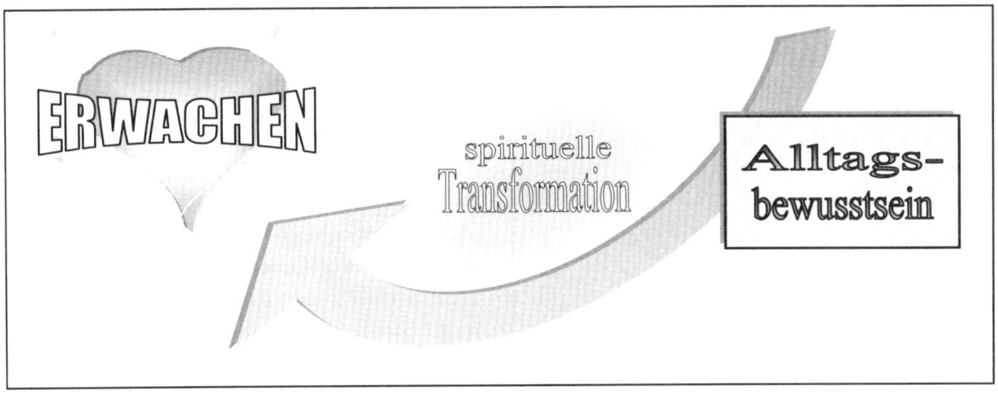


*Die drei Aspekte des Yoga-Weges*

*Leiden - alles entgleitet in der Vergänglichkeit der Welt*

Mit dieser großen Errungenschaft öffnet er sich jedoch auch für ein grundlegendes Leiden. Er wird sich selbst bewusst und muss dabei die Welt und letztlich auch sich als vergänglich wahrnehmen. Der Mensch und mit ihm die gesamte Welt unterliegen der Zeit. Und alles, was zeitlich ist, muss vergehen. Es vergehen die Jahres- und Tageszeiten, die angesammelten Reichtümer und die Schulden, die Anerkennung der Mitmenschen und auch der Hass, unsere Feinde und auch unsere Freunde und letztlich sogar wir selbst.

*Die drei Faktoren für eine Stabilisierung des Alltagsbewusstseins*

Nun bedeutet Vergänglichkeit an sich noch kein Leiden. Leiden in Sinne der in den Texten verwendeten Begriffe *dukha* oder *kleśa* (Skrt.: *duḥkha* (n.) - Leiden; *kleśa* (m.) - Leidensfaktor) entsteht erst dann, wenn der Mensch an dem Vergänglichen festhält. Vergängliches entgleitet jedem festhaltenden Zugriff. Kann der Mensch von den Schönheiten des Frühlings nicht loslassen, so wird er sich nicht an den Reizen des Sommers erfreuen können, wenn der Frühling vergeht. Hält der Mensch an seinem angesammelten Reichtum fest, so muss er leiden, wenn der Reichtum dahinschmilzt. Das größte Leiden entsteht jedoch durch das Festhalten an der eigenen Existenz. Soweit der Mensch zeitlich ist, wird er mit dem leiblichen Tod vergehen. Um so mehr er an seinem Leben festhält, desto mehr wird ihm dieses erfolglose Festhalten, das nie erfüllt werden kann, zu einer ständigen Quelle des Leidens.

Das Alltagsbewusstsein ist gerade durch das vergebliche Festhalten an all diesen vergänglichen Dingen der Welt bestimmt. Und doch erfährt der Mensch nicht nur Leiden. Dies liegt vor allem daran, dass im Alltagsbewusstsein Mechanismen entwickelt wurden, das Leiden durch eine äußere Stabilität auszugleichen. Drei solcher das Alltagsbewusstsein stabilisierender Faktoren werden in der Tradition des *Yoga* genannt.

Als erstes ist hier die Verdrängung alles Leidens zu nennen, die Unbewusstheit (*avidyā*). Wenn der Mensch nicht daran denkt, dass sein Wohlstand, seine Freunde und auch er selbst einmal vergehen, wenn er die Vergänglichkeit der Welt verdrängt, dann vermeidet er auch das Leiden an ihr. Die zahlreichen äußeren Glückserfahrungen können als zweites Moment gelten. Durch die Befriedigung sexueller und anderer Begierden (*kāma*), durch die Ansammlung von Wohlstand (*artha*) oder auch durch Anerkennung und Belohnung von erfolgreichem Handeln (*karma*) entsteht Glück. Es handelt sich zwar nur um äußeres Glück, da die Ursache dieser Glückserfahrungen außerhalb des Menschen liegt. Die Erfahrung äußeren Glücks vermag jedoch immer wieder das Leiden in der Welt auszugleichen und so das Alltagsbewusstsein zu stabilisieren. Aber noch ein drittes Moment ist in diesem Zusammenhang zu nennen. Es ist der Glauben, dass diese vergängliche Welt doch wieder durch eine Ordnung (*dharma*) zusammengehalten wird. Es ist der Glaube an Gesetze, nach denen alles funktioniert, an Normen und Gebote, nach denen sich der Mensch zu richten hat. Auch der Glaube an die eine wahre Lehre des *Yoga* oder das Festhalten an den Richtlinien des Meisters und Gurus gehören in diesen Bereich. Es ist gerade dieser Glaube, durch den es möglich wird, im Vergänglichen dieser Welt Richtung und Ziel zu erkennen. *Dharma*, *artha* und *kāma* - das Befolgen der heiligen Lehren, die Ansammlung von Wohlstand und die Befriedigung der sinnlichen Begierden - haben so in der indischen Kultur den Rang von drei allgemein anerkannten Werten erlangt, die der Mensch in seinem Leben zu erstreben habe.

Durch diese äußere Stabilität ist es dem Menschen möglich, das Leiden an der Vergänglichkeit auszugleichen und Halt in ihr zu gewinnen. Aus der Perspektive des *Yoga* bedeutet dieser Halt gleichzeitig jedoch auch Gebundenheit (*saṅga, bandha*, *sārūpya*, *saṃyoga* usw.). Der Mensch ist gebunden an die Glückserfahrungen sexueller Befriedigung, ist gebunden an die Anerkennung und das Lob der Mitmenschen, ist gebunden an den Glauben an die eine wahre Lehre, die sagt, was als richtig und was als falsch angesehen werden muss. Würden alle diese Dinge wegfallen oder sich als falsch erweisen, so ginge auch ihr bindender Halt verloren. Das Alltagsbewusstsein erweist sich als durchaus labil. Es funktioniert nur, wenn durch Verdrängung, äußeres Glück oder Glauben an Lehren das Leiden ausgeglichen werden kann und so das Gleichgewicht der Gebundenheit entsteht. Ist das Alltagsbewusstsein im Gleichgewicht, so erscheint es vielen nicht mehr nötig, den Weg des *Yoga* zu gehen. So ist es möglich, dass der Mensch zwar abhängig und gebunden und ohne jegliche spirituelle Tiefe lebt, aber doch weitgehend stabil. Zumeist mag dieser Zustand sogar bis zum Lebensende andauern.

*Aufgaben des Alltagsbewusstseins*

## Transformation

Da im Alltagsbewusstsein das Leiden in der Welt in vielfacher Weise ausgeglichen werden kann, ergibt sich für die meisten Menschen kaum die Notwendigkeit, den Weg des *Yoga* zu gehen. Man kann auch ohne Yoga ein Leben in Zufriedenheit bis an sein Lebensende führen. Wenn *Yoga* wirklich heißt, die Sicherheiten des Alltagsbewusstseins zu sprengen, warum sollte man sich auf die Praxis des *Yoga* einlassen? Der Weg des *Yoga* wird deswegen oft erst dann interessant, wenn die Sicherheiten des Alltags von sich aus nicht mehr zu tragen vermögen. Das Leiden an der Vergänglichkeit der Welt lässt sich nun nicht mehr verdrängen, das Gleichgewicht des Alltagsbewusstseins gerät aus den

*Gleichgewicht des Alltagsbewusstseins durch Halt und Gebundenheit*

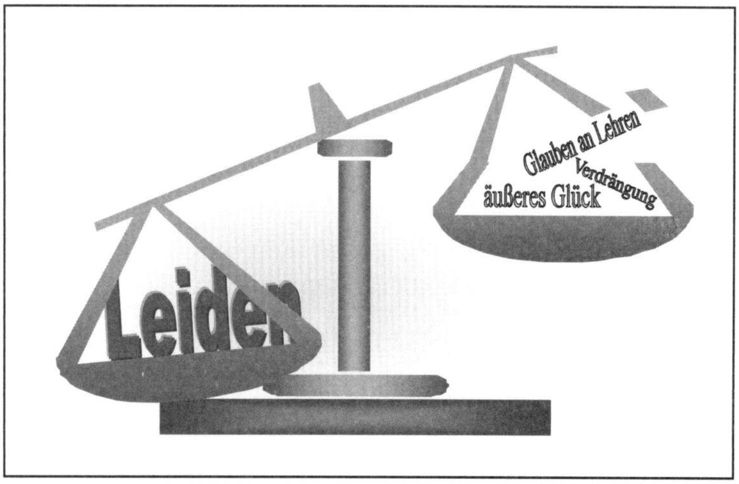


*Das Gleichgewicht des Alltagsbewusstseins gerät aus den Fugen*

Fugen. Wenn nun die äußeren Glückserfahrungen das Leiden nicht mehr ausgleichen, dann kann die Suche nach der Erfahrung von innerem Glück einsetzen. Wenn der bindende Halt der heiligen Lehren zur einengenden Fessel verhärtet, dann entsteht das Bedürfnis nach Befreiung, nach Freiheit von den Fesseln der festgefahrenen Strukturen. Leiden an den Strukturen des Alltags bildet somit oft die Notwendigkeit für das Erwachen des Interesses am Weg des *Yoga*. Kopfschmerzen, Rückenschmerzen oder Schlafstörungen bis hin zum Leiden an der mangelnden Ganzheit werden zum Auslöser dafür, sich auf den Weg des *Yoga* zu begeben.

*Die Strukturen des Alltags zerbrechen*

Der Weg des *Yoga* bedeutet nun einen Prozess der inneren Loslösung, eines psychischen wie körperlichen Wandels. Diese spirituelle Transformation wird in den Texten mit einer Vielfalt von Begriffen benannt, von *mokṣa* über *nirodha* bis zu *viyoga* oder *pariṇāma*, die alle jeweils verschiedene Aspekte des Transformationsprozesses betonen (Skrt.: *mokṣa* (m.) - Befreiung, Freiheit, Erlösung; *nirodha* (m.) - Zur-Ruhe-Kommen; *viyoga* (m.) - Trennung; *pariṇāma* (m.) - Entwicklung, Transformation). Alle diese Begriffe weisen jedoch auf die Loslösung von den körperlichen wie geistigen Gebundenheiten des Alltags. Es geht um die Erfahrung des spirituellen Umbruchs, um einen totalen existentiellen Wandel, der jede Bindung, aber so auch jeden Halt, den die Anwendung einer Technik oder der Glaube an eine Lehre noch gab, zur Auflösung bringt. Da diese Gebundenheiten somit auch Halt bedeutet hatten, kann dieser Prozess der Loslösung zu Beginn durchaus zu Verunsicherung und Labilität führen. Erst jetzt wird deutlich, wie stark körperliche wie auch psychische Verspannungen auch stabilisierende Funktion hatten. Das Leben war fest geordnet und gebunden in den Strukturen des Alltags. Die Erfahrung des spirituellen Umbruchs bedeutet somit auch, den festen Boden aufzugeben, auf dem man im Alltagsbewusstsein stand. Beginnt sich dieser äußere Halt aufzulösen, ohne dass ein neuer, innerer Halt schon gewachsen wäre, sind spirituelle Krisen oft nicht zu vermeiden. Sie bedeuten keinen Betriebsunfall, sondern gehören notwendig zum yogischen Prozess. Die Tradition des *Yoga* empfiehlt deswegen immer wieder die Begleitung durch einen kompetenten Lehrer. Ein Lehrer vermag Krisen zu beurteilen, in kritischen Phasen Hilfestellung zu geben und auch auf die Gefahren einer falsch angewendeten Übungspraxis aufmerksam zu machen.

Zur Förderung des spirituellen Transformationsprozesses hat die Tradition des *Yoga* eine nahezu unermessliche Vielfalt von Übungen entwickelt. Es ist hierbei oft leichter zu verstehen, was *Yoga*-Praxis nicht meint, als was

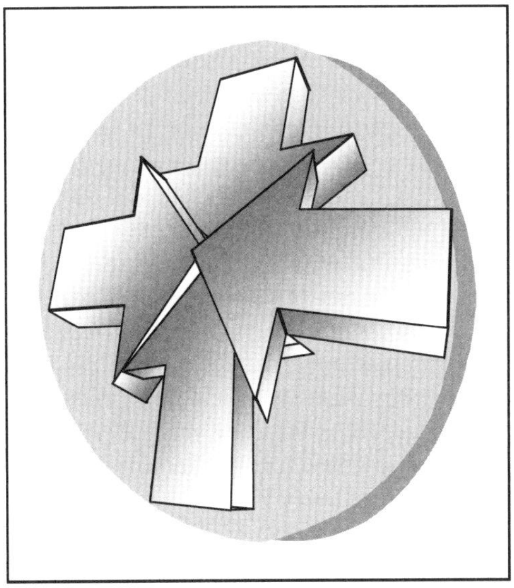

*Die Vereinseitigung des Übens: Verkrampfung*

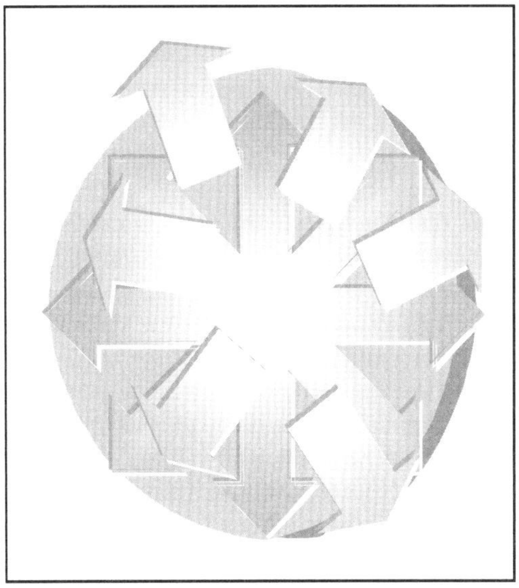

*Die Vereinseitigung des Loslassens: Sich-Treiben-Lassen*

tatsächlich hierunter verstanden wird. *Yoga* bedeutet erstens Übung als ein aktives Tun (Skrt.: *abhyāsa* (m.) - Übung, Wiederholung). Es gilt sich aktiv auf den Weg zu machen, eine Übungstechnik zu erlernen, sich auf den Körper, auf den Atem oder auch auf ein *Mantra* zu konzentrieren (Skrt.: *dhāraṇā* (f.) - Konzentration) und hiermit zu üben. Solches Üben bedeutet jedoch keinesfalls nur Anwendung einer bestimmten Technik. Wenn *Yoga* ausschließlich 'gemacht' wird, besteht die Gefahr, dass sich die Gebundenheit des Alltagsbewusstseins noch vergrößert. Die körperlichen und geistigen Verspannungen werden nicht aufgelöst, sondern können sogar anwachsen. Die Vereinseitigung der Übung zur bloßen Technik mündet im Extremfall in die Verkrampfung.

Übung des *Yoga* heißt somit zweitens das Üben des Loslassens von der Gebundenheit. Das aktive Üben bemüht sich um ein passives Loslassen (Skrt.: *vairāgya* (n.) - Loslösung). Loslassen bedeutet passiv nichts zu machen, sich meditierend zu entspannen (Skrt.: *dhyāna* (n.) - Meditation) oder sich vollkommen hinzugeben (Skrt.: *praṇidhāna* (n.) - Hingabe). Loslassen meint jedoch nicht, dass es der *Yoga*-Praxis ausschließlich um Loslassen und Entspannung geht. In solcher Vereinseitigung würde man Körper und Geist treiben lassen und einem Laissez-faire übergeben. Das Alltagsbewusstsein verbliebe in seinen althergebrachten Strukturen, und nichts hätte sich verändert. Auch so würde noch keine *Yoga*-Praxis im echten Sinn vorliegen.

*Üben und Loslassen, die zwei Seiten derselben Münze*

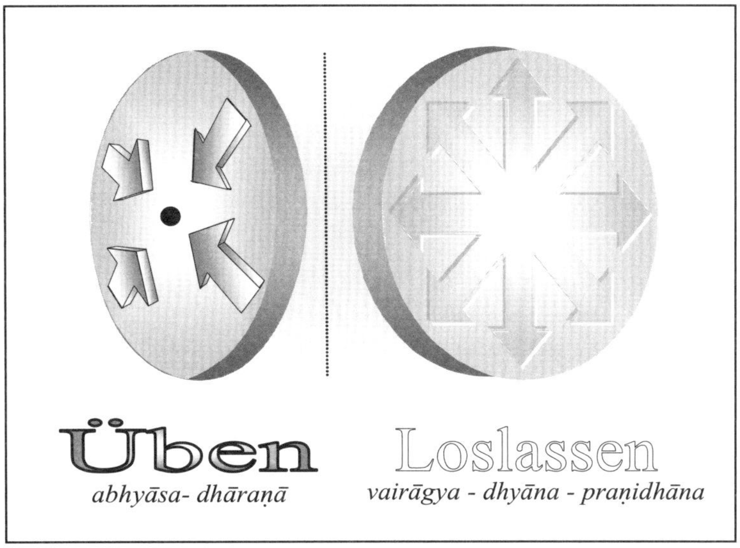

Das Wesen der *Yoga*-Praxis besteht in der Verwirklichung beider sich scheinbar widersprechender Prinzipien, im Zugleich von *Übung* und *Loslassen,* in der Einheit von *aktiver Konzentration* und *passiver Gelassenheit.* Erst durch das Zusammentreffen dieser beiden Prinzipien wird *Yoga* zum *Yoga.* Erst durch das konzentrierte Loslassen verbleibt die Körper-Übung nicht mehr auf der Ebene der Gymnastik, sondern wird zum *Yoga-āsana.* Erst durch die Verbindung von Übung und Loslösung wird die bloße Psychotechnik zur Meditation im Sinne des *Yoga.* Die Aktivität der Übung und die Passivität des Loslassens scheinen sich zu widersprechen, und doch bilden beide die zwei Seiten derselben Münze. Erst wenn die Yoga-Übung mit vollkommener Konzentration, gleichzeitig jedoch ganz gelassen und entspannt durchgeführt wird, dann besteht die Chance dafür, dass spirituelle Transformation geschieht, die für die Erfahrung des Erwachens öffnet.

*Die vielfältigen Benennungen des Unsagbaren*

**ERWACHEN**

Bewusstheit *(vidyā)*
Eines (*tad ekam*)
Einung *(yoga)*
Absolutes *(brahman)*
Selbst *(ātman)*
Fülle *(pūrṇa)*
Glückseligkeit *(ānanda)*
Geist (*puruṣa)*
*OM*
Der Vierte *(turya)*
Herr/Gott *(īśvara)*
Ausgeglichenheit *(samatva)*
Einung *(samādhi)*
vollkommene Loslösung *(kaivalya)*

Es ist nicht so, es ist nicht so *(neti ... neti)*

## Erwachen

Schon in den frühen Texten wird von der Perspektive des Yoga als einem Erwachen gesprochen (Skrt.: *pratibodha* (m.) - Erwachen, Erkenntnis). Die Rede vom Erwachen deutet darauf hin, dass es auf dem Weg des *Yoga* nur wenig um das Erreichen außergewöhnlicher Bewusstseinszustände geht. Erwachen heißt, das zu erkennen, was immer schon ist, was in der Unbewusstheit des Alltags jedoch nur nicht wahrgenommen wurde. Die Knoten des Herzens werden gesprengt, die das ursprüngliche Bewusstsein des Menschen verdunkelt hatten. Der Mensch erwacht und erkennt, dass er ursprünglich viel mehr ist, als er zunächst und zumeist zu sein glaubte. Er erkennt dies nicht, indem er in die Welt hinausfährt, nicht in Büchern und nicht einmal in den großen Weisheitslehren. Er erkennt dies im Erwachen zu den Tiefen seiner eigenen Existenz.

Mit einer wahren Fülle von Ansätzen wird nun in der Geschichte des *Yoga* in immer neuen Anläufen versucht, die verschiedenen Aspekte dieser Urerfahrung des *Yoga* zu benennen. Einer der ältesten Begriffe ist die Rede vom 'Einen' (*tad ekam*). Auch die wörtliche Übersetzung von Yoga als der Erfahrung der 'Einung' weist auf die Urerfahrung des *Yoga* als der Erfahrung der Einheit mit sich selbst, mit der Welt und letztlich auch mit Gott. Gleichfalls schon früh wurde von der Erfahrung des 'Absoluten' (*brahman*) gesprochen. *Brahman* wurde nicht wie die Götter als höheres Wesen vorgestellt, das im Himmel wohnt. *Brahman* ist das unsagbare Absolute, der innere Grund der Götter, der Welt und der Menschen. Wie das wahre 'Selbst' (*ātman*) meint auch das Absolute den göttlichen Wesenskern des Menschen, der so zur tragenden Kraft des eigenen Lebens geworden ist. Die Texte sprechen auch von der Erfahrung der wahren 'Fülle' (*pūrṇa*) oder von innerer 'Glückseligkeit' (*ānanda*), die nun nicht mehr, wie das äußere Glück, von der vergänglichen Außenwelt abhängt ist. Über das Wachbewusstsein, den Traumschlaf und den Tiefschlaf hinaus wird ein alles umgreifendes 'viertes Bewusstsein' (*turīya*) erfahren. Religiöse Vertreter des

*Yoga* sprechen von der Erfahrung des Herrn (*īśvara*). Die *Yogīs*, die von der Erfahrung der 'Ausgeglichenheit' (*samatva*), der 'Einung' (*samādhi*) oder der 'vollkommene Loslösung' (*kaivalya*) sprechen, richten den Blick mehr auf den konkreten, geistigen Prozess. Letztlich meint Erwachen nach dem alten Wort wohl weder dies noch das (*neti, neti* ... - es ist nicht so, es ist nicht so ...). Die Urerfahrung des *Yoga* ist vielfach benannt, kann aber nie begrifflich erfasst werden. Und doch ist es gerade hier von äußerster Wichtigkeit, Wege von den Abwegen zu unterscheiden und zwischen Oberflächenerfahrungen und den Tiefenerfahrungen des *Yoga* zu differenzieren.

# 2. Yoga-Erfahrung

Was heißt *Yoga*-Erfahrung? Entsteht *Yoga*-Erfahrung, wenn ein *āsana* perfekt ausgeführt ist oder wenn der Atem besonders lange angehalten werden kann? Spielt der Glaube an Wiedergeburt oder an das Gesetz des *karma* eine Rolle? Oder müssen erst außergewöhnliche Erlebnisse wie Visionen, Präkognition, Glückseligkeitserfahrungen oder das Verlassen des Körpers hinzukommen? Geht es eher um eine geistige Ruhe und Ausgeglichenheit, um Selbsterfahrung? *Yogīs* beschreiben Zustände reiner Versenkung, jenseits von Raum und Zeit, die sich jeder Beschreibbarkeit entziehen. Und wieder andere sprechen in Paradoxien davon, dass der Mensch in yogischer Transformation sich selbst übersteigt und so erst zu sich selbst findet. Welche dieser vielfältigen Möglichkeiten des Erfahrens darf als yogisch bezeichnet werden? Ist es nur eine, sind es mehrere oder gar alle? Es erscheint als sinnvoll, zwischen vier Dimensionen der *Yoga*-Erfahrung zu unterscheiden.

## Außen-Erfahrungen

Viele Menschen beginnen mit *Yoga*, weil sie Abhilfe für ihre Rückenschmerzen, Kopfschmerzen oder Schlafstörungen erhoffen. Als erste *Yoga*-Erfahrung stellt sich somit zumeist das Nachlassen dieser körperlichen und psychischen Beschwerden ein, gefolgt von der Erfahrung, die Übungen mit wachsender Perfektion durchführen zu können. Der Atem beruhigt sich und kommt für immer längere Zeit zum Stillstand. Die körperlichen Funktionen werden durch die Übung bis zu einem gewissen Grad stabilisiert. Diese ersten Erfahrungen sind wichtig, sie zeigen jedoch nur die Oberfläche der Möglichkeiten des *Yoga*.

Es handelt sich um Oberflächenerfahrungen, weil sie durch die Übung von außen bewirkt werden. *Yoga* verbleibt noch auf der Ebene der Anwendung einer durchaus sehr hilfreichen

*Vielfalt der Yoga-Erfahrungen*

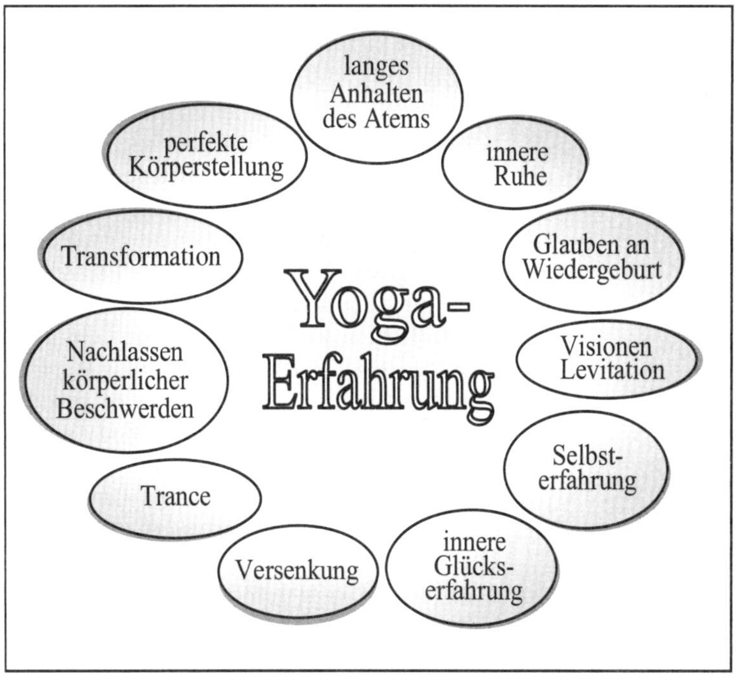

*Außen-Erfahrungen an der Oberfläche*

Technik. Die Übungen setzen von außen gewisse Reize, die die gewünschten positiven Wirkungen hervorbringen. Selbst ein perfekt ausgeführter Kopfstand setzt nur einen äußeren Reiz. Wenn die Übungspraxis in dieser Phase des Weges unterbrochen wird, so verschwinden auch meist die Erfahrungen. Der alte Zustand tritt wieder ein.

Auch die Erfahrung von Stabilität und Halt im Glauben an die in den *Upaniṣads* entwickelten Konzepte der *karma*-Lehre oder der Lehre von der Wiedergeburt weisen noch nicht in die Tiefe des *Yoga*-Weges. Diese Lehren gehen davon aus, dass die Wirkungen jeder Handlung auf den Handelnden selbst wieder zurückfallen, sogar über den leiblichen Tod hinaus bis ins nächste Leben. Sie geben Antworten auf unser Woher und Wohin, zeigen, dass das Gute nicht vergeht und das Böse bestraft wird. Derjenige, der an diese Lehren glaubt, sieht sich, trotz aller Endlichkeit und Vergänglichkeit dieser Welt, doch in einer umfassenden Ordnung geborgen, die alles zusammenhält. Auch diese Erfahrung von Halt und Geborgenheit ist nur von außen bewirkt. Würde der Glaube in Frage gestellt oder geht er verloren, so schwindet auch die Erfahrung geistiger Stabilität. Der Halt im Glauben an Lehren bedeutet sogar eine gewisse Bindung und auch Abhängigkeit. So wichtig diese Erfahrungen äußerer und bindender Stabilität auch sein mögen, das Potenzial des *Yoga* weist weit tiefer auf die Befreiung von äußerer Bindung.

*Umbruchserfahrungen beim Verlassen des Alltagsbewusstseins*

## Umbruchserfahrungen

Die Befreiung (Skrt.: *mokṣa* (m.) - Befreiung, Freiheit, Erlösung) von den äußeren Bindungen des Alltags eröffnet die neue Dimension der Umbruchserfahrungen. Im Umbruch kann es zum Freiwerden von Kräften und Energien kommen, die sich zu Beginn zum Beispiel in spontanen Muskelzuckungen, Licht- und Tonerscheinungen oder auch Glücksgefühlen äußern. Durch die Lockerung der Bewusstseinsschichten werden Erfahrungen gefördert, von Visionen und Präkognitionen über Erfahrungen früherer Inkarnationen bis hin zum Verlassen des Körpers und außergewöhnlichen Heilungen. Es handelt sich um Erfahrungen, die auch außerhalb eines meditativen Übungsweges von besonders medial begabten Menschen gemacht werden, von solchen Personen, die von vorneherein eine besondere Durchlässigkeit für sogenannte feinstoffliche Seins- und Erkenntnisdimensionen besitzen. All diese Erfahrungen übersinnlicher Welten zeichnet zwar aus, dass hier das alltägliche Bewusstsein verlassen wird. Das Entscheidende des *Yoga*-Weges ist jedoch noch nicht erreicht. Es besteht sogar die Gefahr, im Okkultismus die ekstatischen Erlebnisse dem Alltagsbewusstsein unterzuordnen, das heißt der menschlichen Verfügung erneut zu unterstellen. Der Mensch bleibt so immer noch derjenige, der er im

Alltagsbewusstsein immer schon gewesen ist. Die Weiterführung des yogischen Erfahrungsweges weist zur Tiefenerfahrung.

## Tiefenerfahrung

In der yogischen Tiefenerfahrung werden mit Begriffen wie *samādhi* (Einung) oder *kaivalya* (vollkommene Loslösung) Zustände reiner Transzendenzerfahrung beschrieben. Es geht um ein Erfahren ohne jede Struktur, jenseits von Raum und Zeit, das in besonderer Weise in der Meditation gefördert wird. Diese Tiefenerfahrung verneint dabei keinesfalls die Welt. Solange der Mensch hier auf dieser Welt existiert, lebt er mit Körper und Geist in Raum und Zeit. Es geht nicht um die Lösung von der Welt, sondern um die Lösung von der Bindung an die Welt. Jegliche Gebundenheit an Verspannungen in Körper und Geist, aber auch von allen Gedanken, Gefühlen, Begierden und Glaubensformen löst sich auf. Indem die Regungen des Geistes zur Ruhe kommen, entsteht die Erfahrung innerer Stabilität, ein Ruhen in der eigenen Mitte, die Versenkung in das Wesen der eigenen Identität, die mit keinem Begriff erfasst werden kann und doch mit so vielen Begriffen wie Selbst, Absolutes usw. benannt wird. Diese Ruhe und Loslösung der Tiefenerfahrung bildet den inneren Kern aller Übungen, jedes yogischen Denkens, Fühlens und Handelns. Sie bildet hiermit das Fundament für die Erfahrung der transformierenden Praxis.

## Transformierende Praxis

Die yogische Tiefenerfahrung hat das Potenzial, das Leben des Menschen von Grund auf zu verwandeln und zu transformieren. Es geht um das scheinbare Paradoxon, Innerlichkeit im Außen der Welt zu leben, die Abkehr von der Welt als eine neue Möglichkeit des Aufgangs von Welt zu erfahren. Es ist für viele leichter, Gelassenheit und Ruhe in der Abgeschiedenheit der Meditation zu erfahren als in der Hektik des Alltags. Aus diesen Gründen gehören meditative Übungen der Zurückgezogenheit im *Yoga* zur allgemeinen Praxis. Viele Texte und Schulen warnen jedoch vor einem Stehenbleiben in der Weltabkehr. Die Gelassenheit der Meditation

*Vollkommene Loslösung der Tiefenerfahrung*

wird sogar vertieft, wenn sie mitten im Trubel des Alltags gelebt ist und dort Bestand hat. Es entsteht die Perspektive der Integration der Transzendenz in das konkrete Leben. Es geht darum, den konkreten Alltag mit dem Geist ursprünglicher Lebendigkeit zu erfüllen. Erst dann wird auch deutlich, dass es sich bei der *Yoga*-Erfahrung in ihrer tiefsten Bedeutung nicht um eine paranormale Jenseitserfahrung handelt. *Yoga*-Erfahrung als die den Menschen in seiner existentiellen Tiefe transformierende Praxis meint die Rückkehr zu dem jedem Menschen

*Die Tiefenerfahrung als innerer Kern allen Denkens und Handelns*

innewohnenden, aber zumeist verdeckten ursprünglichen Leben.

Obwohl hier die Grundstrukturen des Weges yogischer Erfahrung nachgezeichnet wurden, scheint es doch unmöglich, den Bewusstseinszustand eines Menschen auf einen Punkt dieses Weges festzulegen. Zu vielschichtig ist das menschliche Bewusstsein angelegt. In bestimmten Bereichen kann der Mensch sich für ein tiefes, spirituelles Erfahren geöffnet haben, während auf der anderen Seite manche Gebundenheit noch nicht aufgelöst ist. Die vierfache Systematisierung yogischer Erfahrung ist zu grob, als dass sie der Vielschichtigkeit des Lebens gerecht werden könnte. Systematisierende Landkarten mögen jedoch die Richtung weisen. Sie können uns Kriterien zur Beurteilung der vielfachen Beschreibungen yogischer Erfahrung, aber auch des eigenen Erfahrungsweges an die Hand geben.

# 3. Die Übungspraxis

## Die Urerfahrung

Die ältesten Textzeugnisse der Übungspraxis des *Yoga* sind uns aus den Upaniṣads überliefert, die bis ins 7. Jahrhundert vor Christus zurückreichen. Eine religiös-asketische Praxis war zu jener Zeit allerdings schon lange bekannt. Schon im *Veda* ist im 2. Jahrtausend v. Chr. von Asketen die Rede, von *Munis* (nach Skrt.: *mauna* (n.) - Schweigen). Die *Munis* waren Männer, die sich von der menschlichen Gesellschaft zurückgezogen hatten, um ein Leben in völligem Schweigen zu führen. Über die Askese hinaus (*tapas*) entwickelte sich in jener Zeit eine religiöse Praxis, die vor allem in Studium und Rezitation der heiligen Texte *(vedānuvacana)* und der Durchführung von Riten und Opfern bestand *(yajña)*.

*Die drei Pfeiler der religiös-asketischen Praxis zur Zeit der Entstehung des Yoga*

Die Entdeckung des *Yoga* ging jedoch über diese allgemeine religiös-asketische Praxis weit hinaus. Die ersten *Yogīs* machten eine wahrhaft revolutionäre Erfahrung. Sie erkannten, dass der Mensch viel mehr ist, als wie er sich zunächst und zumeist wahrnimmt, wenn er zu seinem ursprünglichen, göttlichen Leben erwacht. Diese Urerfahrung des *Yoga* wurde jedoch nicht durch Askese und sexuelle Enthaltsamkeit, auch nicht durch Rezitation des *Veda* und letztlich auch nicht durch die Opferrituale bewirkt. Die *Yogīs* erkannten, dass alle Anstrengung, selbst die härteste Weltentsagung, nur an der Oberfläche menschlicher Möglichkeiten verbleibt. Yoga bedeutet die Entdeckung eines inneren Wandels, einer inneren geistigen Loslösung, durch die der Mensch im Hier und Jetzt in den Tiefen seines Herzens das Absolute erfährt:

*Wenn alle Begierden, die in dessen Herzen wohnen, gelöst sind, dann wird der Sterbliche unsterblich, dann erlangt er schon hier das Absolute.*
*(Bṛhadāraṇyaka-Upaniṣad 4.4.7)*

Wenn sich die Gebundenheit der Begierden zu lösen beginnt, dann eröffnet sich die Bewusstheit, dass der Mensch in der Tiefe seines Herzens aus dem Absoluten lebt. Und noch mehr: Der *Yogī* erfährt sich in seinem Wesen als eins mit dem Absoluten, als eins mit dem Selbst, als eins mit der göttlichen Transzendenz, oder wie auch immer die *Upaniṣads* zu formulieren vermochten. In diesem Zusammenhang tritt auch zum ersten Mal der Begriff *Yoga* auf. *Yoga* meint zu Beginn noch nicht 'Übung', sondern die Urerfahrung der 'Einung' als Bewußtwerden des Wesens menschlichen Lebens (Skrt.: *yoga* (m.) - Anschirren, Verbindung, Einung, Übung).

Im Ursprung des *Yoga* war die Erfahrung. Erst danach versuchte man eine Übungspraxis zu entwickeln, die das yogische Erfahren fördern sollte. Die Lösung von der inneren Gebundenheit entzieht sich jedoch jeglicher Machbarkeit. Dass eine solche Praxis nicht nur schwer zu bewerkstelligen, sondern auch leicht mit der herkömmlichen Askese zu verwechseln war, dies liegt offen auf der Hand. Schon die *Bhagavadgītā* macht sich über den *Yogī* lustig, der sich, stolz auf sein Tun, in strenger Askese in die Einsamkeit zurückzog, der jedoch innerlich gebunden an nichts anderes zu denken vermochte, als an den Wohlstand und die Gemeinschaft, die er aufgegeben hatte. Das Zentrum der Übungspraxis des *Yoga* richtet sich auf die Auflösung der inneren Gebundenheit des Geistes. Alle Übungen des *Yoga* sind somit von Beginn an auf den Prozess einer ganzheitlichen Transformation ausgerichtet.

## Die Entwicklung

Am Anfang der *Yoga*-Übungspraxis stand vor allem die Meditation. Zu den ältesten Übungen des Yoga zählt die Meditation mit OM. Der Geist konzentriert sich in ständiger Wiederholung auf den Laut OM, um so im konzentrierten Loslassen die innere Klarheit und Bewußtheit zu fördern. Wie beim Feuermachen mit einem Reibholz entsteht durch die beständige Meditation mit OM der Funke, der Erleuchtung aufbrechen lässt. Sehr früh wird schon in den *Upaniṣads* auch die Möglichkeit des Übens mit dem Atem erwähnt. Man entdeckt, dass der Atem sehr eng mit den seelisch-geistigen Regungen des Denkens oder Fühlens verbunden ist. Aufgewühlte Gedanken und

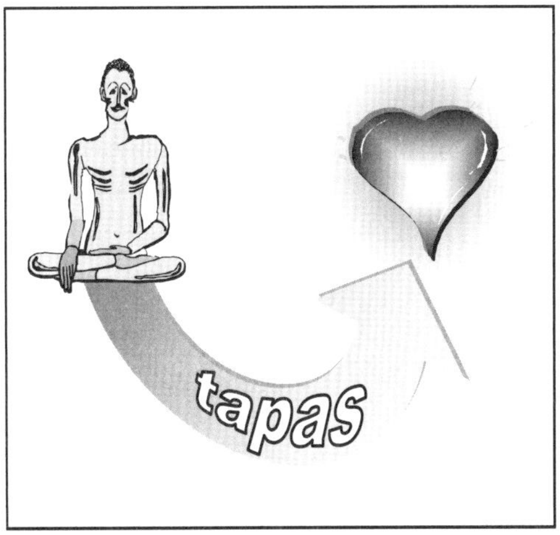


*Von äußerer Askese zur inneren Transformation*

Gefühle führen zu einem hastigen Atem. Ein ausgeglichener Geist bewirkt eine gelassene Atmung. Die Atemübung versucht nun umgekehrt durch das Zur-Ruhe-Kommen des Atems auf das Geistesleben Einfluss zu nehmen. Die Übung der Beruhigung des Atems bringt Denken und Fühlen zur Ruhe und fördert so den inneren Loslösungs- und Klärungsprozess.

Atemregelung und Meditation stehen dann auch im Mittelpunkt des ersten *Yoga*-Übungssystems

*Falsches Üben: äußerer Rückzug von der Welt - innere Gebundenheit an die Dinge*

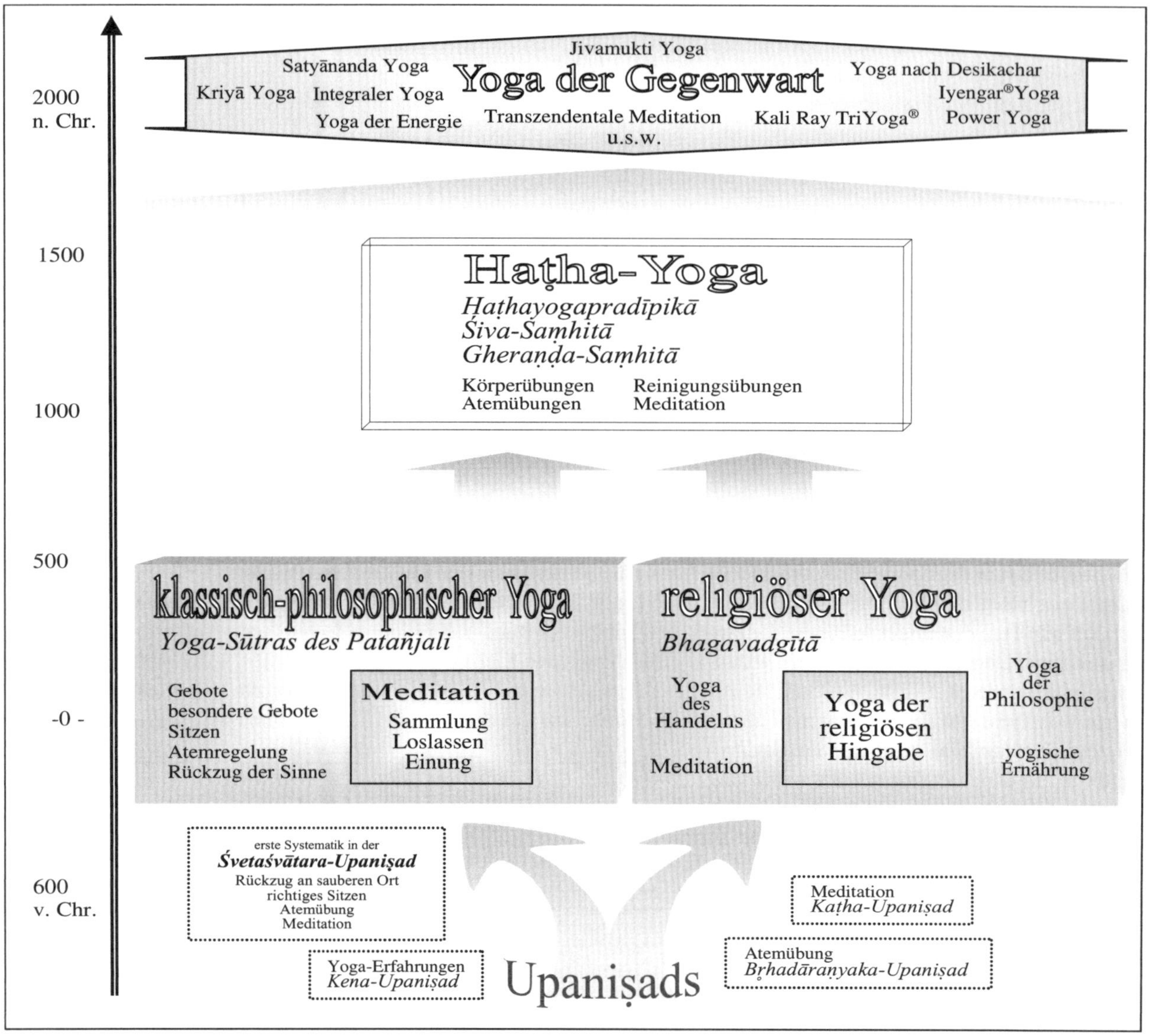


*Die Entwicklung der Übungssysteme des Yoga*

in der *Śvetaśvātara-Upaniṣad.* Diese Kernübungen des *Yoga* werden hier jeweilig durch entsprechende Vorbereitung und Nachbereitung erweitert. Die Vorbereitung besteht im Rückzug an einen ruhigen Ort und die Herstellung eines guten Meditationssitzes. Den Atemübungen und der Meditation folgte die philosophische Reflexion über die Wirkung und das Ziel des *Yoga.*

In den *Upaniṣads* ist somit die Grundlage gelegt für die beiden großen Ausrichtungen des *Yoga* in der klassischen Zeit, den religiösen *Yoga* und den klassisch-philosophischen Yoga. In dem Zeitraum zwischen dem 2. Jahrhundert vor und dem 2. Jahrhundert nach Christus entstanden vor allem zwei zentrale Texte des *Yoga*, die *Bhagavadgītā*, die *Yoga* im religiösen Zusammenhang aufzeigt, und die *Yoga-Sūtras* des *Patañjali*, der Grundschrift des klassisch-philosophischen *Yoga.*

Im Zentrum der *Bhagavadgītā* steht *Yoga* als die Übung der 'Hingabe an Gott', *Yoga* in der Form von *Bhakti-Yoga* (Skrt.: *bhakti (f.)* - Hingabe

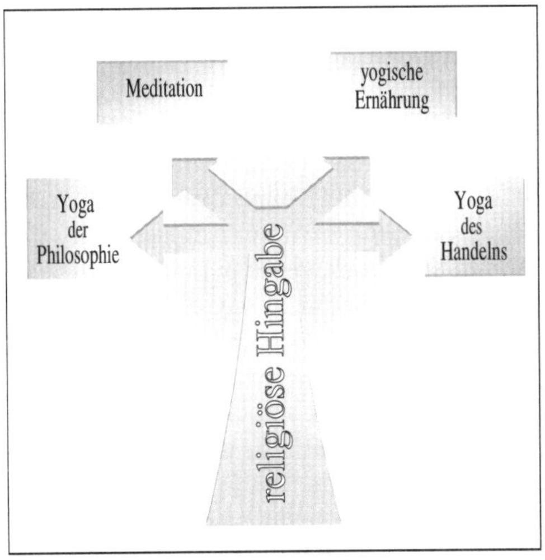


*Religiöse Hingabe (Bhakti-Yoga) als Fundament des Yoga der Bhagavadgītā*

*an Gott*). Spirituelle Transformation bedeutet hier einen Prozess der Hingabe als Öffnung für Gott als das in den Tiefen menschlicher Existenz wirkende persönliche DU. Die anderen Übungswege sind in der *Bhagavadgītā* auf diese religiöse Form des *Yoga* hingeordnet. Dabei können schon hier alle Dimensionen der menschlichen Existenz zum Feld der *Yoga*-Übungspraxis werden. Die *Bhagavadgītā* kennt die Meditation, den Yoga der Philosophie (*Jñāna-Yoga*), den *Yoga* des Handelns (*Karma-Yoga*) und nennt auch die Grundprinzipien yogischer Ernährung. Yoga kann als zölibatärer Weg gelebt werden, scheint hier aber auch, im Unterschied zu den *Upaniṣads*, im Alltag des Familienlebens möglich. Alle diese Übungsformen besitzen jedoch eine gemeinsame innere Mitte. Die gesamte Übungspraxis der *Bhagavadgītā* ist getragen von dem Fundament des *Bhakti-Yoga*.

Während für die *Bhagavadgītā* der *Yoga* der religiösen Hingabe im Zentrum steht, sehen die *Yoga-Sūtras* des *Patañjali* die Meditation als den inneren Kern der *Yoga-Praxis*. Die *Yoga-Sūtras* nehmen alle bis dahin existierenden *Yoga*-Formen auf und filtern ein Kern-Übungssystem heraus, den achtgliedrigen *Yoga*. *Patañjali* nennt hier, wie schon früher die *Śvetaśvātara-Upaniṣad*, das richtige Sitzen (*āsana*) und die Atemübung (*prāṇāyāma*), ergänzt diese beiden dann allerdings durch den Rückzug der Sinne (*pratyāhāra*) als Vorbereitung für die Meditation. Diese drei mittleren Glieder werden auf beiden Seiten nach außen und nach innen weitergeführt. In der Wendung nach außen entwirft *Patañjali* fünf Prinzipien des rechten Handelns (*yama*) und fünf Prinzipien der yogischen Gesinnung (*niyama*). Beide meinen viel mehr als bloße Handlungsanweisungen oder Gebote. Sie zeigen die Übung des yogischen Handelns mitten im Alltag. *Yoga* wird zu einer gelebten Praxis in der Welt.

Für den klassisch-philosophischen *Yoga* von besonderer Wichtigkeit ist dann aber die Wendung nach innen in der Meditation. Ihre drei Glieder gelten als innerer Kern des gesamten *Yoga*-Übungssystems: Konzentration, (*dhāraṇā*), Loslassen (*dhyāna*) und Einung (*samādhi*). Als innerer Kern aller Übungen bildet die Meditation auch das Wesen der anderen Übungsglieder. Durch Meditation wird Sitzen zum yogischen Sitzen, die Atemtechnik zum yogischen Atmen oder das Befolgen von Handlungsregeln zu einem yogisch gelebten Alltag.

Es fällt auf, dass die von Körperübungen geprägte *Yoga*-Praxis, wie wir sie heute kennen, zur klassischen Zeit noch nicht bekannt war. *Patañjali* spricht zwar von *āsana*, versteht hierunter jedoch nur das richtige Sitzen als Vorbereitung für die Atem- und Meditationsübung. Erst viel später, als zu Beginn des 1. Jahrtausends die Texte des *Haṭha-Yoga* entstanden, wird die

*Meditation als innerer Kern des klassisch-philosophischen Yoga*

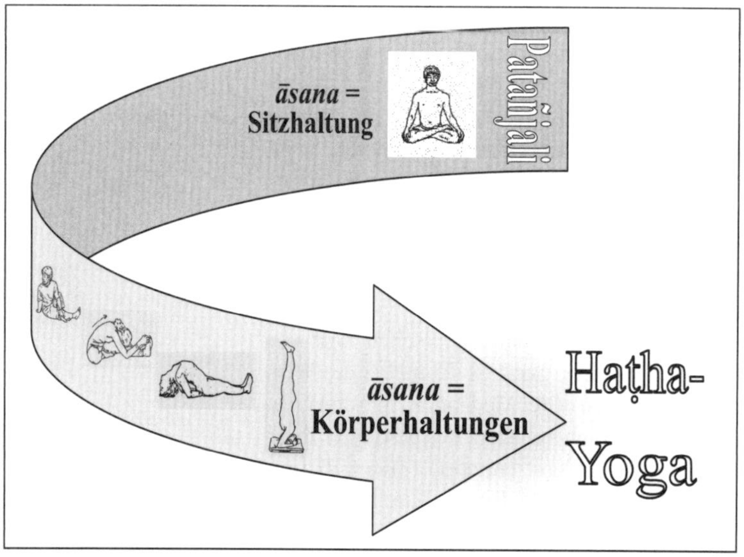


*Die Umwandlung des Begriffs āsana im Haṭha-Yoga*

Praxis von *āsana* als Übung von Körperhaltungen entwickelt. Es entstanden die großen Texte der *Haṭhayogapradīpikā*, der *Śiva-Saṃhitā* oder der *Gheraṇḍa-Saṃhitā*.

Neben den āsanas entwickelte der *Haṭha-Yoga* noch eine Fülle von weiteren, auf die Arbeit mit dem Körper bezogene Übungen. Die alte Praxis des Übens mit dem Atem erlebt hier eine ihrer größten Blüten. Zu nennen sind auch, parallel zur Entwicklung in der Lebens- und Heilkunde *Āyurveda*, die körperlichen Reinigungsübungen (*kriyā*) oder die oft sehr komplexe Praxis der *mudrās.* Auch eine sexuelle Übungspraxis ist in den alten Texten beschrieben, welche den tantrischen Ursprung des *Haṭha-Yoga* deutlich werden läßt. Diese vielfältigen, mit dem Körper arbeitenden Übungen bilden dann die Vorbereitung für die geistige Praxis der Meditation. Die *Haṭha-Yoga*-Praxis arbeitet sich gleichsam von außen nach innen vor. Eine Dimension nach der anderen, vom Körper über den Atem bis hin zum Geist, wird gereinigt und transformiert, um so das ursprüngliche, göttliche Potenzial des Menschen offenzulegen. Mit der Meditation schließt sich auch wieder der Kreis. *Yoga* bleibt selbst im auf den Körper bezogenen *Haṭha-Yoga* rückgebunden an seine ersten Anfänge, an die Entdeckung der ersten *Yoga*-Übung der Meditation in den *Upaniṣads*.

Der Blick auf die nun fast schon 3000 jährige Geschichte des *Yoga* zeigt eine Fülle von Wegen, die sich darüber hinaus noch in einem ständigen Wandel befunden haben. Die Geschichte der yogischen Praxis scheint mit der kreativen Entwicklung neuer Übungsformen auch in der Gegenwart noch nicht abgeschlossen zu sein. Mit den *Upaniṣads*, den klassischen Texten der *Bhagavadgītā* und der *Yoga-Sūtras* und den Schriften des *Haṭha-Yoga* sind aber die zentralen Wegmarken in der Geschichte yogischer Übungspraxis genannt, auf die sich die modernen Schulen der Gegenwart stützen. Die großen *Yoga*-Meister des 20. Jahrhunderts, von *Vivekānanda*, *Aurobindo*, über *Yogānanda*, *Krishnamāchārya, Shivānanda*, bis zu *Iyengar*, *Desikachar*, *Satyānanda*, *Maharishi Mahesh Yogi* und den vielen anderen, stützen sich nicht nur auf die *Yoga*-Tradition Indiens, sondern standen und stehen auch in engem Kontakt mit der abendländischen Kultur. Sie entwickelten Übungswege des *Yoga*, die auch für den westlichen, nicht mehr in Höhlen und Einsiedeleien, sondern mitten in der Welt lebenden Menschen hilfreich sind. Auf diese großen Meister gründen auch die neuen, schon im Westen selbst entstandenen Wege des Yoga.

## Die Dimensionen

Die zahlreichen Übungen des *Yoga*, die heute bekannt sind, scheinen zwar äußerlich verschieden. Sie sind jedoch alle von demselben yogischen Geist durchdrungen, der aus der Anwendung einer bloßen Technik eine *Yoga*-Übung macht. Für die verschiedenen Aspekte der menschlichen Existenz wurde eine je unterschiedliche Praxis entwickelt. Die heute sowohl in Indien als auch im Westen wichtigsten Wege des *Yoga* beginnen fast ausnahmslos im materiell-körperlichen Bereich. Am deutlichsten tritt dies bei den Körperstellungen der *āsanas* hervor oder bei der yogischen Ernährung. Aber auch die Atemübungen arbeiten mit den Bewegungen der Lunge, die yogische Rezitation benötigt die Stimmbänder, und auch der *Karma-Yoga* des Handelns stützt sich auf den Körper. All diese Übungen sind ohne

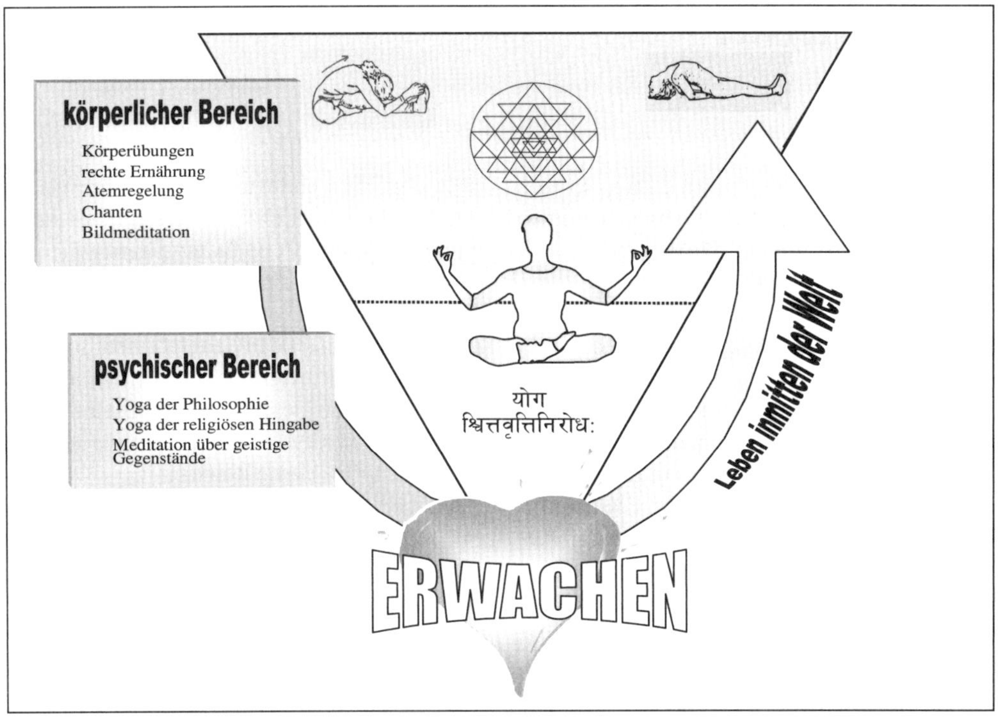


*Dimensionen der Yoga-Übungspraxis*

körperliche Aktivität nicht denkbar. Sie wirken jedoch gleichzeitig auch über den materiellen Bereich hinaus. Die āsanas führen nicht nur zur Elastizität und zur Entspannung des Körpers. Sie fördern auch psychische Wachheit, Gelassenheit und Konzentration. Die yogische Ernährung hat nicht nur leibliches Wohlbefinden zum Ziel, sondern auch psychische Reinheit und Klarheit.

Während all diese Übungen mit dem Körper beginnen und von dort aus auch auf die Psyche wirken, verhält es sich bei den Reflexionsübungen des *Jñāna-Yoga*, der Hingabe an Gott des *Bhakti-Yoga* und auch bei der Meditation genau umgekehrt. Diese Übungsformen beginnen im psychisch/rationalen Bereich und wirken von hier aus auf den Körper. Ein gelassener Geist führt zur Entspannung des Leibes. Findet die Psyche zu innerer Stabilität, so fördert dies auch die Stabilisierung aller anderen Dimensionen des menschlichen Lebens.

Es kann nun als das große Verdienst des *Yoga* angesehen werden, nicht nur Übungen für die verschiedensten Bereiche entwickelt zu haben. Es war den *Yoginīs* und *Yogīs* immer schon bewusst, dass mit dem Üben sowohl des Körpers als auch des Geistes das Spezifische des *Yoga* noch nicht verwirklicht ist. *Yoga* wird nicht zum Yoga durch die Ausführung der *āsanas* und auch nicht durch die Praxis einer Meditationsübung. *Yoga* wird zu *Yoga* durch die ganzheitliche Transformation von Körper und Geist, durch das Auflösen der inneren Gebundenheit, durch das Erwachen ursprünglicher Bewusstheit. Die Übungen haben den Zweck der Reinigung, der Beseitigung von Verspannungen und Verdunklungen, so dass im Erwachen das ursprüngliche göttliche Leben aus den Tiefen menschlicher Existenz hervorbrechen kann. Dieses Erwachen wirkt dann sowohl auf den Körper wie auch auf den Geist zurück. Es führt zu einem Leben innerer Bewusstheit mitten in der Welt. Und dieses ursprüngliche Leben des Absoluten ist es, was als Urerfahrung des *Yoga* von den ersten Textzeugnissen der *Upaniṣads* an bis hin zu den neu entwickelten Wegen der Gegenwart mit *Yoga* bezeichnet wird.

# 4. Der Meister

Jede Schulung benötigt einen Lehrer, so auch der Weg des Yoga. Der Lehrer des *Yoga* wird in der indischen Tradition Meister oder *Guru* genannt (Skrt.: *guru* (m.) - spiritueller Meister). Die enge Beziehung zwischen Meister und Schüler bildet dabei eine der Stützen der indischen *Yoga*-Tradition. *Yoga* erlernen konnte man im alten Indien somit keineswegs wie heute mit der Hilfe von Büchern oder Fernsehsendungen. Der Meister nahm in der traditionellen *Gurukul*-Praxis (nach Skrt.: *kula* (n.) - Familie, Wohnung) die von ihm angenommenen Schüler für die Zeit des Lernens in seinen Haushalt auf. Ein intensiver und persönlicher Kontakt zwischen Meister und Schüler wurde so ermöglicht. Lehrtexte und Übungsanweisungen wurden vom Lehrer an die Schüler dabei mündlich übermittelt. Es entstanden die *paraṃparā* genannten Überlieferungslinien, durch die *Yoga* ohne jegliches schriftliches Zeugnis nicht nur über Generationen, sondern über Jahrhunderte hinweg vom Meister auf den Schüler und von diesem wieder auf seine Schüler tradiert werden konnte (Skrt.: *paraṃparā* (f.) - ununterbrochene Reihe).

*Traditionelle Lehrpraxis: die Überlieferung vom Meister auf die Schüler*

Die traditionell indische Forderung nach der Notwendigkeit eines *Guru* für den spirituellen Weg ist in den klassischen Texten des *Yoga* noch nicht zu finden. Erst mit dem Aufkommen des *Haṭha-Yoga* erlangte der *Guru* den Status einer Heilsnotwendigkeit. Ohne den *Guru* wird es nahezu unmöglich, auf dem Weg des *Yoga* fortzuschreiten. Durch die Anwendung von zum Teil nicht ungefährlichen Psychotechniken tantrischer Herkunft wird auch der unbedingte Gehorsam gegenüber einem Lehrer zur absoluten Notwendigkeit, um die Gefahr einer falschen Anwendung der Übungen zu vermeiden.

Mit dem Weg des *Yoga* in den Westen im 20. Jhd. hat sich dann auch die *Yoga*- Lehrpraxis verändert. In der westlichen Kultur wird allein schon dem Begriff *Guru* zumeist ein negatives Image beigemessen. Wenn nun auch außerhalb der Überlieferungslinien *Yoga* erlernt werden kann, ist es nicht mehr notwendig, sich in eine Linie der *paraṃparā* einzuordnen. Auch die strenge Unterwerfung unter den *Guru* entspricht im westlichen Kulturkreis nicht der praktizierten Lebensform. Die Lehrer-Schüler Hierarchien erscheinen somit abgeflacht. Die eigene Weltanschauung wie auch die praktizierten Übungswege sind oft aus verschiedenen Traditionen zusammengestellt. Nicht selten werden sogar außerhalb des *Yoga* stehende Wege von buddhistischer Meditation bis zur Progressiven Muskelentspannung nach *Jakobsen* mit in die eigene

Praxis integriert. Die Lehrlinie der indischen Tradition scheint vermehrt ersetzt durch eine Form von Patchwork-*Yoga*. Die Kompetenz des Lehrers, der bestimmt, was der Schüler zu lernen hat, wird verlagert auf den Schüler, der sich aus dem Angebot der Lehren das heraussucht, was seinem Lernbedürfnis am meisten entspricht.

Beide Lehr- und Lernformen, die des traditionellen Indien wie auch die des modernen Westen, weisen ihre Vor- und Nachteile auf. Persönliche Meister vermögen unmittelbar in spirituellen Krisen den *Yoga*-Übenden zu helfen. Der moderne *Yoga* versucht mühsam Hilfe in Notfällen durch das Einrichten von Netzwerken anzubieten, die Adressen kompetenter Therapeuten und Lehrer vermitteln. Der östliche Meister erfüllt darüber hinaus auch eine wichtige Funktion, indem er dem Schüler die Möglichkeit gibt, in den Wirren des Alltags Halt zu finden und sich auf diesen Halt zu stützen. Das Bewusstsein, von einem Meister unterrichtet zu werden, der in einer langen Überlieferungstradition steht, führt zur Gewissheit, auf dem richtigen Weg zu sein. Der Meister vermittelt den Suchenden die Zuversicht, dass sie auf den Weg geleitet werden können. Im Pluralismus der Gegenwart geht dagegen der Glaube, dass es nur einen Weg der Wahrheit gibt, immer mehr verloren. Die so gewonnene Freiheit des modernen Menschen ist dann aber notwendig verbunden mit dem Verlust an Halt und Orientierung.

Aber auch die indische *Yoga*-Tradition war sich schon früh bewusst, dass die Bindung an einen Meister nicht nur förderlich sein kann. Nach einem alten Gleichnis zeigt der Meister dem Schüler den Weg zu seinem eigenen Selbst. Der Meister bildet das Tor, durch das der Schüler schreiten kann, wenn er zu sich selbst gelangen will. Die große Gefahr besteht jedoch darin, nicht durch dieses Tor hindurchzuschreiten, sondern vor ihm stehen zu bleiben. Anstatt den Weg des *Yoga* zu gehen, hält der Schüler an und wirft sich vor dem Meister nieder. Die Vergöttlichung des *Guru* behindert so den Erkenntnisweg des Schülers, anstatt ihn zu fördern.

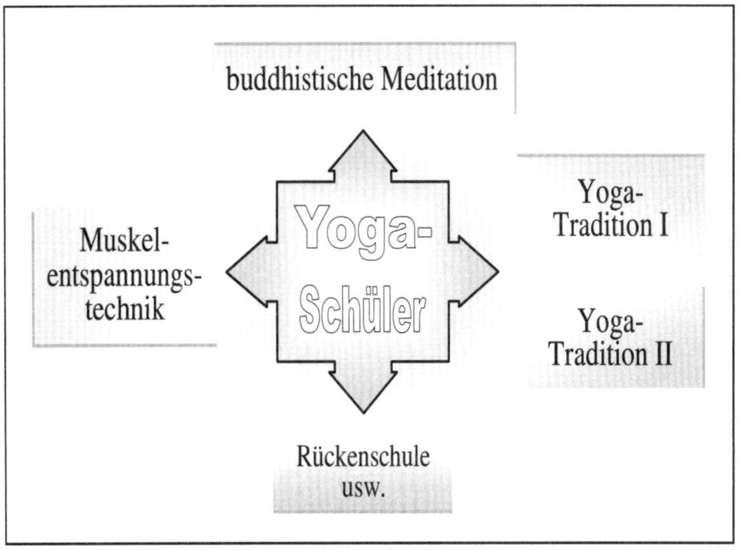


*Modernes Lernen: Patchwork-Yoga*

Jeder Halt des *Guru* bedeutet nur äußeren Halt, der zwar zu Beginn des Weges oft wichtig sein kann, jedoch keineswegs den eigentlichen Sinn des *Yoga* meint. Bei aller Verschiedenheit der Lehr- und Lernformen hat sich der eigentliche Sinn des *Yoga* doch nie verändert. Als einer der frühesten *Yoga*-Meister betont *Yājñavalkya* in der *Bṛhadāraṇyaka-Upaniṣad* die Erfahrung

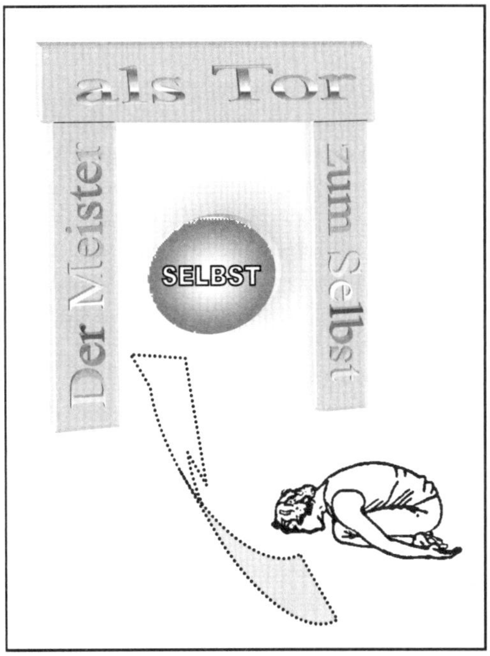


*Die Anbetung des Meisters als Tor*

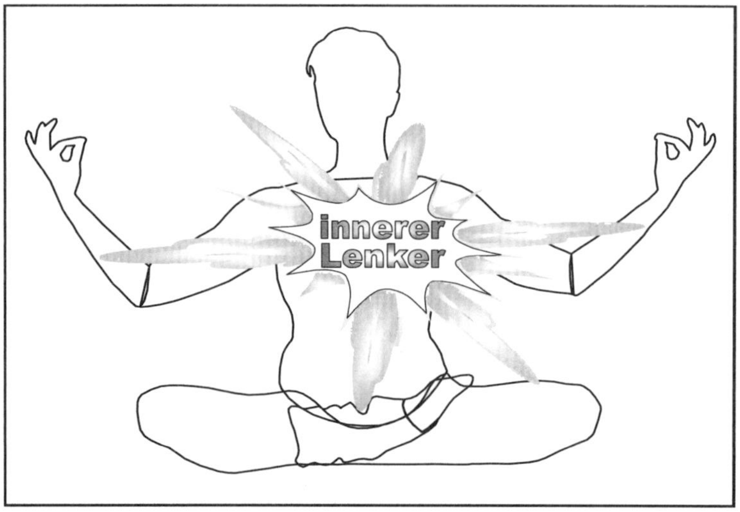


*Essenz des Yoga: Aufdeckung des inneren Lenkers (antaryāmin) als des höchsten Guru*

des *antaryāmin*, des 'inneren Lenkers' (Skrt.: *antaryāmin* (m.) - innerer Lenker). Wenn das Bewusstsein klar geworden ist und der Übende innere Stabilität erlangt, dann benötigt er nicht mehr den Halt durch den *Guru*. Führung erfährt der Schüler dann nicht von außen, sondern von innen, vom inneren Lenker als der inneren Stimme des wahren Selbst. Auf welchem Wege nun der innere Lenker zu erfahren ist, dies scheint von den jeweiligen Bedürfnissen der einzelnen *Yoga*-Schülerinnen und *Yoga*-Schüler abhängig zu sein. In der Aufdeckung des wahren *Guru* in Innern des Menschen liegt jedoch die Essenz aller *Yoga*-Praxis, sowohl in der traditionellen Meister-Schüler-Bindung als auch im ungebundenen Lernen der Gegenwart.

# 5. Religion und Philosophie

Die Praxis des Yoga in Europa und Amerika konzentriert sich in erster Linie auf Übungen des Körpers. Der Verdacht, *Yoga* hätte mit Religion zu tun, wird zumeist vehement zurückgewiesen. Der Blick nach Indien zeigt allerdings, dass schon die ältesten Texte des *Yoga*, die *Upaniṣads*, als religiöse Texte verehrt werden. Die *Bhagavadgītā*, eines der wichtigsten Bücher des *Yoga*, gilt als die 'Bibel' der Hindus. Es ist auch durchaus üblich, vor der *Yoga*-Stunde ein Gebet zu sprechen, um so auf den tieferen Sinn des *Yoga* aufmerksam zu machen. In Indien scheint *Yoga* somit durchaus etwas mit *Religion* zu tun zu haben.

Aber auch im Westen bedeutet *Yoga* letztlich nicht nur Körperübung. Die Suche nach dem tieferen Sinn des *Yoga* wird hier jedoch meist mit *Philosophie* bezeichnet. Auch im Titel dieses vorliegenden Buches geht es um die *Philosophie* des Yoga. Wenn in Indien der wichtigste Text des klassischen *Yoga*, die *Sūtras* des *Patañjali*, als vierte Schule in den Kanon der sechs klassischen Schulen der traditionellen Philosophie aufgenommen wurden, so scheint auch in Indien eine enge Verbindung von *Yoga* zur Philosophie gesehen zu werden. Mündet die Suche nach dem tieferen Sinn des *Yoga* nun in Religion oder in Philosophie oder in beidem zugleich? Um diese Frage fundiert klären zu können, gilt es sich zuerst bewusst zu machen, was unter Religion und was unter Philosophie jeweils verstanden werden soll.

Religionen zeigen meist ein sehr unterschiedliches Erscheinungsbild. Und doch treten dieselben vier Momente fast immer auf. Diese vier Momente stellen gleichsam die vier Säulen der Religion dar. Die erste dieser Säulen könnte als *Glaube an Gott* oder an Götter bezeichnet werden. Ob Gott nun personal oder eher als abstraktes Prinzip vorgestellt wird, der Glaube an eine jenseitige Dimension, auf welcher diese Welt beruht oder von wo aus sie gelenkt wird, ist für Religion konstitutiv. Als zweite Säule mag der *Glaube an Antworten* genannt werden,

die die Religionen auf die existentiellen Fragen des Menschseins geben. Es sind die Antworten auf die Frage nach unserer Herkunft und auch nach dem Sinn und Ziel des Lebens. Ob von der Vorstellung der Wiedergeburt, der Schöpfung, von einem Leben nach dem Tode oder einem letzten Gericht ausgegangen wird, immer geben die Religionen die Antwort auf die Frage, wie wir entstanden sind und was nach dem Tode mit uns geschehen soll. Der Mensch findet sich aufgehoben in einer göttlichen Ordnung. Als dritte Säule stützen sich die Religionen auf den *Glauben an Gebote* und Normen des Handelns. Die einzelnen Religionen regeln zwar in höchst unterschiedlicher Weise, was zu tun und was verboten ist. Immer werden so jedoch die Richtlinien für das Leben in der Gemeinschaft gegeben. Darüber hinaus erscheint in allen Religionen viertens der *Glaube durch Rituale* gestützt. Durch Opfer, Gebete oder Gottesdienste findet der Glaube hier in fest vorgeschriebenen rituellen Handlungen in je verschiedener Weise seinen Ausdruck.

*Yoga zwischen Religion und Philosophie*

Nun ist zu fragen, inwieweit die genannten vier Momente von Religion das Wesen des *Yoga*

*Die vier Säulen von Religion*

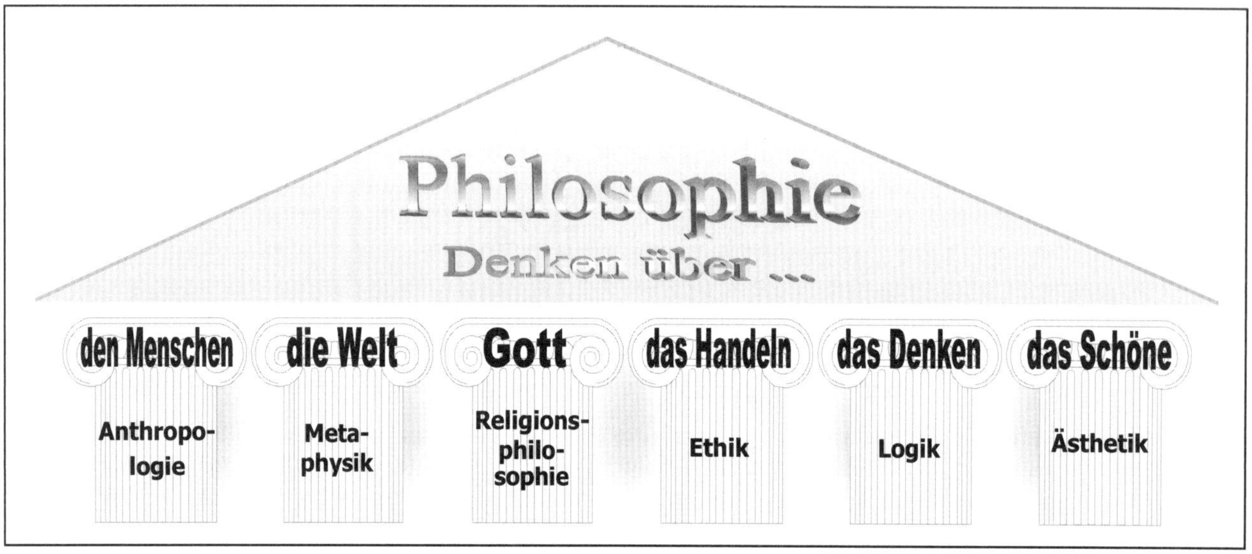


*Die sechs Säulen der Philosophie*

ausmachen. Der tiefere Sinn des *Yoga* bedeutet weder den Glauben an Gott, noch soll an religiöse Lehren geglaubt werden. *Yoga* verlangt nicht den Glauben und das Befolgen von Geboten des rechten Handelns und auch nicht den Glauben an die Wirksamkeit vorgeschriebener Rituale. Wenn die genannten Kriterien für Religion angewendet werden, so kann es sich beim *Yoga* keinesfalls um Religion handeln. Und doch stehen *Yoga* und Religion in enger Beziehung. *Yoga* meint nicht Glauben wie in der allgemeinen Religion. *Yoga* bedeutet einen Weg der Erfahrung, in dem jeder Glaube verwandelt wird. Der Glaube an einen jenseitigen Gott wird zur Erfahrung Gottes als Grund der eigenen Existenz. Antworten der Lehren und auch die Gebote sind nicht mehr von außen glaubend übernommen, sondern werden aus eigener Erfahrung erkannt. Rituale richten sich nicht mehr nach von außen vorgeschriebenen Richtlinien, sondern werden zum individuellen Ausdruck der eigenen, inneren Erfahrung.

Ganz ähnlich wie zur Religion kann auch das Verhältnis des *Yoga* zur Philosophie beschrieben werden. Seit ihrer Grundlegung im antiken Griechenland bedeutet Philosophie eine Disziplin des *Denkens* und der *Reflexion*. Das Denken kann sich dabei auf viele verschiedene Gebiete beziehen. In der abendländischen Tradition haben sich sechs solcher Bereiche herauskristallisiert, sechs Säulen der Philosophie. Die Philosophen reflektierten über das *Menschsein*, über die Prinzipien der *Welt*, über *Gott*, über das rechte *Handeln*, über die logischen Prinzipien des *Denkens* oder auch über das *Schöne*. Auch hier gilt, dass *Yoga* keinesfalls dieser allgemeinen Vorstellung von Philosophie entspricht, wie sie hier entworfen wurde. Und doch ist *Yoga* auch von Philosophie nicht vollkommen verschieden. Philosophie als Disziplin des Denkens wandelt sich zu Philosophie als Bewusstseinsschulung. *Yoga*-Philosophie meint dann nicht mehr ein Denken über die Prinzipien des Menschseins, sondern den Weg zur Erfahrung der Tiefen der eigenen Existenz. In gleicher Weise ist das Ziel des *Yoga* nicht Erkenntnis über die Welt, sondern das Bewusstsein unserer innigen Eingebundenheit in den Kosmos. Es geht nicht um ein Denken über Gott, sondern um Gotteserfahrung, nicht um ein Denken über richtiges Handeln, sondern um die Schulung des Bewusstseins für ein Handeln aus der eigenen Bestimmung, nicht um die logischen Prinzipien des Denkens, sondern um die Schulung intuitiver Erkenntnis, und letztlich auch nicht um ein Denken über das Schöne, sondern um den Weg zu einem bewussten Sehen der Welt.

*Yoga* bedeutet den Weg in die Tiefe. *Yoga* meint den Weg der eigenen Transformation, der Umwandlung unseres alltäglichen Glaubens, Denkens und Lebens. *Yoga* meint so auch den Weg der Umwandlung des herkömmlichen Verständnisses von Religion und Philosophie. *Yoga* weist den Weg zu einem Erfahren, aus dem Religion und Philosophie ein neues Leben empfangen. Die Frage, ob es sich im *Yoga* um Religion oder Philosophie handelt, ist so keineswegs mit einem einfachen Ja oder Nein zu beantworten. *Yoga* meint nicht Religion oder Philosophie, wie sie zunächst und zumeist vorzufinden sind. Die Wege des *Yoga* können jedoch sowohl von Religion als auch von Philosophie aus ihren Ausgang nehmen. Religion und Philosophie werden dann zum Weg der Transformation. Der *Glauben* der Religion und auch das *Denken* der Philosophie wandeln sich, um der *Erfahrung* eines tieferen Sinns Platz zu machen, einer Erfahrung, die als der tiefere Sinn sowohl von Religion als auch von Philosophie bezeichnet werden kann.

*Über den tieferen Sinn von Philosophie und Religion*

# 6. Yoga und Therapie

*Yoga* steht in enger Beziehung sowohl zu Religion als auch zu Philosophie. Mit Beginn der *Yoga*-Renaissance im 20. Jahrhundert findet Yoga darüber hinaus auch im therapeutischen Bereich Anwendung. Schon die großen Pioniere des modernen *Haṭha-Yoga* von *Śrī Yogendra*, über *Svāmī Kuvalyānanda* bis hin zu *T. Krishnamāchārya* waren praktizierende Therapeuten. Sie förderten die Entwicklung der *Yoga*-Therapie, so daß man heute sogar vom *Yoga*-Therapeuten spricht, für den eigens der neue Sanskrit-Begriff *yoga-cikitsāVcharya* geprägt wurde (Skrt.: *cikitsā* (f.) - Therapie, *āchārya* (m.) - (spiritueller) Lehrer). Die *Yoga*-Therapie behandelt als alternative Form der Heilkunde psychosomatische oder auch somatischen Krankheiten von Kopfschmerzen über Asthma bis hin zu Herzkreislaufkrankheiten, indem nicht die herkömmlichen Medikamente, sondern eine spezifische Praxis meist aus dem Bereich des *Haṭha-Yoga* verordnet wird. Die *Yoga*-Therapie in Indien förderte dann auch die Entwicklung des in den westlichen Ländern praktizierten Gesundheits-*Yoga*, der in erster Linie zur Stabiliserung von Körper und Geist in einer von Hektik und Stress belasteten Umwelt praktiziert wird.

Bei aller notwendigen Würdigung der positiven Wirkungen des Yoga bei Rückenschmerzen und Schlafstörungen ist doch zu fragen, ob Yoga als Therapie nicht eine Reduzierung des

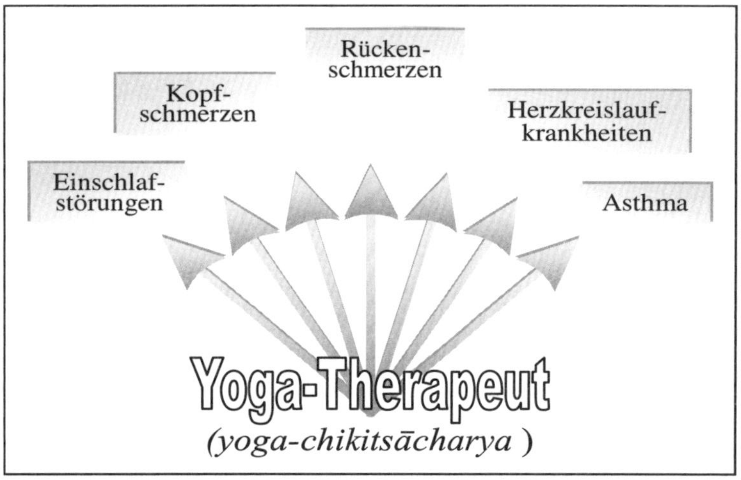


*Arbeitsgebiete des Yoga-Therapeuten*

ursprünglichen Sinns von *Yoga* bedeutet. Oder geht es umgekehrt vielleicht sogar um eine Erweiterung des spirituellen Ansatzes? In welcher Beziehung stehen *Yoga* als Therapie von Krankheiten zum *Yoga* als spirituellem Weg? Zur Klärung dieser Fragen gilt es sich zunächst das ganzheitliche Menschenbild des *Yoga* zu vergegenwärtigen und hieran sowohl die Ansätze der *Yoga*-Therapie als auch des spirituellen Weges zu messen. Hierzu erscheint es als besonders hilfreich, die Gedanken der *Yogīs* des klassischen *Āyurveda* hinzuzuziehen, die schon vor über 2000 Jahren Therapie mit Spiritualität zu verbinden suchten.

Das ganzheitliche Menschenbild verdeutlicht in besonders anschaulicher Weise das Gleichnis vom Pferdewagen, wie es von der *Kaṭha-Upaniṣad* überliefert wurde. Dieses Bild unterscheidet zwischen fünf Dimensionen des Menschen: Körper, Sinne, Denken, Erkenntnis und Selbst. Der Körper entspricht dem Wagen, die Sinne und Begierden den diesen Wagen ziehenden Pferden. Wie die Pferde den Wagen ziehen, so nimmt der Mensch mit den Sinnen und Begierden die Welt wahr und richtet sein Handeln nach ihnen aus. Wie die Pferde jedoch durch die Zügel in Zaum gehalten werden, so vermag auch der Mensch mit dem Denken seine Begierden zu lenken. Entscheidend wird jetzt jedoch, woher das Denken die Leitmaßstäbe nimmt, das heißt, wer die Zügel in der Hand hat. Beim Pferdewagen ist dies der Wagenlenker, der als getreuer Diener seines Herrn die Befehle des Wagenherrn, der in der Mitte des Wagens sitzt, umzusetzen weiß. Er ergreift die Zügel und lenkt so die Geschicke des Wagens. Beim Menschen übt die Funktion des Wagenlenkers die intuitive Erkenntnis aus, die offen ist für die Stimme aus dem Selbst, die Stimme der inneren Mitte.

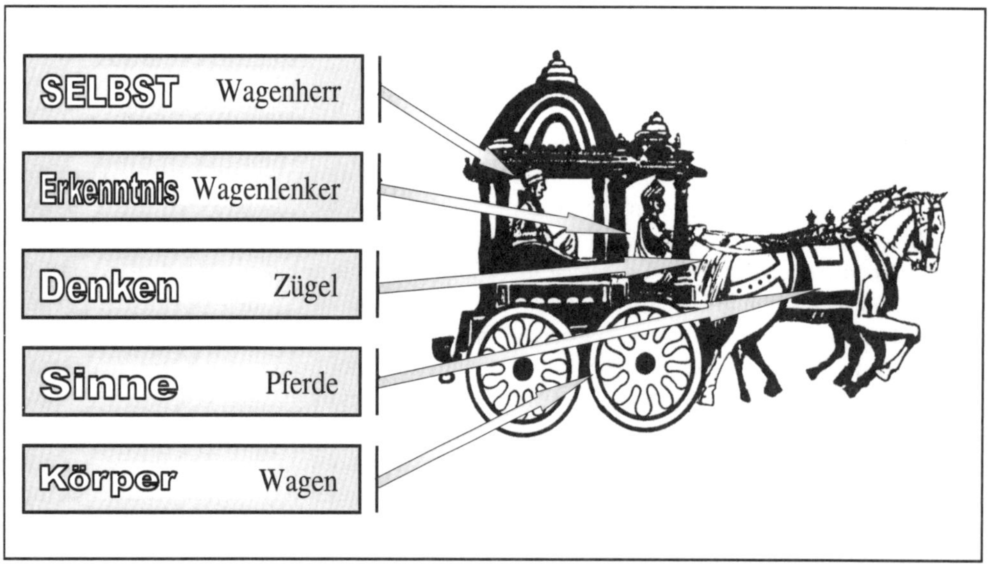


*Die fünf Dimensionen des Menschen nach dem Wagengleichnis der Kaṭha-Upaniṣad*

## Spirituelles Kranksein

Krankheiten des Körpers würden nach diesem Bild Störungen im Bereich des Wagens entsprechen. Ein Rad mag klemmen oder eine Achse kann gebrochen sein. Die Krankheit, um die es aber im *Yoga* als spirituellem Weg geht, liegt tiefer. Sie weist auf den Wagenlenker, die intuitive Erkenntnis. Nach dem Gleichnis der *Upaniṣad* kann der Wagenlenker umso weniger auf seinen Herrn hören, je mehr er unbewusst und schläfrig ist. Für den Menschen heißt außen wirkenden Reize werden. Der Mensch würde dann unbewusst, unfrei und getrieben umherirren, wie ein Pferdewagen mit eingeschlafenem Lenker und hängenden Zügeln.

Die Autoren der *Kaṭha-Upaniṣad* sprechen hier allerdings, wie die meisten anderen yogischen Texte auch, keineswegs von Krankheit. Warum sollten sie auch? Die *Yogīs* der *Upaniṣads*, der *Bhagavadgītā* oder der *Sūtras* waren Asketen, religiöse Lehrer oder Philosophen, für

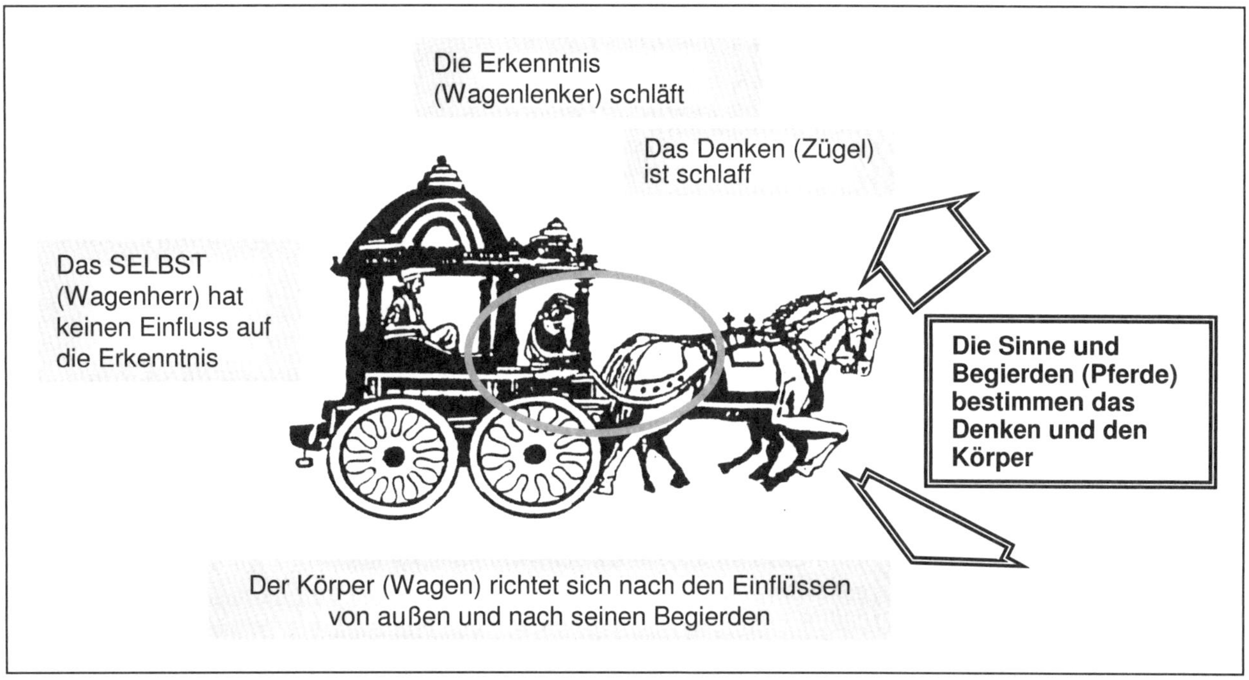


dies, dass er umso weniger sein inneres Selbst wahrzunehmen vermag, desto mehr die Fähigkeit zur intuitiven Erkenntnis verloren wurde. Die Unreinheit des Bewusstseins verhindert ein Leben aus der inneren Mitte des Selbst. Durch diese Unbewusstheit des Alltags liegen die Zügel des Denkens deswegen mehr oder weniger schlaff. Der Mensch gerät in Abhängigkeit von den äußeren Einflüssen. Nicht mehr er selbst, sondern immer mehr die Sinne und Begierden bestimmen sein Denken und Handeln. Das Denken mag letztlich sogar zum Spielball der Sinne, der Triebe und der von die Begriffe wie Unreinheit oder Unbewusstheit viel vertrauter waren als die Rede von Krankheit aus dem therapeutischen Bereich. Ganz anders sieht dies jedoch bei denjenigen *Yogīs* aus, die aus dem therapeutischen Umfeld stammen. Dies gilt zum Beispiel für den kleinen Kreis von Ärzten der indischen Lebenskunde *Āyurveda*, die für den Weg des *Yoga* offen waren. So ist schon im ältesten Lehrbuch des klassischen *Āyurveda*, der *Caraka-Saṃhitā*, von einer 'Verdeckung des Selbst' die Rede, durch die der Mensch keine 'Erinnerung an das Wissen des Wesens' habe. Mit den Augen des Therapeuten

*Das Alltagsbewusstsein*

konnten die āyurvedischen Ärzte beobachten, dass durch die Verdeckung des Selbst der Verlust des Bewusstseins für eine gesunde Lebensführung einhergeht. Wenn der Mensch an die Dinge der Welt gebunden ist, so richtet er sich nur noch auf das ihm jeweilig Liebe aus. Das bringt ihm zwar kurzfristig Freude, aber letztlich schadet es sowohl der Gesundheit des Körpers wie auch der Psyche. Diese Menschen hätten nach āyurvedischer Terminologie einen *prajñāparādha* genannten 'Fehler des Bewusstseins' (Skrt.: *prajñā* (f.) - Bewusstsein; a*parādha* (m.) - Fehler). Mit dem Fehler des Bewusstseins erkennt man nicht mehr, was gut und schlecht für einen selbst ist. Man hat Kontakt zu schädlichen Dingen, unterdrückt seine natürlichen Bedürfnisse und wendet Gewalt an, was dann auch zahlreiche somatische Krankheiten nach sich zieht.

Nach den āyurvedischen *Yogīs* steht die Unbewusstheit des spirituellen Grundes durchaus in Verbindung mit den Krankheiten des Körpers. Im Extremfall ist die vollkommene Unbewusstheit für das Selbst dann sogar mit dem Begriff *mahāgada*, der 'großen Krankheit', bezeichnet (Skrt.: *maha* - groß; *āgada* (m.) - Krankheit). Von großer Krankheit ist dann gesprochen, wenn selbst der letzte Rest des Bewusstseins für die innere Mitte verloren wurde, so dass keinerlei Gespür mehr vorhanden ist für das, was gut und was schlecht, was heilsam und was schädlich wirkt. Um in dem Bild der *Kaṭha-Upaniṣad* zu bleiben: die Erkenntnis, das heißt der Wagenlenker, wäre vollkommen eingeschlafen. Der Mensch vermag dann in keiner Weise mehr aus dem Selbst zu leben, der Wagen irrt herrenlos umher. Die Pferde-Sinne und die umherliegenden Heuhaufen haben das Kommando übernommen und können so Wagen und Zügel, Körper und Psyche zugrunde richten. Wenn Krankheit jedoch in so umfassender Weise verstanden wird, so heißt dies auch, dass das Grundverständnis von Gesundheit zu erweitern ist.

*Die āyurvedische Konzeption vom Fehler des Bewusstseins*

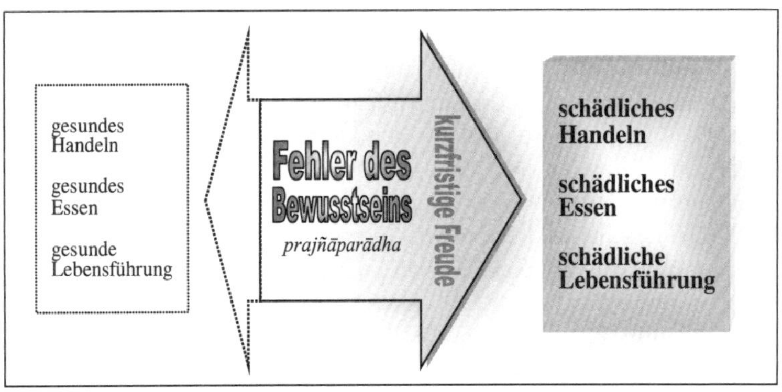


## Spirituelle Gesundheit

Erst dann entfaltet der Mensch die Fülle seiner Möglichkeiten, wenn nach dem Bild des Pferdewagens der Wagenlenker in voller Bewusstheit auf seinen Herrn zu hören vermag, die Pferde zügelt und so den Wagen lenkt. Erst im Erwachen der intuitiven Erkenntnis wird der Mensch sich seines Selbst bewusst. Mit allen Dimensionen seiner Existenz versteht er dann in Freiheit aus der inneren Mitte seines Selbst zu leben.

Interessanterweise wird wiederum im *Āyurveda* der Gesunde in diesem Sinne als *svastha* bezeichnet, als einer, der im 'Eigenen' steht (Skrt.: *sva* - selbst, eigen; *stha* - stehend). Gesundheit bedeutet dann jedoch nicht nur Verankerung im Selbst und somit innere Stabilität, sondern auch eine besondere Bewusstheit für ein in-sich-stimmiges und heilsames Leben in der Welt. Wenn sich der *Yogī* in vertiefter Bewusstheit der Welt zuwendet, spürt er vermehrt, was ihm zuträglich ist und was nicht. Er wird sich bewusst, was es heißt, gesund zu handeln, eine gesunde Lebensführung zu üben und, für den āyurvedischen Kontext von besonderer Wichtigkeit, sich gesund zu ernähren. Nahrung wird so zum Beispiel nicht mehr in Unbewusstheit oder mit Begierde aufgenommen, sondern mit wachem Bewusstsein für das Gesunde und Heilsame. Innere Stabilität und Bewusstheit zusammen mögen sogar dazu führen, dass das, was als gesunde Lebensführung einmal bewusst wurde, dann tatsächlich auch realisiert wird. Die Schädlichkeit des Rauchens wäre so nicht nur bewusst, sondern könnte durch das Anwachsen von innerer Stärke und Stabilität tatsächlich in eine Verhaltensänderung münden.

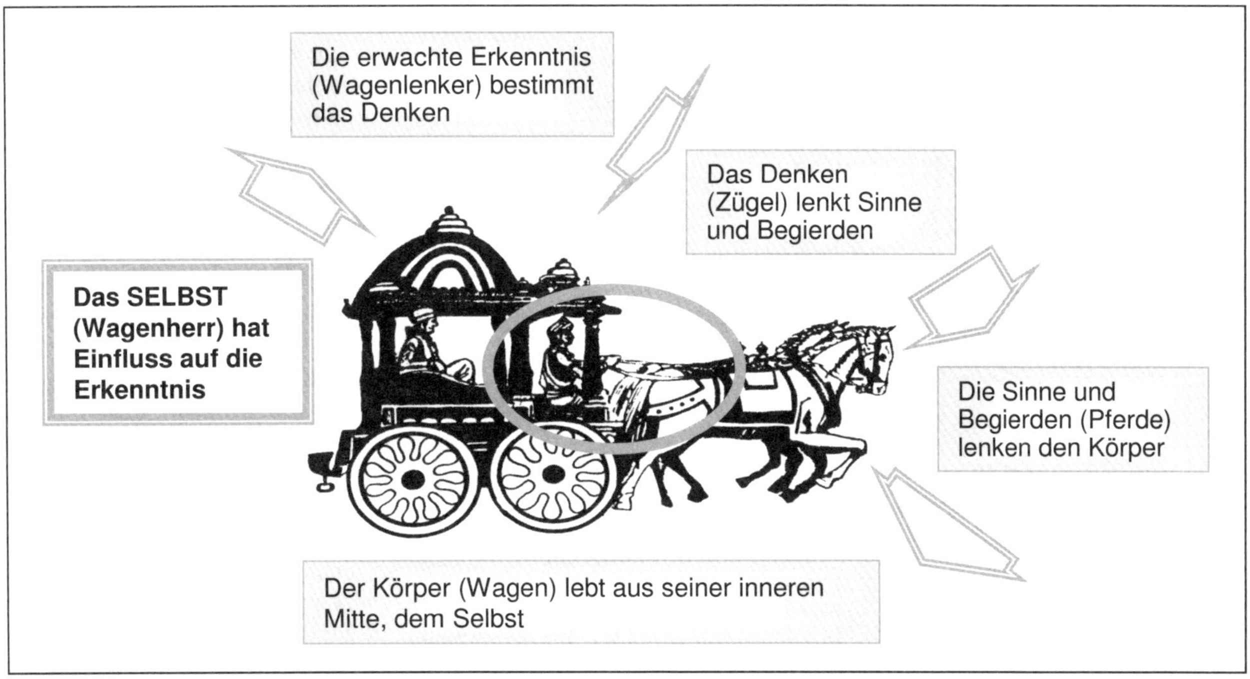


*Die volle Bewusstheit aller fünf Dimensionen*

## Spirituelle Therapie

Die Erweiterung des Grundverständnisses von Krankheit und Gesundheit im *Yoga* weist somit auch auf ein vertieftes Verständnis von Therapie. Bei vielen körperlichen Krankheiten könnte somit eine ausschließlich auf den Körper bezogene Therapie zu kurz greifen, wenn die Wurzelursache in mangelnder Verankerung in der eigenen Mitte des Selbst oder unbewusster und daraus resultierender ungesunder Lebensführung zu suchen ist. Eine Therapie wäre langfristig weit erfolgversprechender, wenn sie umfassender angelegt wäre. Eine Therapie, welche die Krankheit an ihrer Wurzel packt, müsste auch auf die Förderung des Bewusstseins für das Selbst, auf einen spirituellen Wandel ausgerichtet sein.

Nach dem Bild vom Pferdewagen würde die Therapie im Aufwecken des Wagenlenkers und somit in der Schulung des Bewusstseins für das innere Erkenntnisvermögen bestehen. Nicht mehr Pferde oder Heuhaufen sollen die Fahrtrichtung des Wagens bestimmen, sondern der Wagenherr. Die spirituelle Transformation meint die Lösung von den Abhängigkeiten der Welt, um in ganz neuer Weise auf das wahre Selbst hören zu können und in der inneren Mitte Halt zu finden. Die spirituelle Umkehr meint die Befreiung des Menschen zu sich selbst, zu seinem eigenen spirituellen Grund, so dass der Mensch wieder Herr im eigenen Hause ist.

*Das bewusste Leben des Gesunde*

Wenn die yogischen Texte im allgemeinen auch hier nicht von Therapie sprechen, so tun

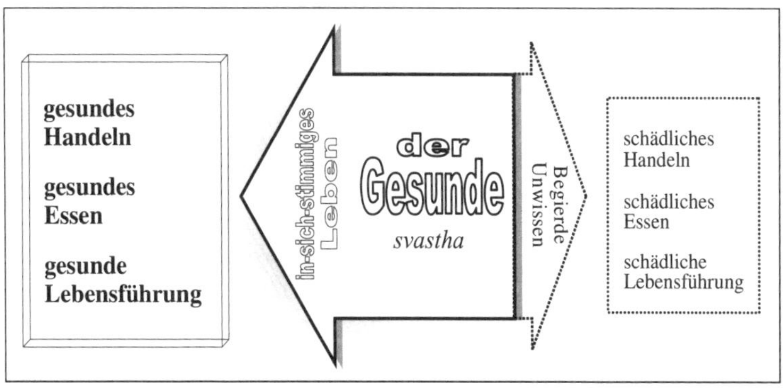

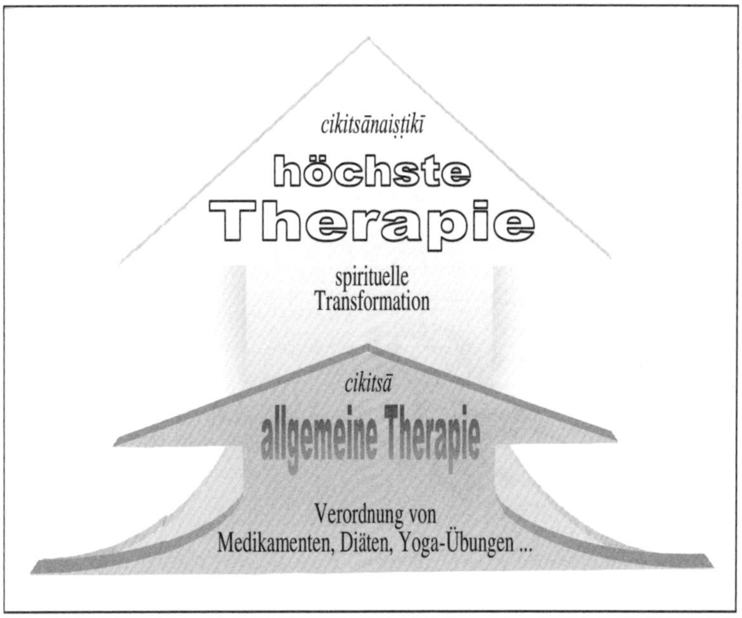


*Die zwei Dimensionen von Therapie*

dies doch wiederum die yogischen Ärzte des klassischen *Āyurveda*. Die Befreiung von aller Gebundenheit heisst hier *cikitsānaiṣṭikī,* die 'höchste Therapie' (Skrt.: *cikitsā* (f.) - Therapie, *naiṣṭika* - endgültig, vollendet). Der Blick richtet sich jedoch für die Ärzte nicht nur auf das Selbst, also in unserem Bild auf den Wagenherrn, sondern auch in die andere Richtung, das heißt auf die Zügel, die Pferde und vor allem auf den Wagen. Wichtig wird, auch die körperlichen und psychischen Voraussetzungen für spirituelles Wachstum zu fördern.

So ist zum Beispiel zur Therapie der 'großen Krankheit' keineswegs nur eine spirituelle oder meditative Übungspraxis beschrieben. Gerade zu Beginn werden, nach den Behandlungskonzepten des *Āyurveda*, Schwitzkuren und Ölungen, auch Diäten und Stärkungsmittel empfohlen. Erst dann erfolgt der Hinweis, zu einem kompetenten Lehrer zu gehen und sich in den spirituellen Weg einweisen zu lassen.

Deutlich wird zwischen zwei Dimensionen von Therapie unterschieden. Der Arzt selbst übernimmt die Heilverfahren der *allgemeinen Therapie*. Auch die heutige *Yoga*-Therapie als von außen auf die Krankheit einwirkendes Heilverfahren könnte zu einer so verstandenen allgemeinen Therapie gerechnet werden. Hiervon zu unterscheiden ist die *höchste Therapie*. Zu beachten ist, mit welcher Vorsicht jetzt verfahren wird. Die höchste Therapie, die Einführung in den spirituellen Weg, übernimmt nicht der Arzt selbst. Ein intensives Vertrauensverhältnis und auch die spezifische Kompetenz des erfahrenen Lehrers werden als unabdingbar beschrieben. Der Arzt verweist auf den spirituellen Meister, der jedoch die Therapie nicht wie ein Medikament, eine Diät und auch nicht wie eine *Haṭha-Yoga*-Übung verschreibt. Spirituelle Therapie lässt sich keineswegs genauso verordnen, wie bestimmte āsanas gegen Kopfschmerzen oder Verdauungsbeschwerden verschrieben werden können. Der in der höchsten Therapie intendierte spirituelle Wandlungsprozess ist nicht mehr machbar, sondern nur noch durch Übungen vorzubereiten und so zu fördern. Sie entzieht sich, bei aller Notwendigkeit der Übung, doch von vorneherein dem handwerklich-therapeutischen Zugriff. Spirituelle Therapie meint Therapie in einem ganz neuen, anderen und vielleicht sogar ursprünglichen Sinn.

Der spirituelle Weg als höchste Therapie wird so zur Weiterführung der allgemeinen Therapie. Ein durch Schwitzkur, Diät oder auch durch die *āsana*-Praxis entschlackter Körper kann für das Wachstum der Bewusstheit des spirituellen Grundes äußerst förderlich sein. Andererseits wird sich die Bewusstheit eines Lebens aus dem Selbst wohl auch positiv auf die körperliche und psychische Gesundheit auswirken. Letztlich mögen sich die allgemeine und auch die höchste Therapie durchaus wechselseitig befruchten.

Es sind so, gerade mit der Hilfe des klassischen *Āyurveda*, die engen Beziehungen zwischen *Yoga* und Therapie deutlich geworden. Die *Yogīs* des *Āyurveda* lebten in einer von therapeutischen Begriffen geprägten Welt, so dass es für sie nahe lag, auch auf dem Weg des *Yoga* mit Begriffen wie Krankheit, Gesundheit und Therapie zu arbeiten. Sie waren wohl auch die ersten, welche die Zusammenhänge zwischen der Bewusstseinsschulung des *Yoga* und konkreten körperlichen Krankheiten erkannten.

Wenn so die therapeutische Interpretation des yogischen Weges als durchaus sinnvoll erscheint, so muss sie jedoch keinesfalls als not-wendig angesehen werden. *Yoga* als Weg der Therapie bedeutet nur eine Möglichkeit, den *Yoga*-Weg zu erklären. Die *Yoga-Sūtras* beschreiben Yoga mit philosophisch geprägten Begriffen, die *Bhagavadgītā* interpretiert *Yoga* mit religiöser Terminologie. Im westlichen Yoga der Gegenwart wird zunehmend auch eine psychologisch orientierte Sprache wichtig. Es scheint sehr darauf anzukommen, in welchem Kontext über *Yoga* gesprochen wird.

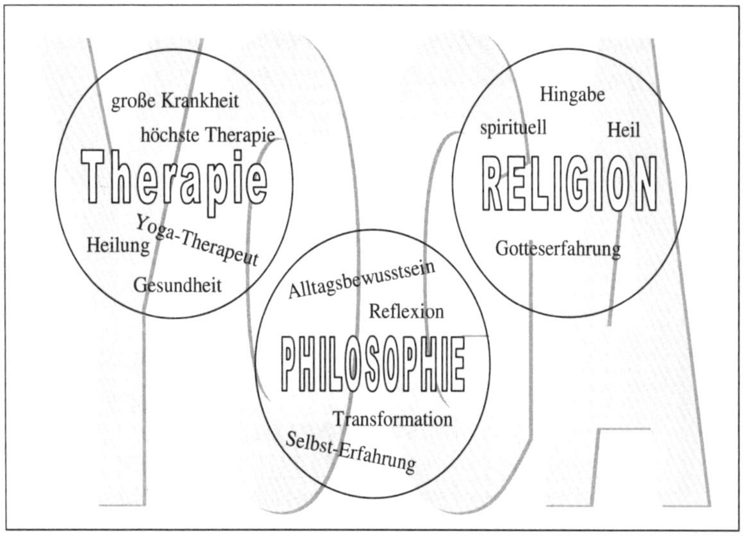


*Über die vielfältigen Begriffshorizonte des Yoga*

Für die allgemeine *Yoga*-Praxis erscheint es somit zumeist kaum notwendig, mit Begriffen aus dem Bereich der Therapie zu arbeiten. Aber auch hier mag es Situationen geben, auf die therapeutischen Wirkungen des *Yoga* aufmerksam zu machen, und zwar nicht nur auf die Heilung körperlicher Beschwerden. Rückenschmerzen werden wiederkommen, wenn zum Beispiel die Ursache einer unbewussten Lebens-führung nicht beseitigt ist. Und unbewusste Lebensführung mag wohl gerade in der Verdeckung des Selbst ihre zentrale Ursache finden. Die Gesundung des Menschen auch in seiner spirituellen Tiefe bleibt Perspektive und Fundament jedes ursprünglich gelebten *Yoga*-Weges. In jedem Fall mag dann gelten: Die spirituelle Perspektive der *Yoga*-Therapie bedeutet nicht nur die Weiterführung des körper-therapeutischen *Yoga*, sondern bildet von Beginn an sein eigentliches Fundament.

# 7. Yoga und Wissenschaft

Während man sich schon seit alters her mit der Beziehung des *Yoga* zu Religion oder Therapie beschäftigte, ist die Klärung des Verhältnisses des *Yoga* zu Wissenschaft ein Phänomen des modernen Denkens. Mit Wissenschaft ist hier die Naturwissenschaft gemeint, wie sie heute nahezu auf dem ganzen Erdball zum Leitmaßstab des Lebens geworden ist. In ihrem oft als unumstößlich geglaubten Anspruch auf Wahrheit hat sie in weiten Kreisen sowohl der westlichen als auch der indischen Kultur die Funktion der traditionellen Religionen unterwandert. Wahrheit muss heute wissenschaftlich bewiesen werden, wenn sie allgemeine Anerkennung erlangen will. Aus dieser Grundforderung des modernen Denkens heraus ist gegenwärtig eine nahezu unübersichtliche Fülle von wissenschaftlichen Untersuchungen zur Praxis des *Yoga* entstanden. Was soll jedoch mit der wissenschaftlichen Erforschung des *Yoga* erreicht werden? Geht es darum, *Yoga* auf die Grenzen gegenwärtiger Naturwissenschaft zu reduzieren? Oder gilt es durch *Yoga* die Wissenschaft zu erweitern und zu einer ganzheitlichen Wissenschaft zu führen?

*Der Erfahrungsweg der Naturwissenschaft*

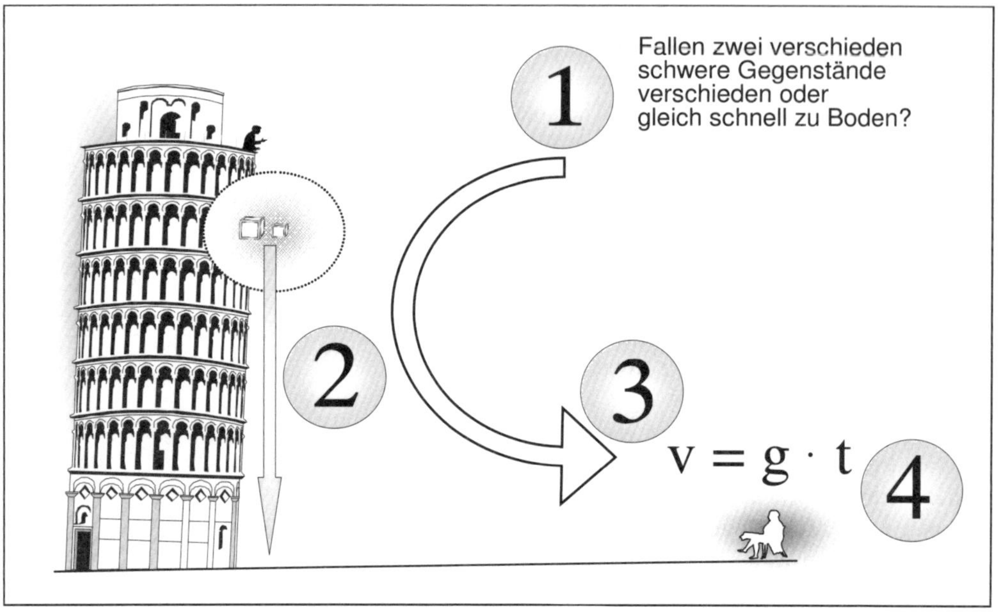


## Das gemeinsame Prinzip

Um das Jahr 1600 stellte sich *Galileo Galilei* die Frage, ob zwei verschieden schwere Gegenstände gleich schnell oder mit unterschiedlicher Geschwindigkeit zu Boden fallen würden. Um diese Frage zu beantworten schaute er nicht, wie allgemein üblich, bei den überlieferten Autoritäten nach, weder in der Heiligen Schrift noch in der Naturphilosophie des *Aristoteles*. *Galilei* wollte sich aus der Abhängigkeit der Vorgaben der Schriften befreien. Er ging einen ganz neuen Weg. *Galilei* wollte die Antwort auf seine Frage selbst erfahren. So ist von ihm die Legende überliefert, dass er zwei Gegenstände verschiedenen Gewichtes auf den Turm von Pisa gebracht und sie von dort heruntergeworfen haben soll. *Galilei* konnte nun genau messen, wie die Gegenstände gleichzeitig auf dem Erdboden ankamen. Eine neue Methodik der Wahrheitsfindung war gefunden, die die gesamte abendländische Kultur verändern sollte: das *Experiment*, das auf der messbaren Erfahrung gründet. Die Naturwissenschaft war geboren. Die Welt sollte von nun an eine andere werden.

*Methodik der Naturwissenschaft*

*Galilei* befreite sich von der *Abhängigkeit an die Autoritäten* und stellte den Weg zu Wissen auf das Fundament der *eigenen Erfahrung*. Charakteristisch für den Weg der modernen Naturwissenschaft wurden die folgenden *vier Schritte*: *erste* Voraussetzung ist, nicht von vorneherein schon zu glauben, die Wahrheit zu kennen. Naturwissenschaft beginnt mit einer *Frage* oder *Hypothese*, in unserem Fall mit der Frage, ob zwei verschieden schwere Gegenstände unterschiedlich schnell zu Boden fallen. Es folgt *zweitens* die Überprüfung in einem

*Experiment*, wobei nicht einfach nur beobachtet wird. Die Naturwissenschaft beschränkt sich auf ein ganz bestimmtes Erfahren: das Messen in Gramm, Meter oder Sekunde. *Galilei* konnte sein Experiment in verschiedenen Variationen wiederholen und so zu konkreten 'harten' Daten gelangen. Anhand dieser Daten war es ihm *drittens* möglich, *mathematische Sätze abzuleiten*, welche die Zusammenhänge von Welt erklären konnten, hier den Zusammenhang von Geschwindigkeit, Wegstrecke, Beschleunigung und Gewicht. Solche mathematischen Sätze *erklären* dann jedoch nicht nur die Vorgänge im Experiment. Sie erklären nicht nur die Erfahrungen der Gegenwart, sondern auch die Erfahrungen der Zukunft. Mathematische Formeln können dann *viertens* zum *Naturgesetz* erhoben werden. Mit dem Gesetz $v = g \cdot t$ vermag man so zum Beispiel für alle Zukunft die Geschwindigkeit von fallenden Gegenständen zu berechnen.

Natürlich geht es der Naturwissenschaft nicht nur um die Berechnung der Geschwindigkeit von Steinen, die vom Turm von Pisa heruntergeworfen werden, und auch nicht nur um Fallgesetze. Die Wissenschaft findet die Gesetze, nach denen die Welt funktioniert. Durch das messende Erfassen und die hierdurch abgeleiteten mathematisch-physikalischen Gesetze wird der gesamte Kosmos wie ein großes Uhrwerk erklärbar, erfassbar, bestimmbar und sogar beherrschbar. Aus der Naturwissenschaft erwächst die Technik, der Weg zur Beherrschung der Welt durch den Menschen, deren Wohltaten wir alle heute genießen. Es entstehen Naturwissenschaft und Technik, deren Grenzen und Gefahren wir heute allerdings auch immer mehr zu Bewusstsein bekommen.

Wenn die Entdeckung der modernen Wissenschaft darin besteht, den Menschen von der Abhängigkeit an die in den überlieferten Schriften vorgegebene Lehren zu befreien und ihn zu einer auf die eigene Erfahrung gegründeten Wahrheit zu führen, dann scheint ein Brückenschlag zum *Yoga* durchaus möglich. Auch im *Yoga* geht es darum, den Menschen von der Gebundenheit zu befreien, die sein Bewusstsein verdunkelt. Und auch im *Yoga* eröffnet

*Die Welt als ein Uhrwerk*

diese Befreiung eine auf die eigene Erfahrung gegründete Wahrheit.

Wie die *Bhagavadgītā* zeigt, meint die Befreiung von Abhängigkeit auch die Befreiung von dem Glauben an die überlieferten heiligen Schriften:

*Was an Nutzen in einem Brunnen liegt, in den von allen Seiten Wasser sich ergießt,*
*so viel liegt in allen Veden für einen wissenden Brahmanen.*
*(Bhagavadgītā 2.46)*

*Die heiligen Schriften - wie der Nutzen eines überfluteten Brunnens*

Was für einen Nutzen hat ein Brunnen, der überflutet ist? Der Brunnen verliert jede Funktion. In gleicher Weise wird das Fundament der überlieferten heiligen Schriften der *Veden* unnötig,

*Der Erfahrungsweg des Yoga*

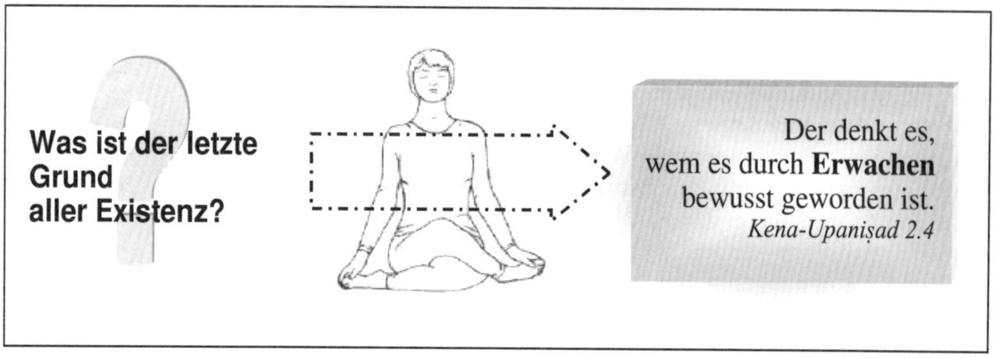


wenn eine andere Quelle des Wissens erschlossen ist, wenn der Brahmane in der Erfahrung des *Yoga* gründet.

Was meint nun diese Erfahrung, die die heiligen Schriften unnötig macht wie einen überfluteten Brunnen? Wenn die Menschen nach dem letzten Grund aller Existenz fragen, so geben die heiligen Texte in der Form von Mythen ihre Antworten, an die geglaubt werden kann. *Yoga* entdeckt die Möglichkeit, die Antwort auf diese Grundfragen des Menschseins nicht nur auf den Glauben, sondern auf eigenes Erfahren zu gründen. Die Urerfahrung des Yoga wird in der *Kena-Upaniṣad* wie folgt beschrieben:

*Der denkt es, wem es durch Erwachen*
*bewusst geworden ist.*
*(Kena-Upaniṣad 2.4)*

Die Urerfahrung des Yoga bedeutet ein Erwachen. Als hätte das Bewusstsein in den Gebundenheiten und Abhängigkeiten des Alltags geschlafen, wacht der Mensch in der *Yoga*-Erfahrung auf und erkennt den Grund aller Existenz. Er erfährt, was das Leben letztlich und im ursprünglichen Sinn trägt.

*Die parallelen Grundstrukturen von Wissenschaft und Yoga*

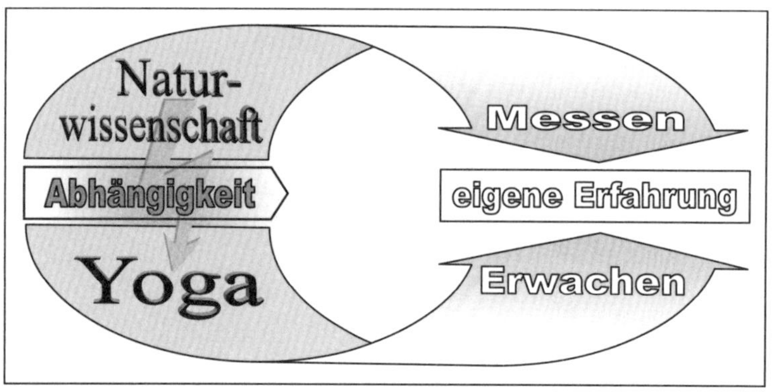


Naturwissenschaft und *Yoga* zeigen somit durchaus parallele Grundstrukturen. Beide zeichnen sich durch die revolutionäre Kraft aus, die Tendenz, den überlieferten Glauben in Frage zu stellen. Beide sehen den Glauben an die Autorität der heiligen Schriften als eine Form der Abhängigkeit und Unbewusstheit. Beide setzen dieser Unbewusstheit die Notwendigkeit der eigenen Erfahrung entgegen. Der Weg zu ursprünglichem Wissen geht über die konkrete Erfahrung jedes einzelnen Menschen. Obwohl einerseits die Grundstrukturen von Naturwissenschaft und *Yoga* vollkommen parallel verlaufen, scheinen andererseits doch jeweilig ganz verschiedene Dinge gemeint zu sein.

## Divergenzen

Allein schon die Abhängigkeiten, von denen es sich zu befreien gilt, werden im *Yoga* viel umfassender verstanden als dies die Naturwissenschaftler je in den Blick genommen haben. Nicht nur die Abhängigkeit von Autoritäten, sondern das gesamte Alltagsbewusstsein mit seiner sinnlichen Erfahrung und dem rationalen Denken werden als grundsätzlich gebunden und unbewusst beurteilt. Das Messen und auch die daraus resultierenden Reflexionen erscheinen aus der Perspektive des *Yoga* noch als Ausdruck von Gebundenheit und Unbewusstheit. Wenn aber im *Yoga* die allgemeine sinnliche Erfahrung und das rationale Denken als unbewusst gelten, so ist genau das in Frage gestellt, was in der Naturwissenschaft zur Grundlage der Forschung gemacht wird.

*Yoga* fragt nicht nur grundlegend anders als die Naturwissenschaften, auch die Antworten werden in einer grundlegend anderen Dimension gesucht. *Yoga* fragt nicht nach Zusammenhängen der materiellen Natur, sondern nach dem letzten Grund aller Existenz. Und dieser Grund ist nach der *Kena-Upaniṣad* nicht durch Messen und nicht einmal durch Denken zu erlangen:

*Wer es nicht denkt, der denkt es.*
*Wer es denkt, der kennt es nicht.*
*(Kena-Upaniṣad 2.3)*

Mit dem Denken ist die Erfahrung des *Yoga* nicht nur nicht zu machen. Der Denker kennt *Yoga* überhaupt nicht. Die Erfahrung des Erwachens hat eher mit einem Nichtdenken zu tun. Die Erfahrung des Erwachens weist auf eine ganz neue Dimension, die über der sinnlichen Erfahrung und auch über dem Denken liegt. Wenn also von Erfahrung gesprochen wird, so ist genau zu unterscheiden, auf welche Dimension ein solches Erfahren abzielt.

Um die einzelnen Dimensionen menschlicher Existenz unterscheiden zu können, entwickelte die *Taittirīya-Upaniṣad* das sogenannte *kośa*-Modell (Skrt.: *kośa* (m.) - Hülle). Der Mensch besteht hiernach aus verschiedenen ineinander verschachtelten Hüllen. Die äußerste Hülle ist der Körper, das aus Nahrung gemachte Selbst. Der Körper wird getragen von einer tiefer gelegenen Hülle, dem aus Leben gemachten Selbst. Materie und Leben umfassen den Bereich der sinnlichen Erfahrung, die materiell-sinnliche Dimension.

Dem Menschen ist jedoch darüber hinaus auch das Vermögen gegeben, über die sinnliche Erfahrung hinauszugehen. Der Mensch kann Welt nicht nur unmittelbar sinnlich erfahren, sondern auch über sie reflektieren. So sind beim Menschen weiter innen liegende Hüllen zu finden, die Hülle des Denkens, welche von der Hülle der Erkenntnis getragen wird, die wiederum die Hülle der Glückseligkeit zu ihrem Fundament hat. Diese Hüllen gelten als die zweite, die seelisch-geistige Dimension, in welcher nicht mehr empirisch, sondern geistig erfahren wird.

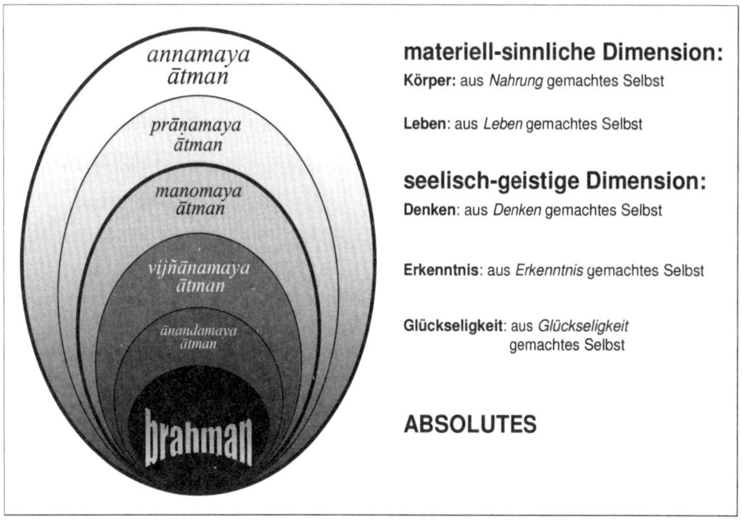


*Die drei Dimensionen der Erfahrung nach dem Hüllen (kośa)-Modell der Taittirīya-Upaniṣad*

Gerade die innere Glückseligkeit weist jedoch schon auf den inneren Kern, auf die Erfahrung der inneren Mitte. Wer alle Hüllen durchbrochen hat, stößt auf eine dritte Dimension der Erfahrung, die sich wesentlich sowohl von aller Empirie als auch von aller rationalen Erkenntnis unterscheidet. Diese alles entscheidende *dritte* Dimension meint die Erfahrung des *brahman*, des Absoluten (Skrt.: *brahman* (n.) - Absolutes). Obwohl die *Yogīs* im Laufe der Geschichte eine Fülle von Begriffen ersannen, um diese Erfahrung zu benennen, ist weder eine Vorstellung noch ein Gedanke von Gott gemeint. Alle Begriffe verbleiben in der seelisch-geistigen Dimension des Denkens. *Brahman* meint auch nicht Gott, wie er in der Form einer Götterstatue oder eines Götterbildes zu erfahren ist. Götterstatuen verweisen auf die materiell-sinnliche Dimension. Es geht um die Erfahrung Gottes als das Erwachen des Über-Sinnlichen und Über-Rationalen. Brahman weist auf die Erfahrung des innersten Wesens menschlichen Seins als den Grund aller Existenz.

Die Erfahrung des *brahman* ist zunächst und zumeist jedoch durch alle diese Hüllen sinnlicher Erfahrung und rationaler Erkenntnis verdeckt. Der Mensch schaut auf die materielle Welt, reflektiert sie und zieht daraus seine Erkenntnisse und sieht nicht, dass alles von einer weiteren, dritten Dimension des Absoluten getragen

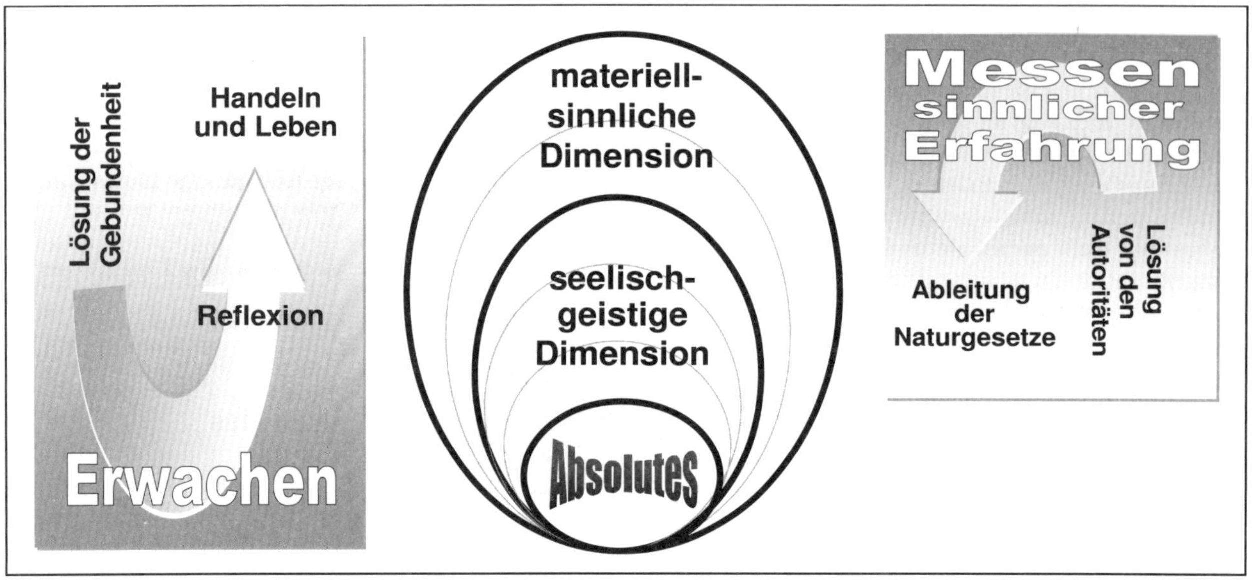


*Die Erkenntniswege von Yoga und Naturwissenschaft*

ist. Das Alltagsbewusstsein ist an die materielle und geistige Welt gebunden, ist abhängig von ihr und nicht bewusst für das innere Wesen.

Yoga bietet nun Übungswege an, welche die Lösung solcher Gebundenheit fördern, die den Menschen wandeln, transformieren, zu Klarheit und Bewusstheit führen. *Yog*a meint Schulung der Körperbewusstheit und auch der Bewusstheit von Seele und Geist. Es geht dann jedoch darum, den Wandlungsprozess weiterzuführen und sich bewusst zu werden, dass der Mensch im ursprünglichen Sinn viel mehr ist, als wir zunächst und zumeist meinen, viel mehr als Körper und Geist. Die Perspektive des *Yoga* ist das Erwachen zu den Tiefen menschlicher Existenz, um dann aus dem über sinnlicher Erfahrung und über rationalem Denken liegenden Absoluten zu leben.

Aus dieser Perspektive zeigen sich die Erkenntniswege des *Yoga* und der Naturwissenschaft vollkommen unterschiedlich. Der Naturwissenschaftler löst sich von der Abhängigkeit an vorgegebene Lösungen. Durch sein Messen in den Experimenten kann er in der materiell-sinnlichen Dimension feste Daten gewinnen. Diese Daten bilden die Grundlage für die Ableitung der Naturgesetze, die in der seelisch-geistigen Dimension formuliert sind. Auch der Weg des *Yoga* beginnt mit der Lösung von Abhängigkeit und Gebundenheit, wobei diese Abhängigkeit jedoch viel umfassender verstanden ist. Die Lösung von der existentiellen Gebundenheit bedeutet ein Erwachen für das Bewusstsein des Absoluten. Das Bewusstsein des Absoluten liegt über aller sinnlichen oder rationalen Greifbarkeit. Es kann jedoch dann durchaus reflektiert werden, wobei dieses vorliegende Buch als ein Beispiel gelten kann. Das Bewusstsein des Absoluten mag dann auch das Handeln und Leben des Menschen transformieren, so dass auch Auswirkungen bis in die materielle Dimension zu spüren sind.

Die Erkenntniswege von *Yoga* und Naturwissenschaft verlaufen unterschiedlich, sie widersprechen sich jedoch nicht. Sie widersprechen sich selbst in ihrer Unterschiedenheit nicht, da sie auf je verschiedenen Dimensionen des Seins und der Erkenntnis arbeiten. Naturwissenschaft ist überall dort zu finden, wo in Gramm, Meter und Sekunde gemessen werden kann, wo rationale Schlussfolgerungen aus diesen Daten zu ziehen und so Theorien und Gesetze über die Welt herauszufinden sind. Naturwissenschaft arbeitet somit in den Dimensionen materiell-sinnlicher Erfahrung und geistiger Reflexion mit besonderem Schwerpunkt auf dem Fundament des Messens sinnlicher Erfahrungswerte.

*Yoga* übt zwar auch mit dem Körper und dem Geist. Yoga kultiviert jedoch vor allem die Bewusstheit einer dritten, übersinnlichen und überrationalen Dimension, die Tiefen menschlicher Existenz. Über sie mag dann auch reflektiert werden, das Überrationale kann auch in das Denken, Handeln bis in die physische Existenz des Menschen hineinwirken. Es ist sogar möglich, physiologische Messungen bei *Yogīs* durchzuführen und so die körperlichen Wirkungen des *Yoga* naturwissenschaftlich zu erforschen. Der tiefere Sinn des *Yoga* verbleibt jedoch immer in jener dritten Dimension. Fragt man nach dem Nachweis, dem Fundament, nach den Wurzeln der jeweiligen Wege, so wird der *Yogī* auf das Erwachen der überrationalen Erfahrung weisen, der Naturwissenschaftler meist jedoch auf das Experiment in der Dimension der sinnlich messbaren Materie.

Yoga und Naturwissenschaft könnten so in guter Weise nebeneinander existieren, vielleicht sich sogar befruchten. Die Realität sieht jedoch anders aus. Es gilt so nach den Gründen dieser Schwierigkeiten im Verhältnis zwischen Naturwissenschaft und *Yoga* zu fragen, nach den oft praktizierten Verabsolutierungen der jeweiligen Fundamente und auch der Verwechslung der Dimensionen.

## Verabsolutierungen

Schwierigkeiten im Verhältnis zwischen *Yoga* und Naturwissenschaft treten dann auf, wenn ein Erkenntnisweg sich jeweilig als absolut setzt. Auch *Yoga* kann einseitig und dogmatisch verstanden werden. Yogische Erfahrung bedeutet dann die Erfahrung der Realität, und zwar der einzig möglichen Realität. Alle Empirie und auch alle Rationalität erscheinen nur noch als pure Illusion, die es zu überwinden gilt. Der *Yogī* beschränkt sich so auf die Suche nach einer Jenseitserfahrung. Nur in der Abwendung von der Welt meint er ein jenseitiges Heil erreichen zu können. Alle Beschäftigung in der materiellen und der rationalen Dimension und somit auch alle Wissenschaften erscheinen als sinnlos.

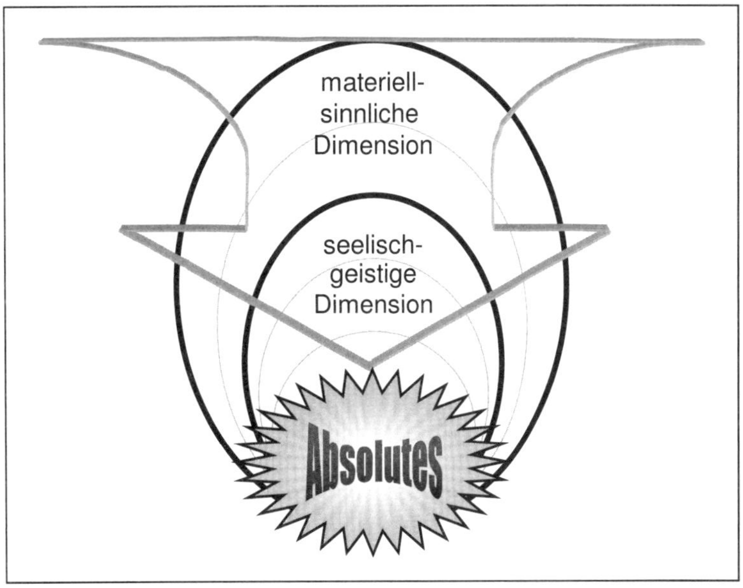


*Yoga als Weltflucht*

In Parallele hierzu behauptet umgekehrt auch eine sich absolut setzende Wissenschaft die Sinnlosigkeit des *Yoga*. Vom Philosophen *Ludwig Wittgenstein* ist das Diktum überliefert, dass Wörter nur Tatsachen, das heißt letztlich nur messbare Sachverhalte sinnvoll zum Ausdruck bringen könnten. *Wittgenstein* vergleicht die von uns gebrauchten Worte mit Teetassen, die bekanntlich nur eine begrenzte Menge an Tee

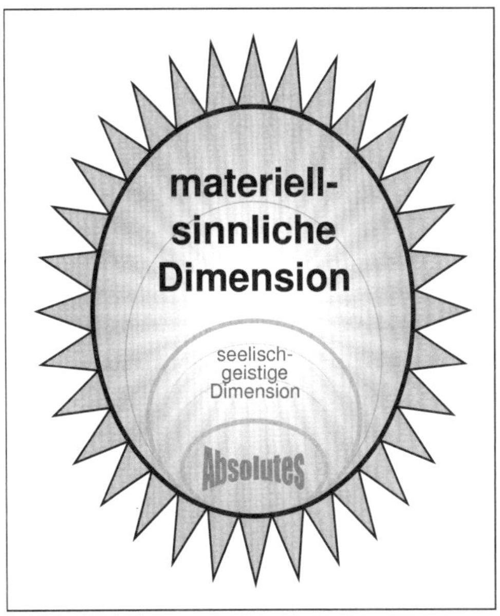


*Absolutsetzung der Naturwissenschaft*

> ...und unsere Wörter drücken nur Tatsachen aus: wie eine Teetasse, und wenn ich einen ganzen Krug über sie leerte, nur eine Teetasse voll Wasser fasst.
>
> Ludwig Wittgenstein

*Wieviel Wasser passt in eine Teetasse?*

aufzunehmen im Stande sind. In gleicher Weise vermögen nach ihm auch Worte nur eine begrenzte Menge an Inhalt zu fassen. Nach *Wittgenstein* beschränkt sich dieser Inhalt auf Tatsachen. Würde man nun versuchen, mit der Sprache überrationale Erfahrungen auszudrücken, so könnten sie diese genauso wenig fassen, wie wenn man einen ganzen Krug voll Wasser in eine Teetasse gießen würde. Ihr Inhalt beträgt maximal doch immer nur eine Tasse Wasser.

In der Weiterführung dieses Gedankens wird in der Naturwissenschaft die Messbarkeit nicht nur zum einzig möglichen Kriterium für Wissenschaft. Messbarkeit wird zum einzigen Kriterium für Realität schlechthin. Nur das Messbare ist real. Was nicht in Gramm, Meter und Sekunden zu messen ist, existiert nicht. Die hieraus abgeleiteten Naturgesetze werden zum neuen Dogma. Alles andere weist in den Bereich der Illusion. *Yoga* wie auch alles Geistige oder Spirituelle gelten dann als irrational oder als esoterische Einbildung.

*Die drei Dimensionen*

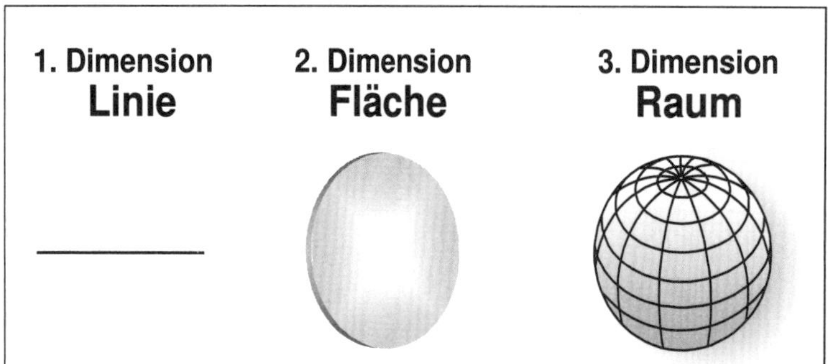


Beide Formen der Verabsolutierung, sowohl die des *Yoga* als auch die der Naturwissenschaft, beschneiden die Möglichkeiten des Menschen. Beide Verabsolutierungen reduzieren die Fülle der Realität auf nur eine Dimension. Notwendig wird die Unterscheidung aller Dimensionen, in welchen der Mensch zu erfahren und zu erkennen vermag.

## Die Dimensionen

Was es heißt, zwischen Dimensionen zu unterscheiden, das ist uns aus der Unterscheidung von Linie, Fläche und Raum bekannt. Eine Linie, ein Kreis und eine Kugel befinden sich auf drei verschiedenen Dimensionen und sind nur in ihrer jeweiligen Dimension zu verstehen. Eine Fliege, die nur in der Fläche sehen könnte, würde die Kugel umkreisen und meinen, sich auf einer großen Fläche zu befinden. Erst wenn sie gelernt hätte, räumlich zu sehen, wäre es ihr möglich, eine Kugel wahrzunehmen.

Um eine Kugel erkennen zu können, ist es notwendig, die Dimension Raum zu sehen. Hätte ein Mensch nur die Flächenwahrnehmung ausgebildet, so vermag er, selbst wenn eine Kugel vor ihm liegt, immer nur Kreise zu erblicken. Je nachdem, ob er von vorne oder von hinten auf die Kugel schaut, immer würden vor ihm nur je unterschiedliche Kreise auftauchen. Wenn man nun einem solchen Menschen, der nur Kreise sehen kann, von einer Kugel berichtet, müsste er solche Erzählungen nicht für irrational halten? Wahrscheinlich würde er sogar behaupten, dass nur die Fläche Realität habe und dass es Kugeln gar nicht gäbe.

Die rational-logischen Aussagen, dass der Denker es denkt und dass derjenige, der es nicht denkt, es eben nicht denkt, sind in Parallele zu diesem Gleichnis mit je verschiedenen Kreisen in der Dimension Fläche zu vergleichen. Wie zwei verschiedene Kreise je unterschiedliche Schnittflächen der einen Kugel darstellen, so bilden die beiden gegenteiligen logischen

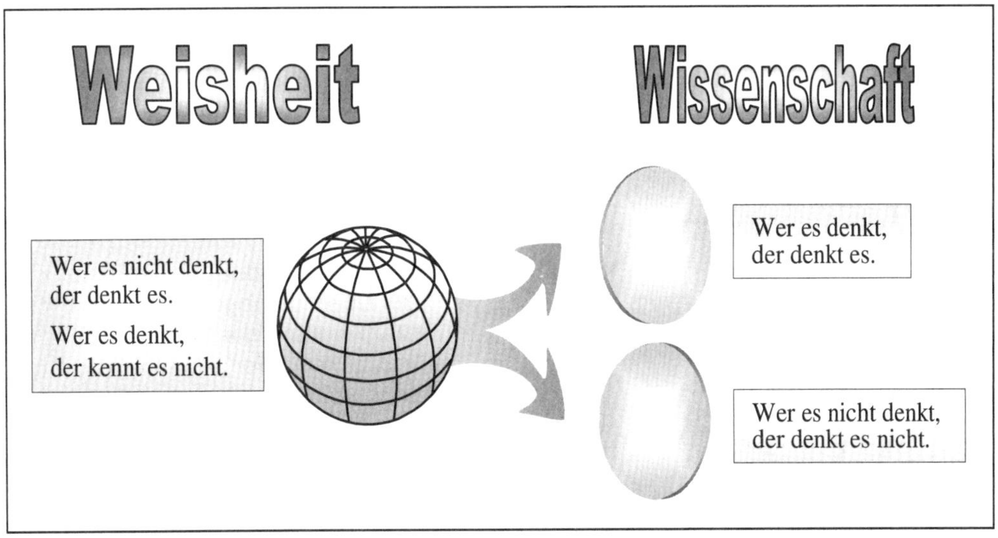


*Die Paradoxie der Weisheit aus der Sicht der Wissenschaft*

Aussagen vom Nicht-Denken und vom Denken in der Dimension yogischen Erfahrens eine Einheit. Hier gilt tatsächlich: Wer es nicht denkt, der denkt es. Wer es denkt, der kennt es nicht. Wie Kugeln für einen Kreis als irreal erscheinen müssen, so kann ein solcher Satz der yogischen Weisheit für die Logik der Wissenschaft nur blanken Unsinn bedeuten. Und doch gibt es Kugeln wie auch yogische Erfahrung. Einsehbar wird beides jedoch nur durch den Durchbruch in die jeweilig neue Dimension.

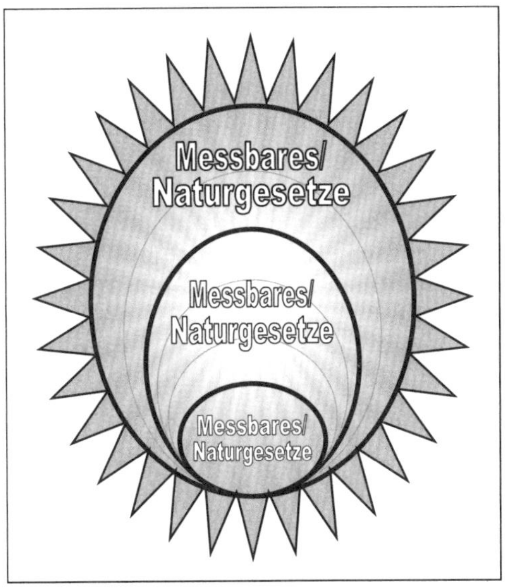


Der Gedankengang macht deutlich, dass weite Bereiche der heutigen Naturwissenschaft dem Fehler der Verwechslung der Dimensionen unterliegen. Eine solche Verwechslung liegt vor, wenn man glaubt, dass alles Reale messbar sei und durch Naturgesetze vom Menschen zu erfassen wäre. Der Wissenschaftler unterliegt dann einem Irrtum, wenn er die *ganze* Realität mit seinen Instrumenten messem will. Da er yogische Weisheitserfahrung aber nicht messen kann, meint er ihr somit auch keine Realität zugestehen zu können. Die ganze Vielfalt menschlicher Erkenntnis wäre einzig auf die naturwissenschaftliche Sehweise reduziert. Notwendig wäre es, diese Verwechslung aufzuheben und zwischen den je verschiedenen Dimensionen menschlichen Erfahrens und Erkennens zu unterscheiden.

Den ersten Schritt zu einer solchen Unterscheidung der Dimensionen hatte schon *Galilei* geleistet. Er konnte zeigen, dass naturwissenschaftliche Tatsachen nicht aus der Dogmatik christlicher Religion abgeleitet werden dürfen. Jetzt gilt es die von *Galilei* kultivierte Antidogmatik auch ernst zu nehmen und nicht in einer neuen naturwissenschaftlichen Dogmatik yogisches Erfahren nur mit naturwissenschaftlicher Methodik erfassen zu wollen. Für ein sinnvolles Verständnis sowohl des *Yoga* als auch der Naturwissenschaft wird es somit unabdingbar,

*Die Verwechslung der Dimensionen in den Naturwissenschaften*

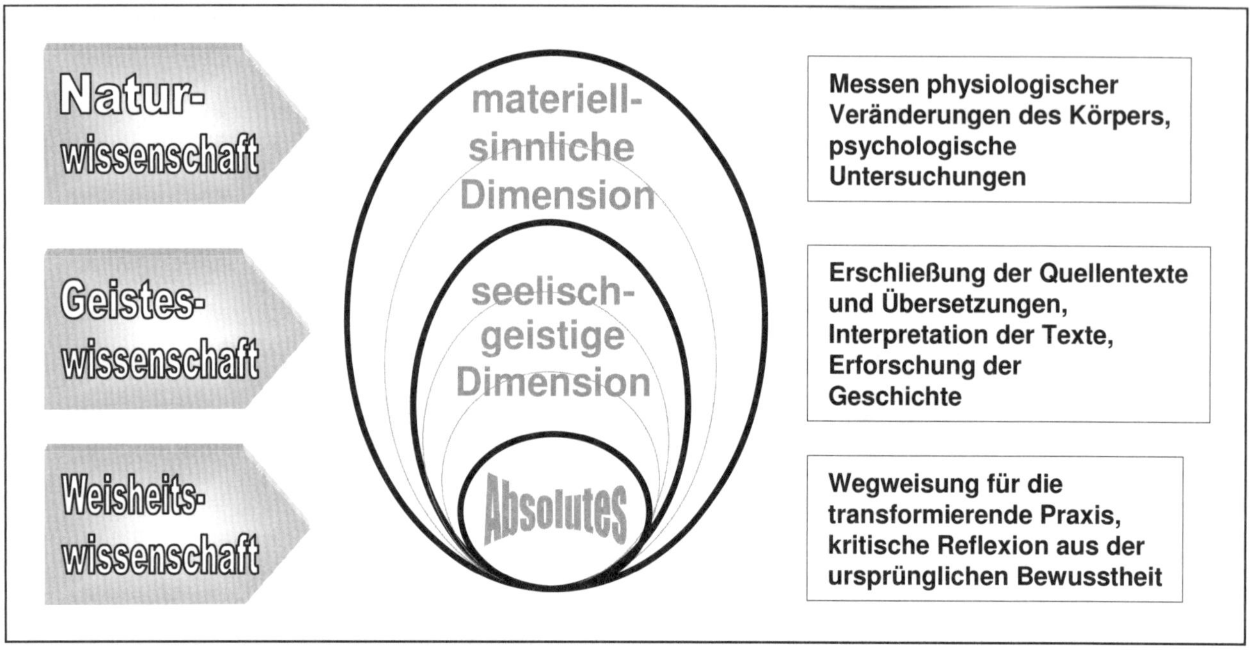


*Die drei Dimensionen des wissenschaftlichen Zugangs zu Yoga*

sowohl einseitige Verabsolutierungen als auch Verwechslungen der Dimensionen abzubauen. Wenn es also möglich werden könnte, zwischen ihren jeweils spezifischen Dimensionen zu unterscheiden, könnte der Weg frei werden zu einer wechselseitigen Befruchtung von *Yoga* und Wissenschaft in einer ganzheitlichen Wissenschaft der Zukunft. In ganzheitlicher yogischer Wissenschaft würden alle drei Dimensionen von Erfahrung und Erkenntnis mit der ihnen jeweils entsprechenden Methodik erforscht. Die Rede von der Wissenschaft würde in dieser Weise auf eine ganzheitliche Wissenschaft abzielen, die zwischen Naturwissenschaft, Geisteswissenschaft und Weisheitswissenschaft und ihren jeweilig verschiedenen Methoden und Dimensionen zu differenzieren weiß.

Die naturwissenschaftliche Erforschung der durch *Yoga* bewirkten physiologischen Veränderungen würde nicht nur die messbaren Auswirkungen yogischer Übungspraxis erkennen können. Vor allem für Medizin und Psychotherapie könnten die Erkenntnisse mit Sicherheit auch praktisch sinnvoll und förderlich wirken. Geisteswissenschaftliche Erforschung der *Yoga*-Literatur würde mit den Mitteln rationaler Analyse und Beweisführung die Quellentexte erschließen, Übersetzungshilfen geben oder uns vieles über die Geschichte des *Yoga* zeigen. Zuletzt gilt es aber auch die spirituelle Erfahrung ursprünglicher Existenz in einer Weisheitswissenschaft zu kultivieren. Die eigene *Yoga*-Praxis gehört dann zur Forschungsmethodik. Weisheitswissenschaft bedeutet den geistigen Wandel, die Transformation des Forschenden selbst, um sich so des Forschungsgegenstandes '*Yoga*-Erfahrung' erst bewusst zu werden. Eine Weisheitswissenschaft könnte sich der Aufgabe der Wegweisung für die transformierende Praxis widmen oder die Erfahrungen ursprünglicher Bewusstheit kritisch reflektieren. Eine solche dreifache Wissenschaft aus Naturwissenschaft, Geisteswissenschaft und spiritueller Wissenschaft wird dann sowohl für den *Yoga* als auch für die Wissenschaft fruchtbar wirken. Einerseits würde sich *Yoga* verstärkt seiner diesseitigen Aufgaben bewusst werden. Andererseits könnte sich im Gegenzug auch die Wissenschaft für den tieferen Sinn menschlicher Existenz öffnen, der zwar nicht mess- und beweisbar ist, aber wohl das Entscheidende des menschlichen Suchens ausmacht.

# 8. Die drei großen Traditionslinien

Yoga präsentiert sich heute in einer Vielfalt von Übungswegen, Richtungen, Namen und Persönlichkeiten. Neue *Yoga*-Formen entstehen, andere geraten dafür in Vergessenheit. Trotz dieser Mannigfaltigkeit stützen sich die Wege des *Yoga* in Indien doch auf drei Traditionslinien: den religiösen Yoga, den klassisch-philosophischen Yoga und auf den *Haṭha-Yoga*. Es handelt sich um drei Traditionslinien mit je eigenen Grundtexten, Konzepten und Fachbegriffen. Ist die Rede vom *ātman* (Selbst), dem *brahman* (Absolutes), von *turya* (der Vierte), von *bhakti* (Hingabe) oder von *advaita* (Nicht-Zweiheit), so bildet der religiöse Yoga ein besonderes Fundament. *Samādhi* (Einung), *citta vṛtti* (Aktivitäten des Geistes) oder *saṃskāra* (unbewusster Eindruck), *kleśa* (Leiden) oder *aṣṭānga* (acht Glieder) weisen auf den klassisch-philosophischen Yoga. Die Haṭha-Yoga-Terminologie ist dagegen geprägt von Begriffen wie *śakti* (Schöpfungskraft), *kuṇḍalinī* (Schlangenkraft), *cakra* (Energiezentrum) oder *nāḍī* (feinstoffliche Ader). Alle drei Linien stehen jedoch in engem Zusammenhang und haben sich im Laufe ihrer Geschichte wechselseitig beeinflusst. Auch ist kaum einer der heutigen *Yogīs* und *Yoginīs* nur auf eine der drei Richtungen festzulegen. Trotzdem macht es zu einem besseren Verständnis der Geschichte und Struktur des *Yoga* durchaus Sinn, zwischen diesen drei Traditionslinien des Yoga zu unterscheiden.

Die älteste Tradition ist hierbei im religiösen *Yoga* zu finden. Sie weist bis ins 6. Jahrhundert vor Christus zurück zur vedischen Religion, aus der sich später die hinduistische Religionswelt entwickeln sollte. Manche Interpreten wollen die Ursprünge des *Yoga* allerdings viel früher sehen. Ausgrabungen in West-Pakistan haben Ruinen der Stadt *Mohenjo Daro* ans Licht gebracht und damit die Überreste der *Harappa*-Kultur im Indusgebiet, die wohl schon vor über 3500 Jahren zugrunde gegangen ist. Bei den Ausgrabungen wurden auch Täfelchen mit am Boden hockenden Menschen gefunden, in welchen manche sitzende *Yogīs* zu erkennen glauben. Die Schriftzeichen der *Harappa*-Kultur wurden jedoch bis heute noch nicht entziffert, so dass Näheres über solche Vermutungen nicht zu sagen ist.

Sicher ist dagegen, dass in der Mitte des 2. Jahrtausends von Nordwesten ein Volk in Indien eingefallen ist, das sich selbst die Arier, die Edlen, nannte. Die Nachfahren dieser Arier bilden bis heute wesentliche Teile der indischen Bevölkerung. Sie entwickelten in der Zeit zwischen 1500 und 500 v. Chr. im Indus- und dann im Gangesgebiet eine Hochkultur mit umfangreichen religiösen Texten, dem 'heiligen Wissen' des *Veda* (Skrt.: *veda* (m.) - Wissen, heiliges

*Die frühen Kulturen Indiens*

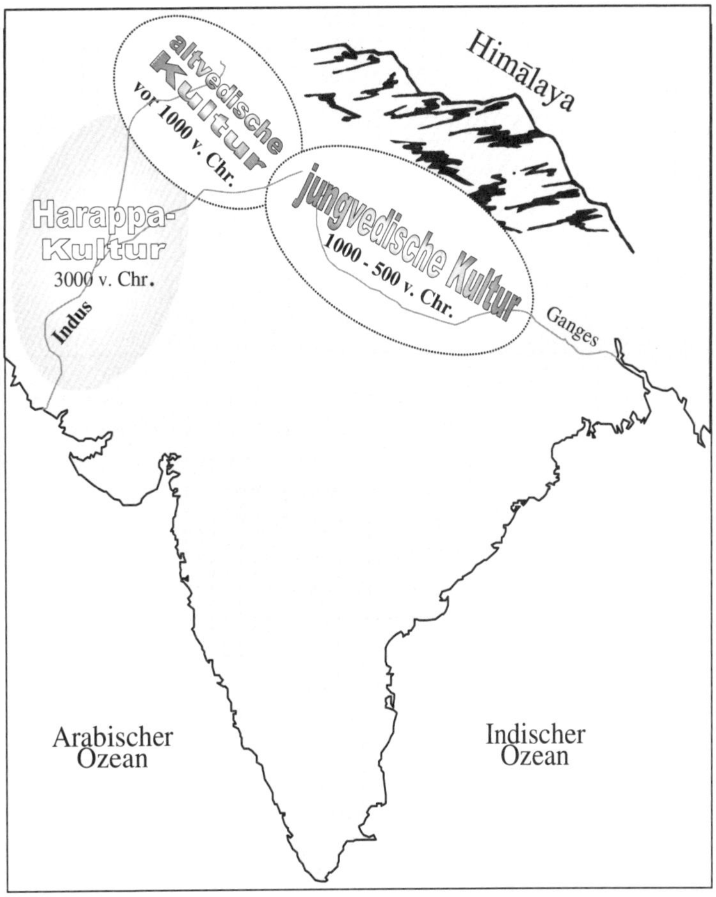

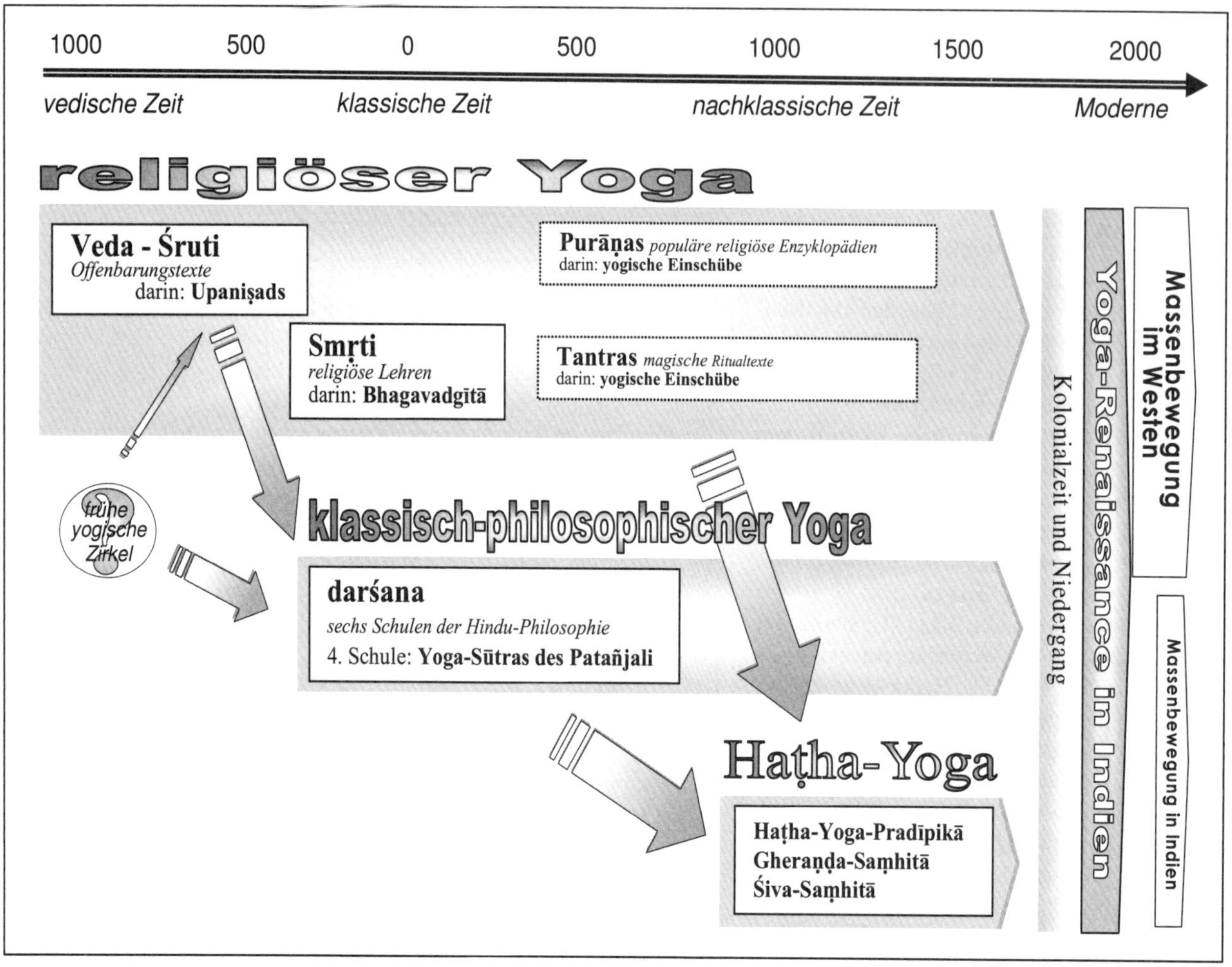


*Der geschichtliche Abriss der drei großen Traditionslinien des Yoga*

Wissen). Der *Veda* gilt als Ś*ruti*, als von Sehern 'gehörte' göttlichen Offenbarung (Skrt.: *śruti* (f.) - das Gehörte, Offenbarung). Für den *Yoga* wäre der Veda nur wenig interessant,wenn nicht die letzte Textgruppe des *Veda,* die *Upaniṣads*, die ältesten uns heute überlieferten Textzeugnisse des *Yoga* aufgenommen hätten. Den Autoren der *Upaniṣads* kommt das Verdienst zu, die Fundamente des *Yoga* gelegt zu haben. Sicher wurde dieser frühe *Yoga* von yogischen Zirkeln beeinflusst, die nicht dem religiösen Bereich zuzuordnen sind. Es waren jedoch die Brahmanen, also die Priesterschaft, welche die heiligen Texte der *Upaniṣads* verfassten und sie über viele Jahrhunderte, von Generation zu Generation, mündlich überlieferten und bewahrten.

Zur Blüte kommt der religiöse *Yoga* jedoch erst in der klassischen Epoche der indischen Hochkultur, wobei zuerst die *Bhagavadgītā* in den Blick zu nehmen ist. Die *Bhagavadgītā* wird immer wieder als die Bibel der Hindus bezeichnet. Wenn eine solche Kennzeichnung vielleicht etwas zu undifferenziert ist, so kann die *Bhagavadgītā* doch als die bedeutendste Schrift der *Smṛti* gelten, die von den gläubigen Hindus als religiöse Lehren verehrt werden (Skrt.: *smṛti* (f.) - das Erinnerte, Lehre). Neben dieser eminenten Bedeutung für den Hinduismus wurden in der *Bhagavadgītā* gleichzeitig auch die zentralen Lehren des religiösen *Yoga* formuliert. Allerdings war mit der *Bhagavadgītā* die Entwicklung des religiösen *Yoga* keinesfalls abgeschlossen. Hiervon zeugen die zahlreichen yogischen Einschübe in den populären religiösen Enzyklopädien der *Purāṇas* oder auch in den magischen Ritualtexten der *Tantras*.

Einen zunächst nicht-religiösen Ansatz weist dagegen der klassisch-philosophische *Yoga* auf, der in den *Yoga-Sūtras* des *Patañjali* seine Textgrundlage besitzt. Die *Yoga-Sūtras* des *Patañjali* werden heute oft als der Grundlagentext des *Yoga* schlechthin angesehen. *Patañjali* gelang es alle bis dahin bekannten *Yoga*-Schulen zu einer groß angelegten philosophischen Konzeption zusammenzuführen. Aber auch die *Sūtras* entstanden nicht unabhängig von der hinduistischen Religionswelt. Dies zeigt nicht nur der Umstand, dass hier zentrale Gedanken der *Upaniṣads* weitergeführt sind. Die *Yoga-Sūtras* wurden darüber hinaus von den Brahmanen als offizielle philosophische Schule, als Hindu-*darśana* anerkannt (Skrt.: *darśana* (n.) - Schau, philosophische Ausrichtung). Genauer gesagt werden die Sūtras des klassischen *Yoga* traditionell als vierte Schule in das Konzept von insgesamt sechs Hindu-Philosophien eingeordnet.

Die jüngste der hier aufgezeigten drei Traditionslinien bildet dann der *Haṭha-Yoga*, die heute sowohl in Indien als auch im Westen populärste Form des *Yoga*. Der *Haṭha-Yoga* führt den Ansatz der *Sūtras* des *Patañjali* weiter, indem er Yoga auf dem Fundament des die Körperlichkeit bejahenden Weltbildes des Tantrismus entwickelt. Die ersten Anfänge des *Haṭha-Yoga* mögen bis ins 9. Jahrhundert nach Christus zurückreichen. Die Haupttexte, wie die *Haṭha-Yoga-Pradīpikā*, die *Gheraṇḍa-Saṃhitā* oder die *Śiva-Saṃhitā*, sind mit Sicherheit jedoch erst einige Jahrhunderte später entstanden.

Alle aus Indien stammenden Meister der *Yoga*-Renaissance des 20. Jahrhunderts stützen sich auf diese drei Traditionslinien, wobei natürlich einige im religiösen *Yoga*, andere im klassisch-philosophischen Yoga und wieder andere mehr im *Haṭha-Yoga* verwurzelt sind.

In Ausführlichkeit werden in dem nun folgenden historischen Teil dieses *Yoga*-Philosophie-Atlasses die drei Traditionslinien des *Yoga* in Indien dargestellt, der religiöse Yoga (*2. Kapitel*), der klassisch-philosophische Yoga (*3. Kapitel*) und der den Körper integrierende *Haṭha-Yoga* (*4. Kapitel*). Den Abschluss bildet die Darstellung des Zusammentreffens von Ost und West im *Yoga* der Gegenwart, zuerst in der *Yoga*-Renaissance des 20. Jahrhnderts in Indien und darauf in der Entwicklung des *Yoga* im Westen (*5. Kapitel*).

## *2. Kapitel:*
# Der religiöse Yoga

## 1. Die indische Religionswelt

Zahlreiche Religionen prägen heute die religiöse Kultur Indiens, wobei dem Hinduismus besondere Bedeutung beizumessen ist. 800 Millionen der heute überheute eine Milliarde Einwohner Indiens bekennen sich zum Hinduismus, derjenigen Religion, die sich selbst *sanāthana dharma*, das 'ewige Gesetz' nennt (Skrt.: *sanāthana* - unvergänglich, ewig; *dharma* (m.) - kosmische Ordnung, Gesetz). Aber auch die 110 Millionen Muslime spielen insbesondere im Norden Indiens eine nicht unbedeutende Rolle. Zu den religiösen Minderheiten zählen vor allem die Christen, Sikhs, Buddhisten oder die Jains.

In all diesen Religionen haben sich mystische Traditionen herausgebildet, zum Teil sogar mit direktem Bezug zum *Yoga*. Die Anhänger der *Yogāchāra*-Schule des indischen *Mahāyāna*-Buddhismus betonten in besonderer Weise die yogisch-meditative Übungspraxis, so dass der Begriff *Yoga* für sie sogar namensgebend wurde. Heute bekannt ist vor allem der *Yoga* der Sikhs, der auch in den Ländern des Westens Anhänger gefunden hat. Aber auch die christlichen *Yogīs* und *Yoga*-Ashrams Indiens erfreuen sich regen Zulaufs. In diesem Kapitel soll jedoch ausschließlich der religiöse *Yoga* des hinduistischen Kulturkreises behandelt werden. Es handelt sich hierbei allerdings um den Kulturkreis, in dem *Yoga* entstanden ist und wo *Yoga* seine mit Abstand bedeutendste Ausprägung erlangte.

Der Hinduismus zeigt sich nicht als eine fest umrissene Religion, wie wir sie vom Christentum kennen. Unter dem Begriff Hinduismus fassen wir einen äußerst vielgestaltigen Religionskomplex zusammen. Der Hinduismus geht nicht wie das Christentum, der Islam oder auch der Buddhismus auf einen Religionsgründer zurück, sondern hat sich innerhalb eines Zeitraumes von ungefähr 3500 Jahren entwickelt. Obwohl sich der Hinduismus durch seine Vielgestaltigkeit jeglicher Systematisierung entzieht, so soll doch versucht werden, die Grundstrukturen seiner historischen Entwicklung sowie seiner heiligen Schriften zu umreißen. Dabei wird zwischen vier Phasen der historischen Entwicklung und gleichfalls zwischen vier Kategorien der *śāstra* genannten heiligen Texte unterschieden (*śāstra* (n.) - Belehrung, Lehrbuch).

Die erste und älteste Phase der geschichtlichen Entwicklung des Hinduismus wird allgemein als vedische Religion oder Brahmanismus bezeichnet. Man spricht von vedischer Religion, weil hier die heiligen Texte des *Veda*

*Bevölkerungsanteile der Religionen Indiens*

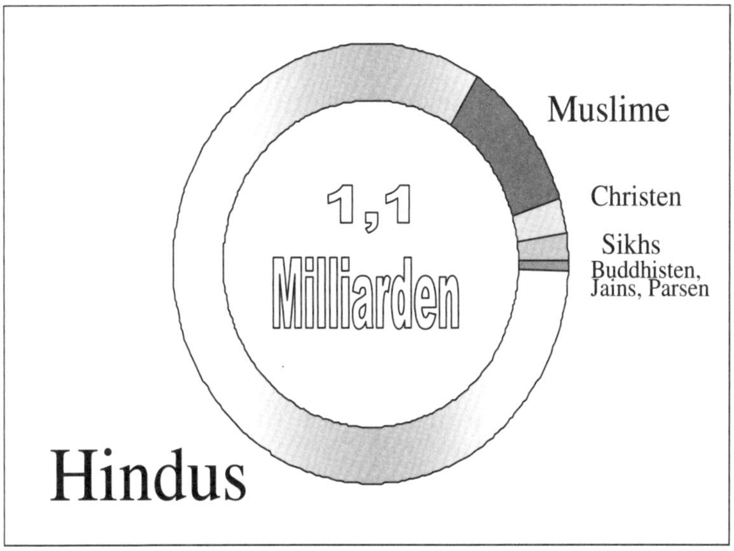

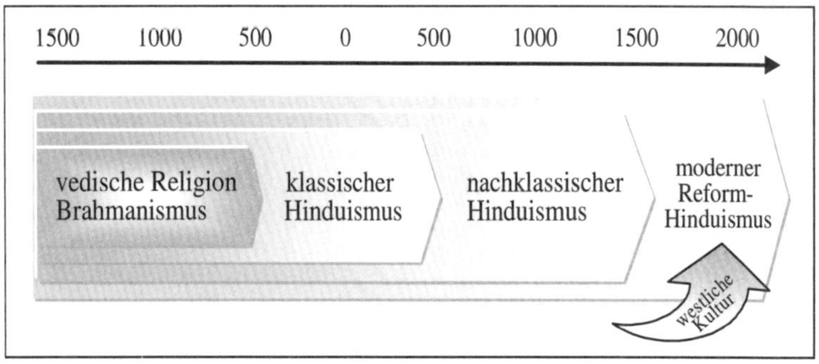


*Die geschichtliche Entwicklung des Hinduismus*

entstanden sind (Skrt.: *veda* (m.) - heiliges Wissen) oder von Brahmanismus, weil die sich *Brahmanen* nennende Priesterschaft gerade in dieser Zeit eine große Machtfülle entfaltete. Der *Veda* wird, wie im letzten Kapitel schon dargelegt, auch als *Śruti* bezeichnet, als das von *ṛṣis* genannten priesterlichen Sehern direkt Gesehe oder besser 'Gehörte', was seine große Bedeutung als autoritative Texte göttlichen Wissens zum Ausdruck bringt (Skrt.: *śruti* (f.) - das Gehörte; *ṛṣi* (m.) - Seher, Heiliger). Der *Veda* gilt deswegen als von nicht menschlicher Herkunft und als ewig. Lange Zeit wurden seine Texte aussschließlich mündlich überliefert.

Die Grundtexte des *Veda* bilden die vier *Saṃhitās* (Skrt.: *saṃhitā* (f.) - Sammlung). Namentlich handelt es sich um den *R̥g-Veda*, den *Sāma-Veda*, den *Yajur-Veda* und den *Atharva-Veda*. Insbesondere die Entstehungszeit mancher Hymnen des *R̥g-Veda* könnte bis ins 15. Jahrhundert v. Chr. zurückreichen, so dass hier einer der ältesten religiösen Texte der Menschheitsgeschichte vorliegt. Im Zentrum stehen religiöse Hymnen, die vor allem in Opferritualen Verwendung fanden, die zugunsten des Götterkönigs *Indra*, des Feuergottes *Agni*, des Windgottes *Vāyu* oder zahlreicher anderer Göttergestalten dargebracht wurden.

Den *Saṃhitās* fügte man später weitere Texte hinzu, die *Brāhmaṇas* mit Anleitungen für die von den Brahmanen durchzuführenden Opferrituale, oder die *Āraṇyakas,* die sogenannten Waldtexte, als Texte zu weiterführenden, geheimen Aspekten des vedischen Rituals . Für den *Yoga* wichtig wird dann jedoch vor allem die letzte Textgruppe des *Veda*, die *Upaniṣads.* Hier sind die Grundlagen der mystischen Spiritualität des *Vedānta* gelegt. Die *Upaniṣads* gelten als die ältesten uns heute überlieferten Texte des *Yoga.* Und auch die für den heutigen Hinduismus so zentrale Lehre von der Wiedergeburt, die der vedischen Religion noch fremd war, wird hier zum ersten Mal entwickelt.

Während im *Veda* die Grundlagen gelegt sind, so entwickelte sich in der folgenen Periode zwischen 500 v. Chr. und 500 n. Chr. der Hinduismus zu seiner Blüte, so dass nun meist vom klassischen Hinduismus gesprochen wird. Die augenscheinlichste Veränderung vollzieht sich

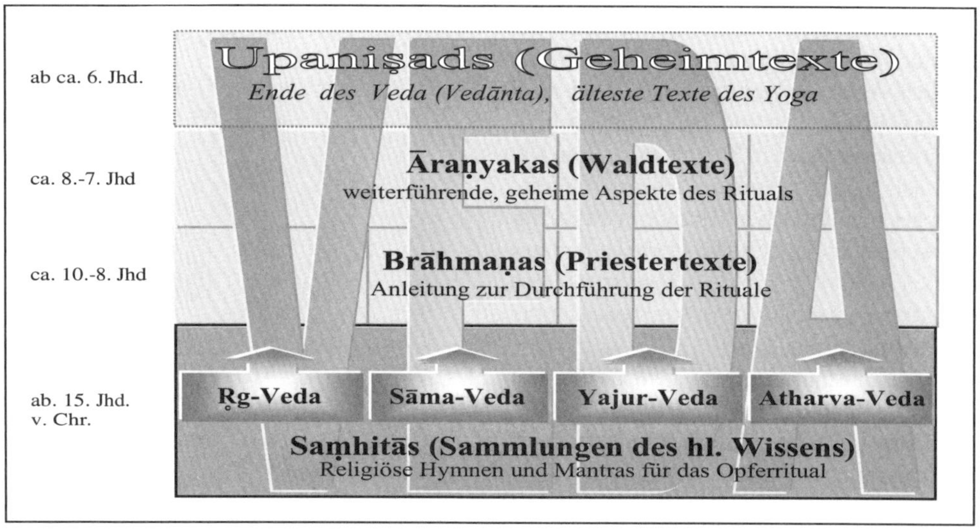


*Die Texte des Veda*

| **Veda/Śruti** | **Smṛti** | *Purāṇas* | *Tantras* |
|---|---|---|---|
| **Urtexte göttlichen Wissens** | **sich auf den Veda beziehende religiöse Lehren** | *populäre religiöse Enzyklopädien* | *magische Ritualtexte* |
| Saṃhitās<br>Brāhmaṇas<br>Āraṇyakas<br>**Upaniṣads** | Lehrbücher der vedischen Wissenschaften<br>Rechtsliteratur<br>Epen<br>(darin: **Bhagavadgītā**) | 18 zentrale Texte<br>viele Nebentexte | Kula-Arṇava-Tantra<br>Mahā-Nirvāṇa-Tantra<br>usw. |

*Die vier Kategorien der heiligen Texte des Hinduismus (śāstra)*

in der völligen Umformung der Götterwelt. Die vedischen Götter *Indra*, *Agni* und *Vāyu* werden verdrängt durch die hinduistischen Gottheiten *Brahma*, *Vishnu* und *Shiva*. Die in dieser Zeit entstandene zweite Gruppe der heiligen Texte wird, im Unterschied zu den *Śruti,* nur noch als *Smṛti*, als das 'Erinnerte' bezeichnet (Skrt.: *smṛti* (f.) - das Erinnerte, Lehre). In den *Smṛti* sind sich auf den *Veda* beziehende Lehren entwickelt. Zu ihnen zählen vor allem die vedischen Wissenschaften (*Vedāṅga*), von der Grammatik, über die Phonetik bis zur Astronomie, die Rechtsliteratur (*Dharmaśastra*) oder auch der Leitfaden der häuslichen Opferhandlungen (*Gṛhasūtra*). Dass gleichfalls die großen indischen Epen *Mahābhārata* und *Rāmāyana* in diese Textgruppe eingeordnet werden, macht ihren Bezug auf den *Veda* als gründende Instanz der hinduistischen Kultur deutlich. Insbesondere die im *Mahābhārata* enthaltene *Bhagavadgītā* gilt als die bedeutendsten Schrift des religiösen *Yoga*.

Mit *Śruti* und *Smṛti* sind die beiden Gruppen des hinduistischen Kanons genannt, welchen traditionell die größte Bedeutung beigemessen wurde. Darüber hinaus sollten jedoch weitere Textzeugnisse nicht unerwähnt bleiben, die insbesondere den jüngeren Hinduismus geprägt haben. Hierzu zählen die *Purāṇas*, die bis heute vielleicht populärste religiöse Literatur des Hinduismus. In vielen Kategoriensystemen sind die *Purāṇas* zwar zu den gezählt. In diesem Zusammenhang erscheint es jedoch als sinnvoller, sie als eigene Textgruppe zur Darstellung zu bringen. Die meisten *Purāṇas* sind zwischen 500 und 1500 n. Chr. entstanden. *Purāṇa* bedeutet jedoch wörtlich übersetzt 'alte Sage' *(Skrt.: purāṇa* (n.) - alte Sage, Legende), was darauf deutet, dass hier Material verwendet wurde, das viele Jahrhunderte früher entstanden ist. Es handelt sich um religiöse Enzyklopädien, in die, für unseren Kontext wiederum sehr interessant, auch zahlreiche yogische Texte aufgenommen wurden.

In die Zeit des jüngeren Hinduismus fällt auch die Entstehung der *Tantra*s, der vierten Kategorie der heiligen Schriften des Hinduismus (Skrt.: *tantra* (n.) - Webstuhl, 'was sich hindurchzieht', Textbuch). Hier handelt es sich vor allem um Körperlichkeit und Welt bejahende, magische Ritualtexte, wie das *Kula-Arṇava-Tantra* oder das *Mahā-Nirvāṇa-Tantra*. Auch hierin finden sich wiederum yogische Einschübe. Die *Tantras* wurden vor allem für die Ausbildung des den Körper in den spirituellen Weg integrierenden *Haṭha-Yoga* wichtig.

Der heutige Hinduismus stützt sich auf diese heiligen Bücher der *śāstras*, entdeckt in ihnen jedoch, insbesondere durch die Begegnung mit dem westlichen Denken, eine in der Tradition bisher nicht gekannte soziale und weltzugewandte Dimension. Aus diesem Grund hat sich für den neuen Hinduismus der Gegenwart als bisher letzte Phase in seiner Geschichte der Begriff des Reformhinduismus eingebürgert.

Die folgenden Kapitel zum religiösen *Yoga* werden *Yoga* in den genannten vier Kategorien der heiligen Schriften aufzeigen, beginnend mit den *Upaniṣads* des *Veda*. Es wird die Darstellung des *Yoga* in der *Bhagavadgītā* und den *Purāṇas* folgen, um schließlich mit dem *Yoga* in den *Tantras* abzuschließen.

# 2. Yoga in den klassischen Upaniṣads

*Upaniṣad*

उपनिषद्

Die *Upaniṣads* wurden, wie gezeigt, als letzte Texte in den Kanon des *Veda* aufgenommen. Sie gelten als *Vedānta,* als 'Ende des *Veda*' (Skrt.: *anta* (m.) - Ende). Da wir in den *Upaniṣads* auch auf die Ursprünge nicht nur des religiösen *Yoga*, sondern des *Yoga* schlechthin stoßen, kann *Vedānta* so durchaus auch als 'Ziel des *Veda*' übersetzt werden. Der *Yoga* der *Upaniṣads* bildet hiernach das Ziel und die Perspektive der vedischen Opferreligion.

Die *Upaniṣads* gelten als Teil der göttlichen Offenbarungstexte des *Veda.* Sie wurden so wohl vornehmlich von Priestern über die Jahrhunderte mündlich überliefert. Jedoch allein schon der Name deutet darauf hin, dass diese Urtexte des *Yoga* nicht jedem zugänglich waren. Der Begriff '*Upaniṣad*' lässt sich frei mit 'Geheimwissen' übersetzen. Es geht um ein 'hinzu' (*upa*) - 'nieder' (*ni*) - 'sitzen' (*sad*). Die Schüler sitzen dicht neben dem Lehrer und empfangen von ihm ein Wissen, das nicht für die breite Öffentlichkeit bestimmt ist. *Upaniṣads* sind spirituelle Geheimlehren der vedisch-brahmanischen Tradition. So wird in den Texten selbst dazu aufgefordert, keinem dieses Wissen mitzuteilen, dessen Geist nicht schon den inneren Frieden gefunden habe, auch dem nicht, der nicht Sohn oder persönlicher Schüler sei. Manche Lehrer fordern sogar die Ablegung eines Gelübdes oder eine harte Prüfung. Die Texte wurden, ohne dass sie schriftlich niedergelegt wären, über viele Jahrhunderte hinweg, von Generation zu Generation, nur mündlich vom Lehrer den Schülern mitgeteilt. So war gewährleistet, dass niemand mit der spirituellen Philosophie der *Upaniṣads* konfrontiert wurde, der hierzu nicht die geistige Reife besaß.

Im Laufe der Geschichte fand der Begriff *Upaniṣad* allerdings nicht nur für diese Texte des *Veda,* sondern darüber hinaus auch für ein äußerst umfangreiches Schrifttum Verwendung. Die *Upaniṣads* wurden somit weder nur von einem Autor verfasst, noch sind sie zur selben Zeit entstanden. Die indische Tradition geht von 108 *Upaniṣads* aus, obwohl über 200 Schriften diesen Namen beanspruchen. Bis ins 20. Jahrhundert wurden *Upaniṣads* geschrieben. Jedoch nur die frühen *Upanisads* gelten als die ältesten Zeugnisse der spirituellen Philosophie Indiens. Hierzu gehören die *Aitareya-, Kauṣītaki-, Chāndogya-, Kena-, Bṛhadāraṇyaka-, Taittirīya-* und *Īśā-Upaniṣad* sowie die *Kaṭha-, Śvetāśvatara-, Muṇḍaka-, Praśna- und Māṇḍūkya-Upaniṣad,* die heute als die klassischen *Upaniṣads* bezeichnet werden. Angaben zum Alter dieser klassischen *Upaniṣads* sind nur vermutungsweise zu machen. Die ältesten Texte könnten, nach dem Stand der indologischen Forschung, ab dem 6. Jahrhundert vor Christus verfasst worden sein. Der hinduistische Glaube geht dagegen meist von einem wesentlich älteren Datum aus. Ihre Entstehungszeit mag sich dann durchaus über mehrere Jahrhunderte erstreckt haben. Die einzelnen Texte erlangten dabei einen sehr unterschiedlichen Umfang. Dieser reicht von den 12 *Mantras* der *Māṇḍūkya-Upaniṣad* bis zur Bücher füllenden *Bṛhadāraṇyaka-* oder *Chāndogya-Upaniṣad.* Hinzu kommt, dass manche Texte in Prosa, andere in Versform und wieder andere abwechselnd in Versen und Prosa verfasst sind. Es können jedoch drei große Gruppen der klassischen *Upaniṣads* unterschieden werden, die älteren *Upaniṣads*, in Prosa verfasst, die mittleren Vers-*Upaniṣads* und eine letzte Gruppe jüngerer Prosa-Texte mit einzelnen Verseinschüben. Da jede *Upaniṣad* wiederum einer der vier *Veda*-Schulen zuzuordnen ist, ergibt sich selbst bei der Vielzahl der einzelnen Texte doch eine klare formelle Ordnung.

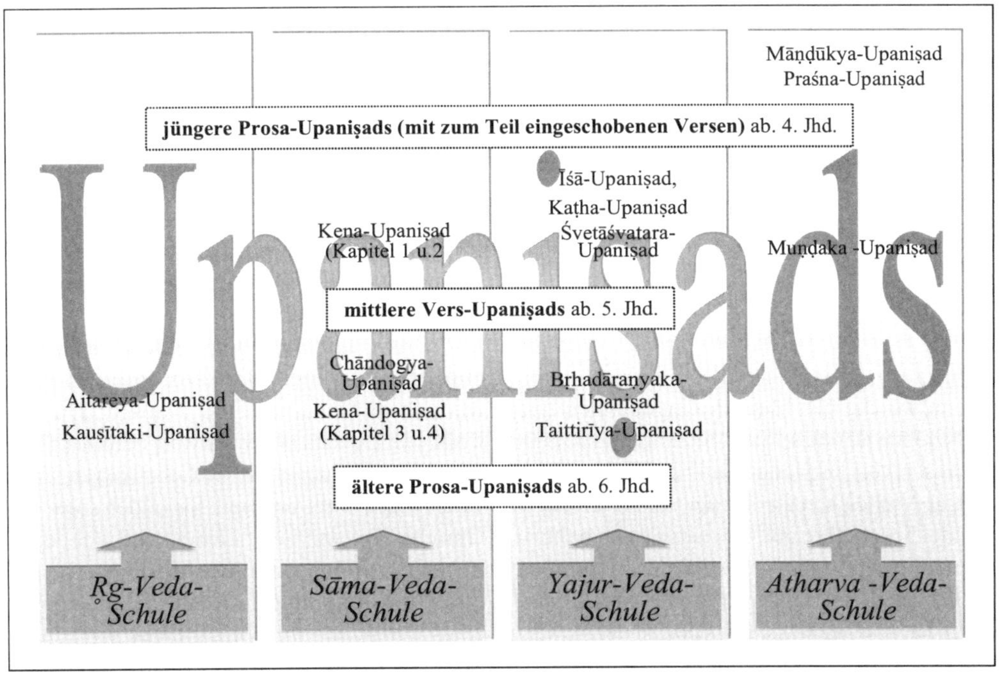


*Die Schulen der klassischen Upaniṣads*

Insbesondere die älteren, umfangreichen *Upaniṣads* zeigen sich dabei als wahre Sammelwerke des damaligen Wissens. Es wird die Entstehung der gesellschaftlichen Strukturen erklärt, oder man beschäftigt sich mit ganz alltäglichen Dingen wie der Frage, warum das Neugeborene an der Brust der Mutter sauge. In den *Upaniṣads* wurden jedoch auch die Grundlehren entwickelt, wie sie das gesamte religiöse Leben Indiens in den folgenden Jahrtausenden prägen sollten. Hierzu zählen in ganz besonderer Weise die Lehren vom *karma* und der *Wiedergeburt*.

## karma und Wiedergeburt

Schon in den frühen *Upaniṣads* begann man das Leben und Bewusstsein des Alltags zu reflektieren. Den alten *Upaniṣad*-Denkern fiel auf, dass der Mensch zunächst und zumeist fremdbestimmt ist, gebunden an die Dinge der Welt, getrieben vom vermeintlichen Schicksal. Dieses gebundene Leben des Alltags meinte man dann durch die Lehre oder das Gesetz vom *karma* erklären zu können. *Karma* bedeutet wörtlich *Handlung* (Skrt.: *karma* (n.) - Handlung). Die *karma*-Lehre besagt, dass jede Handlung eine dieser Handlung entsprechende Wirkung nach sich zieht, wobei diese Wirkung auf den Verursacher der Handlung selbst zurückfällt. Handelt ein Mensch gut, so wird er nach der *karma*-Lehre mit Sicherheit mit der guten Wirkung seines Handelns belohnt. Handelt er schlecht, so muss gleichfalls eine entsprechende Strafe folgen. In diesem Sinne wird umgekehrt eine positive Erfahrung auch als Wirkung einer positiven Handlung in der Vergangenheit gedeutet. Ein Unglück ist in gleicher Weise als Wirkung einer schlechten vorhergehenden Handlung zu verstehen. Niemand kann den positiven wie auch negativen Wirkungen seiner Handlungen entfliehen. Glück und Unglück eines jeden Menschen sind durch sein vorhergehendes Handeln bestimmt und festgelegt. In starker Vereinfachung wird *karma* deswegen auch immer wieder im Sinne eines unabwendbaren Schicksals verstanden.

Die *karma*-Lehre kann erklären, warum es dem einen Menschen schlecht geht, dem anderen jedoch gut. Sie garantiert die Bestrafung des Übeltäters, jedoch Belohnung für den guten Menschen. Sie zeigt eine allumfassende Ordnung

*Das Gesetz von Ursache und Wirkung des Handelns (karma-Lehre)*

auf, in welche der Mensch eingebunden und aufgehoben ist und so auch Sicherheit und Halt in dieser vergänglichen und endlichen Welt erlangt. Vielleicht mag dies der Grund sein, dass gerade diese Lehre der *Upaniṣads* von nahezu allen philosophischen und religiösen Schulen der Folgezeit übernommen wurde. Die *karma*-Lehre hat eine wichtige Funktion in der Bewältigung und im Umgang mit dem Bewusstsein unserer Vergänglichkeit. Die Ordnung des *karma* gibt jedoch nicht nur Halt, sie zeigt auch die Gebundenheit des Menschen. Sie verdeutlicht, wie der Mensch an die Wirkungen seiner Handlungen gebunden bleibt und deswegen zunächst und zumeist unfrei ist.

Zwei Probleme treten jedoch auf: Was passiert, wenn beim Tod eines Menschen noch nicht alle positiven oder auch negativen Wirkungen von vergangenen Handlungen eingetreten sind? Und zweitens ist zu fragen, warum manchen guten Menschen immer Unglück widerfährt, obwohl sie immer nur gut gehandelt haben, anderen Menschen dagegen immer nur Glück, obwohl sie schlecht lebten. Diese Probleme können dann mit Hilfe des gleichfalls in der *Upaniṣad*zeit aufkommenden Glaubens an die Wiedergeburt gelöst werden.

*Der Kreislauf der Wiedergeburten*

Noch vollkommen unabhängig von der *karma*-Lehre stellt man sich in den ältesten *Upaniṣads* die Fragen: 'Wohin kommen die Wesen nach dem Tode, welchen Weg nehmen sie?' oder 'Warum wird das Jenseits nicht voll?' und beantwortete sie mit der Wiedergeburt. Die Seelen gelangen nach dem Tod ins Jenseits. Sie kehren dann jedoch wieder in die Welt zurück, so dass das Jenseits nie voll werden könne. Auf die Geburt folgt das Heranwachsen des Menschen, dann das Erwachsensein bis hin zum Alter und dem leiblichen Tod. Auf den Tod folgt dann jedoch wiederum eine neue Geburt, ein neues Heranwachsen usw. Ohne dass sich der Mensch dessen bewusst ist, war er doch schon viele Male in anderen Körpern auf dieser Erde und wird auch noch unzählige Male immer wieder aufs Neue wiedergeboren werden.

Die Frage nach den noch nicht aufgebrauchten Wirkungen der Handlungen am Ende des Lebens findet nun ihre Antwort. Die am Ende des Lebens noch nicht in Erfüllung gegangenen Wirkungen der im Leben begangenen Taten gehen nicht verloren. Sie bilden sogar die Ursache für eine neue Geburt und ein neues Leben, in welchem solche Wirkungen dann erfüllt werden können. Und auch das Unglück eines guten und das Glück eines schlechten Menschen ist so erklärbar. Unglück und Glück können nun als Wirkung von in vorhergehenden Leben begangenen Taten verstanden werden, die jetzt erst zur Erfüllung kommen.

Auch die Lehre von der Wiedergeburt gibt Halt und Sicherheit. Sie gibt Antwort auf die so zentrale Frage nach einem Leben nach dem Tod. Unserer Endlichkeit, die mit unserem Tod zu einem alles entscheidenden Höhepunkt kulminiert, ist der Stachel genommen. Der Mensch weiß, dass nur sein Leib stirbt, er selbst wird jedoch in einem neuen Leben weiterleben. Dieser

Halt bedeutet aber wiederum auch Gebundenheit und Abhängigkeit. Der Mensch darf nicht, sondern muss wiedergeboren werden, ist gefangen im Kreislauf der Wiedergeburten. Die Wurzeln sind gelegt für die Vorstellung vom *saṁsāra*, der Gefangenschaft im ständigen Kreislauf der Wiedergeburten (Skrt.: *saṃsāra* (m.) - Kreislauf der Wiedergeburten). Die Wurzeln sind jedoch auch gelegt für die Erfahrung der Befreiung, der Urerfahrung der *Upaniṣad*-Philosophie, der Urerfahrung des *Yoga*.

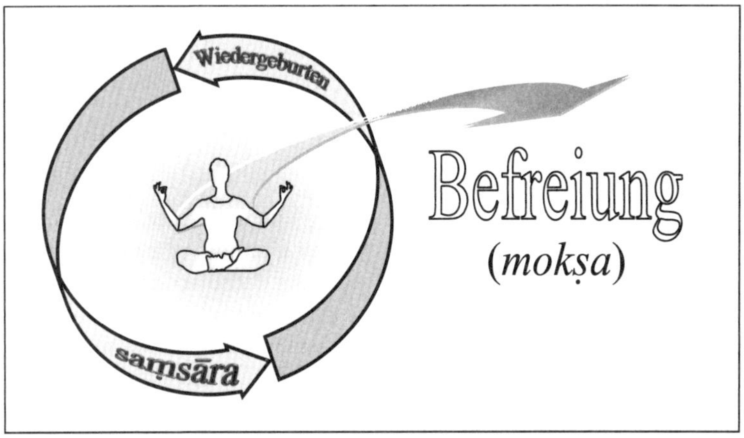


## Die Urerfahrung

Vielleicht kann die grundlegende Entdeckung der *Upaniṣads* am besten mit dem Bild des *Gandhārers* aus der *Chāndogya-Upaniṣad* verdeutlicht werden, der in der Fremde mit verbundenen Augen umherirrt, bis ihm einer die Binde abnimmt, die Richtung weist, und er dann, sich von Dorf zu Dorf durchfragend, schließlich in seiner Heimat *Gandhāra* ankommt. So wie dieser *Gandhārer* leben wir zunächst und zumeist in der Fremde, sind blind für unser wahres Sein, unser ursprüngliches Leben, ohne dies jedoch selbst zu bemerken. Wichtig ist nun, die Binde abgenommen zu bekommen und sich der Fremdbestimmung und Gebundenheit in dieser Welt bewusst zu werden. Gemeint ist die Abhängigkeit von der zeitlichen und endlichen Welt, die dann sogar über den leiblichen Tod hinausreicht, die den Menschen von einem in das nächste Leben treibt.

*Die Befreiung (mokṣa) aus der Gebundenheit von karma und Wiedergeburt*

Das Bewusstsein für die Gebundenheit bildet die Voraussetzung für die Befreiung (Skrt.: *mokṣa*) aus der Bindung an die Handlungen und ihre Wirkungen, die den Menschen von einer Geburt zur nächsten treibt. Nun wird es möglich, für die Urerfahrung der *Upaniṣads* offen zu werden, dass der Mensch viel mehr ist, als wie er sich zunächst und zumeist wahrnimmt. Die Urerfahrung des *Yoga* ist die Erfahrung der Befreiung aus der Gebundenheit des Alltags, wobei eine Erfahrung gemeint ist, die weit über das hinausweist, als dass sie mit den allgemeinen Denkkategorien zu begreifen wäre. Es geht um die Befreiung für die Erfahrung des Unsagbaren.

Obwohl dieser Weg der Befreiung jeden Denkhorizont des alltäglichen Bewusstseins sprengt, so ist von Anfang an betont, dass es hier keineswegs um das Abgleiten in ein für den normalen Menschen unzugängliches Jenseits geht und auch nicht um spektakuläre Seelenreisen. Wie der *Gandhārer* nach langer Irrfahrt in seine Heimat zurückkehrt, in der er eigentlich zu Hause ist, so bedeutet die Urerfahrung der *Upaniṣads* die Erfahrung der Rückkehr aus der Unfreiheit der Gebundenheit zur Freiheit des ursprünglichen Seins. Die Einzelseelen in ihrer Getriebenheit können hiernach wie Funken vorgestellt werden, die aus einem brennenden Feuer herausfliegen. Wie diese Funken wieder

*Die Rückkehr der Einzelseelen in das Ur-Eine*

in das Feuer zurückkehren und mit ihm eins werden, so kehren auch die Einzelseelen zurück in das eine Sein, das sie ursprünglich schon immer gewesen waren.

## brahman

Die *Upaniṣad*-Philosophen standen nun vor dem Problem, diese Urerfahrung zu formulieren. Die Priesterschaft der Brahmanen wählte hierbei einen Begriff, dem sie traditionell eine große Bedeutung beimaßen: das *brahman*. Sie benutzten diesen Begriff im Gebets- und Opferwesen mit der Bedeutung 'heiliger Spruch' oder 'magischer Spruch', hiermit verbunden auch '*Veda*-Wort'. Der *Veda* selbst wurde auch *brahman* genannt. Von animistischem Denken geprägt, erschien in den ältesten *Upaniṣads brahman* noch in der Bedeutung von Sonne. Als persönlicher Gott *Brahma* wurde *brahman* in der *Muṇḍaka-Upaniṣad* zum 'ersten unter den Göttern' und setzte sich so, in Konkurrenz zu den vedischen Göttern *Indra, Agni* oder *Vayu*, als der oberste Gott durch. Aber schon die *Taittirīya-Upaniṣad* verstand unter *brahman* das 'Fundament der Welt'. *Brahman* wurde zum Grund, aus welchem alles hervorgeht, in den es sich wieder zurück auflöst und in welchem alle Wesen gegenwärtig leben.

Die entscheidende Wendung im Sinne des *Yoga* gewinnt die Spekulation jedoch in der gleichen *Upaniṣad* erst dann, als man brahman als das 'Göttliche' im Menschen entdeckt. Die Urerfahrung des Absoluten im Menschen revolutionierte das gesamte religiöse Denken. Der Weg zu Gott führte dann nicht mehr nach oben zum Himmel, sondern wandelte sich zu einem Weg nach innen. Die Frage nach Gott erscheint jetzt eng verbunden mit der Frage nach dem Menschen. Menschsein bedeutet jedoch jetzt viel mehr als Materie und Körper. Der Körper bildet nur die äußerste Hülle (Skrt.: *kośa* (m.) - Hülle), das 'aus Nahrung gemachte Selbst'. Der Weg nach innen eröffnet nacheinander verschiedene, ineinander verschachtelte weitere Schichten: die Hülle des Lebens, die Hülle des Denkens, die Hülle der Erkenntnis und zuletzt, tief im Inneren, das Fundament der Hülle innerer Glückseligkeit (Skrt.: *ānanda* (m.) - Glückseligkeit). Wer alle Unbewusstheit und Verdunklungen überwunden hat und auf

*Das Hüllen (kośa)-Modell der Taittirīya-Upaniśad*

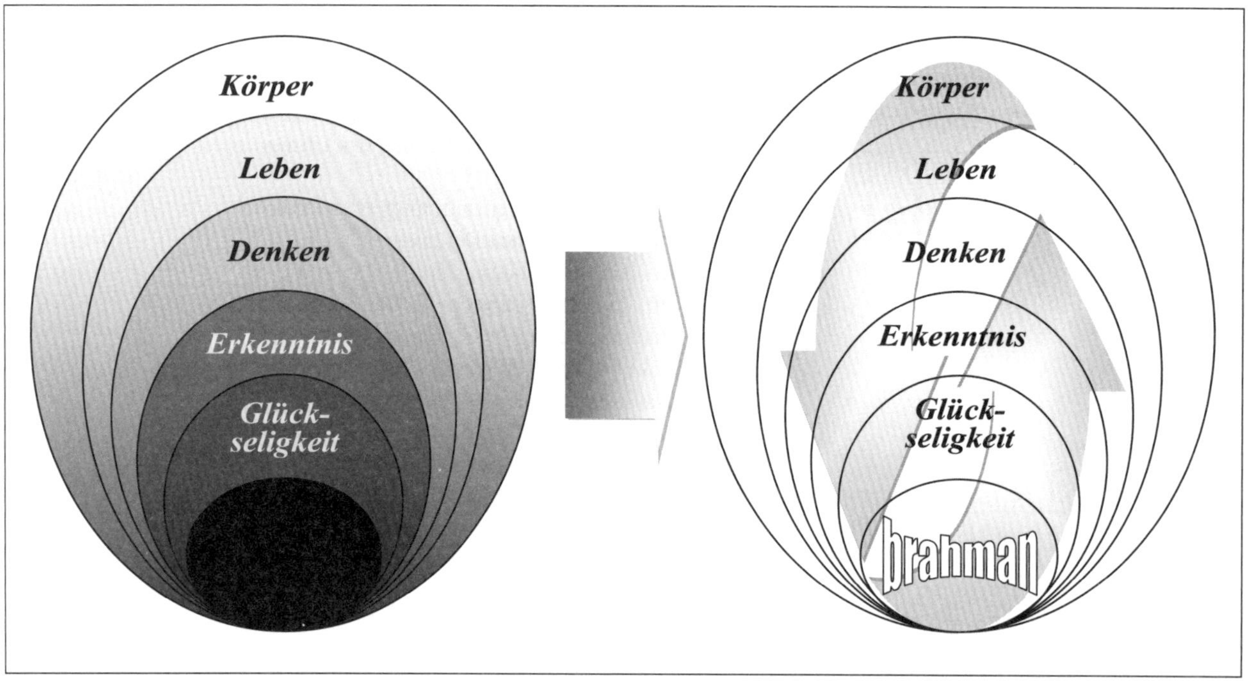

diese Weise sogar durch das Denken und auch durch die gründende Erkenntnis hindurchgestoßen ist, dessen Leben ist nicht mehr abhängig von äußeren Glückserfahrungen, sondern ist getragen von innerer Glückseligkeit. Aber selbst dieses Fundament ist noch Hülle, bedeutet noch nicht die innerste Mitte menschlicher Existenz. Der innerhalb der letzten Hülle liegende innerste Kern menschlicher Existenz ist das *brahman*, das jetzt allgemein mit dem Begriff des Absoluten übersetzt wird. Ist der Mensch zu dieser seiner innersten Mitte erwacht, so kann er den spirituellen Weg jedoch weiter gehen. Das brahman wird zur tragenden Kraft der inneren Glückseligkeit, die Glückseligkeit durchdringt die Erkenntnis, sie führt das Denken zu seinem Ziel usw., bis letzlich alle Hüllen, und so der ganze Mensch, mit dem ursprünglichen Leben des Absoluten durchdrungen sind.

Obwohl dieses Hüllen-Modell das brahman als die innerste Mitte menschlicher Existenz zeigt, so wird gleichzeitig jedoch auch deutlich gemacht, wie die *brahman*-Erfahrung jenseits jeglichen Denkens und auch aller Erkenntnis liegt. *Brahman* überschreitet jede Beschreibbarkeit. Es ist das Unsagbare. Das Göttliche verliert seine vorstellbare Gegenständlichkeit und entzieht sich dem verstehenden Begreifen, so dass folgerichtig gesagt werden muss:

*Von dort kehren die Worte zusammen mit dem Denken um, ohne es erreicht zu haben.*
*(Taittirīya-Upaniṣad 2.9)*

*Brahman* ist ein Wort für etwas, das eigentlich gar nicht mit einem Wort benannt werden kann. *Brahman* ist deswegen nach der *Kena-Upaniṣad* aber auch kein Nicht-Wort, begriffloses Schweigen oder die Dumpfheit des Nicht-Wissens:

*Anders wahrlich ist es als das Wissen, es ist aber auch über dem Nicht-Wissen.*
*(Kena-Upaniṣad 1.3)*

Man kann *brahman* weder wissen, das heißt begrifflich bestimmen und fixieren, noch darf es als etwas dem Menschen Fremdes, Ungewusstes oder noch nicht Gewusstes angesehen werden. Es geht um das Bewusstsein des *brahman*,

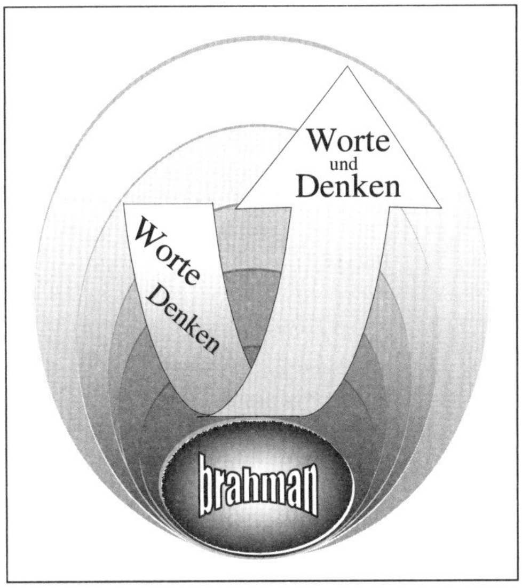


*Unerreichbarkeit des brahman mit Worten und Denken*

das Wissen wie Nicht-Wissen transzendiert. Es geht um ein ursprüngliches Erfahren, um die persönliche Realisierung des Absoluten im Innersten menschlicher Existenz:

*Derjenige, der fürwahr dieses höchste brahman kennt, der ist brahman.*
*(Muṇḍaka-Upaniṣad 3.2.9)*

Erkenntnis meint nicht Erkenntnis von etwas. Es geht darum, dass der Mensch sein ursprüngliches, göttliches Sein entdeckt, das mit dem Begriff *brahman* belegt ist. *Brahman* blieb jedoch nicht der einzige Begriff für die Urerfahrung der *Upaniṣads*.

## ātman

Besondere Bedeutung erlangte die Philosophie des *ātman*. Aller Wahrscheinlichkeit nach ist dieser Terminus von der Sanskrit-Wurzel '*an*' (atmen) abgeleitet. Die allgemeine Übersetzung kann mit 'Selbst' oder 'Seele' angegeben werden. Der Begriff weist in den *Upaniṣads* jedoch eine überaus große Vielfalt von Bedeutungen auf. So ist *ātman* in der *Chāndogya-Upaniṣad* unter anderem in der Bedeutung des materiellen Körpers gebraucht. Wie schon erwähnt, spricht die *Taititrīya-Upaniṣad* nacheinander von *ātman* als Körper, Leben, Verstand, Erkenntnis und Glückseligkeit. Die Erfahrung des *ātman* im eigentlichen Sinne meint jedoch

*Die Erfahrung des Selbst im Herzen*

letztlich viel mehr, als dass es das Denken und Erfahren des Alltags begreifen könnte. Die Erfahrung des *ātman* legt das innerste Innen des Menschen frei, das jedoch alle Vorstellungskraft übersteigt. So ist in der *Kaṭha-Upaniṣad* zu lesen:

*Kleiner als das Kleine, größer als das Große, wohnt dieser ātman im Verborgenen des Herzens der Wesen.*
*(Kaṭha-Upaniṣad 2.20)*

Der *ātman* muss im 'Verborgenen des Herzens' gesucht werden. Gleichzeitig entzieht sich das Selbst jedoch jeder räumlichen Bestimmung, wenn es als 'größer als das Große' und zugleich als 'kleiner als das Kleine' beschrieben ist. Wenn der Mensch zu sich selbst finden will, muss er

*Der Überstieg aller Worte*

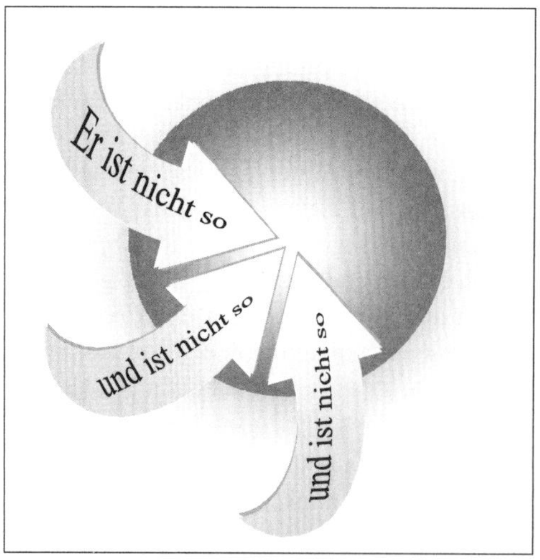


sein innerstes Innen erkennen. Die Dimension des Selbst weist aber auch über den Menschen als einzelnen weit hinaus. Sie transzendiert jede Vorstellung von Räumlichkeit, von innen oder außen.

Parallel zur *brahman*-Lehre entzieht sich auch die Erfahrung des ātman jeglicher Festlegung durch Begriffe und Worte. Berühmt wurde der diesbezügliche Ausspruch des *Yajñavalkya* in der *Bṛhadāraṇyaka-Upaniṣad*:

*Dieser ātman ist nicht so und ist nicht so; er ist ungreifbar, denn er kann nicht ergriffen werden; er ist unzerstörbar, denn er kann nicht zerstört werden; er ist unberührbar, denn er kann nicht berührt werden.*
*(Bṛhadāraṇyaka-Upaniṣad 4.5.15)*

Mit der oft zitierten Formel des '*neti neti* - er ist nicht so und ist nicht so' wird das Selbst nur mit Negationen bestimmt. Und selbst diese können das, worum es geht, nicht ausdrücken. Das Selbst darf nicht als 'etwas', als Objekt begriffen werden, sondern als 'Über-Subjekt', das auch nicht mehr im Gegensatz zu einem Objekt steht. Da Erkenntnis immer 'etwas' erkennen muss und es hier kein 'etwas' gibt, ist auch keine Erkenntnis möglich. Um sein Selbst zu erkennen, ist es folglich notwendig, die Trennung zwischen Erkennendem und Erkanntem aufzuheben.

Dies zu erreichen macht eine tiefgreifende Transformation des Bewusstseins notwendig. Der Mensch muss gleichsam geistig sterben: "Nicht erkennt man nach dem Tod", erklärt *Yajñavalkya* und führt im folgenden Vers den Gedanken weiter aus:

*Denn wo gleichsam Zweiheit ist, da riecht einer den anderen, sieht einer den anderen usw. ... aber wo einem alles zum Selbst geworden ist, mit was und wen sollte dieser riechen, mit was und wen sollte dieser sehen usw.*
*(Bṛhadāraṇyaka-Upaniṣad 2.4.12 u. 2.4.14)*

Das beschriebene Sterben führt nicht zur Dumpfheit eines Unbewussten. Im Gegenteil, das geistige Sterben meint Erkenntnis des Selbst und hiermit auch die wahre Erkenntnis der Welt. In dem Dialog mit seiner Frau erklärt *Yajñavalkya* weiter:

*Durch das Sehen, Hören, Denken und Erkennen des Selbst, liebe Maitreya, wird alles erkannt.*
*(Bṛhadāraṇyaka-Upaniṣad 2.4.5)*

Der berühmte Philosoph der *Bṛhadāraṇyaka-Upaniṣad* kennt ein Sterben im Leben, ein Sterben des endlichen Menschen, der so erst wahrhaft er selbst wird. *Ramana Maharshi,* der große indische Weise aus dem 20. Jahrhundert, beschreibt dieses geistige Sterben wie folgt:

*Sterben kann ich nicht, das habe ich schon hinter mir, wie einer das Kindsein oder das Jungsein.*

Das geistige Sterben bedeutet nicht weniger als der leibliche Tod, sondern mehr. Es schließt den physischen Tod mit ein, so dass der Tod für den geistig Gestorbenen nicht mehr von Belang ist, ja keinen Sinn mehr für ihn hat. Der endliche Mensch wird samt seiner Welt durch diese existentielle Transformation des geistigen Sterbens genichtet. Er findet so auf eine neue Weise zu einem ursprünglichen Leben aus dem Selbst.

## Die vier großen Lehrsätze

Trotz der Unsagbarkeit der Urerfahrung der *Upaniṣads* kristallisierten sich doch vier Kernsätze je aus einer der vier *Veda*-Schulen heraus, die als *mahāvākyas*, als 'große Lehrsätze' bezeichnet werden. Jeder dieser vier Lehrsätze bringt die Transformation des Alltagsbewusstseins zum Ausdruck, um eine neue Form von Philosophie und Religion zu entwerfen, die aus der in den *Upaniṣads* aufgebrochenen Urerfahrung lebt. Im Alltagsbewusstsein des allgemeinen Glaubens steht der Mensch hier auf dieser Erde den Göttern im Himmel gegenüber, ist von den Göttern abhängig und muss um ihren Beistand bitten. Ganz im Gegensatz zu dieser allgemeinen Grundauffassung sagt der erste große Lehrsatz aus der *Aitareya-Upaniṣad*:

*prajñānam brahma -*
*Das Bewusstsein ist das Absolute*
*(Aitareya-Upaniṣad 3.3)*

Der Glaube an die jenseitigen Götter im Himmel erscheint gewandelt zur Erfahrung Gottes ganz unmittelbar in den Tiefen des menschlichen Bewusstseins. Gott wird nicht gegenständlich vorgestellt, sondern der Mensch erkennt das Bewusstsein selbst als das Absolute. Das Gleiche gilt auch für den zweiten Lehrsatz. Wenn es für den Menschen im Alltagsbewusstsein vollkommen selbstverständlich ist zu sagen: 'Ich bin getrennt von den Göttern', so formuliert die *Bṛhadāraṇyaka-Upaniṣad:*

*aham brahma asmi - Ich bin das Absolute*
*(Bṛhadāraṇyaka-Upaniṣad 1.4.10)*

Nur im Alltagsbewusstsein meint der Mensch eine Trennung zwischen Mensch und Gott zu sehen, die jedoch letztlich nicht existiert. Im Erwachen zur Erfahrung ursprünglicher Existenz löst sich die Unbewusstheit der Trennung auf, um der Urerfahrung der Einheit von Gott und Mensch Platz zu machen. Aber nicht nur die Trennung von Gott und Mensch, sondern auch die Getrenntheit von Mensch und Welt wird verwandelt. So sagt der Lehrer zu seinem Schüler in der *Chāndogya-Upaniṣad*, indem er auf die Dinge der Welt zeigt:

*tat tvam asi - Das bist du*
*(Chāndogya-Upaniṣad 6.8-16)*

*Die vier großen Lehrsätze der mahāvākyas*

Wie dieser Schüler sieht sich auch der Mensch im allgemeinen als getrennt von der ihn umgebenden Welt. Dass dies so ist, liegt jedoch nicht

an der Welt, sondern an der mangelnden Klarheit des Bewusstseins. Die innige Verwobenheit des gesamten Kosmos wird nicht gesehen, auch nicht die Gemeinschaft, ja Einheit, in der der Mensch mit den Dingen der Welt steht. Dem so 'Erwachten' geht eine neue Welt auf. Der Mensch sieht sich der Welt nicht mehr gegenständlich gegenüber, sondern erkennt sich in grundlegender Einheit mit dem gesamten Universum. Aus der Urerfahrung der *Upaniṣads* ist mit dem Blick auf die Dinge der Welt somit zu sagen: Das bist Du.

Der letzte und wohl wichtigste der vier großen Lehrsätze aus der *Māṇḍūkya-Upaniṣad* greift dann noch einmal die erste Thematik der Einung von Gott und Mensch auf. Das Selbst des Menschen ist nicht getrennt von Gott, sondern es gilt:

*ayam ātmā brahma -*
*Dieses Selbst ist das Absolute*
*(Māṇḍūkya-Upaniṣad 2)*

Dieser Satz über die Einheit des Selbst und des Absoluten, von *ātman* und *brahman,* wird später als der immer wieder auch in anderen *Upaniṣads* wiederholte Gipfel der *Upaniṣad*-Philosophie gesehen. Zwei zunächst unabhängig voneinander entstandene Lehren wurden als identisch erklärt. Warum? In den *Upaniṣads* wird mehrfach berichtet, dass sich die Weisen nicht nur in Höhlen zur Meditation zurückgezogen haben, sondern durchaus diskussionsfreudig im Redewettstreit voneinander lernen wollten. Darüber hinaus sind viele Texte in der Form des Dialogs oder der Diskussion gehalten. So ist anzunehmen, dass die verschiedenen Schulen schon von frühester Zeit an in regem Gedankenaustausch standen. In der Diskussion mag so die Gemeinsamkeit der Intention schon bald bemerkt worden sein, was dann zur Identifikation von *ātman* und *brahman* geführt haben könnte. Sicher haben aber auch Redaktoren in späterer Zeit durch Einfügungen oder Zusammenstellungen eine nachträgliche Gleichsetzung in der Überlieferung der einen oder anderen Schule durchgeführt.

Der zentrale Grund der Einssetzung wird jedoch vor allem darin zu finden sein, dass in der Formel der Einheit von *ātman* und *brahman* die Grundintention der *Upaniṣad*-Philosophen in besonders klarer Weise zum Ausdruck kommen konnte. Es geht darum, dass der Mensch sein wahres Selbst findet und so Gott in seiner Wesenhaftigkeit erkennt. Und dieser wesenhafte Gott wurde dann nicht mehr als etwas Äußeres und Gegenständliches vorgestellt, sondern als der *antaryāmin*, als der innere Lenker (Skrt.: *antaryāmin* (m.) - innerer Lenker), als der zentrale Grund des eigenen Menschseins. Der Mensch findet zu sich und somit zu Gott. Er findet zu Gott und somit zu sich selbst.

Letztlich geht es jedoch auch hier nicht nur um eine Einheit von Mensch und Gott, in der die Welt ausgeschlossen bliebe. Der Weg in die inneren Tiefen des Menschseins ist weiterzuführen durch die Rückkehr in die Welt. Das Innen ist mitten in der Welt, im Außen zu leben. Die Vorstellungen eines Lebens in der Einheit mit der Welt aus der *brahman-* bzw. *ātman*-Philosophie werden so in einer alles integrierenden Grundformel in der *Bṛhadāraṇyaka-Upaniṣad* zusammengeführt:

*Dieser, wahrlich, welcher dieses Selbst*
*(ātman) ist, das ist dieses Unsterbliche,*
*dieses Absolute (brahman), diese ganze Welt.*
*(Bṛhadāraṇyaka-Upaniṣad 2.5.1)*

Perspektive ist das Wachwerden des Menschen für sein eigenes Selbst. Und Selbstfindung meint gerade ein Leben in Einheit mit dem Absoluten genauso wie ein Leben in Einheit mit der Welt.

*Upaniṣad-Philosophie* findet so ihre innere Mitte, ohne damit jedoch zu beanspruchen, eine

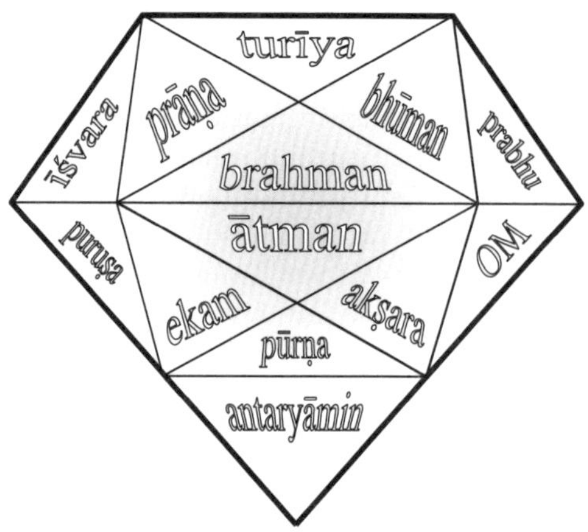


*Die Fülle der Ausdrucksmöglichkeiten für die eine Urerfahrung*

letzte, allgemeingültige Formel gefunden zu haben. Die *Upanisads* bilden einen Quellpunkt immer neuer Anläufe, welche die Erfahrung des Unsagbaren auf den Begriff zu bringen versuchen. Neben der *brahman-* und *ātman*-Lehre sind in paralleler Weise auch *puruṣa-, prāṇa-, bhūman-, akṣara-, ekam-* , *īśvara-, prabhu-, pūrṇa-, turīya-* oder *OM-Philosophien* zu finden. Letztere sollen hier abschließend näher erläutert werden.

*om pūrṇam adaḥ pūrṇam idaṃ pūrṇāt pūrṇam udacyate /*
*pūrṇasya pūrṇam ādāya pūrṇam evāvaśiṣyate //*
*om śāntiḥ śāntiḥ śāntiḥ //*

*om OM - pūrṇam Die Fülle adaḥ jenes, pūrṇam die Fülle idam dieses.*
*pūrṇāt Aus der Fülle pūrṇam die Fülle udacyate geht hervor /*
*pūrṇasya Der Fülle pūrṇam die Fülle ādāya genommen habend,*
*pūrṇam die Fülle eva wahrlich avaśiṣyate bleibt //*
*om OM - śāntiḥ Friede - śāntiḥ Friede - śāntiḥ Friede //*

OM - Die Fülle ist jenes, die Fülle ist dieses.
Aus der Fülle geht die Fülle hervor.
Wird von der Fülle die Fülle genommen,
so bleibt wahrlich die Fülle.
OM - Friede, Friede, Friede.

*Īśā-Upaniṣad (Einleitungsvers)*

## Die Lehre von der Fülle

Die Lehre von *pūrṇa*, von der Erfahrung der Fülle (Skrt.: *pūrṇa* (n.) - Fülle), erscheint in äußerster Kürze zusammengefasst im Einleitungsvers der *Īśā-Upaniṣad*. *Yoga*-Erfahrung bedeutet die Erfahrung von Fülle. Ganz im Sinne traditioneller Religion beginnt der Vers mit der Aussage, dass die Fülle im Jenseits zu finden sei. Der Folgesatz deutet jedoch gleich darauf hin, dass hier auf eine neue, tiefere und umfassendere Bewusstheit gewiesen wird: Die Fülle ist auch dieses. *Yoga* heißt, im Hier und Jetzt dieser Welt die Fülle unmittelbar zu erfahren.

Wie verhält sich nun das Diesseits zum Jenseits? Müssen Diesseits und Jenseits als zwei parallele Welten vorgestellt werden? Die Antwort lautet: aus der Fülle geht die Fülle hervor, das Jenseits bildet das Fundament des Diesseits. Die im Hier und Jetzt erfahrene Fülle gründet somit im Jenseits. Die Lehre von der Fülle erscheint als Vertiefung allgemeiner Religion, wenn es darum geht, die jenseitige göttliche Fülle hier in dieser Welt zu erfahren.

Der Vers bleibt jedoch an diesem Punkt nicht stehen. Letztlich ist kein Weg der Vertiefung, sondern der Sprung aus aller Vorstellbarkeit und Logik intendiert. Gegen alle Logik wird behauptet, daß selbst wenn die Fülle von der Fülle genommen wäre, doch wahrlich die Fülle bliebe. Die in der allgemeinen Religion praktizierte Unterscheidung zwischen Diesseits und Jenseits greift nicht mehr. Die Erfahrung des *Yoga* meint die Erfahrung der einen Fülle, die das Jenseits und das Diesseits einschließt, die Fülle des Absoluten als die Fülle ursprünglicher Existenz. Die phänomenale Welt vermehrt diese Fülle nicht. Ohne sie wäre ihre Fülle aber auch nicht vermindert. Die Erfahrung der Fülle meint die Erfahrung einer Einheit, die alles umfasst, von der nichts wegzunehmen und der auch nichts hinzuzufügen wäre. Es geht um die Erfahrung eines umfassenden Bewusstseins, wie sie auch in der Philosophie des OM zum Ausdruck kommt.

## Die Philosophie des OM

Die klassischen *Upaniṣads* arbeiten von ihren ersten Anfängen bis zuletzt an der Ausarbeitung der verschiedenen Bewusstseinsformen des Menschen. Diese Arbeit findet ihren Höhepunkt in der mit nur 12 Versen kürzesten und wahrscheinlich auch der jüngsten der klassischen *Upaniṣads*, der *Māṇḍūkya-Upaniṣad*. Sie gilt in ihrer Kürze als Extrakt aller *Upaniṣads*. Hier ist gleich zu Beginn der vierte große Lehrsatz von der Einheit des *ātman* und *brahman* zu finden. Mit der *Māṇḍūkya-Upaniṣad* liegt auch der zentrale Text der Philosophie des OM vor, der Philosophie des Urlautes der *Upaniṣads* wie auch des *Yoga*.

OM bedeutet das Urwort, das nicht nur alle anderen Worte umfasst. OM umfasst die ganze Welt. OM umfasst sie nicht nur. OM ist das Universum. OM meint, parallel zu den Begriffen *brahman* oder *ātman*, die Einheit von allem. Was darunter zu verstehen ist, wird deutlich, wenn OM als aus vier Teilen bestehend erklärt wird. In der *Devanāgarī*-Schrift, der Schrift des

*Zwei Möglichkeiten der Interpretation des Schriftzeichens*

Sanskrit, ist OM ein einzigartiges Schriftzeichen zugeordnet, das nur diesen Laut zum Ausdruck bringt. Anhand dieses Schriftzeichens werden tatsächlich vier Teile deutlich. Zunächst muss der Laut O als eine Zusammensetzung aus A und U gedacht werden. Es folgt als drittes der Laut M. Der Punkt im oberen Teil gilt als der sogenannte Vierte, die unhörbare Dimension von OM.

*Die Deutung der ersten drei Viertel*

Jedem dieser vier Teile des OM wird nun eine bestimmte Bedeutung beigemessen. A ist der erste Laut. Mit ihm beginnt nicht nur das lateinische und griechische Alphabet, sondern auch die *Devanāgarī*. A wird hinten im Rachen gebildet. Es ist der Laut der Öffnung, des Beginns. Er repräsentiert damit auch alles Anfangende beim Menschen und in der Welt, die Lebensphase, in der etwas Neues aufgeht. Als Bewusstseinsform bedeutet A das Wachbewusstsein, das als erstes entsteht, wenn der Mensch Bewusstsein erlangt.

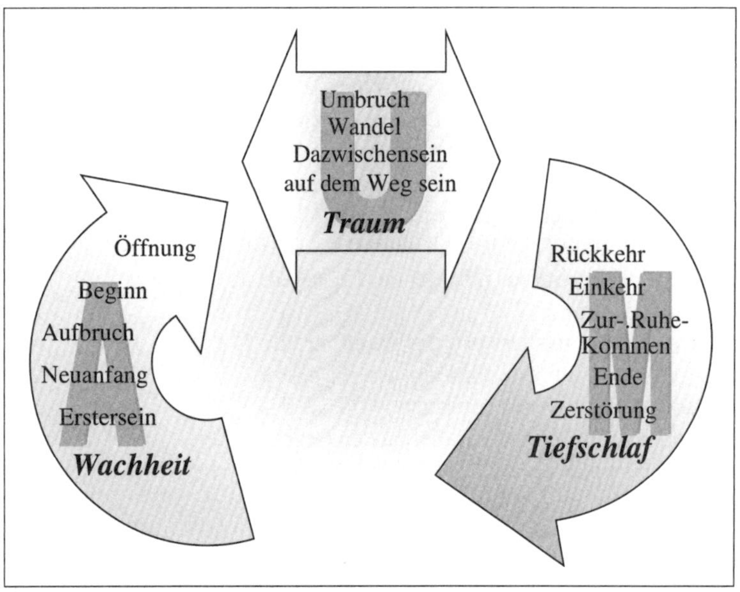


Als zweites folgt das U. Das U ist der Laut der Mitte. Das U steht zwischen dem im Rachen hinten gebildeten A und dem vorne mit den Lippen als Verschlusslaut geformten M. Es ist der Repräsentant für allen Wandel, für das Auf-dem-Weg-Sein und auch für die Lebensphasen des Umbruchs. Als Bewusstseinsform meint U das noch aktive Traumbewusstsein, das hier unterschieden ist vom inaktiven Tiefschlaf.

Erst M symbolisiert dann den Tiefschlaf als die Rückkehr, Einkehr, das Ende, das Zur-Ruhe-Kommen im positiven Sinn der Vollendung, im negativen Sinne aber auch der Zerstörung. Im Tiefschlaf geschieht ein Zur-Ruhe-Kommen und auch das Ende jeder Bewusstseinsaktivität.

Die große Frage bleibt, was mit dem vierten, unhörbaren Teil des OM gemeint ist. Welche Bewusstseinsform weist als vierte über Wachen, Traum und Tiefschlaf hinaus? Das vierte Bewusstsein wird im Sanskrit einfach *turīya*, der Vierte genannt (Skrt.: *turīya* (n.) - der Vierte, Viertel). Der 7. Vers beschreibt diesen Vierten, dies jedoch mehr in Verneinungen als in

*Der Vierte als das Bewusstsein der Einheit im Wandel der Zeit*

konkreten Aussagen. Der Vierte erkennt nicht, ist auch nicht erkennbar, ist nicht fassbar, nicht wahrnehmbar oder ist auch nicht beschreibbar. Und doch geht es um die Essenz des Selbst, um die Erfahrung der göttlichen Ruhe, des Friedens und der Glückseligkeit. Das vierte Bewusstsein meint nicht eine Phase im ständigen Wandel von Aufgang und Untergang der zeitlichen Welt. Das vierte Bewusstsein umfasst Wachen, Träumen und Tiefschlaf. Wer den vierten, unhörbaren Teil von OM hört, der erfährt den Laut OM in seiner ursprünglichen Einheit. Der erfährt in gleicher Weise die Bewusstheit der Einheit von allem, wie auch schon die anderen Texte der *Upaniṣads* die Urerfahrung des *brahman*, *ātman* oder *pūrṇa* als die Einheit eines ursprünglichen Erfahrens zum Ausdruck gebracht hatten, die alle Vielheit übersteigt und einschließt.

## Die Übungspraxis

Der Weg der *Upaniṣad*-Philosophen kann somit nicht nur auf Reflexion über die Erfahrung des Absoluten beschränkt bleiben. Unabdingbare Voraussetzung für alles Philosophieren bleibt das grundlegende Erwachen zur Urerfahrung, aus der heraus dann erst in einer neuen Weise gedacht werden kann. Es erhebt sich natürlich die zentrale Frage, wie der Mensch zu solcher Bewusstheit gelangen kann, mit der das Verständnis der *Upaniṣads* steht und fällt.

Eine ausgearbeitete Übungspraxis des Yoga ist erst in späterer Zeit zu finden. Aber schon in den *Upaniṣads* entstanden die ersten Anfänge spiritueller Übung. So betont die *Chāndogya-Upaniṣad* Opfer, Schweigen, Fasten und das Zurückziehen in den Wald, während die *Bṛhadāraṇyaka-Upaniṣad* das Studium des *Veda,* Opfer, Gaben, Fasten und Askese nennt. Gerade

*Das erste Yoga-Übungssystem in der Śvetāśvatara-Upaniṣad*

*OM-Meditation - die Quirlung des Geistes wie das Feuermachen mit Reibhölzern*

der Begriff der Askese (Skrt.: *tapas* (m.) - Askese, innere Askese) spielt immer wieder eine besondere Rolle. Dabei geht es nicht um körperliche Kasteiung, sondern um geistige Loslösung, um Askese als geistige Übung. Fasten wird zum Beispiel zur Übung der Selbsterfahrung, zur bewusstheitsfördernden Praxis. Der Rückzug aus dem Getriebe des Alltags in die Abgeschiedenheit des Waldes wirft den Menschen zunächst auf sich selbst zurück und macht ihm seine existentielle Gebundenheit an die Welt bewusst. Die Übung des Schweigens mag eine Lockerung der Seins- und Bewusstseinsschichten fördern.

*Der Weg der OM-Meditation in der Śvetāśvatara-Upaniṣad*

Neben diesen allgemeinen Erwähnungen asketischer Übungspraxis wird in der *Śvetāśvatara-Upaniṣad* dann schon eine spirituelle Praxis unter dem Namen *Yoga* systematisiert. Vom Rückzug an einen sauberen Ort, über Richtlinien der richtigen Sitzstellung, der Atemregelung und der Meditation, bis hin zu den Beschreibungen der Wirkungen der Übungen und des Ziels des *Yoga* ist uns hier in den *Upaniṣads* das älteste Übungssystem in der Geschichte des *Yoga* überliefert.

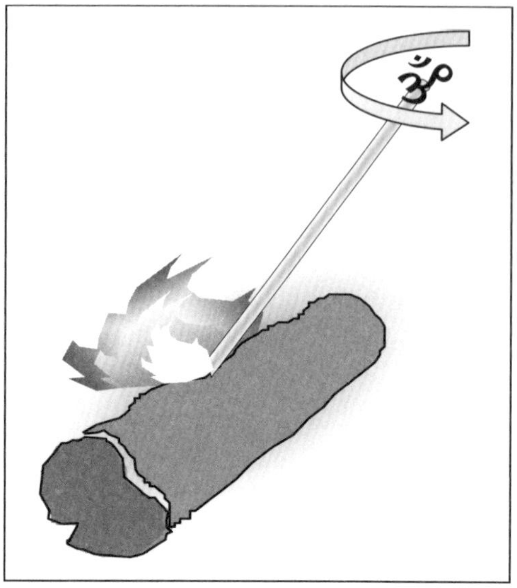

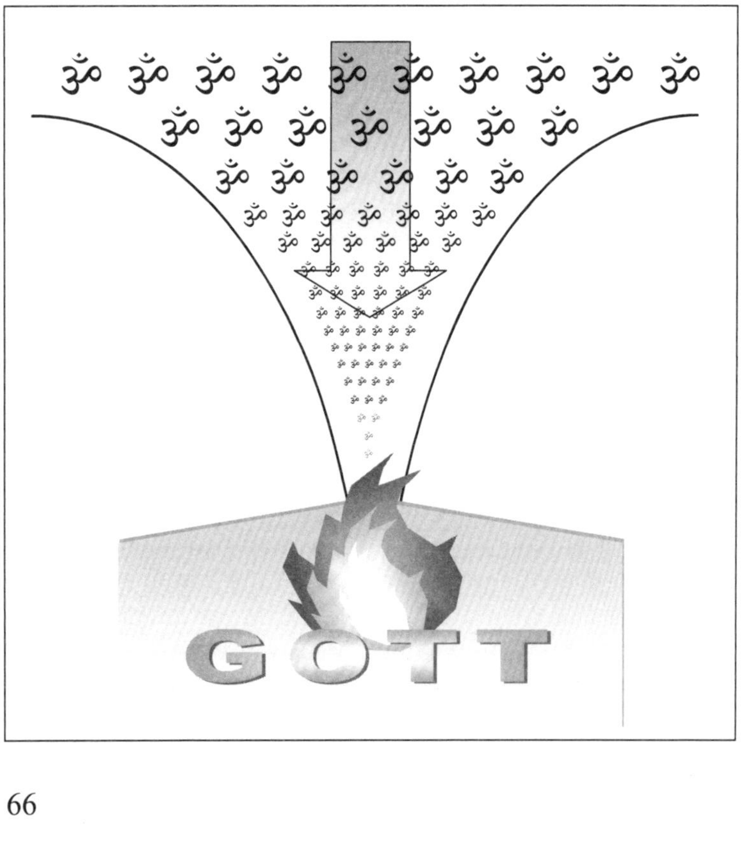


Im Zentrum dieser Praxis des *Yoga* steht die Meditation des Lautes OM, die wie folgt beschrieben ist:

*Nachdem man den eigenen Körper zum Reibholz und den heiligen Laut zum oberen Reibholz gemacht hat, schaut man durch die Quirlung der Meditation den Gott als etwas Verborgenes. (Śvetāśvatara-Upaniṣad 1.14)*

Wie beim Feuermachen mit einem Reibholz das obere Holz ständig gedreht wird, gilt es OM immer wieder zu wiederholen, zunächst laut, dann leise und zuletzt nur noch im Denken. Das Denken schweift nicht mehr umher. Das zerstreute Bewusstsein wird konzentriert und nach innen gelenkt. Es sammelt sich und kommt zur Ruhe. Durch die ständige Wiederholung des gleichen Lautes beginnt die Konzentration allmählich feiner zu werden. Das Denken erlangt Transparenz und Gelassenheit. Durch die Loslösung der Gelassenheit entsteht die Öffnung für einen neuen Aufgang, der dann, wie das Feuer aus der Reibung der Reibhölzer, plötzlich hervorbricht. Nun mag das Feuer der Urerfahrung des Yoga erwachen, die in den verschiedenen Schulen mit der Erfahrung des *brahman*, des *ātman* oder den zahlreichen anderen Begriffen zum Ausdruck gebracht worden ist.

# 3. Die Yoga-Upaniṣads

Unter den zahlreichen nach den klassischen *Upaniṣads* verfassten Texten dieser Literaturgattung ist für den *Yoga* vor allem die Gruppe der 21 *Yoga-Upaniṣads* interessant. Die meisten dieser späten *Upaniṣads* sind wahrscheinlich erst im 14. oder 15. Jahrhundert entstanden.

Dass die Autoren ihre Texte *Upaniṣad* nannten, deutet darauf hin, dass sie eine spirituelle Philosophie entwickelten, die der alten, brahmanisch-vedischen Tradition der klassischen *Upaniṣads* verpflichtet ist. Gleichzeitig stehen die *Yoga-Upaniṣads* aber auch in engem Kontakt mit den anderen bis dahin entwickelten *Yoga*-Wegen. Zahlreiche Einflüsse des klassisch-philosophischen Yoga sind festzustellen, der inzwischen schon eine lange Tradition ausgebildet hatte. Zahlreiche Bezüge sind auch zu den körperorientierten Wegen des *Haṭha-* und *Kuṇḍalinī-Yoga* aufzuweisen, die zu jener Zeit eine ihrer kreativsten Phasen erlebten. Die *Yoga-Upaniṣads* können so als Texte angesehen werden, die zwischen *Vedānta* und *Yoga*, den beiden großen Traditionen der spirituellen Philosophie Indiens, zu vermitteln verstehen.

Bei den meisten *Yoga-Upaniṣads* handelt es sich um Texte mit einem eher geringen Umfang. Die *Amṛta-Bindu-Upaniṣad* weist zum Beispiel nur 22 Verse auf, die *Kṣurikā-Upaniṣad* nur 24. Auch konnten sie kaum die prägende Wirkung der klassischen *Upaniṣads* oder der Texte des *Haṭha-Yoga* erreichen. Für das Verständnis der Geschichte des *Yoga* sind sie vor allem deswegen interessant, weil sie Philosophien entfalten, die nicht in den Hauptstrom des allgemeinen Verständnisses von *Yoga* eingegangen sind. Die *Yoga-Upaniṣads* zeigen Vorformen oder auch Nebenlinien zum klassischen *Yoga* des *Patañjali* oder zu den heute verbreiteten Texten des *Haṭha-Yoga*.

Im gegenwärtigen *Yoga* durchgesetzt hat sich zum Beispiel die Lehre von acht Gliedern des *Yoga*-Weges. Die *Amṛta-Nāda-* und die *Dhyānabindu-Upaniṣad* entwickeln dagegen einen sechsgliedrigen Yoga (*ṣaṭ-anga-yoga*) und stützen sich dabei auf die klassische *Śvetāśvatara-Upaniṣad*. Wenn so die beiden die yogische Handlungsethik betreffenden Glieder *yama* und *niyama* fehlen, gewinnt hier *Yoga* eine weltabgewandte Ausrichtung. Andere Texte wie die *Maṇḍala-Brahmaṇa-Upaniṣad* oder die *Śāṇḍilya-Upaniṣad* nennen dagegen wiederum ausdrücklich wie *Patañjali* acht Glieder.

Im gegenwärtigen Yoga durchgesetzt hat sich die Auffassung von sechs Energiezentren des Körpers, von sechs Körper-*cakras*. Die *Dhyāna-Bindu-Upaniṣad* kennt dagegen nur vier Körper-*cakras*. Der Ort der Gotteserfahrung wird in den Haupttexten des *Haṭha-Yoga* im allgemeinen

*Das Verhältnis der klassischen Upaniṣads zu den Yoga-Upaniṣads*

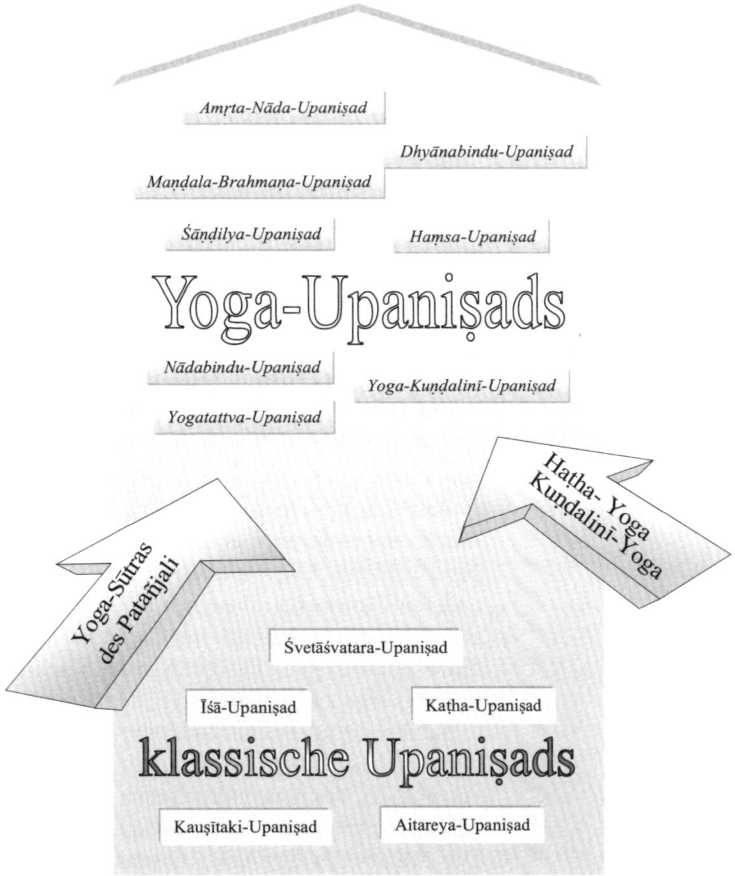

*Die Vielfalt der Lehren und ihr gemeinsamer Ursprung*

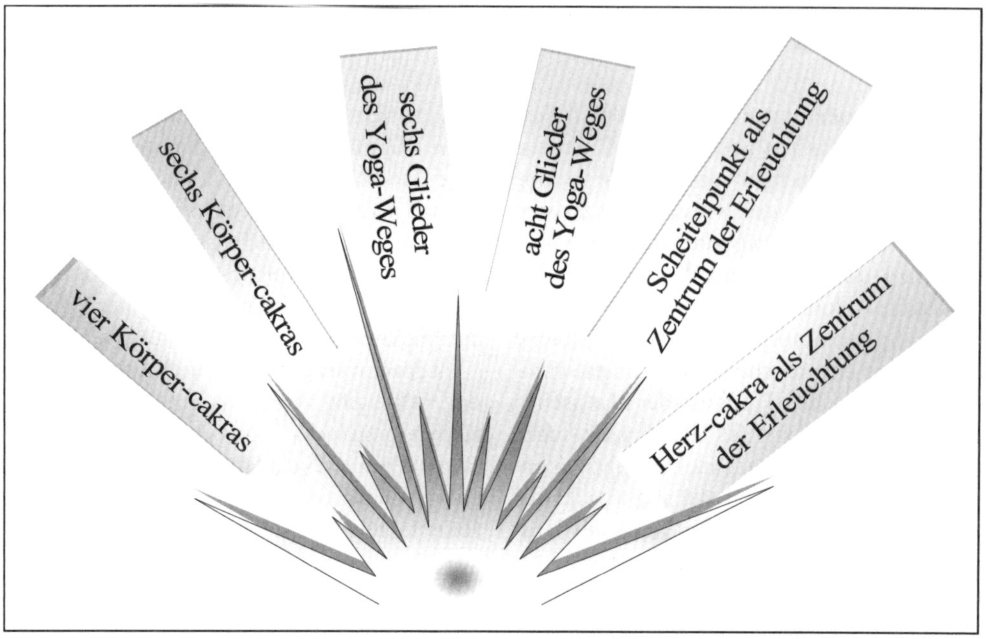


über den sechs *Körper-cakras* in einem siebten cakra am Scheitelpunkt des Kopfes gelehrt. Die *Dhyāna-Bindu-Upaniṣad* oder die *Haṃsa-Upaniṣad* beschreiben dagegen das Herz-*cakra* als Mittelpunkt spiritueller Erfahrung. Die *cakra*-Lehre des *Haṭha-Yoga* vermischt sich in diesen Texten mit der Auffassung der klassischen *Upaniṣads*, die das Göttliche im Herzen des Menschen sahen. Gerade die *Yoga-Upaniṣads* vermögen so deutlich zu machen, dass all die heute in breiten Kreisen anerkannten Theorien sich geschichtlich entwickelt haben. Wenn zahlreiche unterschiedliche Lehren der *Yoga*-Philosophie vorliegen, bringen sie zum Ausdruck, dass es die eine, einzig wahre Lehre des *Yoga* nicht gibt. Die Wahrheit ist in einer ganz anderen Dimension zu suchen als in der von Lehren. Die Wahrheit des *Yoga* weist auf ihren einen, gemeinsamen Ursprung in der Konkretion von *Yoga* als Lebens- und Erfahrungsweg.

Darüber hinaus zeichnen sich die Yoga-Upaniṣads in besonderem Maße durch die Weiterentwicklung des in den klassischen Upaniṣads beschriebenen Weges der OM-Meditation aus. Die *Nādabindu-Upaniṣad* beschreibt so in bildhafter Weise zum Beispiel die Silbe OM als einen den *Yogī* zur Erleuchtung tragenden Vogel, dessen verschiedene Körperteile den einzelnen Komponenten A, U und M entsprechen. Neben solchem Weiterführen der alten *Upaniṣad*-Tradition kann die Entwicklung des *Tāraka-Yoga*, der insbesondere im indischen Mittelalter eine große Verbreitung genoss, als durchaus eigenständige, kreative Leistung der *Yoga-Upaniṣads* gelten.

## Tāraka-Yoga

*Tāraka-Yoga* meint den '*Yoga* des hinüberführenden (Lichts)' (Skrt.: *tāraka* - hinüberführend, rettend, der Retter) und wird vor allem in der *Advaya-Tāraka-Upaniṣad* und der *Maṇḍala-Brāhmaṇa-Upaniṣad* entwickelt. Hiernach ist es möglich, das rettende Absolute in der Meditation in verschiedenen Lichterscheinungen zu erfahren. Es gilt die äußere Lichterfahrung (*bahir lakṣya*/äußeres Zeichen) zu verfeinern, um zur mittleren Lichterfahrung (*madhya-lakṣya*/mittleres Zeichen) und letztlich zur inneren Lichterfahrung (*antar-lakṣya*/inneres Zeichen) zu gelangen. Der Weg nach innen zur Erfahrung der Tiefendimensionen des Bewusstseins bildet allerdings nur den Beginn des *Yoga*-Weges.

Selbst die innerste Lichterfahrung verbleibt noch auf der raum-zeitlichen Ebene und wird dem Bereich des *mūrti-tāraka*, des körperlichen Hinüberführens zugeordnet (Skrt.: *mūrti* (f.) - Körper, körperlich). Der tiefere Sinn des *Yoga*-Weges bedeutet eine vollkommene Transformation, die Öffnung für das ganz andere, das undenkbar (*amanaska*) ist, das unkörperliche Hinüberführen zu *amūrti-tāraka*. Die Rede von *tāraka* legt zwar nahe, dass der Weg irgendwo hin führe. Jedes räumliche Irgendwohin greift hier jedoch zu kurz. Das Hinüberführen von *tāraka* übersteigt das raum-zeitliche Bewusstsein und öffnet für die Erfahrung des Absoluten, für die absolute Undenkbarkeit.

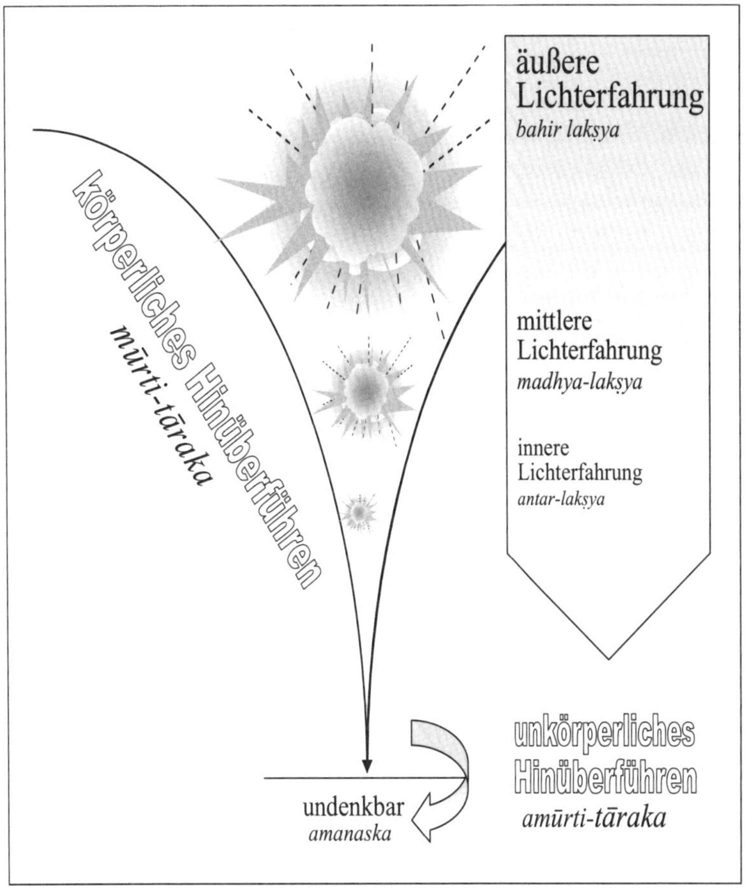


*Die Stufen des Tāraka-Yoga*

## Marma-Yoga

Die zweite Form des Yoga, die insbesondere in den *Yoga-Upaniṣads* entwickelt wurde, ist *Marma-Yoga*. Ausführungen hierzu sind in der *Kṣurikā-Upaniṣad* und der *Śāṇḍilya-Upaniṣad* zu finden. Schon die indische Lebenskunde *Āyurveda* kennt insgesamt 107 *marmans* als besondere Lebenspunkte des Körpers, wozu auch Sehnen, Blutgefäße oder Organe gezählt werden. In den *Yoga-Upaniṣads* stellt die *marma*-Lehre dann eine Art feinstofflicher Anatomie dar, die manche Parallele zur Konzeption der *cakras* aufweist. Allgemein spricht man von insgesamt 18 *marmans* als über den ganzen Körper verteilten Lebenspunkten. Wörtlich übersetzt heißt *marman* Verbindung (Skrt.: *marman* (n.) - Gelenk, Verbindung). Sie bilden Verbindungen des materiellen Körpers zu der ihm innewohnenden feinstofflichen Lebensenergie des *prāṇa* (Skrt.: *prāṇa* (m.) - Atem, Lebensenergie). Die 18 *marmans* sind über den ganzen

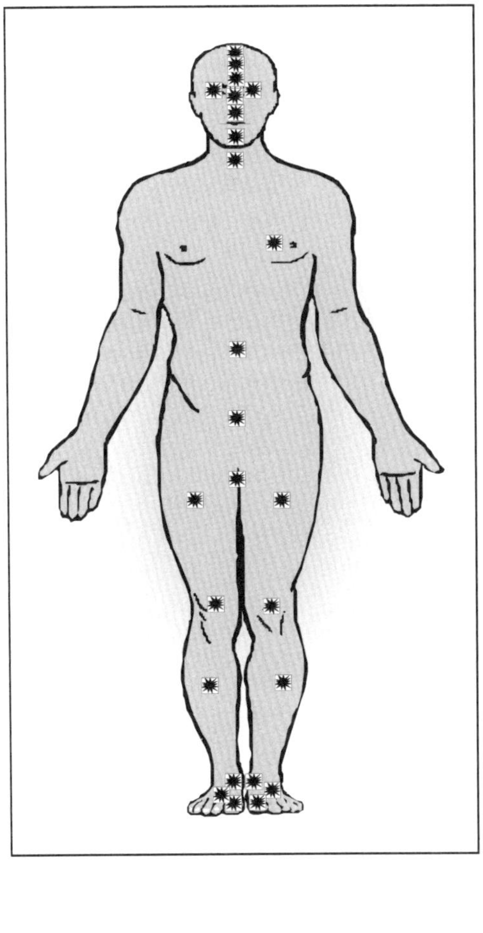

*Die Verteilung der 18 marmans*

Körper verteilt, von den großen Zehen über Unterschenkel, Anus, Nabel, Rachen bis zur Mitte zwischen den Augenbrauen und der Stirn.

In diesen marmans konzentriert sich die Verspanntheit und Unbewusstheit des Körpers, so dass sie in besonderer Weise als Konzentrationspunkte für die Meditation geeignet sind. Diese Konzentration kann sowohl mit dem Denken, mit dem Atem und auch mit dem Blick erfolgen. Im Verlauf des Übens beginnt sich die Konzentration der Aufmerksamkeit in eine konzentrierte Gelassenheit zu transformieren, welche die Verspannungen des Körpers zu lösen vermag. Die *marmans* werden so zu Lebenspunkten, indem sie den materiellen Körper mit der Lebensenergie des *prāṇa* verbinden und dann *prāṇa* durch alle Lebensadern fließen kann. Der meditierende Geist wird, so die *Kṣurikā-Upaniṣad,* zum Dolch (Skrt.: *kṣurikā* (f.) - Dolch, Messer), der die Knoten der Unbewusstheit zerschneidet und in dieser Weise den *Yogī* für die Erfahrung des Absoluten öffnet.

Über den *Yoga* der klassischen *Upaniṣads* hinaus versteht es insbesondere der *Marma-Yoga* in den *Yoga-Upaniṣads* den materiellen Körper in den spirituellen Prozess zu integrieren. Dabei bildet der Körper nicht nur den Ausgangspunkt der Meditation. Indem in den *marmans* die Verbindung zu *prāṇa* hergestellt wird, kann die dann freigelegte spirituelle Lebensenergie gerade durch den Körper ihren Ausdruck finden. Die *Yoga-Upaniṣads* des späten Mittelalters vermögen so einen wesentlichen Beitrag zur Entwicklung eines alle Dimensionen des menschlichen Seins integrierenden *Yoga* zu leisten.

# 4. Yoga in der Bhagavadgītā

Der Sanskrit-Begriff *Bhagavadgītā* läßt sich wörtlich mit *Gesang (gītā) des Erhabenen (bhagavad)* übersetzen, womit die feierliche religiöse wie auch yogische Unterweisung (Gesang) durch *Krishna* (Erhabener), einer irdischen Erscheinungsform des Gottes *Vishnu*, gemeint ist. Die *Bhagavadgītā* gehört heute zu den bekanntesten und gleichzeitig auch zu den bedeutendsten Texten der indischen Kultur. Als heilige Schrift des Hinduismus zählt sie zu den *Smṛti* genannten religiösen Lehrbüchern (Skrt.: *smṛti* (f.) - das Erinnerte, Lehre), nimmt hier jedoch eine ganz besondere Stellung ein. Nahezu allen großen spirituellen Meister des jüngeren Hinduismus, von *Śaṅkara* über *Rāmānuja* bis zu *Madhva*, und auch die bedeutenden Philosophen und *Yogīs* der Gegenwart, von *B.G. Tilak* über *Aurobindo* bis zu *Radhakrishnan*, haben sie zusammen mit vielen anderen kommentiert. Sie ist heute in fast alle indischen wie auch europäischen Sprachen übersetzt. Die *Bhagavadgītā* zeigt sich dabei nicht nur als eine der zentralen Grundschriften des religiösen *Yoga*, sondern auch des Hinduismus schlechthin. Wie kaum ein anderes Werk vermochte sie auf den *Yoga* und das religiöse Leben Indiens zu wirken.

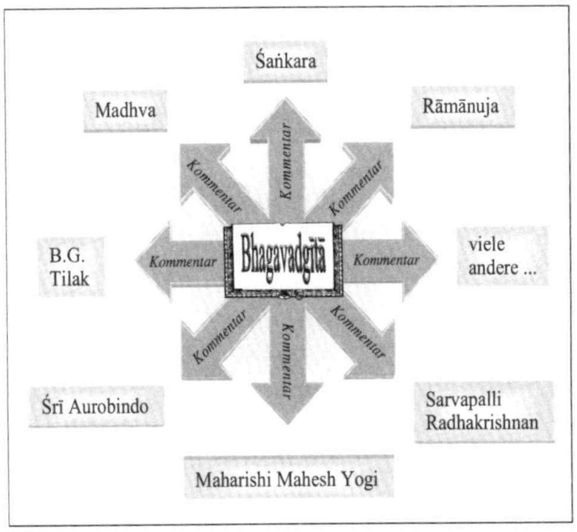


*Die zahlreichen Kommentare zur Bhagavadgītā*

श्रीमद्भगवद्गीता

*Bhagavadgītā*

Die Ursprünge der *Bhagavadgītā* mögen bis ins 4. Jh. v. Chr. zurückreichen. Der fertige Text mit einem Umfang von 700 Doppelversen (*ślokas*) und 18 Kapiteln wurde dann wahrscheinlich um das 2. Jh. n. Chr. in das 6. Buch des großen indischen Nationalepos *Mahābhārata* eingefügt. Trotz einer möglichen Entstehungszeit von bis zu sechs Jahrhunderten bildet die *Bhagavadgītā* doch einen in sich geschlossenen Text, der jedoch eine große Bandbreite von yogischen Schulen und religiösen Konzeptionen in sich vereinigt. Um klar verstehen zu können, wie hier vor allem der Brückenschlag zwischen *Yoga* und Religion geleistet wird, ist es wichtig, sich zunächst die Quellen zu vergegenwärtigen, aus welchen dieser wichtige Text schöpft.

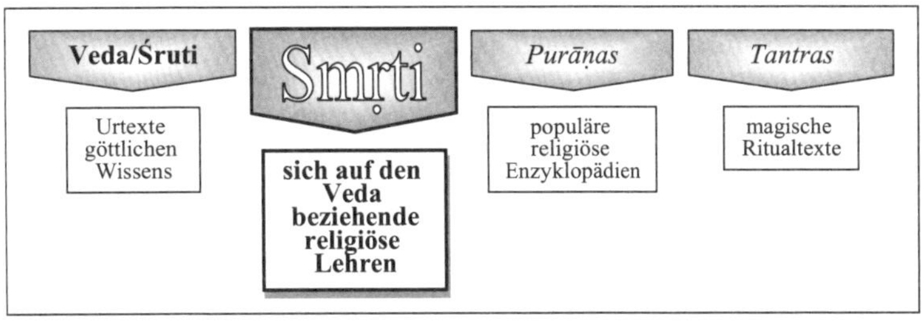


*Die religiösen Lehrbücher der Smṛti als die zweite Kategorie der heiligen Texte des Hinduismus*

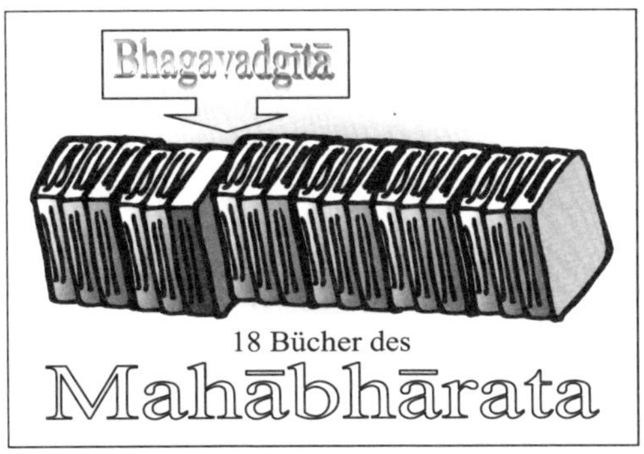


*Die Bhagavadgītā als Teil des 6. Buches des indischen Nationalepos Mahābhārata*

*Die 18 Kapitel der Bhagavadgītā*

1. *arjunaviṣādayoga*
**Yoga über das Zögern des Arjuna**

2. *sāṃkhyayoga*
**Yoga über das Wissen**

3. *karmayoga*
**Yoga über das Handeln**

4. *jñānakarmasaṃnyāsayoga*
**Yoga über die Entsagung des Handelns im Wissen**

5. *saṃnyāsayoga*
**Yoga über das Entsagen**

6. *dhyānayoga*
**Yoga über die Meditation**

7. *jñānavijñānayoga*
**Yoga über das Wissen und die Wissenschaft**

8. *akṣarabrahmayoga*
**Yoga über das unvergängliche Absolute**

9. *rājavidyārājaguhyayoga*
**Yoga über das königliche Wissen und über das königliche Geheimnis**

10. *vibhūtiyoga*
**Yoga über die Manifestationen**

11. *viśvarūpadarśanayoga*
**Yoga über die Schau der kosmischen Form**

12. *bhaktiyoga*
**Yoga über die Hingabe**

13. *kśetrakśetrajñavibhāgayoga*
**Yoga über die Unterscheidung des Feldes und des Feldkenners**

14. *guṇatrayavibhāgayoga*
**Yoga über die Unterscheidung der drei gunas**

15. *puruṣottamayoga*
**Yoga über die höchste Transzendenz**

16. *daivāsurasampadvibhāgayoga*
**Yoga über die Unterscheidung zwischen dem Göttlichen und dem Dämonischen**

17. *śraddhātrayavibhāgayoga*
**Yoga über die Unterscheidung des dreifachen Glaubens**

18. *mokṣasaṃnyāsayoga*
**Yoga über die Befreiung durch Entsagung**

## Die Quellen

*Die religiösen und yogisch-spirituellen Wurzeln der Bhagavadgītā*

Wie die *Bhagavadgītā* einerseits eine religiöse Schrift, andererseits einen Text des *Yoga* darstellt, so können auch ihre historischen Quellen einerseits den religiösen und andererseits den yogisch-spirituellen Bereichen zugeordnet werden. Die älteste Quelle bildet die traditionelle Religion der Brahmanen, die *Religion des Veda*. Immer wieder findet man vedische Opfer, Rituale und auch die Notwendigkeit der *Veda*-Rezitation betont. Weit wichtiger als der *Veda* wird für die *Bhagavadgītā* jedoch eine in jener Zeit neu aufgekommene religiöse Bewegung: die *Verehrung des Gottes Vishnu*. Im *Veda* nur selten erwähnt, steigt *Vishnu* zur Zeit der Entstehung der *Bhagavadgītā* neben *Shiva* zu einem der Hauptgötter des Hinduismus auf. *Krishna*, der große Protagonist der *Bhagavadgītā*, gilt als *avatāra*, als Inkarnation des Gottes *Vishnu* hier auf Erden (Skrt.: *avatāra* (m.) - Herabsteigen, Inkarnation). Wie in der *Bhagavadgītā* beschrieben, verkörpert sich *Vishnu* immer dann, wenn die göttlich-sittliche Weltordnung aus den Fugen zu geraten droht. Die *Bhagavadgītā* beschreibt somit das Eingreifen Gottes, indem *Vishnu* in seiner Inkarnation als *Krishna* in der äußersten Krise einer in sich zerstrittenen Menschheit die heilige Lehre verkündet.

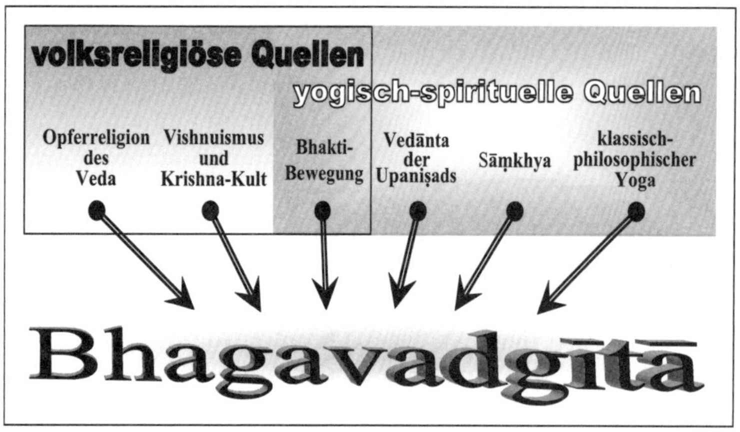


Die dritte und wichtigste religiöse Quelle gehört gleichzeitig auch schon in den Bereich yogischer Spiritualität. Gemeint ist die *Bhakti-Bewegung*, die als religiöse Bewegung gegen jeden veräußerlichten Ritualismus angetreten war. Im Sinne des religiösen *Yoga* der Hingabe (Skrt.: *bhakti* (f.) - *religiöse* Hingabe, Liebe) zeigt *Bhakti-Yoga* darüber hinaus die Praxis der Hingabe an eine erwählte Gottheit, die den Übenden in der Tiefe seiner Existenz verwandelt und für die Gotteserfahrung öffnet. Die *Bhagavadgītā* wird in dieser Weise zur bedeutendsten Schrift des *Bhakti-Yoga*. Als weiterer Bezugspunkt wurde vor allem auch der *Vedānta* der *Upaniṣads* wichtig, der den vorklassischen *Yoga* maßgeblich prägte. Besondere Quellen bilden hierbei die *Kaṭha-* und *Śvetāśvatara-Upaniṣad*. Aber auch die in Opposition zum Brahmanismus entstandene *Sāṃkhya*-Philosophie hat stark auf das Denken der Gītā gewirkt. Als letzte der yogisch-spirituellen Quellen sei auch der Weg des klassisch-philosophischen *Yoga* erwähnt. Der Grundlagentext des *Yoga* des *Patañjali* mag zur gleichen Zeit wie die *Bhagavadgītā* entstanden sein. Insbesondere das 6. Kapitel setzt sich mit dem Meditationsweg des klassischen *Yoga* auseinander.

Die Vielfalt der so kurz umschriebenen Bezugspunkte mag erahnen lassen, welche Vielschichtigkeit des Denkens und der Strukturen dann die *Bhagavadgītā* selbst aufweisen muss. Diese Vielfalt findet jedoch eine zentrale Zusammenführung, wenn sich der ganze Text aus einer einzigen Grundfrage heraus entwickelt und alle aufgezeigten religiösen wie auch yogischen Wege nur in den Dienst der Beantwortung dieser einen Grundfrage gestellt werden.

## svadharma

Nahtlos fügt sich die *Bhagavadgītā* in den Erzählverlauf des *Mahābhārata* ein. *Mahābhārata* heißt, nach der Übersetzung des Titels, *das große (Epos vom Kampf) der Bhāratas*. Der Seher *Saṃjaya* schildert hier dem blinden König *Dhṛtatarāṣṭra* den Kampf innerhalb des Königsgeschlechts der *Bhāratas* um die Macht, einen dem Stoff der Nibelungen nicht unähnlichen Verwandtenkonflikt. Die *Bhagavadgītā* ist an der Stelle eingeschoben, als die beiden Parteien der (guten) *Pāṇḍavas* und der (bösen) *Kauravas*, zur alles entscheidenden Schlacht gerüstet, in zwei großen Schlachtreihen auf dem Schlachtfeld *Kurukṣetra* angetreten sind.

*Saṃjaya* beschreibt nun die Situation des Kriegshelden *Arjuna*, eines Mitglieds der *Pāṇḍavas*, wie er kampfbereit zusammen mit seinem

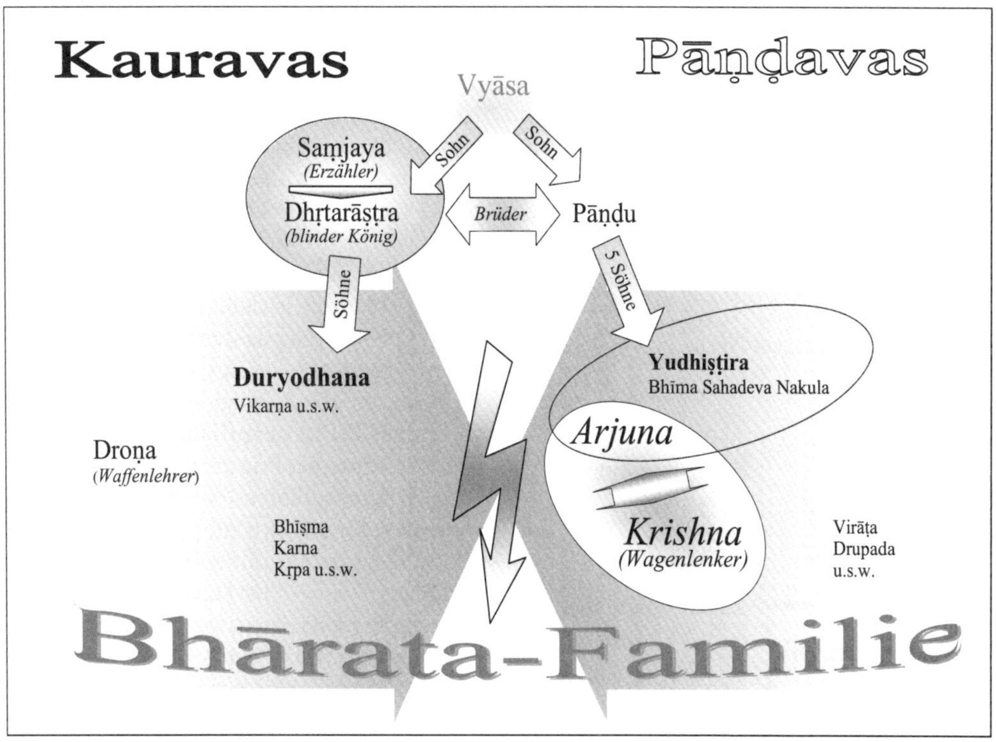


*Die beiden Schlachtreihen auf dem Kurukṣetra*

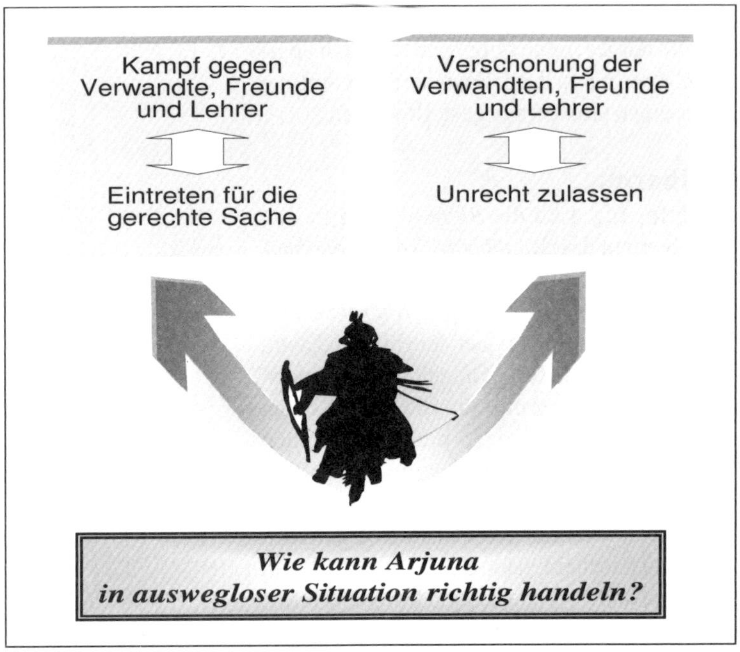


*Die Grundfrage*

*Die Vielfalt der Übersetzungsmöglichkeiten von svadharma*

Wagenlenker *Krishna* auf dem Schlachtfeld steht. Er sieht schon auf der gegenüberliegenden Seite seine gegnerischen Vettern, die *Kauravas,* und auch viele Freunde und Lehrer. Jetzt kommen ihm jedoch Zweifel, ob er tatsächlich kämpfen soll. Kampf würde zwar bedeuten, für das Gute und das Recht einzutreten, aber auch, ihm lieb gewordene Menschen, Verwandte und Lehrer zu töten. Die Alternative zum Kampf wäre der Rückzug, was gleichzeitig aber auch den Rückzug von der guten Sache impliziert. Die Grundfrage der *Bhagavadgītā* wird aufgeworfen: Wie soll der Mensch in auswegloser Situation richtig handeln?

In der Not fragt *Arjuna* seinen Wagenlenker *Krishna* und somit die Inkarnation des Gottes *Vishnu* um Rat. Krishna gibt nun in den 18 Kapiteln der *Bhagavadgītā* viele Antworten, die sich jedoch alle in einem einzigen Begriff zusammenfassen lassen: *svadharma*. Jedoch allein schon die Übersetzung von *svadharma* erweist sich als schwer. Der erste Teil *sva* ist mit *eigen* oder *eigenes* wiederzugeben. Die Übertragung von *dharma* könnte *Gesetz*, *Pflicht*, aber auch *Norm* oder *Aufgabe* lauten. Die von *Krishna* gegebene Antwort lautet somit: Erkenne, was dein *eigenes Gesetz* oder deine *eigenen Norm* ist! Handle nach deiner *eigenen Aufgabe* und *Pflicht*! Folge deiner *Bestimmung* und *Berufung*! Was *svadharma* letztlich besagt, dies wird allerdings je anders zu verstehen sein, wenn dieser Begriff aus religiös/hinduistischer Sicht oder aus der Perspektive yogischer Spiritualität betrachtet wird.

Die religiöse Interpretation von *svadharma* als Kastengesetz geht bis auf den *Veda* zurück. Hier findet sich der Glaube, dass der ganze Kosmos einer göttlichen Ordnung folgt, einem göttlichen Gesetz (*dharma*). Und im Mittelpunkt dieses göttlichen Gesetzes steht nach hinduistischem Glauben das Gesetz der Kasten. Die traditionelle hinduistische Gesellschaft ist hiernach in zahllose Kasten geordnet, wobei sich vier Hauptkasten herauskristallisiert haben. Jede Kaste hat ihre eigenes Gesetz zu erfüllen, unterliegt ihrem *svadharma* als der zu erfüllenden Kastenpflicht. Die Pflicht der obersten Kaste der Priester (*brāhmaṇa*) ist es, Rituale durchzuführen, die der Kriegerkaste (*kṣatriya*), für die gerechte Sache zu kämpfen und zu regieren. Die dritten Kaste der Händler und Bauern (*vaiśya*) hat Handel zu treiben und Nahrung zu produzieren, während der *svadharma* der vierten Kaste der Arbeiter und Diener (*śūdra*) das Verrichten von niedrigen Arbeiten ist. Den allen vier Kasten untergeordneten

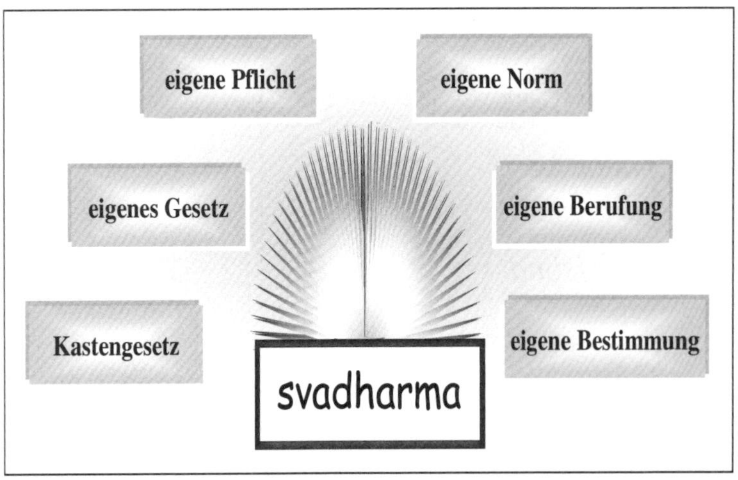

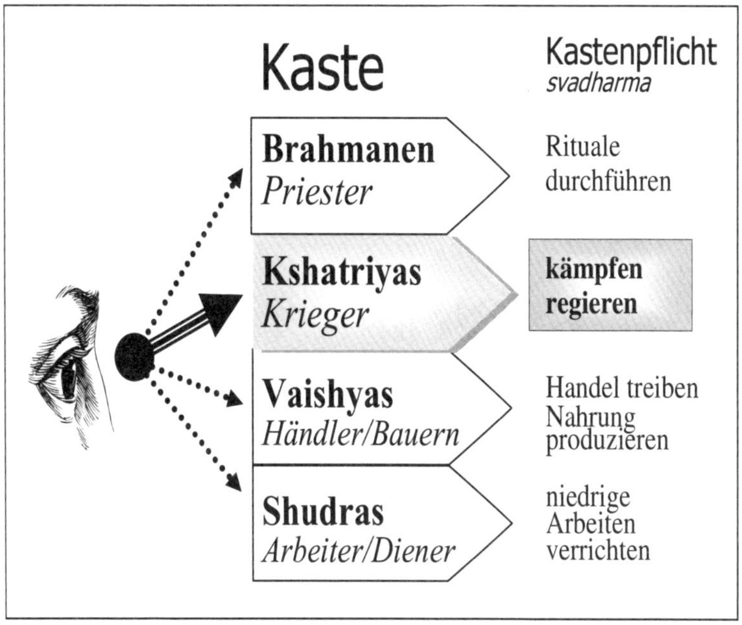


Kastenlosen (*paria*) verbleiben die niedrigsten, meist mit Schmutz verbunden Arbeiten.

Die jeweilige Zuordnung zu einer bestimmten Kaste verrät die Herkunft der Geburt. Und was der *svadharma* der Kastenpflicht vorschreibt, dies ist in den heiligen Schriften des Hinduismus und somit für jeden sichtbar geoffenbart, so dass *Krishna* sagen kann:

*Deshalb sollen dir die heiligen Schriften die Richtschnur sein für die Entscheidung, was zu tun ist und was nicht zu tun ist.*
*(Bhagavadgītā 16.24)*

Jeder gläubige Hindu kann so erfahren, was sein *svadharma* ist. Für *Arjuna* als Mitglied der Kriegerkaste heißt dies, dass er nach hinduistischem Standpunkt zu kämpfen hat. Er soll dies tun, nicht nur weil die Hindu-Schriften dies fordern, sondern weil das Befolgen der göttlichen Gebote himmlische Belohnung verspricht, der Verstoß dagegen zur Bestrafung führt. Und selbst wenn *Arjuna* in diesem Kampf getötet werden sollte, so kann *Krishna* ihm doch versichern, dass er nach seinem Tod direkt in den Himmel gelangen werde.

Arjuna entschloss sich daraufhin seiner Aufgabe als Mitglied der Kriegerkaste zu entsprechen und begann zu kämpfen. Mit dem Ende der *Bhagavadgītā* wird im weiteren Erzählverlauf des *Mahābhārata* dann die größte Schlacht beginnen, die in der epischen Literatur Indiens beschrieben ist. Die meisten Protagonisten kommen hierbei um. In dieser Weise wurde die *Bhagavadgītā* zu einer der zentralen, das Kastensystem und somit die traditionelle hinduistische Gesellschaftsordnung legitimierenden und begründenden religiösen Texte. Hiermit ist jedoch nur die eine Seite, der religiös/hinduistische Aspekt der *Bhagavadgītā*, aufgezeigt. Auf der anderen Seite entwickelt derselbe Text auch eine für die damalige Zeit revolutionäre Philosophie des *Yoga*, die über den hinduistischen Volksglauben weit hinausweist. Es sind die in der *Bhagavadgītā* aufgezeigten Wege des den religiösen Glauben übersteigenden 'zur Erkenntnis gelangten *Yogī*', der die *Gītā* gleichzeitig auch zu einer der zentralen Grundlagenschriften des *Yoga* macht. Auch in den yogischen Wegen bleibt *svadharma* die zentrale Perspektive. Dem Begriff wird dann jedoch, über den äußeren Sinn der Religion hinaus, ein innerer Sinn beigemessen.

*svadharma als Erfüllung der eigenen Kastenpflicht*

Als göttliche Inkarnation versprach *Krishna* für das Einhalten der religiösen Pflicht des *svadharma* himmlische Belohnung, für Verstöße drohte er schlimme Bestrafung an. Aus yogischer Sicht kann Handeln nach dem *svadharma* dagegen weder durch Belohnung noch durch Strafe motiviert sein. *Krishna* spricht als der Meister des Yoga sogar davon, dass nicht einmal Erfolg oder Misserfolg eine Rolle spielen:

*Das eigene Gesetz (svadharma), wenn auch erfolglos ausgeführt, steht höher als das gut ausgeführte Gesetz (dharma) eines anderen.*
*(Bhagavadgītā 3.35)*

Ganz entgegen der allgemeinen Meinung, dass Erfolg besser sei als Misserfolg, lehnt *Krishna* beides als Maßstab für gutes oder schlechtes Handeln ab. Eine Handlung ist nicht deswegen gut, weil sie Erfolg bringt, und nicht deswegen schlecht, weil ihre Ergebnisse schlecht sind. Yogisches Handeln richtet sich überhaupt nicht nach solchen 'Früchten' des Handelns aus, weder nach den unmittelbar erfahrbaren Ergebnissen, noch nach dem für ein Leben nach dem

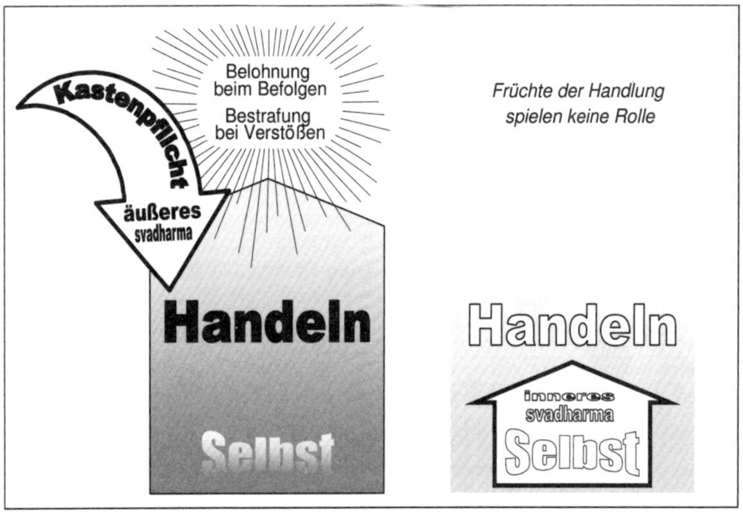


*Der religiöse (äußere) und der yogische (innere) Sinn von svadharma*

Tode versprochenen himmlischen Lohn. Einziger Maßstab für den svadharma des *Yoga* ist die innere Erfahrung. Handeln nach dem *svadharma* heißt jetzt ein Handeln, das für die jeweilige Person an einem bestimmten Ort zu einer bestimmten Zeit aus sich heraus so richtig ist. Es geht um ein Handeln aus der eigenen Mitte, aus dem wahren Selbst. Der *Yogī* handelt, weil dies die innere Erfahrung des eigenen Gesetzes sagt, weil dies der eigenen Bestimmung, der eigenen Berufung entspricht.

Aus yogischer Sicht heißt dies für die Situation des *Arjuna*, dass äußere Faktoren wie Gebote der heiligen Schriften oder himmlische Belohnung kein Kriterium der Entscheidung sein können. Was richtiges Handeln bedeutet, das vermag nur aus dem tiefsten Inneren heraus, durch die Bewusstheit des Selbst erfahren werden.

Hiermit scheint jedoch eine äußerst hohe Hürde aufgebaut. Selbst wenn angenommen wird, dass die Menschen ihrem inneren *svadharma* folgen wollten, so ist ihnen dieser innere Weg doch zumeist nicht bewusst. *Arjuna* fragt deswegen zurück, warum dies so ist, warum das schlechte Handeln überhaupt entsteht:

*Das Alltagsbewusstsein: Die Gebundenheit an die Früchte des Handelns*

*Von wem denn angespornt begeht der Mensch die Übeltat, die er doch gar nicht tun will ...?*
Krishna legt die yogische Sicht dar, wenn er antwortet:
*Das ist die Begierde, das ist der Zorn ... Wie der von einer Eihaut umhüllte Embryo, so ist hiervon alles umhüllt.*
*(Bhagavadgītā 3.36-38)*
Mit Begierde strebt der Mensch nach irdischem Erfolg oder nach himmlischem Lohn. Mit Hass und Abneigung tritt er dem Negativen, dem Misserfolg gegenüber. In allen Fällen ist das Bewusstsein an die jeweiligen Früchte des Handelns gebunden. Der Geist ist gebunden an das, was erstrebt wird oder was vermieden werden soll. Wenn alles Denken, Fühlen und Sehen so nach außen gerichtet ist, dann geht die Bewusstheit für den *svadharma* als das innere Gesetz verloren. Wie der Blick auf den Embryo durch die ihn umhüllende Eihaut verstellt ist, so vermag der Mensch dann nicht mehr das zu erkennen, was seine eigenste Aufgabe sein mag.

Die den Geist verdunkelnde Gebundenheit erstreckt sich auf alle Ebenen, auf den Körper, die Sinne, das Denken und vor allem auch auf die Fähigkeit zu innerer Einsicht. Der tiefste

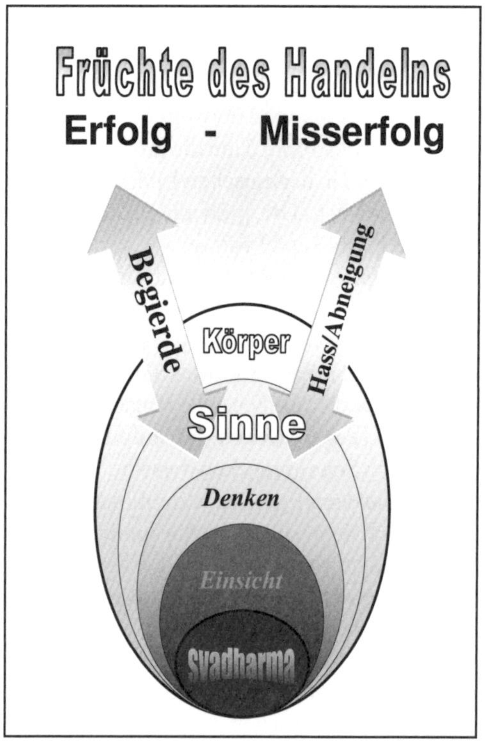

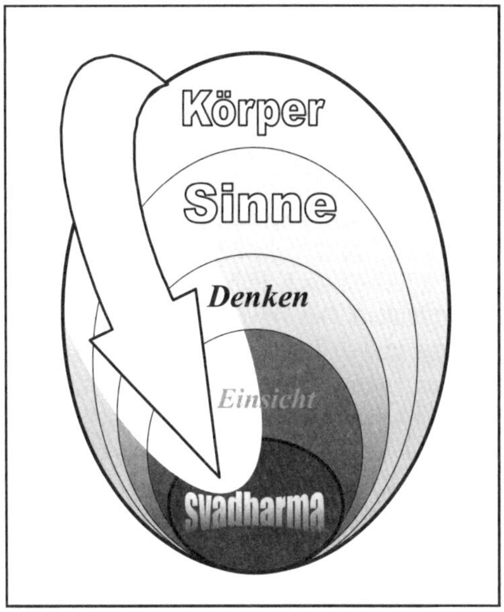


Grund der inneren Mitte, das eigentliche Selbst, dort wo dem Menschen sein eigenes Gesetz, sein svadharma bewusst würde, diese seine Bestimmung ist vollkommen verdunkelt.

*Yoga als Weg nach innen*

Die Aufgabe der *Yoga*-Praxis besteht nun in der Loslösung von den Gebundenheiten und der hieraus resultierenden Aufhellung der inneren Verdunklungen des Bewusstseins. Der Übende mag sich dann Schritt für Schritt bis zur Erkenntnis des Selbst vorarbeiten:

*Darum zügle als erstes die Sinne ... Die Sinne bezeichnet man höher als den Körper, höher als sie das Denken. Aber höher als das Denken ist die Einsicht. Viel höher aber als die Einsicht ist ER. Wenn du das, was höher als die Einsicht ist, erkannt hast, dann stabilisiere das (niedrige) Selbst durch das SELBST ...*
*(Bhagavadgītā 3.41-42)*

*Der Übungsweg der Versenkung im 6. Kapitel*

Ganz im Sinne der ursprünglichen Vorstellung von *Yoga* als Methode der Schulung innerer Bewusstheit beginnt der Weg mit dem Rückzug aus dem Getriebe der Welt. Die Sinne werden

**Vorbereitungen**

Der Yogi sollte beständig auf das Selbst ausgerichtet sein, in Einsamkeit, allein,
Geist *(citta)* und Selbst gezügelt, frei von Wünschen und Besitz.
An einem sauberen Ort soll er einen festen Sitz hinstellen,
nicht zu hoch und nicht zu niedrig, Stoff, ein Fell und Gras darauf.

**Konzentration**

Dort das Denken (*manas*) auf *einen* Punkt gerichtet, Geist (*citta*), Sinne, Tun gezügelt,
sich niederlassend auf dem Sitz, übt er Yoga, zur Läuterung des Selbst.
Gleichmäßig Körper, Kopf und Hals unbeweglich haltend, fest, schauend auf die Nasenspitze, blicke er nicht umher.

**Hingabe**

Mit beruhigtem Selbst, frei von Furcht, fest im Keuschheitsgelübte, das Denken (*manas*) gezügelt,
den Geist (*citta*) auf mich (*Krishna/Gott*) gerichtet, sitze er, in mir das Höchste sehend.

**Einheit von Selbst, Welt und Gott**

Wer das Selbst im Yoga übt, der sieht in allen Wesen das Selbst und alle Wesen im Selbst.
Er sieht dasselbe überall.
Wer mich (*Krishna/Gott*) überall sieht und alles in mir sieht,
dem entschwinde ich nicht,
und er entschwindet mir nicht

gezügelt, das heißt von dem Umherschweifen von einem Gegenstand zum nächsten abgehalten, um die Bewusstheit so nach innen zu wenden. In dieser Wendung nach innen fortschreitend, geht es nun darum, eine Dimension nach der anderen zu klären, sich des Denkens bewusst zu werden, dann die intuitive Einsicht zu erfahren, um letztlich die Klarheit für die innere Mitte zu erlangen. Es geht um den Weg der Meditation, der Versenkung, wie er im sechsten Kapitel dann auch in der konkreten Praxis beschrieben wird. Dieser Transformationsprozess will die Aufdeckung der spirituellen Tiefen menschlicher Existenz bis zur Dimension des Göttlichen im Innersten des Menschen, im personalen Gottesverständnis des *Bhakti-Yoga* mit *ER* oder in der Terminologie des *Vedānta* der *Upaniṣads* mit *Selbst* bezeichnet.

Einseitige Interpretationen gingen davon aus, dass *Yoga* sich ausschließlich auf die Wendung nach innen beschränkt. *Yoga* bedeutete einen Weg zur Verneinung der Welt. Die *Bhagavadgītā* gehört dagegen zu den Texten, die sich mit großer Entschiedenheit gegen das Missverständnis von *Yoga* als Weltflucht zur Wehr setzten. Sie macht sich sogar über den die Welt ablehnenden *Yogī* lustig. Sie beschreibt den *Yogī*, der sich von allem gesellschaftlichen Treiben in die Einsamkeit zurückzieht, der jedoch innerlich an nichts anderes zu denken vermag, als an den Wohlstand und die Menschen, die er verlassen hat. Der äußere Rückzug von der Welt ist zwar für die yogische Übungspraxis als durchaus hilfreich beurteilt. Der äußere Rückzug löst jedoch noch nicht die innere, geistige Gebundenheit. Der Versuch, allem Handeln zu entsagen und so die innere Befreiung zu erlangen, kann nur zu einer Form von Selbstbetrug führen, da das Handeln in der Welt notwendig zum Sein des Menschen gehört, solange er auf dieser Welt lebt. Nicht der Welt und der Tätigkeit in ihr ist zu entsagen, sondern der inneren Gebundenheit an die Welt und dem hieraus resultierenden unfreien Handeln.

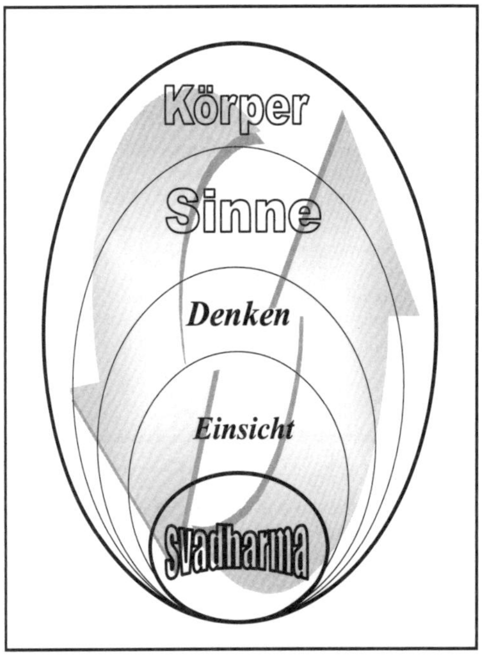


*svadharma - Handeln in geistiger Klarheit aus der Bewusstheit des SELBST*

Der yogische Weg nach innen bedeutet eine geistige Transformation, eine Befreiung von der Gebundenheit an Erfolg und Misserfolg, so dass gilt:

*Wer aber sich um die Früchte seiner Taten nicht kümmert, der wird ein Mann der echten Entsagung genannt.*
*(Bhagavadgītā 18.11)*

Wer sein Handeln nicht von Erfolg oder Misserfolg der Taten abhängig macht, dessen Handeln ist *asakta* (Skrt.: *asakta* - ungebunden). Er ist an die Früchte des Handelns nicht gebunden. Er wird sich seines *svadharma* bewusst und vermag so frei zu handeln, ohne anzuhaften. Damit *Yoga* fruchtbar wird, muss der Weg über die Wendung nach innen hinaus weitergeführt werden. Die in der Verinnerlichung erfahrene Bewusstheit ist im Handeln mitten in der Welt zu leben. Die Dimensionen des niedrigen Selbst - vom Körper, über Sinne und Denken bis hin zur Einsicht - sind durch das göttliche SELBST zu stabilisieren. Das SELBST wird zur tragenden Instanz, zum Fundament eines freien Lebens in der Welt, was in der berühmten Definition des *Yoga* in der Bhagavadgītā zum Ausdruck kommt:

*samatvam yoga ucyate -*
*Geistiger Gleichmut, das wird Yoga genannt.*
*(Bhagavadgītā 2.48 )*

Die Entscheidungen des in geistigem Gleichmut aus dem göttlichen Selbst lebenden Menschen sind nicht mehr gebunden an die individuellen Vorteile oder Nachteile, Belohnungen oder Strafen, die aus dem Handeln resultieren. Im Selbst stabil ist der *Yogī* hiervon nicht mehr abhängig. Er wird fähig, ohne Anhaften bewusst nach dem eigenen Gesetz des *svadharma* zu handeln und das für die Situation Notwendige zu tun. Wäre *Arjuna* die Möglichkeit gegeben, eine yogische Bewusstseinsschulung in diesem Sinne durchzuführen, könnte er die Fähigkeit entwickeln, unabhängig und frei von persönlichen Vorteilen oder Nachteilen zu entscheiden. Ohne die Gebundenheit an die Früchte des Handelns könnte er dann in geistiger Klarheit den für die Situation richtigen Weg gehen.

## Die drei Yoga-Wege

Zur Verwirklichung der geistigen Klarheit zeigt die *Bhagavadgītā* zahlreiche *Yoga*-Wege auf, wobei drei Übungsformen besonders hervorgehoben werden: *Karma-Yoga, Jñāna-Yoga* und *Bhakti-Yoga*. *Karma-Yoga* bedeutet wörtlich übersetzt '*Yoga* des Handelns' (Skrt.: *karma* (n.) - Handeln). *Krishna* fasst die Essenz von *Karma-Yoga* wie folgt zusammen:

*Aber wer die Sinne durch den Geist stabilisiert und zu handeln beginnt ... und ohne Anhaften mit den Tatorganen handelt, der ragt heraus.*
*(Bhagavadgītā 3.7)*

*Karma-Yoga* bedeutet eine *Yoga*-Praxis, die mitten in den Aktivitäten des Alltags geübt werden kann. Der *Karma-Yogī* handelt wie jeder andere Mensch auch. Er tut dies jedoch in einer vollkommen veränderten Grundhaltung. Die Praxis besteht darin, nicht auf die Früchte des Handelns zu achten, sondern die Bewusstheit für das im Augenblick Notwendige zu schulen. Nicht mehr die Ergebnisse des Handelns, weder Erfolg noch Misserfolg bilden die Leitlinien des Handelns. sondern die Bewusstheit für den Augenblick und somit für den *svadharma*.

Was *Karma-Yoga* für den Menschen der Tat bedeutet, dies ist für den Intellektuellen *Jñāna-Yoga*, *Yoga*-Philosophie als Übungsweg der Erkenntnis (Skrt: *jñāna* (m.) - Wissen, Erkenntnis). Wenn *Krishna* davon spricht, dass man 'hier kein solches Läuterungsmittel wie die Erkenntnis ...' kenne, so scheint die Übungspraxis der *Yoga*-Philosophie in der *Bhagavadgītā* eine besondere Wertschätzung zu erfahren. *Krishna* beschreibt sie wie folgt:

*Wer durch Yoga von allem Handeln losgelöst ist, der durch Erkenntnis (jñāna) die Zweifel zerstreut hat, der aus dem Selbst lebt, den bindet sein Handeln nicht, oh Gewinner von Reichtum!*
*(Bhagavadgītā 4.41)*

*Jñāna-Yoga* meint keine Theorie, keine Ansammlung von Wissen über die Grundprinzipien des Yoga. Yoga-Philosophie im ursprünglichen Sinn

*Karma-Yoga: Übung des Handelns, ohne auf die Früchte des Handelns zu achten*

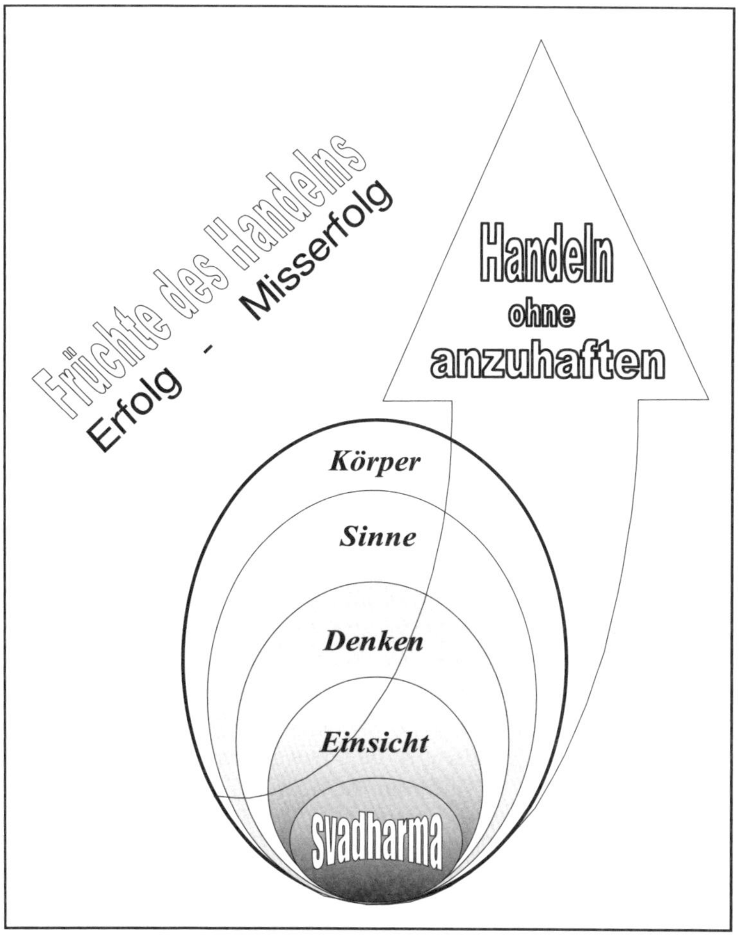

*Jñāna-Yoga: Bewusstseinsschulung durch Reflexion*

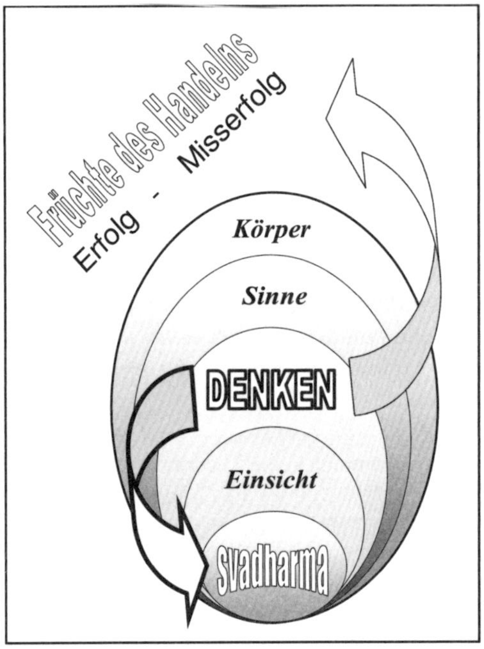


zeigt sich nicht als Lehre von heiligen Dogmen und Lehrsätzen. *Yoga*-Philosophie will nicht lehren, sondern von den Gebundenheiten des alltäglichen Handelns läutern und befreien. Sie will die Übenden mit den Mitteln des Denkens wachrütteln, so dass sie ihr verschüttetes Weisheitspotential zu entdecken vermögen. *Jñāna-Yoga* meint keine intellektuelle Schulung, sondern reflektierende Schulung der Bewusstheit für das Leben aus dem Selbst. Philosophie im Sinne des *Jñāna-Yoga* kommt somit die Aufgabe zu, den eigentlichen Sinn des *Yoga* bewusst zu machen, zwischen Abwegen, Umwegen und dem adäquaten Weg unterscheiden zu lernen. *Jñāna-Yoga* bedeutet Philosophie als Lebenslehre, wobei die Meister des *Jñana-Yoga* vor allem auch durch ihr Leben aus dem Selbst den Sinn dieses Übungsweges deutlich machen. Würde *Arjuna* den Weg des *Jñāna-Yoga* gehen, könnten sich durch die Klarheit des Geistes alle Zweifel auflösen, so dass ihm in der Bewusstheit seines *svadharma* die richtige Entscheidung deutlich wird.

*Bhakti-Yoga: Übung der Hingabe an Gott*

Über *Karma-Yoga* und *Jñāna-Yoga* hinaus weist dann jedoch der Weg des *Bhakti-Yoga*, der *Yoga* der religiösen Hingabe an Gott (Skrt.: *bhakti* (f.) *religiöse* Hingabe, Liebe). Die Essenz des *Bhakti-Yoga* fasst *Krishna* im 11. Kapitel der *Bhagavadgītā* zusammen:

*Wer um MEINETwillen tätig ist, MICH als Höchsten (erkennt), sich MIR hingibt (madbhaktaḥ), frei von Anhaften ist, wer frei von Feindseligkeit gegenüber allen Wesen ist, der gelangt zu MIR ...*
*(Bhagavadgītā 11.55)*

Der *Bhakta* gibt sich Gott im Ritual und Gebet existentiell hin, um so die Loslösung vom Anhaften an die Dinge der Welt zu fördern. *Bhakti-Yoga* übt die religiöse Hingabe an Gott, die einen personalen Wandel fördert, eine neue Bewusstseinshaltung, eine Haltung der Liebe, die letztlich nicht nur Gott, sondern alle Wesen der Welt in diese Liebe mit einschließt. Gelänge es *Arjuna*, diese Haltung der Hingabe zu verwirklichen, dann würde er in liebender Hingabe den göttlichen Willen erkennen, der im *svadharma* seinen Ausdruck gefunden hat, und so zur richtigen Entscheidung über Kampf oder Nicht-Kampf gelangen.

Die so beschriebenen Wege des *Yoga* sind durchaus in gewisser Selbständigkeit zu sehen.

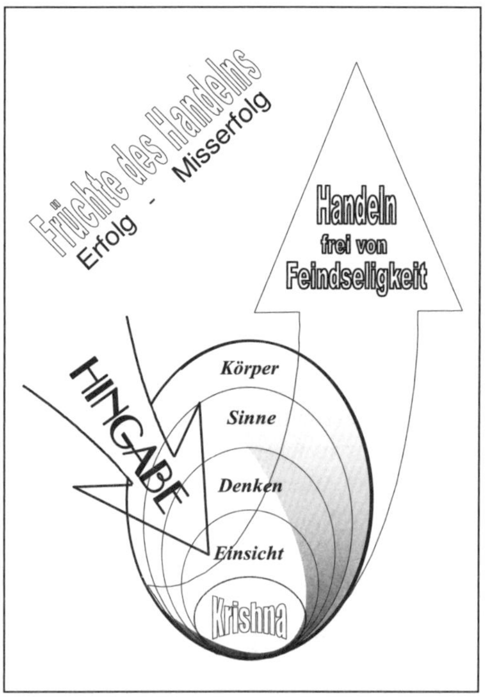

*Karma-Yoga* meint den Yoga des in der Welt Handelnden, *Jñāna-Yoga* die Philosophie des *Yoga* und *Bhakti-Yoga* den *Yoga* der Religion. Aus einem umfassenderen Blickwinkel erscheinen die einzelnen Wege des *Yoga* jedoch als verschiedene Aspekte yogischer Bewusstseinsschulung, wobei die *Bhagavadgītā* den Weg des *Bhakti-Yoga* allerdings als das alle anderen *Yoga*-Wege integrierende Fundament hervorhebt. Erst durch die religiöse Hingabe des *Bhakti-Yoga* gelangt der *Karma-Yogī* zu seiner eigentlichen Tiefe, und auch der *Jñāna-Yogī* erkennt durch seinen Weg der Bewusstseinsschulung nicht nur das Selbst, sondern Gott als den tiefsten Grund seiner Existenz. *Bhakti-Yoga* bildet in dieser Weise die innere Einheit aller in der *Bhagavadgītā* aufgezeigten *Yoga*-Wege. *Bhakti-Yoga* ist dann aber nicht nur wichtig für die übrigen Wege des *Yoga*, sondern auch für ein tieferes Verständnis von Religion schlechthin.

*Die Rückbindung aller Yoga-Wege in Bhakti-Yoga*

## Der tiefere Sinn von Religion

Die volksreligiöse Antwort auf die Grundfrage des richtigen Handelns war in der Aufforderung zu finden, die heiligen Schriften als Richtschnur für die Erkenntnis des *svadharma* zu nützen. Handeln nach dem *svadharma* ist so schon durch das Befolgen der Kastengesetze zu realisieren. Wie gezeigt, mag hier jedoch kaum schon die letzte Möglichkeit menschlichen Handelns ausgeschöpft sein. Aus der Sicht des *Yoga* haben die heiligen Schriften nur soviel an Nutzen wie ein überfluteter Brunnen. Der wasserspendende Brunnen wird wie eine heilige Schrift im tropischen Indien als Quelle des Lebens geschätzt. Ein Brunnen verliert jedoch jeden Wert, wenn er überflutet ist. Genauso werden auch die Gebote der Religion unnötig für den, der selbst auf dem Weg des *Yoga* zur Erfahrung der höchsten Erkenntnis vorstoßen konnte. Yogische Erkenntnis grenzt die heiligen Schriften nicht aus. Sie schließt die heiligen Schriften ein, indem sie weit über alle Dogmen und Lehren hinausgeht. Da der *Yogī* in der Loslösung von aller Fremdbestimmung und Gebundenheit sein inneres *svadharma* erfährt, erscheint ihm das äußere, vorgegebene *svadharma* der Religion so unnötig wie das Wasser eines überfluteten Brunnens.

Was so auf der einen Seite über die heiligen Schriften gesagt ist, das gilt in paralleler Weise auch für das Ritual, für das religiöse Opfer. Die Götter mögen durch Opfer materieller Dinge dem Menschen gegenüber wohlgesonnen gestimmt werden. Der Mensch, der durch religiöse Opfer so persönlichen Gewinn zu erreichen versucht, handelt jedoch nur an der Oberfläche seiner Möglichkeiten. Opfer im yogischen Sinn zielt auf ein geistiges Opfer, die Loslösung von der Gebundenheit an die Welt. Opfer meint dann Handeln ohne anzuhaften. Auch hier bildet *Yoga* die Erfüllung, den tieferen Sinn von Religion.

Volksreligion sowohl im Sinne des Befolgens der in den Schriften geoffenbarten göttlichen Gesetze als auch der rituellen Durchführung von Opfern erscheint aus der Sicht des *Yoga* gleichsam nur als äußere Hülle, als Oberflächendimension menschlichen Lebens. Die Grundfrage nach dem *svadharma* ist hier schnell und eindeutig zu beantworten. Die Wege des *Yoga* weisen dagegen in die Tiefe. Die Grundfrage nach richtigem Handeln wird umfassender gestellt. Gefragt wird nach der Ursache, warum

*Volksreligion und die Wege des Yoga - eine Frage der Dimensionen*

der Mensch nicht richtig zu handeln vermag. Um zu einer Antwort zu gelangen, die die Problematik an ihrer Wurzel anpackt, ist es notwendig, die Ursache der Unbewusstheit zu erkennen, das Anhaften an den Dingen der Welt, die Abhängigkeit von Erfolg und Misserfolg, Belohnung und Bestrafung. Der Weg zur yogischen Antwort des *svadharma* meint deswegen eine eher langwierige Bewusstseinsschulung, die zur Befreiung von den das Bewusstsein verdunkelnden Abhängigkeiten führt und so zu eigener Erkenntnis und einem von umfassender Bewusstheit getragenen Handeln. Antworten sind hier nicht machbar, sondern nur zu erfahren.

Die *Bhagavadgītā* zeigt somit ein spezifisches Verhältnis von *Yoga* und Religion auf, das sie nicht nur zur Grundschrift der Philosophie des *Yoga*, sondern auch zur Bibel der Hindus gemacht hat. *Yoga* und Religion sind keine sich ausschließenden Gegensätze. *Yoga* und Religion sind auch nicht eins. *Yoga* stößt in eine neue Dimension menschlichen Bewusstseins vor, die in die innere Tiefe des religiösen wie auch weltlichen Lebens weist.

Dabei geht der Text jedoch davon aus, dass sich zumindest im Fall *Arjuna* äußeres religiöses und inneres yogisches *svadharma* nicht widersprechen. Wie wäre es jedoch, wenn die äußeren Gesetze der Religion und die innere Einsicht des *Yogīs* nicht übereinstimmen würden? In einem solchen Fall müsste der *Yogī* die Notwendigkeit der äußeren Kastengesetze nicht zwangsläufig auch als die eigene innere Notwendigkeit erkennen. Der Durchbruch zu *Yoga* als dem tieferen Sinn von Religion könnte in der Konkretion also durchaus auch zur Revolution gegenüber althergebrachten religiösen Vorstellungen führen. Diese Möglichkeit zieht die *Bhagavadgītā* selbst jedoch nicht in Betracht, so dass sie in der Geschichte Indiens bisher immer nur als integrierende und einende Kraft zu wirken vermochte. Moderne *Yogīs* wie *Śrī Aurobindo* haben zwar immer wieder auch das im Yoga der *Bhagavadgītā* liegende revolutionäre Potenzial angemahnt. Dieses Potenzial muss jedoch bis heute auf seine Verwirklichung warten.

# 5. Yoga in den Purāṇas

Die *Purāṇas* bilden nach den heiligen Texten des *Veda* (*Śruti*) und den religiösen Lehren (*Smṛti*) die dritte Kategorie der heiligen Schriften des Hinduismus. Die Übersetzung des Begriffs als 'alte Sage' deutet darauf hin, dass manche Texte sich auf Quellen beziehen, die bis in das vedische Zeitalter zurückreichen (Skrt.: *purāṇa* (n.) - alte Sage, Legende). Einige *Purāṇas* mögen auch tatsächlich auf ein hohes Alter zurückblicken. Andere sind dagegen erst vor 500 Jahren entstanden. Achtzehn größere Werke sind bekannt, die sogenannten *Mahāpurāṇas*, dazu zahlreiche Nebenwerke (Skrt.: *mahā* - groß). Dabei können die einzelnen Texte durchaus einen Umfang von 20 000 oder 30 000 Versen annehmen. Neben der *Bhagavadgītā* gelten sie als die wohl am weitesten verbreiteten Grundtexte des heutigen Hinduismus.

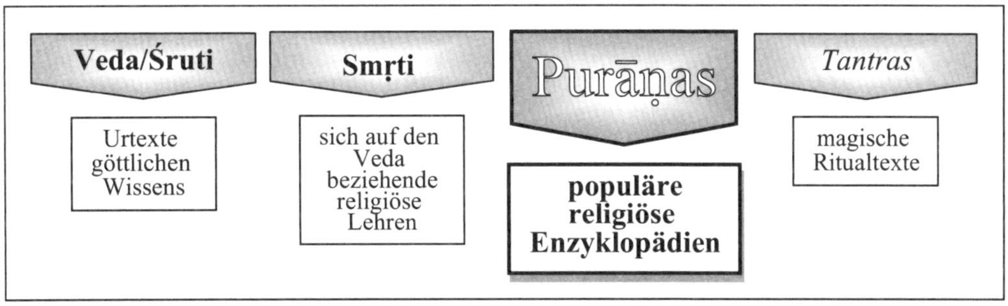


*Die Purāṇas im Kontext der heiligen Texte des Hinduismus*

Wie bei fast allen in diesem Kapitel über den religiösen Yoga aufgeführten Texten widmen sich auch die *Purāṇas* keinesfalls ausschließlich dem *Yoga*. Ganz im Gegenteil: Diese Literaturgattung trägt den Charakter populärer Enzyklopädien, in die vor allem religiöses, darüber hinaus aber auch weltliches Wissen Eingang gefunden hat. Die in den *Purāṇas* entwickelten Mythen über die Schöpfung, die verschiedenen Weltzeitalter, über das Vergehen des Kosmos und seine Neuschöpfung prägen wesentlich das Weltverständnis des gegenwärtigen Hinduismus. In Absetzung von der vedischen Götterwelt mit *Indra*, *Agni* oder *Vāyu* erzählen die *Purāṇas* die heute populären Mythen von *Vishnu* oder *Shiva*. Die Zuordnung der gegenwärtigen hinduistischen Religionswelt zur vishnuitischen oder shivaitischen Tradition ist ganz wesentlich durch diese Literaturgattung geprägt. Ihr enzyklopädischer Charakter entsteht dann vor allem durch die zahlreichen geschichtlichen Betrachtungen zur Entwicklung der Dynastien oder auch durch astronomische oder naturkundliche Themen, die gleichfalls Eingang gefunden haben.

Darüber hinaus wurden auch Abhandlungen zum *Yoga* aufgenommen, wobei, dem religiösen Charakter dieser Texte entsprechend, ein theistischer, auf die persönliche Beziehung zu

*Die Themen der Purāṇas*

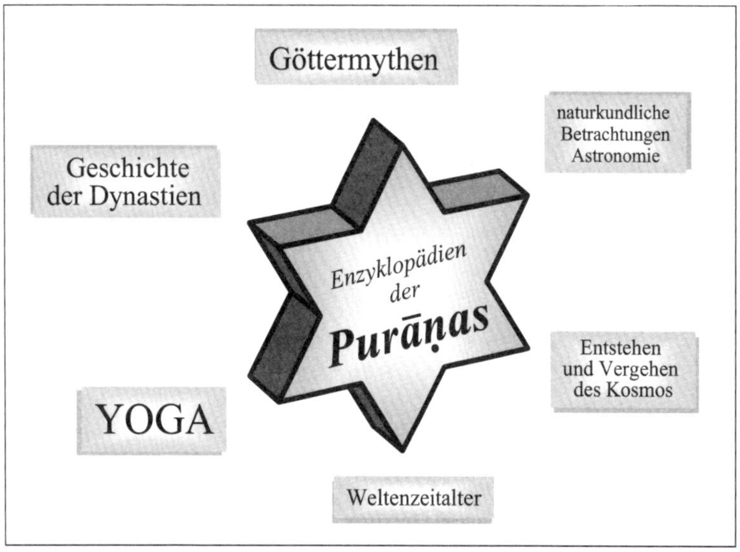

*Vishnu* oder *Shiva* gegründeter *Yoga* entwickelt ist. Der klassische *Yoga* des *Patañjali* erscheint hier religiös überformt und zum Teil mit einer rituellen Praxis verbunden. Vor allem bei den späteren *Purāṇas* sind dann auch Einwirkungen des *Tantra-Yoga* festzustellen. Drei Ausformungen des *Yoga* in den *Purāṇas* sollen hier in besonderem Maße hervorgehoben werden: *Kriyā-Yoga, Mantra-Yoga* und die Meditation der Visualisierung.

## Kriyā-Yoga

Ein besonderes Charakteristikum in den Purāṇas liegt in der Durchführung von religiösen Ritualen als *Yoga*-Praxis. Ein Yoga des Rituals ist schon in dem wohl vor über 2000 Jahren entstandenen *Mārkandeya-Purāṇa* beschrieben. Aber erst das weit später abgefasste *Bhāgavata-Purāṇa* oder das *Śiva-Purāṇa* prägen dann den Terminus *Kriyā-Yoga*. Dabei ist *Kriyā-Yoga* nicht im Sinne des klassischen *Yoga* des *Patañjali* verwendet. Es geht auch nicht um *Kriyā-Yoga* als Synonym für *Karma-Yoga*, dem Yoga des Handelns, oder um Reinigungsübungen im Sinne des *Haṭha-Yoga.* Und letztlich meint hier *Kriyā-Yoga* auch nicht die modernen *Yoga*-Wege des *Paramahaṃsa Yogānanda* oder des *Paramahaṃsa Satyānanda* (siehe zur genaueren Unterscheidung dieser Wege S. 174). *Kriyā* bedeutet in den *Purāṇas* die Handlung des religiösen Ritus (Skrt.: *kriyā* (f.) - Handlung, Opferritual, Therapie), so dass hier von *Kriyā-Yoga* als dem '*Yoga* der (rituellen) Handlung' gesprochen werden kann. Woher die Rituale stammen, aus der vedischen oder aus der tantrischen Tradition, scheint sekundär. Wichtig ist die Ausrichtung des Geistes auf die jeweils verehrte Gottheit, das heißt entweder auf *Vishnu* bei den *Purāṇas* der *Visnuiten* oder auf *Shiva* bei den *Shiva* zugeordneten Texten. Die äußeren Beweggründe für die Durchführung eines Rituals, wie die Bitte an die Götter um Erfüllung persönlicher Wünsche, treten zurück. Das Ritual wird selbst zu der den Menschen transformierenden *Yoga*-Übung. Es führt nicht nur zur Ausrichtung des Geistes auf die jeweilige Gottheit, sondern zur Vergöttlichung des Menschen selbst.

*Von Mantra-Yoga zur Erfahrung von mahā-yoga*

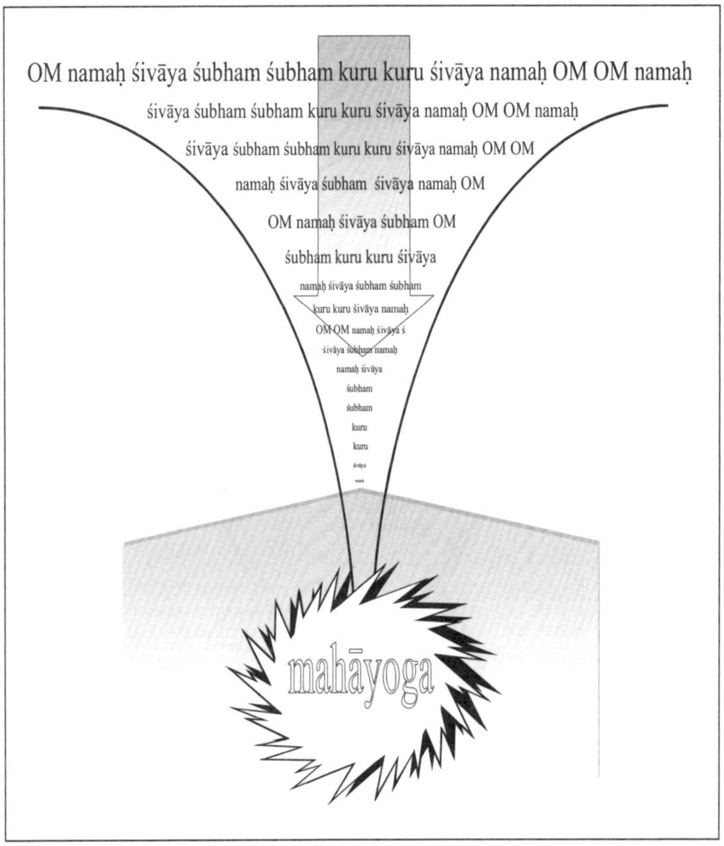


## Mantra-Yoga

Der *Yoga* in den *Purāṇas* ist auch geprägt von der Praxis der Meditation als Ausrichtung auf eine persönliche Gottheit. Das *Śiva-Purāṇa* führt in seinem ersten Kapitel den *Mantra-Yoga* ein, der vor allem in der ständig wiederholenden Konzentration (Skrt.: *japa* (m.) - Murmeln) auf den *Shiva-Mantra* besteht. Dieser wohl im Shivaismus am meisten verehrte *Mantra* lautet in der Kurzform '*OM namaḥ śivāya* - OM Ehre sei *Shiva*!'. Das *Śiva-Purāṇa* gibt den Text des vollständigen *Mantra* wie folgt wieder:

*OM namaḥ śivāya śubham śubham kuru kuru śivāya namaḥ OM*
*OM Ehre sei Shiva! Tue uns Gutes! Tue uns Gutes! Dem Shiva sei Ehre! OM*
*(Śiva-Purāṇa 3.5.6.25-26)*

Der *Mantra-Yoga* erfüllt genau das Grundverständnis von *Yoga*, wie es in diesem shivaitischen *Purāṇa* vertreten wird. *Yoga* besteht im Rückzug des Geistes von allen Aktivitäten bei gleichzeitiger Ausrichtung auf *Shiva*. Die ständige Wiederholung der immer wieder gleichen Anrufung *Shivas* löst die Gedanken von der Bindung an die weltlichen Objekte und konzentriert den Geist immer mehr auf den Gott *Shiva*.

Der tiefere Sinn der Praxis liegt jedoch nicht in der bloßen Wiederholung der Worte. Sie liegt auch nicht im Austausch des Gedankens an ein weltliches Objekt durch die Vorstellung des Gottes *Shiva*. Der tiefere Sinn ist als *mahāyoga* bezeichnet, als 'großer *Yoga*'. Der Weg des 'großen *Yoga*' ist dann verwirklicht, wenn die Meditation auf *Shiva* 'ohne Bedingung und ohne Begrenzung' durchgeführt wird. Jeglicher Gedanke und alle Vorstellungen haben sich aufgelöst, so dass der Geist frei wurde von der Gebundenheit an die Dinge der Welt. Erst so geschieht die Öffnung für die Schau der Gottesbegegnung ohne gegenständliche Begrenzung.

## Visualisierung Gottes

Während der *Mantra-Yoga* mit Lauten und Worten übt, so benützt die visualisierende Meditation das Mittel der Bilder. Das Meditieren beginnt mit der Visualisierung der jeweiligen Gottesvorstellung. Die Shivaiten stellen sich in dieser Weise den von ihnen verehrten Gott *Shiva*, die Vishnuiten *Vishnu* oder eine seiner Inkarnationen vor. Das *Bhāgavata-Purāṇa*, eines der wichtigsten Texte der *Bhāgavata*-Schule des Vishnuismus, beschreibt ausführlich die Meditation über den Gott *Vishnu* vor allem in seiner Inkarnation des *Krishna* (Skrt.: *bhagavat* (m.) - der Göttliche, Beinahme des Vishnu/Krishna).

Dass die Meditation der Visualisierung letztlich nicht bei der gegenständlichen Vorstellung des Gottesbildes stehen bleiben darf, drückt besonders deutlich das *Viṣṇu-Purāṇa* aus, das in seinem sechsten Kapitel den Yoga als Weg der Meditation darstellt:

*Nach und nach, in einem genau kontrollierten inneren Prozess, entkleidet er den Gott aller seiner äußeren Merkmale. Er nimmt ihm die Waffen ab, dann den Schmuck und all sein anderes Zubehör. Schließlich bleibt nur noch gewissermaßen die reine Form der Gottheit zurück. Aber auch in dieser all ihrer Kennzeichen entkleideten Form bleibt sie noch immer fest im Denken eingeprägt ... Wenn Meditation (dhyāna) über die nackte Form der Gottheit ohne Unterbrechung andauert, gleitet der Yoga unmerklich in die Einung (samādhi). Die Einung tritt tatsächlich ein, wenn man im Laufe der Meditation die Wesensidentität (svarūpa) der Gottheit schaut, die jeder visualisierten Form entblößt ist. (Viṣṇu-Purāṇa 6.7.92)*

*Von der Visualisierung des Gottesbildes zur Erfahrung der Wesensidentität Gottes*

Die Visualisierung des Gottesbildes bedeutet somit nur das Mittel zur Konzentration des Geistes, das sich im Laufe des Meditationsprozesses auflöst. Selbst ein aller seiner Kennzeichen entkleideter Gott, der nur noch die reine Form seiner Gottheit behält, bildet so immer noch einen Konzentrationspunkt und noch einen Gegenstand der Vorstellung. Diese Konzentrierung des Geistes ist wichtig, da sie das Denken aus seiner Getriebenheit durch die Dinge der Welt herausholt. Die Konzentrierung auf die eine Vorstellung des formlosen Gottesbildes kann als die Voraussetzung für die Transformation des Geistes angesehen werden. Die Perspektive der Meditation bildet jedoch die Loslösung von jeglicher Vorstellung, so dass sich der Mensch bis in die Tiefen seiner Existenz für die innere Einung von *samādhi* öffnet (Skrt.: *samādhi* (m.) - Einung, Versenkung). *Samādhi* - hier religiös interpretiert - bedeutet, Gott entblößt jeder gegenständlichen Vorstellung, ganz in seinem *svarūpa*, seiner Wesensidentität zu schauen (Skrt.: *svarūpa* (n.) - Wesensidentität). Das *Viṣṇu-Purāṇa* stützt sich somit, wie viele andere *Purāṇas* auch, auf die Begriffe des klassischen *Yoga* des *Patañjali*. Dieser philosophische *Yoga* erscheint jedoch hier theistisch umgeformt. *Yoga* wird zum Weg der Gottesbegegnung mit der Perspektive von *samādhi* als Schau Gottes in seiner Wesensidentität.

# 6. Yoga in den Tantras

## Volksreligion

Das gegenwärtige Verständnis von Tantrismus im Westen ist meist verbunden mit Praktiken, die zur Steigerung des sexuellen Lustempfindens mit mehr oder weniger spirituellem Hintergrund angewendet werden. Im heutigen Indien wird der Tāntrika dagegen als suspekter Hexenmeister gesehen, der mit schwarzer Magie Heilung von Krankheiten bewirken oder auch Verwünschungen aussprechen kann. Was jedoch Tantrismus in seiner Fülle besagt, entspricht weder den gegenwärtigen westlichen noch den indischen Verkürzungen. Der Tantrismus im ursprünglichen Sinn kultivierte eine neue Weltsicht, die sich vom traditionell asketischen und die Welt zu überwinden suchenden Denken absetzte. Der Tantrismus suchte nicht den Weg aus der Welt, sondern in und mit der Welt. Gemeint ist eine Körperlichkeit und Ritual betonende religiöse Bewegung, die, von Nordindien ausgehend, ab der Mitte des 1. Jahrtausends n. Chr. sich über nahezu ganz Asien ausbreitete. Sowohl der hinduistische

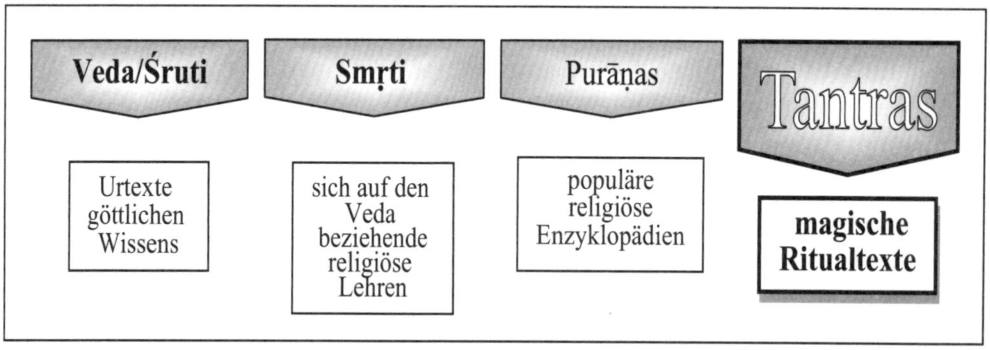


*Die Tantras als die vierte Gruppe der heiligen Texte der hinduistischen Religionswelt*

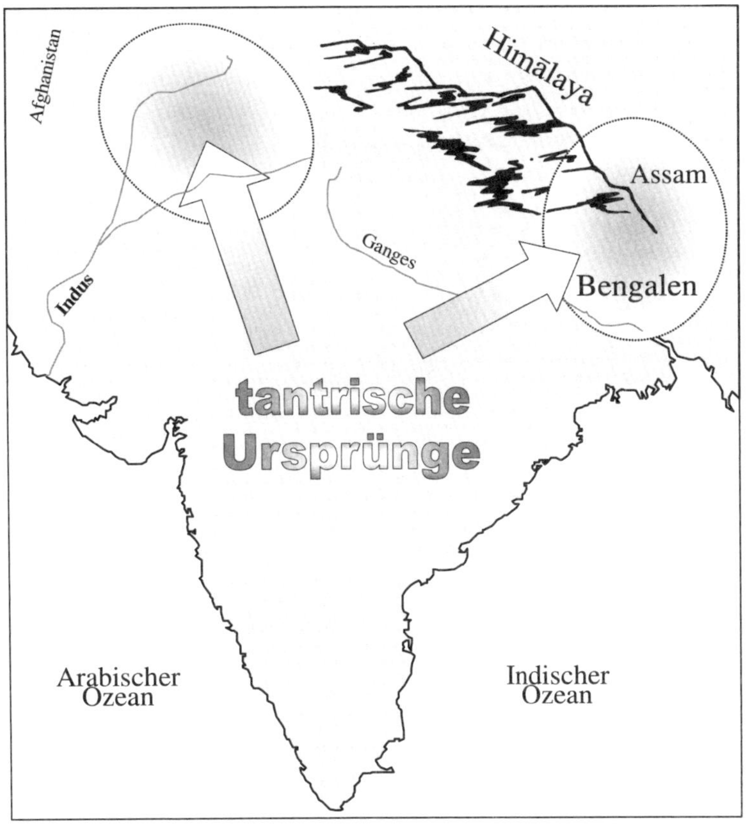


*Die Ursprungsorte des Tantrismus*

Kulturkreis als auch zahlreiche Schulen des Buddhismus und Jainismus wurden maßgeblich von tantristischem Denken beeinflusst. Innerhalb dieser volksreligiösen Bewegung des Tantrismus entwickelten sich auch yogische Zirkel, die dann eine große Wirkung insbesondere auf den *Haṭha-Yoga* ausübten.

Die Anhänger dieser sehr vielschichtigen Bewegung benützten zusätzlich zu den traditionellen Schriften weitere Textbücher, sogenannte *Tantras* (Skrt.: *tantra* (n.) - Webstuhl, 'was sich hindurchzieht', Textbuch). Diese *Tantras* gelten im Hinduismus neben den heiligen Texten des *Veda (śruti)*, den religiösen Lehren (*smṛti*) und den Enzyklopädien der *Purāṇas* als die vierte und jüngste Gruppe der orthodoxen Texte. Die ältesten Tantras wurden im 6. Jhd. n. Chr. in der shivaitischen Tradition verfasst. Heute gelten das *Kula-Arṇava-Tantra* oder das *Mahā-Nirvāṇa-Tantra* als die bekanntesten Texte des hinduistischen Tantrismus.

Die Sprache der *Tantras* ist weniger auf klare Definitionen und begriffliche Konzeptionen angelegt, sondern arbeitet vor allem mit Bildern, Symbolen und Metaphern. Die Symbole dienen zum Teil auch zur Verschlüsselung der Texte, um sie für Uneingeweihte unzugänglich zu machen. Um die ursprüngliche Einung des Geistes mit der göttlichen Dimension zum Ausdruck bringen zu können, werden zum Beispiel immer wieder Bilder auch aus dem sexuellen Bereich verwendet. Hierbei erhebt sich jedoch die Frage, ob es um die malerische Ausgestaltung einer geistigen Erfahrung geht oder ob die Texte hier doch den konkreten sexuellen Akt beschreiben. Aus diesen beiden Möglichkeiten der Interpretation haben sich zwei Richtungen des Tantrismus entwickelt, Tantrismus als Weg der rechten Hand (*dakṣiṇa mārga*) und als Weg der linken Hand (*vāma-mārga*).

Der Weg der rechten Hand bildet die große Hauptlinie des Tantrismus, in welcher das läuternde Ritual eine zentrale Rolle spielt, meist verbunden mit der Verehrung der Gottheit in ihrem männlichen und vor allem jedoch auch in ihrem weiblichen Aspekt. Die Beschreibungen des Geschlechtsaktes und die sexuelle Sprache sind vom Weg der rechten Hand symbolisch interpretiert und werden als Falle für die Uneingeweihten aufgefasst.

Der Tantrismus der linken Hand geht dagegen von wörtlichen Beschreibungen aus, von einer konkreten, im Ritus zu vollziehenden sexuellen Übungspraxis. Über die sexuelle Praxis hinaus versteht sich der Weg der linken Hand auch als Gegenbewegung zu den Reinheits- und Ernährungsvorschriften des brahmanischen Hinduismus. Die

*Die zwei Hauptrichtungen des Tantrismus*

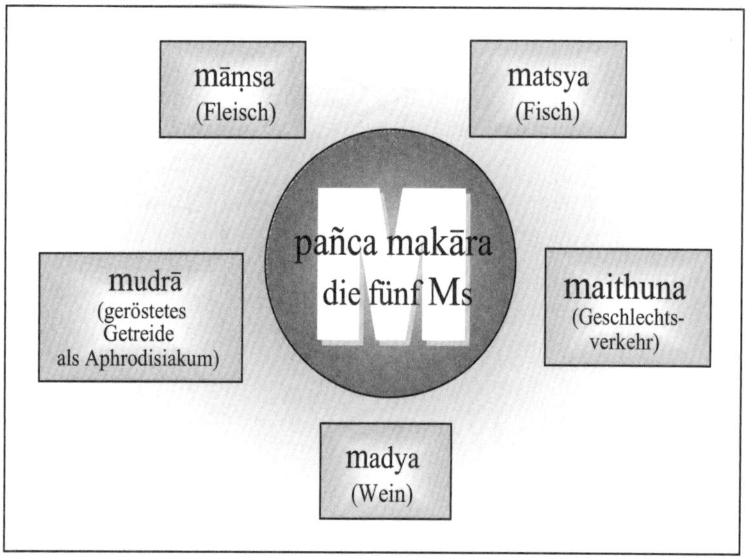


*Die fünf 'Ms' des linkshändigen Tantrismus*

rituelle Praxis besteht so insgesamt aus fünf in der hinduistischen Tradition verbotenen Dingen. Da alle fünf im Sanskrit mit M beginnen, wird hier von den *pañca makāra* gesprochen, den fünf Ms (Skrt.: *pañca* - fünf, *makāra* - M): Im Ritus geht es um den Verzehr von *māṃsa* (Fleisch), von *matsya* (Fisch), um die Einnahme von *mudrā* (geröstetes Getreide als Aphrodisiakum), das Trinken von *madya* (Wein) und letztlich den Vollzug von *maithuna* (Geschlechtsverkehr). Die rituelle Vereinigung des Gläubigen mit einer als Symbol der göttlichen Schöpfungskraft angesehenen Ritualpartnerin soll dann sogar zur Unsterblichkeit führen. Der Genuss der Vereinigung zu Lebzeiten erscheint als Anbahnung und Vorwegnahme des Genusses, der dem männlichen Gläubigen mit der Göttin nach dem Tode in einer Art Paradies zukommen wird.

*Die zwei Säulen des tantrischen Weltbildes*

Diese Praxis gilt für den Weg der rechten Hand nicht. Hier steht das religiöse Ritual im Mittelpunkt, das auf einem für die damalige Zeit durchaus neuen Weltbild mit allerdings sehr alten historischen Wurzeln gründet. Dieses Weltbild steht auf zwei großen Säulen, der Einbeziehung von *weiblichen Gottheiten* in die religiöse Verehrung und dem Denken in *Analogien zwischen dem Mikrokosmos Mensch und dem Makrokosmos der Welt.*

Die im Tantrismus vielfach aufzufindende Verehrung weiblicher Gottheiten geht bis auf die Religion der Urbevölkerung Indiens weit vor der Entstehung des *Veda* zurück. Schon in der Induskultur im 3. Jahrtausend v. Chr. wurde die Verehrung weiblicher Muttergottheiten nachgewiesen. Diese Verehrung der Mütterlichkeit und Fruchtbarkeit der Frau in der vorarischen Kultur Indiens stand nun im Gegensatz zu dem patriarchalen und herrschaftlichen Denken der indogermanischen Einwanderer. Die Religion der Urbevölkerung bildet die älteste religiöse Tradition Indiens, die dann später in die patriarchale Religion der Brahmanen eingegliedert wurde. Die zahlreichen heutigen weibliche Dorfgottheiten oder auch die großen hinduistischen Göttinnen *Kālī*, *Durgā* oder *Pārvati* können durchaus heute als Ausdruck dieser alten, von den Brahmanen nie ganz zu verdrängenden matriarchalen Religiosität Indiens angesehen werden.

In den tantrischen Schulen wird die weibliche Gottheit als *śakti* aufgefasst (Skrt.: *śakti* (f.) - Kraft, Macht, Potenz). *Śakti* ist die weibliche kosmische Urkraft, das kosmische Grundprinzip, als weibliche Muttergottheit die Göttin der Kraft, die das ganze Universum erschafft. *Śakti* bedeutet die schöpferische Urkraft des ganzen Universums, das sie nicht nur erschaffen, sondern auch erhalten oder zerstören kann. Der *śakti*-Glaube führt im Tantrismus zu einer enormen Aufwertung der traditionell eher negativ beurteilten materiellen Welt und hiermit auch der Körperlichkeit des Menschen.

Dieses schöpferische weibliche Prinzip der *śakti* korrespondiert dann mit dem männlichen Prinzip von śiva (*śiva* (m.) - reine Transzendenz, Name des Hochgottes *Shiva*). Der Begriff *śiva* steht für die Einheit, die Transzendenz, für die Jenseitigkeit. Die reine Transzendenz *śivas* hat eine Welt der Vielheit nicht nötig. Sie ist sich selbst genug. Wäre Religion ausschließlich auf das männliche Prinzip *śiva* reduziert, würde die Frage entstehen, warum denn überhaupt die materielle Welt erschaffen wurde. Die Welt der Vielheit würde als unnötiger Abfall von dem Ideal einer jenseitigen Einheit erscheinen.

Erst durch śakti wird es erklärbar, warum aus der sich selbst genug seienden Einheit *śivas* die Vielheit der materiellen Welt entstehen konnte. *Śakti* bedeutet genau die weibliche Schöpfungskraft Gottes, aus der die Welt mit ihren unendlich verschiedenen Formen hervorgeht, so wie vom Feuer die Rauchwolken oder vom Mond die Strahlen seines Lichtes ausgehen. *Śiva* und *śakti* zusammen zeigen die Einheit des männlichen und des weiblichen Aspektes Gottes, als personale Gottheiten als *Shiva* und seine Gemahlin *Shakti* verehrt. Viele tantrische Texte sind sogar in der Form eines Dialoges zwischen *Shiva* und *Shakti* abgefasst.

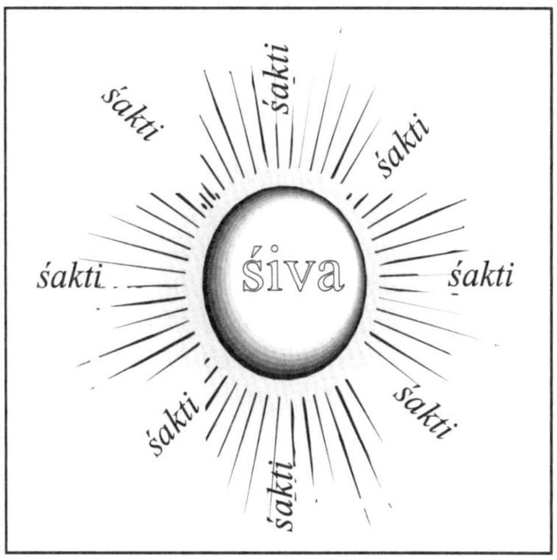


*śiva und śakti, wie der Mond und seine Strahlen*

*Die Analogie des Mikrokosmos Mensch mit dem Makrokosmos der Welt*

Die zweite Säule, auf der das tantrische Weltbild ruht, ist die Vorstellung der Analogie zwischen Mikrokosmos und Makrokosmos. Das tantrische Analogiedenken geht davon aus, dass der Mensch einen Körper hat, der in seiner Grundstruktur dem Gesamtbild des Kosmos entspricht. Der Körper ist als eine Art Mikrokosmos vorgestellt, der sich in Analogie zum Makrokosmos der Welt verhält. Die verschiedenen Körperteile oder Handlungen des Menschen finden in dieser Weise ihre jeweiligen Entsprechungen in den Elementen oder Vorgängen der Welt. Der Mensch sieht sich somit mit seinem materiellen Körper eingebettet in die Gesamtzusammenhänge des Kosmos und steht durch ihn in Korrespondenz mit der Gesamtheit der Welt.

Beide Prinzipien, die Verehrung der weiblichen *śakti* und die Analogie, bilden nun die Grundlagen für das im Mittelpunkt des Tantrismus stehende Ritualwesen. Es wird möglich, durch bestimmte rituelle Handlungen auf der

*Das śrīyantra als eines der bekanntesten Mandalas*

Ebene des Mikrokosmos Einfluss auf die den Kosmos tragende göttliche Urkraft auszuüben, die den Makrokosmos der Welt trägt. Das tantrische Ritual nimmt dann durchaus auch immer wieder magische Züge an. Durch die Kenntnis der Zusammenhänge der Welt wird es möglich, selbst die göttliche Urkraft zu beherrschen bis hin zur Erlangung der persönlichen Unsterblichkeit.

Tantrische Riten zeigen sich dabei als sehr komplex und vielschichtig. Sie werden meist unter Hinzuziehung zahlreicher Hilfsmittel vollzogen, die mit den Fachbegriffen *maṇḍala, yantra, mantra* und *mudrā* verbunden sind. *Mandalas* (Skrt.: *maṇḍala* (m.n.) - rund, Kreis, Gebiet) und *yantras* (Skrt.: *yantra* (n.) - Stütze, Instrument) meinen grafische Zeichnungen oder auch die Ausgestaltung des Raumes, in welchem ein tantrisches Ritual durchgeführt werden kann. Es handelt sich um aus Kreisen und Vielecken bestehende geometrische Figuren, die auf Papier, Holz oder einfach auf den Boden gezeichnet sind. Alle geometrischen Figuren sind zentriert in einem *bindu* (Tropfen) genannten zentralen Punkt, der als Tor zur transzendenten Realität gilt. Im Unterschied zu den *yantras* weisen die *Mandalas* nicht nur eine im Zentrum gelegene Gottheit auf, sondern sind komplizierter mit zahlreichen Gottheiten gezeichnet. Beide gelten jedoch als Abbild des gesamten Kosmos, als Mikrokosmos, der symbolisch den Makrokosmos zur Darstellung bringt.

Das bekannteste unter diesen Ritualzeichnungen ist das *śrīyantra* (Skrt.: *śrī-* - erhaben), das 'erhabene *yantra*', das sowohl im hinduistischen wie auch buddhistischen Tantrismus vielfach Anwendung findet. Das *śrīyantra* besteht aus neun ineinander verschachtelten Dreiecken, wobei meist fünf der Dreiecke nach unten und vier nach oben weisen. Sie repräsentieren die Vereinigung des weiblichen und des männlichen Prinzips. Die *Mandalas* bilden als Abbild des Göttlichen das Objekt der rituellen Verehrung.

Für das Ritual spielen auch die *Mantras* eine wichtige Rolle (Skrt.: *mantra* (m/n.) - Meditationswort). *Mantras* sind Wort- und Silbenverbindungen, denen zum Teil eine nahezu magische Kraft beigemessen wird. Sie werden oft geheim gehalten, viele sind jedoch auch bekannt. Unter der Vielzahl der verwendeten *Mantras* zählt der *Gāyatrī-Mantra* aus dem *R̥gveda* zu den bekanntesten. Dabei kommt es weniger auf den konkreten Inhalt des *Mantra* an. Weit wichtiger ist die durch die fortwährende Rezitation zu erzielende spirituell reinigende Wirkung. In der tantrischen Praxis will die Rezitation des *Mantra* jedoch auch Einfluss auf die jeweilig verehrte Gottheit ausüben, um ganz konkrete weltliche Ziele zu verwirklichen.

So stützt sich der Tantrismus auf eine Vielzahl von *Mantras*, die wie der *Gāyatrī-Mantra* aus den heiligen Texten entnommen oder aber, wie zum Beispiel die Mantras *hrīṃ*, *hrāṃ* oder *phat,* neu entwickelt wurden. Besondere Bedeutung erlangten auch sogenannte *bīja-Mantras* (Skrt.: *bīja* (n.) - Samen, Ursprung, Wurzel), einsilbige Wurzelmantras wie *laṃ, vaṃ, raṃ, yaṃ, haṃ* oder auch *OM*. Die *Mantras* sind keine Begriffe, die Gottheiten benennen. Sie

*Der Gāyatrī-mantra - der wichtigste mantra des hinduistischen Tantrismus*

## Gāyatrī-Mantra

*Ṛgveda 3.62.10*

*tat savitur vareṇyaṃ bhargo devasya dhīmahi dhiyo yo naḥ pracodayāt*

Lasst uns dieses wünschenswerte Licht
des Gottes Savitri (des Sonnengottes)
empfangen,
auf dass er unsere Inspiration anregen soll

sind auch keine Symbole. Ausgehend von der Entsprechung des Mikrokosmos Mensch mit dem Makrokosmos der Welt entspricht ein ganz bestimmter *Mantra* auf der Ebene des Mikrokosmos einer ganz bestimmten Gottheit auf der Ebene des Makrokosmos. Durch die Kenntnis und die richtige Anwendung des mantra kann nun der Tantriker auf der Ebene des Mikrokosmos handeln und so auf der Ebene des Makrokosmos ganz bestimmte Kräfte freisetzen. Den *Mantras* wird bei richtiger Anwendung somit oft eine magische Wirkung beigemessen, mit welcher die Götter gebannt, aber auch außergewöhnliche Fähigkeiten (Skrt.: *siddhi* (f.) - Vollkommenheit, außergewöhnliche Fähigkeit) und auch ganz weltliche Ziele erreicht werden können.

Als viertes der Elemente des tantrischen Rituals ist die *mudrā* zu nennen (Skrt.: *mudrā* (f.) - Siegel, geröstetes Getreide). Unter *mudrā* versteht man einerseits fest ikonographierte Handgesten. Andererseits wird auch die Frau beim rituellen Geschlechtsverkehr des linkshändigen Weges und das geröstete Getreide als Aphrodisiakum *mudrā* genannt. Wörtlich ist *mudrā* mit Siegel zu übersetzten, also etwas, das einen Eindruck hinterläßt. In diesem Sinne gelten bestimmte ritualisierte Handlungen, Bewegungen oder Gesten als *mudrā*. Eine *mudrā* meint somit nicht nur eine Körperbewegung, der eine bestimmte Bedeutung beigemessen wird. Wichtig ist umgekehrt die Vorstellung, dass die Geste einer *mudrā* wie ein Siegel einen Eindruck hinterläßt, das heißt eine Wirkung ausübt. Eine bestimmte *mudrā* spricht eine spezifische Schicht des Bewusstseins an oder hat eine Wirkung auf eine bestimmte Gottheit. In der Korrelation zwischen dem Mikrokosmos Mensch und dem Makrokosmos kann durch die Ausführung der *mudrā* Einfluss auf den Bewusstseinsprozess, auf einen Vorgang in der Welt oder auf eine Gottheit ausgeübt werden.

Innerhalb dieser tantrischen Ritualkunst hat sich dann der spirituelle Weg des *Tantra* entwickelt, der nicht auf das Erzielen bestimmter Wirkungen ausgerichtet ist, sondern auf die Förderung des persönlichen Transformationsprozesses. Es entwickelte sich der *Tantra-Yoga* oder auch *Kuṇḍalinī-Yoga*, ein körperbezogener und äußerst energievoller Weg des indischen Yoga.

*Die wichtigsten bīja-mantras des Tantrismus*

लं वं रं यं हं ॐ

*Der nackte Asket - nicht mehr als ein Esel?*

## Erleuchtung des Körpers

Wie andere Yoga-Wege auch, aber hier in besonderer Weise, betont der tantrische *Yoga*, dass nur äußerlich durchgeführte Askese nichts mit *Yoga* im eigentlichen Sinn zu tun haben kann. Als Beispiel mag eine der wichtigsten Schulen des *Tantra-Yoga* herangezogen werden, die bis ins 5. Jahrhundert n. Chr. zurückgehende *Kaula*-Schule (*kula-mārga*), als deren Gründer *Matsyendra* angesehen wird. Ihr wohl wichtigster Text, das *Kula-Arṇava-Tantra*, macht sich über den Asketen sogar lustig, wenn er ihn mit einem Esel vergleicht:

*Auch die Esel und andere Tiere gehen nackt spazieren. Sind sie deswegen schon Yogīs? (Kula-Arṇava-Tantra 5.48)*

*Die am Beckenboden 'schlafende' kuṇḍalinī als die mikrokosmische Entsprechung der makrokosmischen śakti*

Nackte Asketen sind wie Esel, da sie nicht merken, dass sie am Entscheidenden vorbeigehen. Nicht äußere Askese, sondern die innere Transformation des Geistes eröffnet *Yoga* als spirituellen Weg. Das Entscheidende des Yoga ist der den Menschen in den Tiefen seiner Existenz

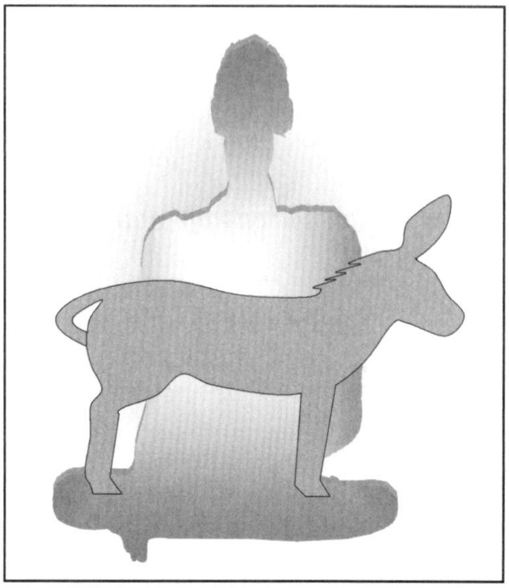

wandelnde Prozess, wobei im tantrischen *Yoga,* wie schon in den *Yoga-Upaniṣads,* dem Körper eine ganz besondere Rolle beigemessen wird. Der Körper ist nicht nur positiv gewertet, er wird zum Träger des Göttlichen in dieser Welt. Erleuchtung erscheint als Ereignis des Körpers. Darüber hinaus bildet gerade der Körper das Mittel, sich dieses Göttlichen hier in dieser Welt bewusst zu werden. Der Körper wird zum Instrument für die Erleuchtung. Um die Spiritualität des Körpers auf den Begriff zu bringen, bedient sich der *Tantra-Yoga* der Konzeption von *śakti*, wie sie schon im volksreligiösen Tantrismus zu finden war.

## śakti und kuṇḍalinī

Schon in *Ṛg-Veda* 10.189 ist von einer Schlangen-Königin (*sarpa-rājnī*) als einer spirituellen Kraft die Rede. Auf solche Wurzeln mag die Konzeption der Schlangenkraft *kuṇḍalinī* (nach Skrt.: *kuṇḍalin* - geringelt, Schlange) im Tantrismus zurückgehen, die dann maßgeblich auch das Denken des später entstandenen *Haṭha-Yoga* prägen sollte. Das Göttliche im menschlichen Körper ist nun nicht mehr, wie in der vedischen Tradition üblich, im Herzen lokalisiert. Die göttliche Urkraft der *kuṇḍalinī* ruht am Beckenboden am unteren Ende der Wirbelsäule. Die *kuṇḍalinī* kann nun als

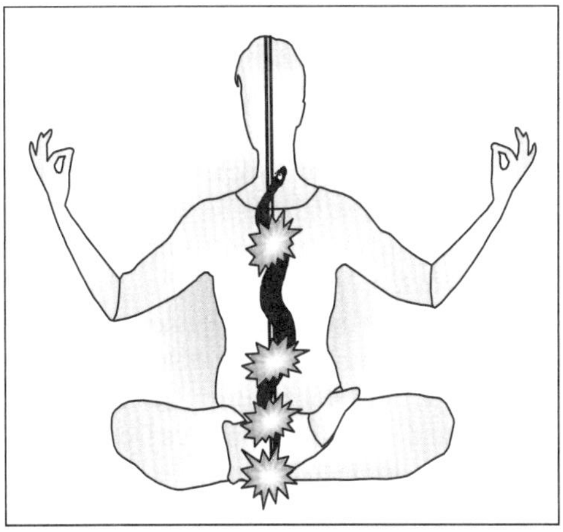

die mikrokosmische Entsprechung zur makrokosmischen *śakti* verstanden werden. *Śakti* als göttliche Kraft des Makrokosmos konkretisiert sich im Mikrokosmos des Menschen als die im Beckenboden verborgene *kuṇḍalinī,* die bildhaft als eine dort ohne jegliche Aktivität ruhende Schlange vorgestellt wird.

Wenn das Bild einer *ruhenden* Schlange gebraucht wird, so deutet dies darauf hin, dass die göttliche Kraft zunächst und zumeist beim Menschen nicht wirken kann. Der Körper wird als Träger des Göttlichen gedacht, dieses Göttliche ruht jedoch wie eine vielfach eingerollte Schlange am Beckenboden in reiner Potentialität. Das Göttliche kann nicht wirken, weil es in sich getrennt ist. Durch die Entstehung der materiellen und körperlichen Welt wurde die transzendente und in sich ruhende Dimension von *śiva* von der schöpferischen Urkraft der *śakti* getrennt. Śiva als der männliche Aspekt Gottes und *śakti* als der weibliche Aspekt waren auseinandergefallen. Die Aufgabe des *Tantra-* oder *Kuṇḍalinī-Yoga* ist nun die Umkehr dieses Manifestationsprozesses, die Rückkehr der von *śiva* getrennten *śakti* bis hin zur Wiederherstellung ihrer ursprünglichen Einheit. Es gilt im *Yoga* die göttliche Energie des Körpers wieder zu aktivieren. In der bilderreichen Vorstellungswelt des Tantrismus ist zunächst die am Beckenboden ruhende Schlange der *kuṇḍalinī-śakti* zu wecken, so dass sie in einem *suṣumnā* genannten Kanal entlang der Wirbelsäule aufsteigen kann (Skrt.: *suṣumnā* (f.) - die sehr Gnädige).

*Der Aufstieg der kuṇḍalinī als das beginnende Erwachen der göttlichen Urkraft im Menschen*

Während dieses Aufstiegs der *kuṇḍalinī* werden dann verschiedene Energiezentren der *cakras* geöffnet (Skrt.: *cakra* (n.) - Kreis, Rad), die entlang der suṣumnā liegen. Dieser Prozess wird so weit vorangetrieben, bis sich am Scheitelpunkt im obersten *cakra* zuletzt die weibliche Kraft der *kuṇḍalinī-śakti* mit der männlich vorgestellten göttlichen Transzendenz von *śiva* vereinigen kann. Diese Vereinigung äußert sich in der Durchdringung des gesamten Körpers mit dem göttlichen Nektar der Unsterblichkeit (*kula-amṛta*). Diese Perspektive des tantrischen *Yoga* bedeutet die spirituelle Hochzeit von *śiva* und *śakti*, die Vereinigung aller Gegensatzpaare, die Befreiung und Verwirklichung des Göttlichen im Menschen.

*Die Einheit von śiva und kuṇḍalinī-śakti als Verwirklichung des Göttlichen im Menschen*

Die Konzeption der *kuṇḍalinī-śakti* im Tantrismus, die dann der *Haṭha-Yoga* übernehmen sollte, steht in der Tradition der großen *Yoga-*Wege Indiens, verleiht dem Yoga jedoch eine

vollkommen neue, bisher noch nicht dagewesene Qualität. *Kuṇḍalinī, suṣumnā* oder *cakra* sind zwar nicht auf der materiellen Ebene zu orten wie Herz, Lunge oder die Wirbelsäule. Doch handelt es sich hierbei um am materiellen Körper orientierte Energien oder Energiezonen. Der Körper erscheint in den spirituellen Transformationsprozess integriert. Der Aufstieg der *kuṇḍalinī* bringt die konkrete Erfahrung im Körper aufsteigender Energie zum Ausdruck. Die Energiezentren der *cakras* sind durchaus auch auf der materiellen Ebene zu lokalisieren und dort zu erfahren. Und auch die Perspektive der Einung von *śakti* und *śiva* kann als Durchdringung des Körpers mit göttlicher Unsterblichkeit verstanden werden. Die Erfahrungswelt des tantrischen *Yoga* schließt den Körper in vorher noch nie dagewesener Radikalität in den spirituellen Prozess mit ein. In gleicher Weise tut dies auch die solche Erfahrungen hervorbringende Übungspraxis.

## Die Übungspraxis

Die Übungspraxis des *Tantra-Yoga* unterscheidet sich äußerlich oft nur wenig von der volksreligiösen Praxis. Der Unterschied liegt vor allem in der Haltung, in der die Rituale und Übungen durchgeführt werden. Es geht nun nicht um die Erlangung materieller Unsterblichkeit, ein Weiterleben nach dem Tode im Paradies, und auch nicht um Magie und Okkultismus, sondern um innere Befreiung und Erleuchtung, die als Erweckung der *kuṇḍalinī-śakti* und ihrer letztlichen Vereinigung mit der göttlichen Transzendenz verstanden wird.

*Tantra-Yoga* erstreckt sich somit wie auch der volksreligiöse Tantrismus auf die Bereiche von *Mantra* und *Mandala*, die nun jedoch oft mit Reinigungsübungen und Atemtechniken verbunden sind. Schon in den *Upaniṣads* wurde Meditation gelehrt, wobei der *Mantra* OM im Mittelpunkt stand. Auch der klassischen *Yoga* des *Patañjali* bezieht sich auf OM als zentralen *Mantra*. Die Vielfalt der im heutigen *Yoga* bekannten *Mantras* ist jedoch erst dem Tantrismus zu verdanken. Die einsilbigen Laute der *bīja-Mantras* beziehen sich nicht mehr nur, wie im volksreligiösen Tantrismus, auf ihre außerhalb des Menschen zu ortenden jeweiligen Gottheiten. Die tantrische Meditation dieser *Mantras* will die verschiedenen Energiezentren der *cakras* öffnen, welchen sie jeweils zugeordnet sind. Die *bīja-Mantras* bilden dann auch die Basiselemente von komplexen *Mantra*-Kombinationen als Hilfsmittel zur Beruhigung der Aktivitäten des Geistes. Durch die ständige meditierende Wiederholung des *Mantra* wird der Geist konzentriert, verfeinert und gelassen und so im Stillstand des Denkens offen für den spirituellen Prozess der Erweckung der *kuṇḍalinī*.

Eine hierzu parallele Funktion hat die tantrische Übung mit *Mandalas*. Auch diese grafischen Bilder dienen zur Konzentration und Verinnerlichung des Geistes. Es gilt das Bild nicht nur äußerlich zu betrachten, sondern auch innerlich zu visualisieren. Über den Weg des Bildes kommen die Aktivitäten des Geistes zur Ruhe. Und auch *mudrā* in der Praxis des *Tantra-Yoga* meint nicht nur rituelle Gesten, sondern eine den inneren Wandlungsprozess fördernde Übung. Zum Teil wurden auch neue *mudrās* als äußerst komplexe und schwierig durchzuführende Körper-Übungen entwickelt. Als Beispiel sei hierfür vor allem die berühmte *khecarī-mudrā* (Skrt.: *kha* (n.) - Raum, *car* - bewegen, gehen) genannt, die dann auch in die spätere Praxis des *Haṭha-Yoga* übernommen werden sollte. In dieser *mudrā* des 'Gehens im Raum' gilt es die Fähigkeit zu entwickeln, die Zunge so weit nach hinten zurückzubiegen, bis mit Hilfe der Zunge der Rachen verschlossen werden kann. Die *khecarī-mudrā* ist eine Übung intensiver Konzentration des Denkens, die auch zur Einstellung des Atems führt. Alle Aktivitäten in der materiellen Dimension kommen zur Ruhe, so dass die Voraussetzung für den Aufgang des Göttlichen im spirituellen Bereich geschaffen ist, das heißt das Erwecken der *kuṇḍalinī*.

*Tantra-Yoga* beschränkt sich jedoch nicht nur auf die yogische Vertiefung des rechtshändigen Tantrismus. Auch die sexuellen Übungen des Tantrismus der linken Hand kann in die *Yoga-Praxis* einbezogen werden. Selbst der rituelle Geschlechtsakt des linkshändigen Tantrismus vermag als Übung für *mokṣa* oder *mukti* (Skrt.: *mokṣa* (m.), *mukti* (f.) - Synonyme für Erlösung, Befreiung) zu dienen. Wie die bisher beschriebenen Übungen auf den Stillstand des Denkens und des Atems zielen, so geht es nun auch um die Unbeweglichkeit des Samens. Die sexuelle Vereinigung darf somit im Normalfall nicht in der Ejakulation, also in der Bewegung des Samens enden. Nur im vollkommenen Stillstand in der höchsten Ekstase wird die Einheit von Genuss und Erleuchtung erreicht. Ziel ist es, *bhoga* und *bhukti* (Skrt.: *bhoga* (m.), *bhukti* (f.) - Synonyme für Genuss), den irdischen Genuss und die spirituelle Befreiung, nicht mehr als sich ausschließende Gegensätze zu sehen. Die Tantriker der linken Hand sprechen von der *bhukti-mukti*, von Erlösung durch Genuss.

Dass die sexuelle Übungspraxis jedoch nur einen Randbereich des *Tantra-Yoga* abdeckt, darauf macht wiederum das oben schon erwähnte *Kula-Arṇava-Tantra* aufmerksam:

*Die wirkliche sexuelle Vereinigung ist die Vereinigung der parāśakti (kuṇḍalinī) mit dem Selbst. Alles andere stellt nur eine fleischliche Beziehung zu Frauen dar. (Kula-Arṇava-Tantra 5.111-5.112)*

Die Möglichkeit, durch den Geschlechtssakt die göttliche Urkraft der *kuṇḍalinī* zu wecken und sie zur Vereinigung mit der göttlichen Transzendenz des Selbst zurückzuführen, wird hier radikal in Frage gestellt. Das *Kula-Arṇava-Tantra* sieht die große Gefahr der sexuellen Praxis darin, bei einer rein fleischliche Beziehung stehenzubleiben. Die einzig wahre Vereinigung geschieht in der Erfahrung der göttlichen Einung, wie immer sie auch mit je verschiedenen Begriffen im Medium der Sprache zum Ausdruck kommen mag.

*Die Übungen für den Stillstand von Denken und Atem als Vorbereitung des Erwachens der kuṇḍalinī*

# *3. Kapitel:* Der klassisch-philosophische Yoga

Religion hatte sowohl für die Ursprünge wie auch für die Überlieferung des *Yoga* immer eine große Rolle gespielt. Dies heißt jedoch nicht, dass Yoga ausschließlich im religiösen Bereich zu finden ist. Schon von Anfang an wurde *Yoga* auch von außerhalb des religiösen Lebens stehenden Zirkeln praktiziert, von unabhängigen, eher philosophisch orientierten *Yogīs*. Die Priesterschaft der Brahmanen nahm die Lehren der Philosophen-*Yogīs* in ihre *Upaniṣads* auf und integrierte sie in dieser Weise in die heiligen Offenbarungstexte. Umgekehrt stand auch der philosophische *Yoga* immer unter religiösem Einfluss. Beide Traditionen, der religiöse und der philosophische *Yoga*, praktizierten einen intensiven Dialog und zeigten sich als eng aufeinander bezogen.

Yoga als philosophischer Weg fand vor allem in einem Text seinen Ausdruck: in den *Yoga-Sūtras* des *Patañjali*. Wie die *Bhagavadgītā* sind die *Yoga-Sūtras* in der sogenannten klassischen Zeit entstanden, wahrscheinlich zwischen dem 2. Jhd. vor und dem 2. Jhd. n. Chr.

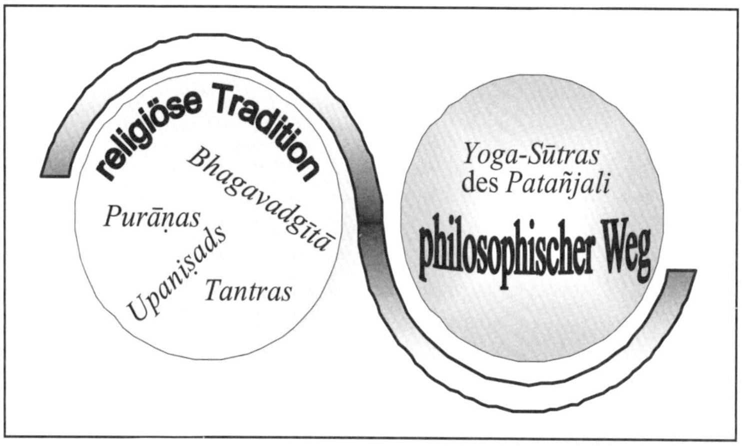


*Die enge Verbundenheit von religiösem und philosophischem Yoga*

Die *Yoga-Sūtras* des *Patañjali* zählen zu den sechs im Bereich des Hinduismus offiziell anerkannten klassischen Philosophien, die parallel zur Philosophie des *Yoga* entstanden sind. Nicht alle dieser Schulen haben jedoch für den Yoga die gleiche Bedeutung. Es treten besonders die *Sāṃkhya*- und *Vedānta*-Philosophien als wichtige Bezugspunkte hervor.

## 1. Die parallelen Schulen

### Die sechs *darśanas*

Die sechs Schulen *Nyāya, Vaiśeṣika, Sāṃkhya, Yoga, Pūrva Mīmāṃsā* und *Vedānta* wurden als die sechs *darśanas* bekannt, als sechs philosophische 'Sichtweisen' der Realität (Skrt.: *darśana* (n.) - Schau, philosophische Ausrichtung). Die *darśanas* gelten als die klassischen sechs Zugänge, die Grundfragen menschlicher Existenz zu beantworten. Sie gelten allerdings nicht nur als klassisch, sondern auch als orthodox. Es handelt sich um diejenigen Philosophien, welche die Priesterschaft der Brahmanen akzeptierten. Andere zum Teil zur selben Zeit in Indien entstandenen Schulen, wie der Buddhismus oder Jainismus, wurden nicht aufgenommen. Sie gingen

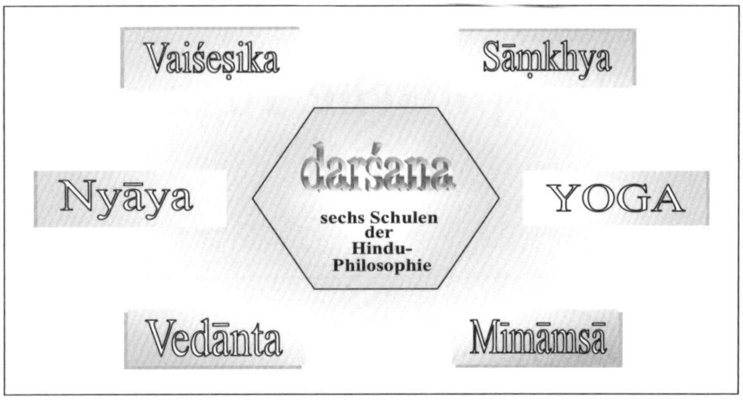


*Die sechs klassischen Schulen der hinduistischen Philosophie (darśana)*

eigene Wege. Wenn die sechs *darśanas* auch als hinduistisch bezeichnet werden können, so heißt dies jedoch noch lange nicht, dass hier ausschließlich Gedanken des *Veda* und der Brahmanen reflektiert werden. Ganz im Gegenteil: manche Konzeptionen verstehen sich durchaus als Gegenentwürfe zum vedischen Denken der Priesterschaft. Man war hier jedoch immer für den Dialog mit den Brahmanen offen.

*Die beiden Schulen philosophischer Logik*

*Die Textform der klassischen Hindu-Philosophie: Sūtra und Kommentar*

Von fast allen Schulen sind Grundlagentexte überliefert, die wahrscheinlich in den ersten Jahrhunderten v. Chr. entstanden sind. Diese Grundlagentexte sind einem bestimmten Autor zugeschrieben, gründen jedoch zumeist auf Quellen, die bis zu mehrere Jahrhunderte älter sein können. Es handelt sich bei diesen Texten jedoch nicht um ausladende Werke, sondern um Sammlungen von *Sūtras*, das heißt um Leitfäden der Philosophie (Skrt.: *sūtra* (n.) - Faden, Leitfaden). Die *Sūtra*-Texte der sechs klassischen *darśanas* stellen somit Kurzformen der jeweiligen Denkrichtung dar, deren Sinn sich meist erst durch ausführliche Kommentare erschließt. *Sūtras* waren vom Schüler auswendig zu lernen, um so eine Zusammenfassung der jeweiligen philosophischen Lehre im Gedächtnis präsent zu haben. Bei der Rezitation eines *Sūtra* war es dann möglich, sich auch an den vom Lehrer gegebenen Kommentar und die weiterführenden Bedeutungen zu erinnern.

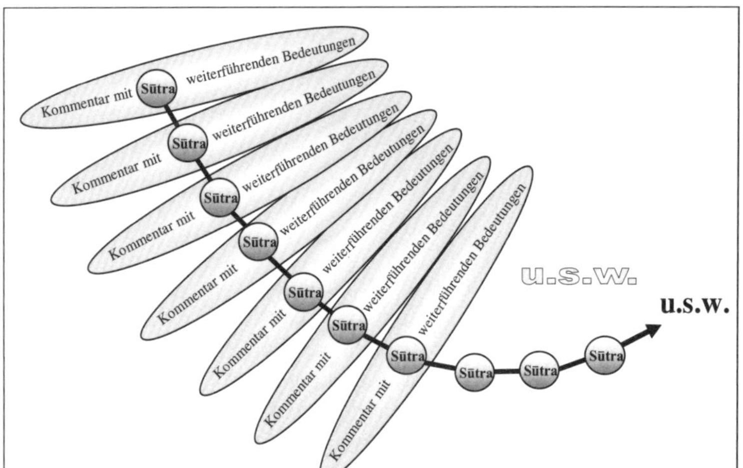


Der Einfluss der ersten beiden Schulen auf die Philosophie des *Yoga* ist eher als gering zu beurteilen. Sie beschäftigen sich vor allem mit Fragen der philosophischen Logik. Als Begründer der *Nyāya*-Philosophie gilt *Gotama*, dem auch die *Nyāya-Sūtras* zugeschrieben werden (Skrt.: *nyāya* (m.) - Regel, Prinzip). *Nyāya*

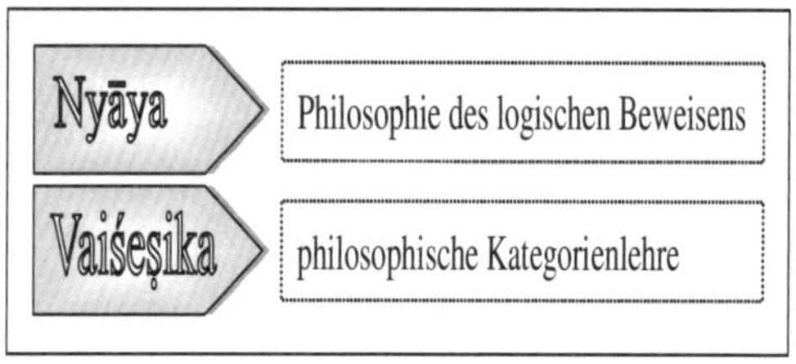


ist die Wissenschaft des Debattierens und der Diskussion. Wahrheit soll hier auf dem Weg des korrekten logischen Beweisens gewonnen werden. Es sind vor allem Regeln und Methoden beschrieben, um in kritischer Prüfung den Dingen auf den Grund zu gehen. Das zweite *darśana* findet seine klassische Ausformung in den *Vaiśeṣika-Sūtras* des *Kanāda* (Skrt.: *vaiśeṣika* (n.) - Besonderheit). *Vaiśeṣika* entwirft eine Unterscheidungslehre. Die Schule fasst die Mannigfaltigkeit der Welt in einzelnen Kategorien zusammen. Im wechselseitigen Kontext dieser Kategorien ist auch der Zusammenhang der Welt zu erklären. *Nyāya* und *Vaiśeṣika* bilden zusammen die beiden Systeme philosophischer Logik, die dann auch die Lebens- und Heilkunde *Āyurveda* und andere traditionelle Wissenschaften maßgeblich beeinflusst haben.

Die dritte Schule des *Sāṃkhya* (Skrt.: *sāṃkhya* (n.) - Zahl) geht auf den legendären *Kapila* zurück, von dem jedoch keine Texte überliefert sind. Die ältesten vorklassischen Textzeugnisse der *Sāṃkhya*-Philosophie waren schon in den *Upaniṣads* zu finden, insbesondere in der *Kaṭha*- und der *Śvetāśvatara-Upaniṣad*. Der zentrale Text des klassischen *Sāṃkhya* als drittes *darśana* liegt dann aber erst in der *Sāṃkhya-kārikā* des *Īśvarakṛṣṇa* vor. *Sāṃkhya* leitet seinen Namen von dem Prinzip der Aufzählung

seiner zahlreichen Prinzipien ab. Obwohl diese Schule der brahmanischen Philosophie diametral entgegensteht, hat sie doch schon früh das *Upaniṣad*-Denken und dann besonders, in religiöser Ausformulierung, die *Bhagavadgītā* beeinflusst. Im Zentrum steht die Loslösung des Geistes (*puruṣa*) von der Natur (*prakṛti*). Zahlreiche Gedanken des *Sāṃkhya* spielen auch in der Philosophie des Yoga eine wichtige Rolle.

Der klassisch-philosophische *Yoga* findet nun in den *Yoga-Sūtras* des *Patañjali* als viertes *darśana* seinen Ausdruck. In Unterscheidung zum *Sāṃkhya* wird hier besonderer Wert auf die konkrete Analyse des Bewusstseins gelegt, das den Weg der Loslösung geht. Auch die den Loslösungsprozess fördernde Übungspraxis, die im *Sāṃkhya* nicht zu finden ist, erscheint philosophisch aufgearbeitet. Die *Yoga-Sūtras* des *Patañjali* bilden den zentralen Text des klassisch-philosophischen *Yoga*, so dass ihre Darstellung im Zentrum dieses Kapitels stehen soll. *Sāṃkhya* und *Yoga* können als die beiden nicht-brahmanischen Schulen philosophischer Mystik bezeichnet werden, die jedoch immer vom Brahmanismus anerkannt waren.

Im Unterschied zu *Sāṃkhya* und *Yoga* stehen die letzten beiden *darśanas* dagegen unmittelbar in engem Zusammenhang mit dem Brahmanismus.

*Die beiden Schulen vedisch-brahmanischer Philosophie*

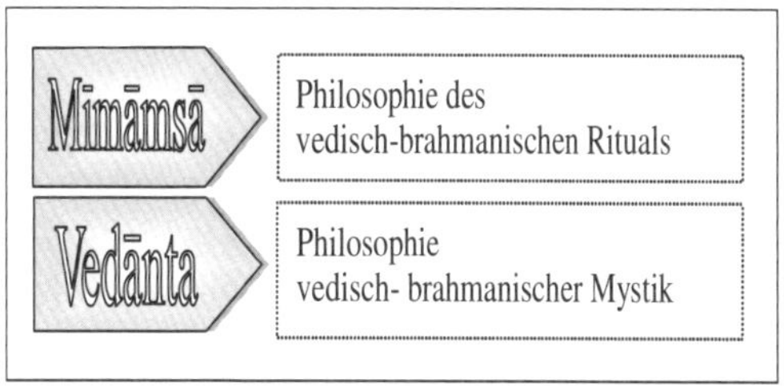


*Die beiden nicht-brahmanischen Schulen philosophischer Mystik*

*Pūrva Mīmāṃsā* (Skrt.: *pūrva* - vordere, frühere; *mīmāṃsā* (f.) - Erörterung) bildet die Schule der vedisch-brahmanischen Ritual-Philosophie, die von *Jaimini* in den *Mīmāṃsā-Sūtras* niedergelegt wurden. Die in den verschiedenen Ritualschriften der *Brāhmanas* sich verstreut findenden Deutungen der vedischen Rituale sind hier zusammengefasst. Als 'frühere', das heißt vorbereitende Erörterung bildet die Ritual-Philosophie die Hinführung zum *Vedānta*, der spezifisch brahmanischen Mystik.

*Yoga und Vedānta: die beiden großen mystischen Wege der Hindu-Kultur*

*Vedānta* als das letzte der sechs *darśanas* gilt den Brahmanen als der Höhepunkt aller sechs Schulen. Sie wird auch als *Uttara Mīmāṃsā* bezeichnet, als höchste Erörterung und somit

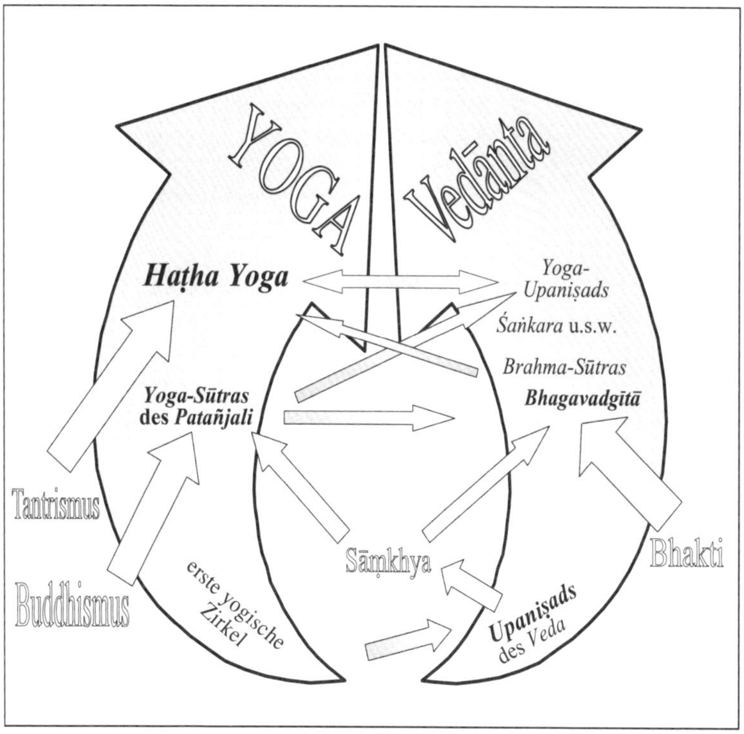

als die Fortführung der vorbereitenden Ritualphilosophie (Skrt.: *uttara* - höher, später). *Vedānta* und *Uttara Mīmāṃsā* bilden die beiden brahmanischen Schulen. Wie schon früher die klassischen *Upaniṣads* als *Vedānta* im Sinne der abschließenden Zusammenfassung vedischer Spiritualität bezeichnet wurden, so gilt auch dieses letzte *darśana* als erneuter Abschluss der Mystik des *Veda*, als *Vedānta* im Sinne des Ende des *Veda* (Skrt.: *vedānta* (m.) - Ende des Veda). Die Textgrundlage der *Vedānta*-Philosophie als sechstes *darśana* bilden die *Brahma-Sūtras* des *Bādarāyana*. *Vedānta* und *Yoga* haben sich von Beginn an immer wieder wechselseitig beeinflusst. Auch viele der heutigen großen *Yogīs* beziehen sich sowohl auf die Tradition des *Yoga* wie auch auf die des *Vedānta*. *Yoga* und *Vedānta* können somit als die beiden wirkmächtigsten und bedeutendsten spirituellen Wege der Hindu-Kultur gesehen werden, so dass zur Aufarbeitung des philosophischen Hintergrundes des klassisch-philosophischen *Yoga* - neben dem *Sāṃkhya* - insbesondere auch dem *Vedānta* besondere Aufmerksamkeit beizumessen ist.

## Sāṃkhya

*Sāṃkhya* gehört zu den ältesten Systemen der indischen Philosophie. Der auf den Begriff 'Zahl' zurückgehende Name dieses *darśana* weist auf den besonderen Schwerpunkt im Aufzählen von zahlreichen Kategorien der Realität. Schon die frühen vorklassischen Wurzeln des *Sāṃkhya* in der *Kaṭha*- oder *Śvetāśvatara-Upaniṣad* erscheinen oft im Zusammenhang mit dem Weg des *Yoga*. Von Anfang an steht der dualistisch angelegte *Sāṃkhya* jedoch in gewisser Gegenposition zum monistischen Denken des *Vedānta*. Der *Vedānta* der klassischen *Upaniṣads* betont immer wieder, dass der Vielheit dieser Welt keine letztgründende Realität beizumessen sei. Das Fundament der Vielheit liegt hiernach im *Einen*, sei es *ātman, brahman* oder auch *prāṇa* genannt. Wie in diesem Einen der Ursprung allen Seins zu finden ist, so gehen hiernach auch alle Einzelseelen auf dieses *eine*, alles umgreifende Sein zurück. Nach einem bekannten Bild der *Upaniṣads* entstehen die Einzelseelen aus dem Einen, wie die Funken aus einem lodernden Feuer. Wie diese Funken dann wieder in das Feuer zurückkehren, so lösen sich letztlich auch alle sich im irdischen Leben unterscheidenden Einzelseelen wieder in das Eine als die letzte und ursprüngliche Realität wieder auf.

Gegen diesen Monismus der *einen* Wirklichkeit stellt der *Sāṃkhya* den Dualismus von *zwei*

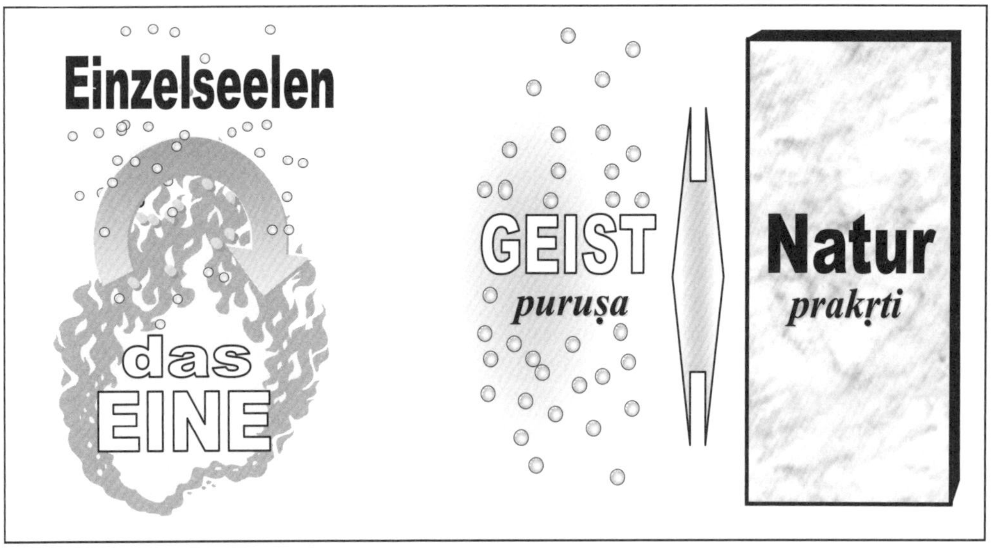


*Der Monismus des Vedānta und der Dualismus des Sāṃkhya*

in gleicher Weise grundlegenden Prinzipien des Seins. Auf der einen Seite steht der *puruṣa,* der ewige, jenseits von Raum und Zeit zu ortende, unwandelbare Geist (Skrt.: *puruṣa* (m.) - Geist, Geistseele), auf der anderen die *prakṛti*, die räumliche und zeitliche Erscheinungswelt der Natur (Skrt.: *prakṛti* (f.) - Natur, Urnatur, Materie). Weder geht der *puruṣa* aus der *prakṛti*, noch geht die *prakṛti* aus dem *puruṣa* hervor. Beide Realitäten existieren gleich ursprünglich von Anfang an. Jedoch erst als Geist und Natur zusammentreffen, entsteht das Universum, die Welt von Geist und Natur, in der wir heute leben.

Der *Vedānta* der *Upaniṣads* geht nun davon aus, dass sich diese Vielheit der materiellen Welt, und mit ihr auch alle sich zu Lebzeiten voneinander unterscheidenden Menschen, letztlich in dem *einen* Urgrund auflöst. Der klassische *Sāṃkhya* setzt sich dagegen radikal von dieser Vorstellung der einen, transzendenten Urseele ab und postuliert die Lehre von den vielen *puruṣas*, von der Ewigkeit unzähliger, unwandelbarer Geistseelen. Unzählige *puruṣas* stehen somit der einen *prakṛti* gegenüber. Beide Auffassungen konnten jedoch gut nebeneinander stehenbleiben und bilden wichtige Bezugspunkte für die Ausbildung der Philosophie des *Yoga*.

Ein besonderer Schwerpunkt der Arbeit der *Sāṃkhya*-Philosophie besteht in der Analyse der Grundprinzipien der *prakṛti*. *Prakṛti*, meist mit Natur oder Erscheinungswelt übersetzt, meint die sichtbare Welt in Raum und Zeit, die Welt der Veränderung, des Entstehens und Vergehens. Prägend für die Philosophie des *Yoga* wird dann jedoch vor allem die Vorstellung, dass zu der materiellen Erscheinungswelt nicht nur die Materie im engeren Sinne zu zählen ist, sondern auch die psychische Realität des Denkens, Wollens und Empfindens. Körper und Psyche gelten somit beide als materiell. Beide zählen zur Erscheinungswelt der *prakṛti*. Der Unterschied liegt nur darin, dass der Körper dem grobstofflichen Bereich der *prakṛti* zugeordnet ist (*sthūla-śarīra*/Grobkörper), die Psyche dagegen als feinstofflich gilt (*sūkṣma-śarīra*/ Feinkörper).

Die gesamte *prakṛti*, also sowohl die Materie wie auch die Psyche, ist dann wiederum von drei Prinzipien bestimmt, drei Grundeigenschaften, den *guṇas* (Skrt.: *guṇa* (m.) - Faden, Qualität, Grundeigenschaft). Auch die *guṇa*-Lehre konnte großen Einfluss auf das Denken des *Yoga* ausüben. Hiernach ist die *prakṛti* von den *guṇas* durchwebt wie ein Seil, das aus drei Strängen geflochten ist, wobei die Dicke eines jeweiligen Stranges, der Anteil einer Grundeigenschaft, je unterschiedlich ausfallen kann. *Tamas* als erstes *guṇa* ist als das Prinzip der Finsternis und Passivität zum Ausdruck gebracht (Skrt. : *tamas* (n.) - Finsternis, Verblendung, Unwissenheit). Da sich die *guṇas* auf den materiellen und auch auf den psychischen Bereich beziehen, gelten sowohl die materielle Dunkelheit oder Trägheit eines Granitblockes wie auch die geistige Dumpfheit oder Nachlässigkeit des menschlichen Geistes als Ausdruck von tamas.

Das Gegenteil von *tamas* meint *rajas*. Wie der aufgewirbelte Staub auf Indiens Wegen bedeutet *rajas* die Bewegung, die Aktivität und im psychischen Sinne das Handeln aus Leidenschaft (Skrt.: *rajas* (n.) - Staub, Leidenschaft,

*Die zwei Dimensionen der prakṛti*

*Die drei Grundeigenschaften (guṇa) der Erscheinungswelt*

Begierde). *Rajas* ist das aktive und beherrschende Prinzip, das jedoch nicht auf Freiheit gründet, sondern gebunden ist. *Rajas* wirkt dann, wenn die Getriebenheit durch äußere Kräfte oder die innere Gebundenheit durch die Begierden dominiert. Ein ausbrechender Vulkan, aber auch das zielgerichtete Streben des Menschen können als Beispiele für das Wirken von *rajas* gelten.

Das dritte Prinzip von *sattva* (Skrt.: *sattva* (n.) - Sein, Gutes, Reines, Vollkommenheit) erschließt eine ganz neue Qualität des Vollkommenen, die weder durch dumpfe Passivität (*tamas*) noch von getriebener Aktivität (*rajas*) charakterisiert ist. Während zum Beispiel ein fauler Apfel dem Wirken von tamas entspricht, im reifenden Apfel rajas vorherrscht, so zeigt der reife Apfel die Vollkommenheit von *sattva*. Diese Vollkommenheit bildet die Perspektive materieller wie auch psychischer Entwicklung. Es geht um eine Vollkommenheit, die auf der materiellen Ebene durch Helligkeit und Klarheit und auf der psychischen Ebene durch innere Ruhe, Ausgeglichenheit und Gelassenheit zum Ausdruck kommt. Durch die Grundeigenschaft *sattva* wird es dann möglich, körperliche wie auch psychische Merkmale eines entwickelten *Yogīs* zu erkennen.

Diese drei *guṇas* durchwirken wie Fäden die Erscheinungswelt der *prakṛti* und verleihen jedem einzelnen körperlichen wie auch psychischen Phänomen seine spezifische Qualität. Über diese drei Grundeigenschaften hinaus werden dann insbesondere im klassischen *Sāṃkhya* 23 weitere Elemente (Skrt.: *tattva* (n.) - Element, Grundprinzip, wahres Wesen) der *prakṛti* aufgezählt, in und durch welche die drei *guṇas* wirken. Diese Aufzählung der 23 Elemente beginnt mit den fünf grobstofflichen Elementen der Materie (*stūlabhūtāni*), der Erde, dem Wasser, dem Feuer, der Luft und dem Äther. Ihnen korrespondieren fünf feinstoffliche Elemente der menschlichen Wahrnehmung (*tanmātra*), der Geruch, der Geschmack, die Farbe, das Tasterlebnis und der Laut. Weiterhin wird jede Wahrnehmung nur durch die ihnen entsprechenden fünf Wahrnehmungsorgane möglich, durch das Sehen, Hören, Riechen, Schmecken und Fühlen. Während die Wahrnehmungsorgane Sinnesdaten von außen nach innen aufnehmen, so vermag der Mensch umgekehrt mit den fünf Handlungsorganen Sprechen, Greifen, Gehen, Entleeren und Zeugen von innen nach außen zu reagieren. Diesen zwanzig übergeordnet sind drei weitere Kategorien. Zunächst ist von *manas* die Rede (Skrt.: *manas* (m.) - Denken, Verstand, Wille, Psyche). Der *manas* wird in den verschiedenen Schulen mit einer recht großen Bandbreite von Bedeutungen gebraucht. Im klassischen *Sāṃkhya* meint *manas* vor allem das ordnende Denken im Sinne eines 'Denk-Organs'. *Manas* nimmt die verschiedenen Informationen aus der grob- und feinstofflichen Erscheinungswelt durch die Sinne auf, um sie zusammenfassend zu ordnen und zu strukturieren. Das Zentrum dieses Ordnens bildet dann die nächste Kategorie, der *ahaṃkāra* als der Ichmacher (Skrt.: *ahaṃkāra* (m.) - Ichmacher). Durch *ahaṃkāra* entsteht ein zentraler Bezugspunkt allen Denkens, das persönliche Ich. Damit jedoch das Ich die Informationen nicht nur geordnet vor sich liegen hat, sondern daraus Erkenntnisse ziehen kann, dafür ist noch ein Drittes notwendig, die *buddhi* als die intuitive Erkenntnis des erwachenden Geistes (Skrt.: *buddhi* (f.) - Erkenntnis, Erwachen). Die *buddhi* bildet die höchste Kategorie der *prakṛti*. Durch sie werden dem Menschen die wirklichen Erkenntnisse in der Erscheinungswelt ermöglicht.

Alle in dieser Weise aufgezählten Elemente und Kategorien der Realität finden sich nun eingebettet in einer dualistisch ausgelegten Gesamtkonzeption, in welcher auf der einen Seite der transzendente Geist des *puruṣa*, auf der anderen Seite die Erscheinungswelt von Körper und Psyche, also die grob- und feinstoffliche *prakṛti* stehen. Beide Dimensionen existieren nach der Lehre des klassischen *Sāṃkhya* ursprünglich unabhängig voneinander. Obwohl *puruṣa* und *prakṛti* vollkommen voneinander getrennt sind, identifizieren sich die einzelnen Geistseelen irrtümlich doch mit der Erscheinungswelt. Die transzendenten *puruṣas* schauen auf die prakṛti wie auf einen Spiegel

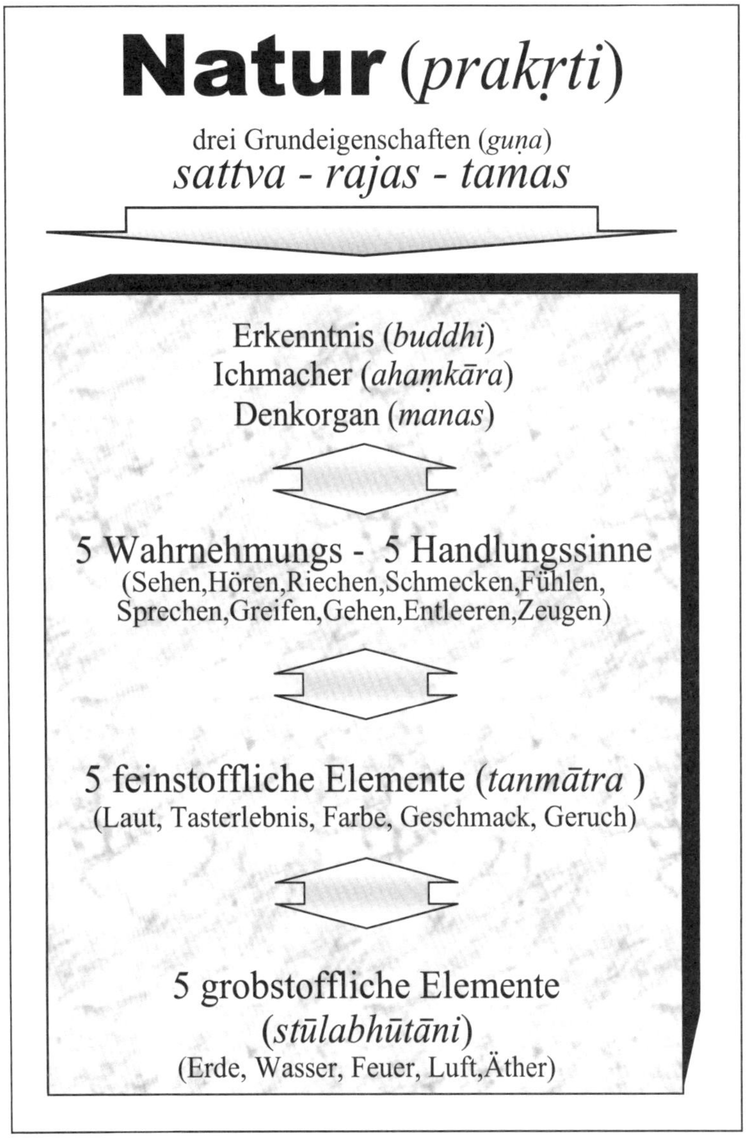


*Die 23 Elemente (tattva) der Natur (prakṛti) im klassischen Sāṃkhya*

und meinen dort sich selbst erkennen zu können. Der unabhängige Geist hält sich so irrtümlich für materiell. Die *puruṣas* glauben, sie seien *prakṛti,* und bleiben, solange dieser Irrtum fortbesteht, hierdurch an sie gebunden. In dieser Weise ist erklärt, warum zunächst und zumeist die Menschen sich als Wesen mit Körper und Psyche sehen und blind sind für ihr eigentliches, transzendentes Sein. Die Aufgabe des Menschen besteht darin, sich dieses Irrtums bewusst zu werden. Wenn der *puruṣa* die falsche

*Die Grundkonzeption des klassischen Sāṃkhya*

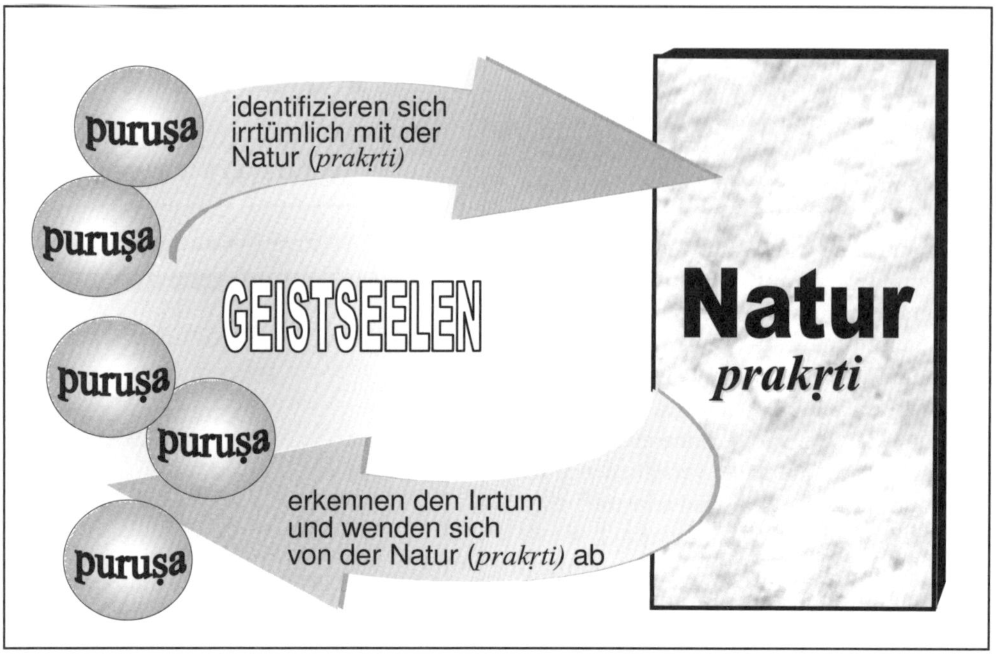


Identifikation mit den *guṇas*, seine Identifizierung mit der *prakṛti*, als Irrtum erkennt, dann vermag er sich seiner eigenen Identität als reiner, transzendenter Geist bewusst zu werden. Der *puruṣa* wendet sich von der Erscheinungswelt der *prakṛti* ab und ist von nun an befreit und erlöst.

Diese Konzeption des klassischen *Sāṃkhya* zeigt sich somit als atheistische Philosophie, zumindest als ein Denken, das ohne Gott auskommt. Dagegen erscheint der *Sāṃkhya* in der *Bhagavadgītā* in spezifisch theistischer Ausprägung. *Puruṣa* und *prakṛti* sind hier gegründet in der alles umfassenden Dimension der personalen Gottheit. In der *Bhagavadgītā* steht *Sāṃkhya* auch in engem Zusammenhang mit dem hier aufgezeigten Weg des *Yoga*. Die *Bhagavadgītā* geht sogar von einer essentiellen Einheit von *Yoga* und *Sāṃkhya* aus. Der religiöse *Sāṃkhya* der *Bhagavadgītā* kann heute als die am meisten verbreitete Interpretation dieser philosophischen Schule gelten. Dagegen ist die Bedeutung des *Sāṃkhya* für den klassischen *Yoga* des *Patañjali* viel geringer einzuschätzen, als allgemein vermutet wird.

## Vedānta

Der zweite wichtige Bezugspunkt für die Philosophie des *Yoga* bildet der *Vedānta*. Nach seiner wörtlichen Übersetzung meint *Vedānta* 'Ende' oder 'Essenz des *Veda*' und somit die sich auf den *Veda* beziehende Philosophie und Mystik der Brahmanen. Es ist jedoch von drei zu unterscheidenden geschichtlichen Entwicklungsstufen dieser vedischen Mystik und dementsprechend auch von drei Bedeutungen von *Vedānta* auszugehen. Erstens meint *Vedānta* die Philosophie der klassischen *Upaniṣads*, die in vedischer Zeit als letzte Textgruppe in den Corpus des *Veda* eingefügt wurden. Zweitens werden mit *Vedānta* auch die *Brahma-Sūtras* des *Bādarāyana* bezeichnet, die später in klassischer Zeit den Versuch unternahmen, die Essenz der vedischen Mystik zusammenzufassen. Die *Brahma-Sūtras* wurden dann bekanntlich als sechste und abschließende Schule in den Kreis der offiziellen Hindu-Philosophien aufgenommen.

Wenn heute von *Vedānta* gesprochen wird meint man meist die in wiederum späterer Zeit entstandenen mystischen Philosophien des

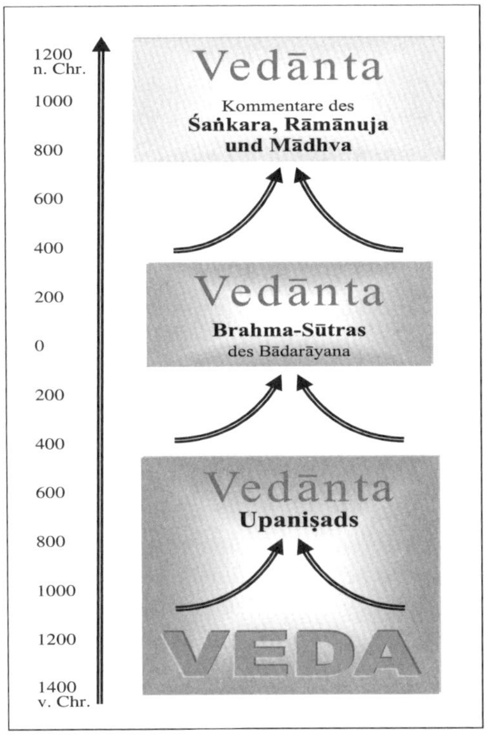


*Śaṅkara* (788-820 n. Chr.), *Rāmānuja* (1055-1137 n. Chr.) und *Mādhva* (1199-1278 n. Chr.). Sie stellten sich, nun in der Periode der Nachklassik, ein drittes Mal der Aufgabe, die Essenz des *Veda* zu formulieren, wobei alle wichtigen in der Zwischenzeit entstandenen, sich auf den *Veda* beziehenden Philosophien mit einbezogen wurden. *Śaṅkara, Rāmānuja* und *Mādhva* vermochten durch ihre erneute Zusammenfassung des vedischen Denkens der auf dem *Veda* gegründeten Religion des Hinduismus eine philosophisch/theologische Grundlage zu geben. Auf diese letzte Bedeutung von *Vedānta* soll im folgenden näher eingegangen werden, da der *Vedānta* dieser Autoren insbesondere auch für das heutige Verständnis der Philosophie des *Yoga* eine große Bedeutung beizumessen ist.

Das Verdienst von *Śaṅkara, Rāmānuja* und *Mādhva* liegt vor allem darin, alle Grundlagentexte der vedischen Philosophie einbezogen und aus ihnen heraus jeweils in sich schlüssige Konzeptionen einer vedischen Mystik entworfen zu haben. Sie gründeten die Philosophie des *Vedānta* auf drei Säulen, auf den *Upaniṣads* als *Vedānta* der alten Offenbarungstexte, auf die *Bhagavadgītā* als dem wohl wichtigsten religiösen Lehrtext und auf die *Brahma-Sūtras* des *Bādarāyana* als dem *Vedānta* der Philosophen-Schulen. Zu allen diesen drei Grundlagentexten schrieben sie Kommentare und vermochten so einen inneren Zusammenhang dieser aus den verschiedenen Literaturgattungen stammenden Texte aufzuzeigen. Diese Kommentare zu den *Upaniṣads*, zur *Bhagavadgītā* und zu den *Brahma-Sūtras* avancierten bald zu einem der wichtigsten philosophischen oder theologischen Fundamente des Hinduismus wie auch eines vedāntisch geprägten *Yoga*. *Śaṅkara, Rāmānuja* und *Mādhva* verstanden es in ihren jeweils verschiedenen Auslegungen, drei Möglichkeiten der Interpretation des *Vedānta* zu entwerfen.

*Die drei Versuche, die Essenz des Veda (Vedānta) zusammenzufassen*

*Śaṅkara* begründete die Schule des *advaita-vedānta*. Das Absolute wird von ihm in der Form der 'Nicht-Zweiheit' (Skrt.: *a* - nicht; *dvaita* (n.) - Zweiheit) verstanden, die letztlich keine Differenz oder Zweiheit zwischen Mensch und Gott zuläßt. *Rāmānuja* gilt als der zentrale Vertreter des *viśiṣṭa-advaita-vedānta*, der Lehre von der 'unterschiedenen Nicht-Zweiheit' (Skrt.: *viśiṣṭa* - unterschieden, besonders). Das Verhältnis zwischen Absolutem und Selbst sah er in Entsprechung zu dem von Selbst und Körper. Der dritte Ansatz des *dvaita-vedānta* von *Madhva* geht von einem Dualismus zwischen Mensch und Gott aus. *Madhva* beschreibt die 'Zweiheit' (*dvaita*), die eine Hingabe des Menschen an einen personal verstandenen Gott fordert. Allen drei Schulen gemeinsam ist jedoch die Intention der Neubegründung des *Vedānta*, sei dies nun in der eher philosophischen Weise eines *Śaṅkara* oder einer religiösen Ausrichtung bei den beiden anderen Autoren.

*Die drei Bezugstexte des Vedānta*

*Die drei großen Kommentatoren des Vedānta*

Durch die Philosophie und Theologie des *Vedānta* erlangen die zahlreichen Religionsströmungen des Hinduismus ein philosophisch-yogisches Fundament, das sie auf eine sie einende Perspektive ausrichtet. Über diese philosophische Aufgabenstellung hinaus ging es den genannten Autoren jedoch auch um eine Reform der spirituellen Praxis der damaligen Zeit. Insbesondere *Śaṅkara* war darum bemüht, durch die Gründung einer spirituellen Gemeinschaft der weithin ungeregelten Praxis der Asketen und asketischen *Yogīs* ein strukturelles Fundament zu geben. Auf *Śaṅkara* gehen die bis heute bedeutenden *Daśanāmi-Saṃnyāsins* zurück, die auch als *Svāmī*-Orden bekannt sind. Wie der Name schon sagt, ist der *Daśanāmi*-Orden als der Orden der 'Zehn Namen' (Skrt.: *daśan* - zehn, *nāman* (n.) - Name) in zehn Zweige eingeteilt, die mit *Araṇya, Vana, Giri, Parvata, Sagara, Tirtha, Āśrama, Bhārati, Purī* und *Sarasvatī* benannt werden. Mitglieder dieser Orden fügen als äußeres Zeichen ihrem religiösen Namen, der meist mit *-ānanda* endet (Skrt.: Glückseligkeit), im allgemeinen ihren jeweiligen Ordensnamen an, wie zum Beispiel *Svāmī Ramānanda Tirtha, Svāmī Śivānanda Sarasvatī* oder *Svāmī Nityānanda Giri*. *Śaṅkara* selbst initiierte die ersten Mitglieder seiner Gemeinschaft zu *Svāmīs*. Durch eine *dīkṣā* (Skrt.: *dīkṣā* (f.) - Einweihung) wurde der Aspirant zum *Saṃnyāsin* geweiht *(Skrt.: saṃnyāsin* (m.) - Asket, der Welt Entsagender), zu einem, der die Gelübde ablegt, allem persönlichen Eigentum und familiären Einbindungen zu entsagen, in sexueller Enthaltsamkeit zu leben und in Gehorsam seinem Meister zu folgen. Wer dem Orden in Zukunft beitreten wollte, musste eine Einweihung von einem dieser *Svāmīs* erhalten. Spätere Schüler waren wieder von ihnen zu initiieren, so dass bis heute alle Mönche des *Daśanāmi*-Ordens ihre geistige Herkunft auf den ersten gemeinsamen Meister, auf *Śaṅkara*, zurückführen können. Ein Mitglied des Ordens zu sein bedeutete so nicht unbedingt, wie dies zum Beispiel in den katholischen Orden üblich ist, die Einbindung in eine Ordensgemeinschaft. Im Zentrum steht vor allem die Anbindung an den einweihenden Meister und die durch ihn repräsentierte Traditionslinie.

Vor allem die vier zentralen Klöster der *Daśanāmi-Saṃnyāsins*, die *Śaṅkara* an strategisch zentralen Orten über ganz Indien verteilte, bilden das einende Band der ganzen Bewegung. Im Norden entstand bei *Badrinath* das Kloster *Jyotir Math*, im Westen das *Kalika Math* in *Dvaraka*, im Osten das *Govardhana Math* in Puri und im Süden das *Śarada Math* in *Sringeri*. Ein fünftes heute wichtiges Kloster in *Kanchipuram* ist mit *Śarada Math* assoziiert. Die zehn Zweige der *Daśanāmi-Saṃnyāsins* wurden jeweils diesen vier Klöstern zugeordnet. Darüber hinaus erhielt jedes der vier Klöster einen der vier zentralen Lehrsätze der *Upaniṣads* als Leitspruch, so dass auch die Anbindung an die spirituelle Lehre des *Veda* gewährleistet war. *Jyotir Math* erhielt *ayam ātma brahma*, Kalika Math wurde *tat tvam asi*, *Govardhana Math* der Mantra *prajñānam brahma* und *Śarada Math aham brahma asmi* zugeordnet. In jedem

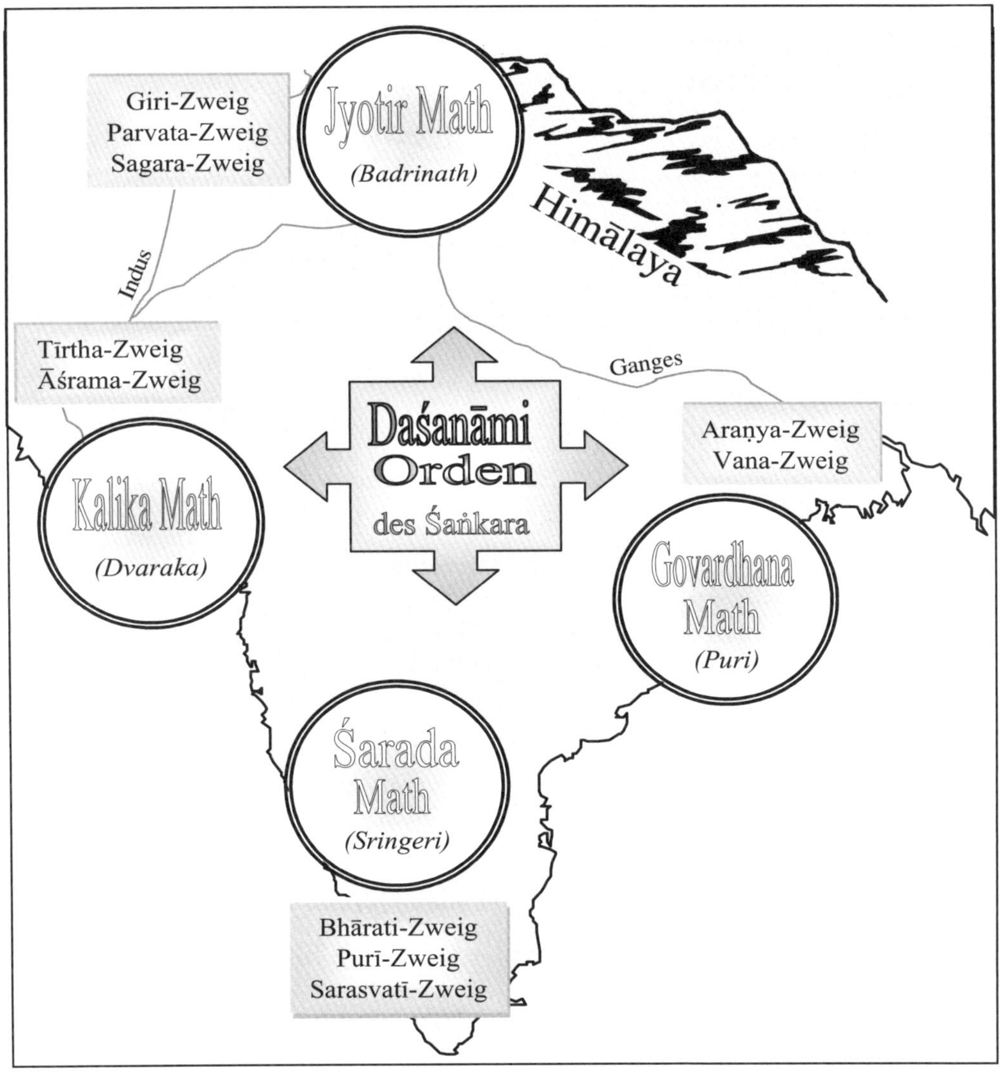


*Die vier von Śaṅkara gegründeten Klöster des Daśanāmi-Ordens*

dieser Klöster setzte Śaṅkara einen seiner Schüler als Oberhaupt ein. Diese *Śaṅkarachārya* genannten Oberhäupter der vier Klöster ernannten Nachfolger und diese wiederum Nachfolger, so dass auch hier eine wahrhafte *paraṃparā* der Meister (Skrt.: *paraṃparā* (f.) - ununterbrochene Reihe) entstehen konnte. Mit Sicherheit ist es unter anderem auch auf diese *paraṃparā* zurückzuführen, dass die *Śaṅkarachāryas* bis heute zu den zentralen Autoritäten des Hinduismus zu zählen sind.

Jedem der drei großen Autoren dieses nachklassischen *Vedānta* ist somit eine wichtige Rolle beizumessen. *Rāmānuja* und *Madhva* bildeten und bilden wichtige Bezugspunkte für den volksreligiösen Hinduismus. Dagegen spielte die *advaita*-Philosophie und die *Daśanāmī*-Praxis des *Śaṅkara* für die Renaissance des *Yoga* gegen Ende des 19. und zu Beginn des 20. Jahrhunderts und so auch für die Rezeption des *Yoga* im Westen eine wichtige Rolle. *Ramakrishna* und sein Schüler *Vivekānanda* standen in der Tradition von *Śaṅkaras advaita-vedānta*. Viele der großen *Yogīs* des 20. Jahrhunderts waren *Svāmīs* der verschiedenen Zweige des *Daśanāmi*-Ordens, von *Paramahaṃsa Yogānanda*

*Die Entwicklung der Philosophie des Vedānta*

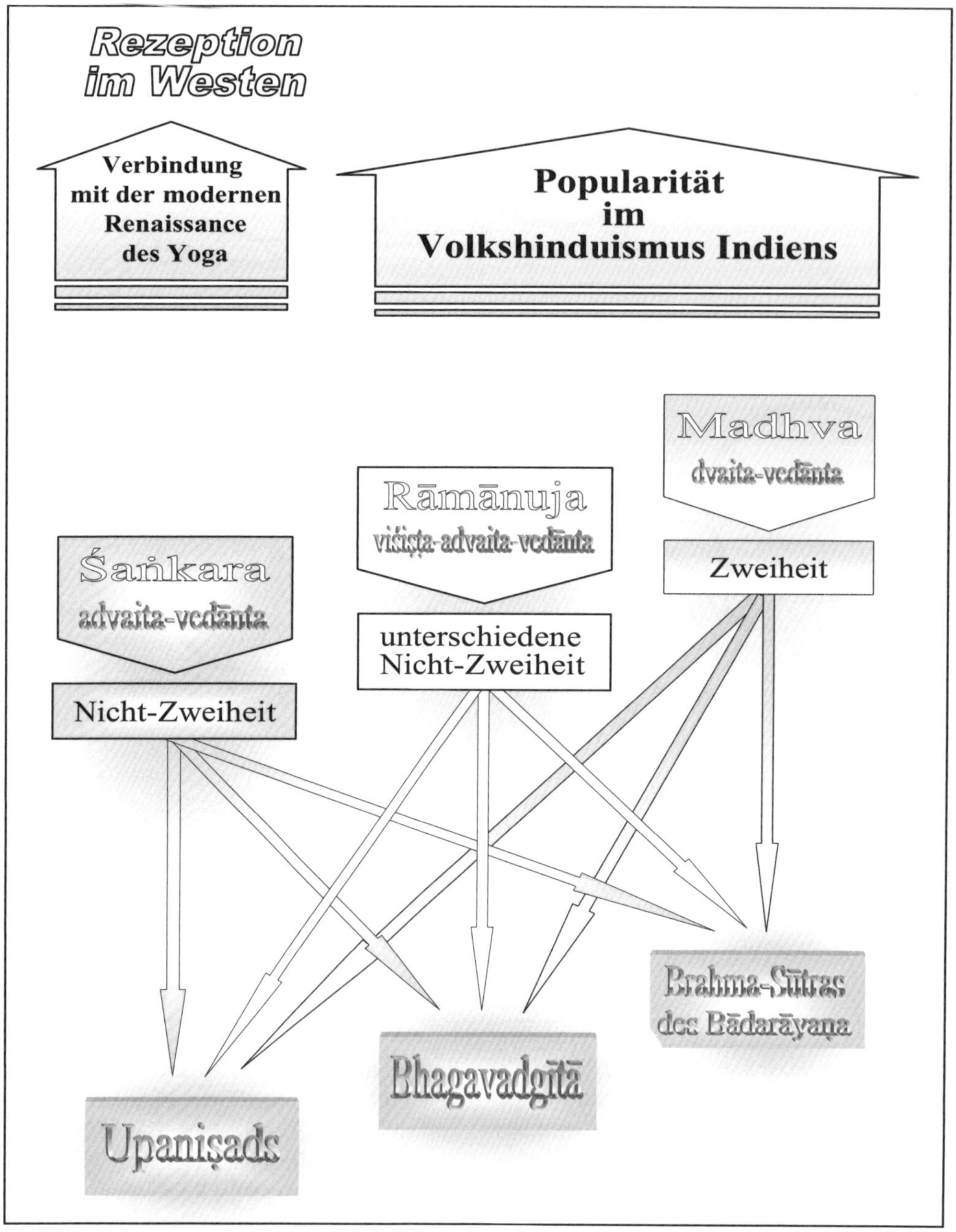


über *Svāmī Śivānanda* und *Paramahaṃsa Satyānanda* bis hin zu *Svāmī Rama*. Weite Teile des modernen *Yogas* sind somit *vedāntisch* geprägt und wurden aus der Perspektive insbesondere des *advaita-vedānta* interpretiert. *Yoga* und *Vedānta* verschmelzen hier zu einer Einheit, wie sie schon in den klassischen Texten der *Upaniṣads* oder der *Bhagavadgītā* zu finden war. Und auch der Haupttext des klassisch/philosophischen *Yoga*, die *Yoga-Sūtras* des *Patañjali*, ist, bei aller Selbständigkeit des Entwurfs, ohne seine *vedāntischen* Bezüge nicht denkbar.

# 2. Die Yoga-Sūtras des Patañjali

Die Yoga-Sūtras wurden als vierte Schule in den Kanon der sechs klassischen *darśanas* aufgenommen. Sie zählen somit zu den von der hinduistischen Tradition anerkannten Philosophenschulen. Die Entstehungszeit der *Yoga-Sūtras* könnte zwischen dem zweiten vorchristlichen und dem zweiten nachchristlichen Jahrhundert liegen. Als Autor der *Sūtras* wird *Patañjali* genannt, wobei mehrere Autoren jener Zeit diesen Namen trugen. Weithin bekannt ist der große Grammatiker *Patañjali*, der den wichtigsten Kommentar zur Sanskritgrammatik des *Pāṇini* schrieb. Auch der Verfasser des *Nidāna-Sūtra*, eines bedeutenden Werkes der vedischen Ritualliteratur, sowie ein bekannter Gelehrter der *Sāṃkhya*-Philosophie trugen den Namen *Patañjali*. Obwohl die indische Tradition daran glaubt, dass es sich hier um ein und dieselbe Person handelt, so müssen wir heute doch davon ausgehen, dass sich unter demselben Namen verschiedene Autoren verbergen.

Über die historische Person des *Patañjali* der *Yoga-Sūtras* ist nichts bekannt. Er wird weithin als der Vater des *Yoga* verehrt, obgleich der Ursprung des *Yoga* viel früher zu orten ist. Das große Verdienst von *Patañjali* ist weniger, *Yoga* erfunden, sondern vielmehr, die zur damaligen Zeit bekannten Richtungen des *Yoga* philosophisch fundiert und in einem Text zusammengefasst zu haben. *Yoga*-Philosophie wurde

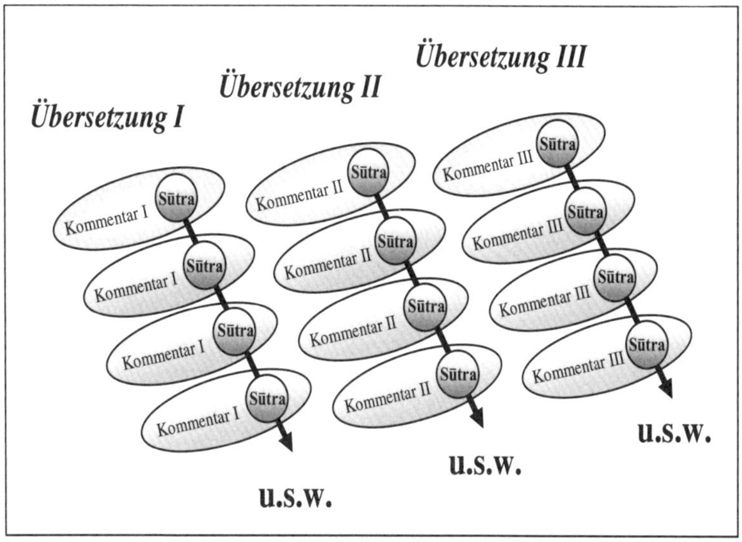


*Die heutigen zahlreichen Übersetzungen und Deutungen des klassischen Yoga*

durch *Patañjali* neben dem *Vedānta* zu einer der führenden Schulen der hinduistischen Philosophie, so dass sie heute sogar vielfach als *die* indische Philosophie schlechthin gilt. *Patañjali* gelang dies, indem er den ursprünglichen Sinn der Wege des *Yoga* systematisch in knapp 200 *Sūtras* herauskristallisierte.

Um die Philosophie des *Yoga* darzustellen, griff *Patañjali* auf den *Sūtra*-Stil zurück, wie er für die Philosophie der klassischen Zeit üblich war (Skrt.: *sūtra* (n.) - Faden, Leitfaden). Der klassische Haupttext des *Yoga* erscheint so in äußerst kurz gehaltenen Merksätzen, die wie

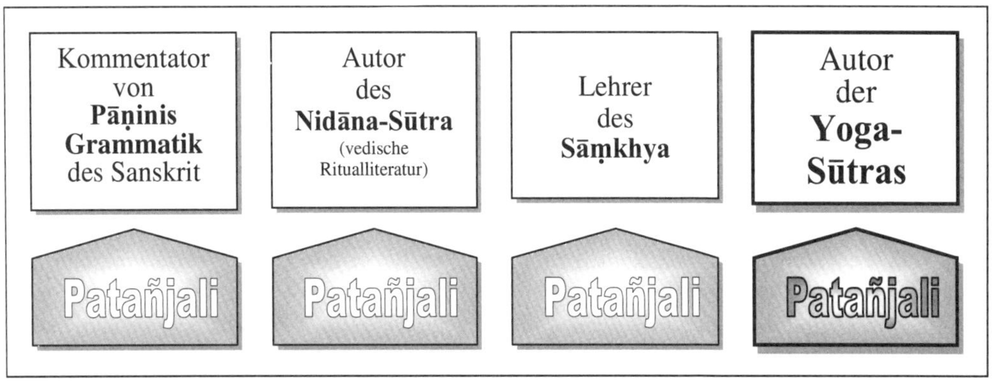


*Die vier Patañjalis der klassischen Zeit*

*Die Yoga-Sūtras (Überblick)*

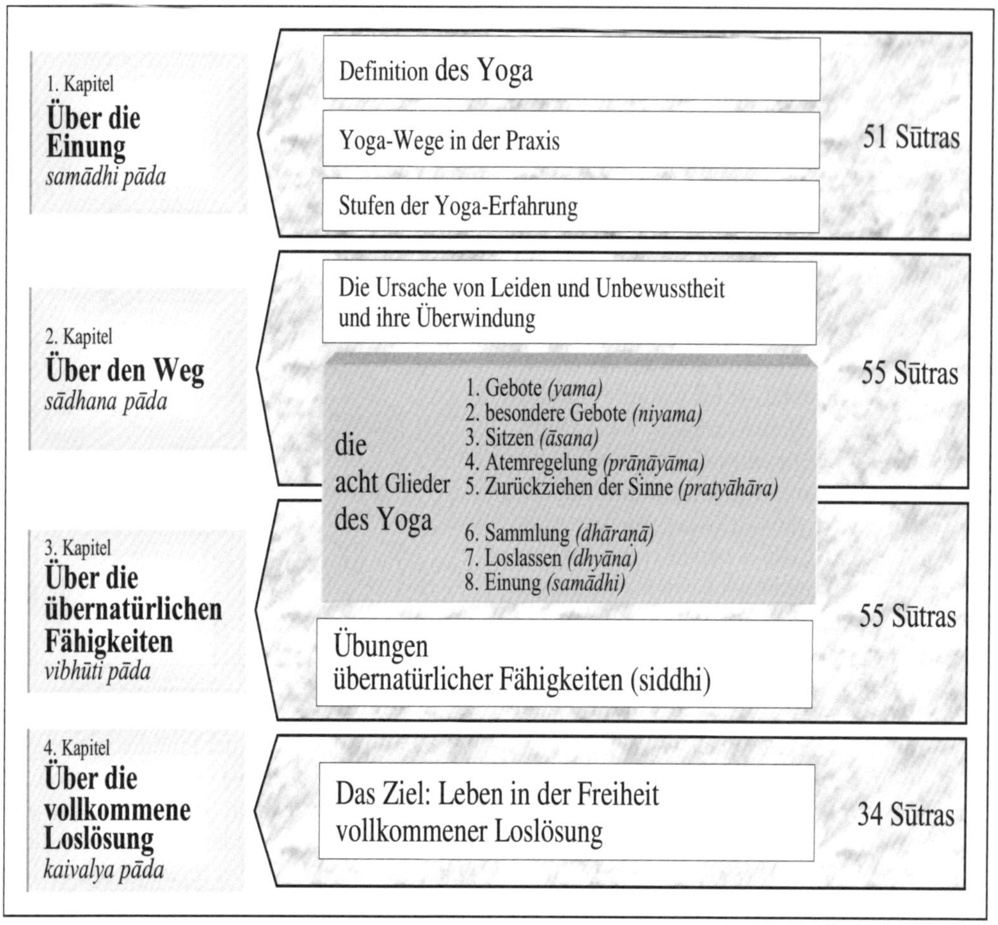


ein Leitfaden durch die Philosophie des *Yoga* führen. Diese von den Schülern des *Yoga* auswendig zu lernenden Sätze werden allerdings erst durch einen vom Lehrer mitgegebenen Kommentar verständlich, der die Bedeutungen der Worte näher erklärt. Solche Erklärungen sind uns heute von *Patañjali* selbst nicht überliefert. Der älteste Kommentar, auf den wir uns gegenwärtig stützen können, ist das *Yoga-Bhāṣya* des *Vyāsa*, das allerdings erst lange nach *Patañjali* verfasst wurde. Heute stehen wir vor der Situation, dass nicht nur je verschiedene Übersetzungen der *Yoga-Sūtras* vorliegen, sondern auch zahlreiche Kommentare, die den Text zum Teil recht unterschiedlich deuten. Auch die folgende Interpretation kann somit nur als eine Deutungsmöglichkeit der klassischen Philosophie des *Yoga* gelten. Es handelt sich um die Deutung, die dem Verfasser dieses Atlasses am meisten plausibel erscheint.

Die insgesamt 195 *Sūtras* (einzelne Ausgaben weisen ein *Sūtra* mehr auf) sind in vier große *padas* eingeteilt (Skrt.: *pada* (n.) - Schritt, Kapitel), die je um ein bestimmtes Thema kreisen. Es scheint, dass in diese vier Kapitel ein in sich geschlossener Text eingeschoben wurde, der in der Geschichte des *Yoga* eine außergewöhnliche Wirkung entfaltete. Dieser Text vom Ende des zweiten bis zum Beginn des dritten Kapitels wurde sogar als die Essenz des klassischen *Yoga* schlechthin betrachtet. Es handelt sich um die Darstellung der berühmten acht Glieder des *Yoga*. Die Bezeichnung des klassischen *Yoga* als *Aṣṭāṅga-yoga* (Skrt.: *aṣṭa* - acht, *aṅga* (n.) - Glied) bezieht sich auf diesen Texteinschub in der Mitte der *Sūtras*.

Das erste Kapitel trägt den Titel *samādhi pāda*, das Kapitel über die 'Einung' als die Urerfahrung des *Yoga* (Skrt.: *samādhi* (m.) - Einung, Versenkung). Zunächst werden die wesentlichen Momente des *Yoga* mit großer Prägnanz und Kürze definiert. Darauf nennt *Patañjali* die verschiedenen Möglichkeiten der *Yoga*-Praxis, um dann abschließend die verschiedenen Stufen der Erfahrung zu beschreiben. Während so die Grundstruktur des *Yoga* abgesteckt zu sein scheint, handelt das zweite Kapitel mit dem Titel *sādhana pada* vom 'spirituellen Weg' (Skrt.: *sādhana* (n.) - Weg, Durchführung, Werkzeug, spiritueller Weg). *Patañjali* untersucht in dieser Weise die Ursachen von Leiden und Unbewusstheit und den Weg ihrer Überwindung. Wie schon erwähnt, wird jetzt am Ende des zweiten und zu Beginn des folgenden dritten Kapitels die Konzeption der acht Glieder des *Yoga* eingeschoben. Der Schwerpunkt des dritten Kapitels - *vibhūti pāda* - handelt von den 'übernatürlichen Fähigkeiten' (Skrt.: *vibhūti* (f.) = Macht, außergewöhnliche Fähigkeit). Der letzte Teil - *kaivalya pāda,* über die 'vollkommene Loslösung' - entwirft abschließend noch einmal die Gesamtkonzeption des *Yoga*-Weges, wobei hier insbesondere Einflüsse des *Maḥāyāna*-Buddhismus festzustellen sind (Skrt.: *kaivalya* (n.) - Freiheit, Einzigkeit, Auflösung).

## Yoga-Definition

Die *Sūtras* beginnen im ersten Kapitel mit einer nur aus einem einzigen Wort bestehenden Definition des *Yoga*, die als die klassische Definition des *Yoga* in die Geschichte eingehen sollte. Dieses Wort lautet *cittavṛttinirodhaḥ*, wörtlich übersetzt mit 'GeistaktivitätenzurRuheKommen' (Skrt.: *citta* (n.) - Geist; *vṛtti* (f.) - Aktivität; *nirodha* (m.) - Hemmen, zur-Ruhe-Kommen). *Yoga* bedeutet somit, wenn die drei Teile des Wortes auseinandergenommen werden, das 'Geist - Aktivitäten - Zur-Ruhe-Kommen', oder das 'Zur-Ruhe-Kommen der Aktivitäten des Geistes'.

Mit diesem einen Wort ist über den Sinn des *Yoga* zwar schon alles gesagt, aber wohl kaum schon alles verstanden. Was in dieser Kurzdefinition auf den Punkt gebracht ist, wird nun in den folgenden *Sūtras* weiter ausgeführt. Es ist erstens von dem Beginn des *Yoga* die Rede, von der Ausgangssituation, zweitens werden die Perspektive und das Ziel des *Yoga* beschrieben und drittens auch der Weg, auf dem dieses Ziel des *Yoga* zu realisieren ist. Später mag dann deutlich werden, dass alle diese drei Punkte in ihrer Essenz schon in dieser ersten Definition des *Yoga* enthalten waren.

Die *citta-vṛtti* meint wörtlich übersetzt die Aktivität des Geistes im Sinne des Alltagsbewusstseins zu Beginn des *Yoga*-Weges. *Patañjali* unterscheidet zwischen fünf Momenten der alltäglichen Geistesaktivität. Als die ersten zwei zählt er Erkenntnis und Irrtum auf, die wiederum drei Ursachen haben können. Als erste Ursache von Erkenntnis und Irrtum nennt er die direkte Wahrnehmung. Der Mensch kann durch seine Sinne erkennen, aber die sinnliche Wahrnehmung vermag auch zu täuschen. Zweitens nimmt der Mensch durch religiöse oder philosophische Überlieferung Informationen von außen auf, die zu wahrer Erkenntnis oder zu Irrtümern führen können. Darüber hinaus ist gleichfalls der geistige Prozess der rationalen Schlussfolgerungen wesentlich, die dritten Ursache für richtiges oder irrtümliches Erkennen.

Als weitere Aktivitäten des Geistes nennt *Patañjali* die Einbildungen als dritte Form der

*Patañjali, Yoga-Sūtra 1.2*

योग श्चित्तवृत्तिनिरोधः

| *yogaś :* | *citta-* | *vṛtti* - | *nirodhaḥ* |
|---|---|---|---|
| Yoga : | Geist - | Aktivitäten - | Zur-Ruhe-Kommen |

**Yoga, das ist das *Zur-Ruhe-Kommen* der *Aktivitäten* des *Geistes***

*Die Aktivitäten des Geistes (citta vṛtti)*

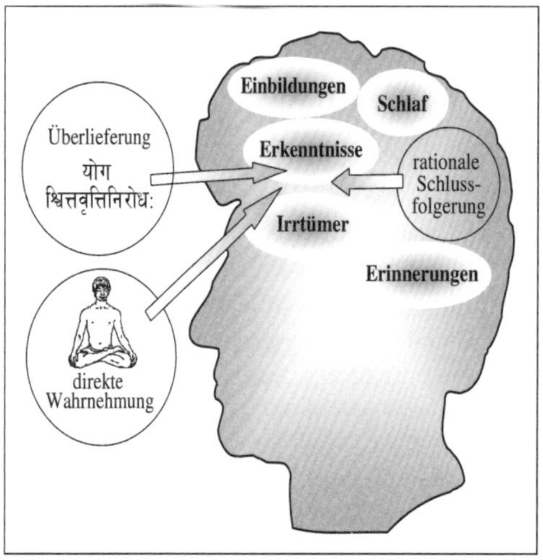


*Das Alltagsbewusstsein - die Bindung an die Aktivitäten des Geistes*

Geistesaktivität. Einbildungen sind frei assoziierte Vorstellungen, die ohne ersichtlichen Grund für wahr gehalten werden, die dies letztlich von vornherein aber nicht sind. Das vierte Moment

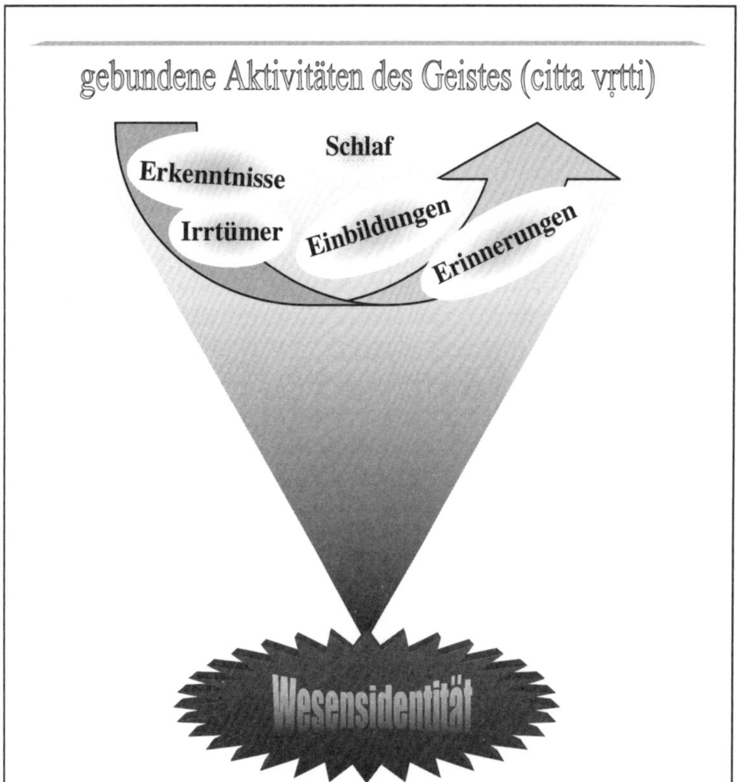


der Erinnerungen wird aus vergangenem Denken und Erfahren gespeist. Fünftens zählt *Patañjali* dann auch noch den Schlaf als den Geisteszustand auf, in dem der Mensch kein Bewusstsein mehr besitzt. Alle fünf Momente der *citta-vṛttis*, der Aktivitäten des Geistes, können nun leidvoll oder auch leidlos sein. Alle fünf Momente vermögen den Menschen zum Glück zu führen oder auch Leiden zu verursachen.

Für das Alltagsbewusstsein mögen wahre Erkenntnisse oder die Aktivitäten, die Glücksgefühle erzeugen, als gut erscheinen. Irrtümer oder Leidvolles gelten allgemein als schlecht. Yoga nimmt hierzu eine vollkommen unterschiedliche Haltung ein. Letztlich geht es weder um die Förderung von wahren Erkenntnissen, noch um die Ablehnung von Irrtümern, weder um das Vermehren von Glück, noch um das Vermeiden von Unglück. Für den *Yoga* entscheidend ist etwas ganz anderes. Entscheidend ist allein das Phänomen, das im dritten *Sūtra* mit *vṛtti-sārūpya* bezeichnet wird, zu übersetzen mit 'Identifikation mit den Aktivitäten' oder 'Gebundenheit an die Aktivitäten' (Skrt.: *sārūpya* (n.) - Gleichheit, Gebundenheit). Wahre Erkenntnisse und Glückserfahrungen reichen nicht aus, wenn der Mensch an sie gebunden ist. Diese Gebundenheit, selbst an Wahrheit und Glück, bedeutet Unbewusstheit und führt zur Unbewusstheit für das, was wirklich zählt in dieser Welt. Aus dieser Perspektive befinden sich wahre Erkenntnisse wie Irrtümer, Glück wie Unglück auf der gleichen Ebene, nämlich an der Oberfläche unseres gebundenen und unfreien Geistes, im Sanskrit *citta-vṛtti* genannt.

So vermag die Überlieferung der heiligen Texte, der *āgamas*, viele wichtige Wahrheiten zu sagen. Und doch gehören auch sie und alle hieraus gezogenen Erkenntnisse nur zu den *citta-vṛtti*, zu den Aktivitäten des Geistes unseres Alltagsbewusstseins, an die der Mensch gebunden ist. Die Identifikation selbst mit den besten Erkenntnissen bindet das Bewusstsein an die Oberfläche des Geistes. Das Alltagsbewusstsein übersieht, was Geist in seiner Tiefe bedeutet. Es übersieht die wahre Identität, das

*Das Zur-Ruhe-Kommen in der Wesensidentität*

Wesen des Geistes. Die vom *Yoga* gesuchte Wahrheit ist folglich weder in den heiligen Überlieferungen noch in den klugen Einsichten aus eigenen Schlussfolgerungen zu finden. All die hieraus resultierenden Aktivitäten des Geistes, vollkommen unabhängig davon, ob es sich um wahre Erkenntnisse, Einbildungen oder um Irrtümer handelt, ob daraus Glücksgefühle oder Leiden entsteht, all diese *citta-vṛtti* vermögen nicht in die Tiefe der Wesensidentität vorzudringen.

Die Identifikation mit den Geistesaktivitäten hält davon ab, das eigentliche und ursprüngliche Potential des Geistes zu erkennen, das jenseits der Aktivitäten liegt. Das eigentliche Potential des Geistes zu verwirklichen, dies ist die Perspektive des *Yoga*. Dieses Ziel bezeichnet *Patañjali* zu Beginn der *Sūtras* als *svarūpa*, als Ruhen in der 'Wesensidentität' (Skrt.: *svarūpa* (n.) - Wesensidentität). Jenseits der Oberflächenaktivitäten, in der Tiefe des Geistes, jenseits von dem, was wahrgenommen werden kann, was heilige Überlieferungen benennen können und auch was rational zu erfassen ist, da ruht der Geist in sich selbst. Solange jedoch nur auf das geschaut wird, was die heiligen Texte sagen und was rational zu erfassen ist, solange wird der Mensch nicht erkennen können, dass er ursprünglich viel mehr zu sein vermag, als er sich zunächst und zumeist im Alltagsbewusstsein erfährt. Solange der Mensch sich mit den Aktivitäten des Geistes identifiziert, wird er, wie *Patañjali* es im dritten *Sūtra* ausdrückt, noch nicht wie der wahrhaft 'Sehende' in seiner Wesensidentität ruhen.

Um diese Perspektive des Ruhens in der Wesensidentität zu realisieren, ist eine Loslösung von allen Gebundenheiten notwendig, *nirodha* als das zur-Ruhe-Kommen der Aktivitäten des Geistes, wie dies die erste Definition des *Yoga* zu Beginn des Textes zum Ausdruck gebracht hat. Was nun der *nirodha* meint, dies ist weniger eine Sache des Denkens, eher der Erfahrung, des konkreten Vollzugs. Darum ist es leichter zu sagen, was *nirodha* nicht bedeuten kann, als was dieser Begriff tatsächlich aussagt. Der nirodha kann selbst nicht wieder auf eine Aktivität weisen, wie die wörtliche Übersetzung mit Hemmen oder Unterdrücken zunächst vermuten lässt. Jede Aktivität, jedes Machen würde per se an der Oberfläche verbleiben. *Nirodha* meint die Auflösung der Identifikation mit den Geistesaktivitäten, weist auf das Zur-Ruhe-Kommen von allem Tun, allem Denken, allem Vorstellen. Obwohl dieses Zur-Ruhe-Kommen nicht zu machen ist, so ist es doch zu üben.

*Patañjali* spricht hier von *abhyāsa*, von der 'Übung' des *Yoga* (Skrt.: *abhyāsa* (m.) - Übung, Wiederholung). Der abhyāsa weist auf die konkrete Anstrengung des *Yogī*, sein wiederholtes Bemühen auf dem Weg, obwohl so nur die eine Seite des *Yoga*-Weges erfasst ist. Die andere Seite bringt *vairāgya* zum Ausdruck, die 'Loslösung' von jeder Anstrengung und jedem Bemühen (Skrt.: *vairāgya* (n.) - Loslösung). Die *Yoga*-Übung übt das Loslassen vom Tun. Diese Einheit der aktiven Übung und der passiven Loslösung bildet zwar einen rationalen Widerspruch. Sie bringt jedoch die Essenz der *Yoga*-Praxis zum Ausdruck. Wäre nur Übung und Anstrengung, so könnte ausschließlich Machbares erreicht werden. Wäre nur Loslösung, der Geist würde sich an der Oberfläche

*Übung und Loslösung, die beiden Grundprinzipien der Yoga-Praxis*

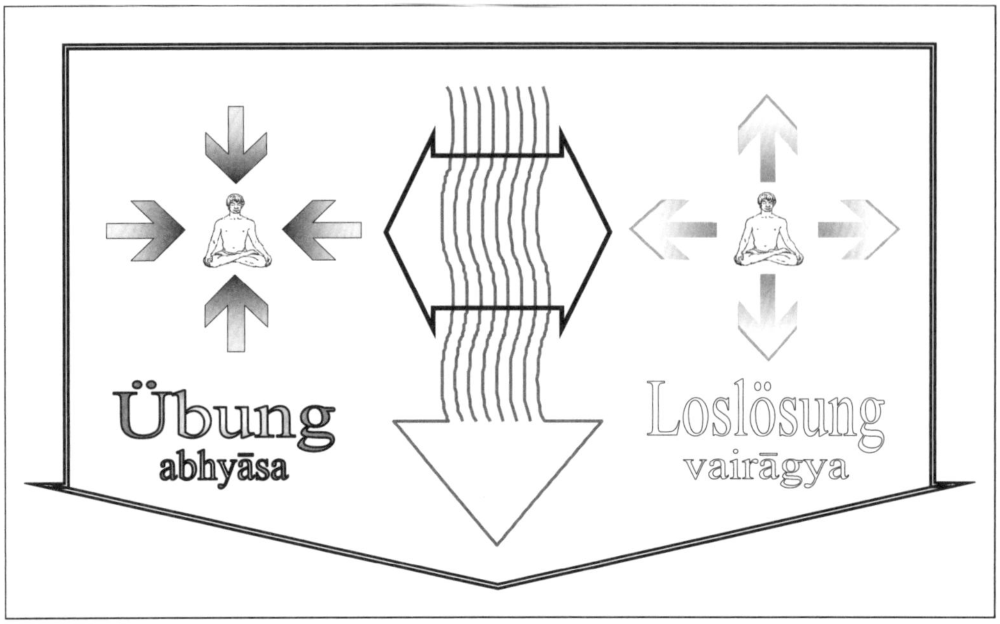


*Die alternativen Wege der Yoga-Praxis*

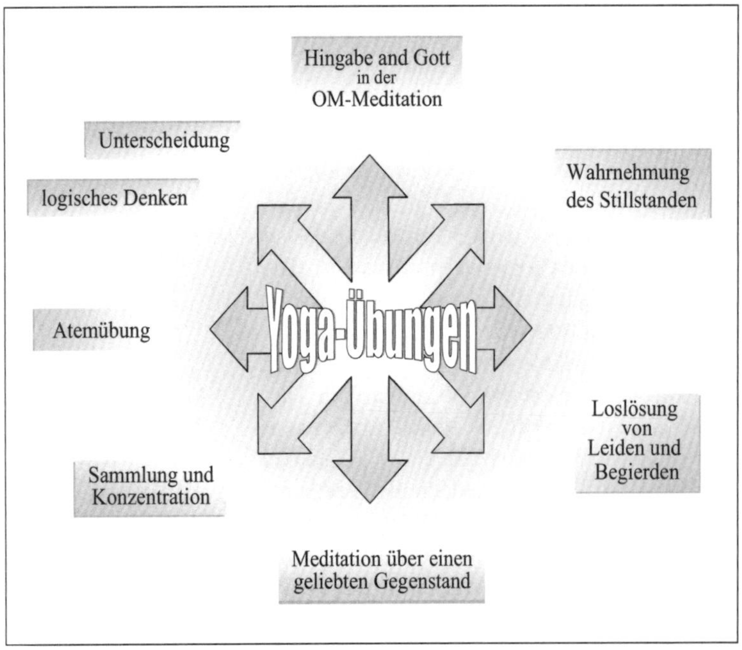


hin und her treiben lassen. Die Aktivitäten des Geistes kommen zur Ruhe, wenn die Übung der Loslösung gelingt. *Nirodha* geschieht dann, wenn *abhyāsa* und *vairāgya* zu einer Einheit verschmelzen.

## Yoga-Praxis

Die Grundprinzipien des Yoga sind so zu Beginn in nur wenigen Sūtras in äußerster Präzision dargelegt. Es folgt eine Aufzählung der damals bekannten Übungswege sowie eine Analyse ihre Wirkungsweise. Die als erste genannten Übungen der Unterscheidung (*vitarka*) und des logischen Denkens (*vicāra*) fördern Erkenntnis und Weisheit des Übenden. Solches Reflektieren wird jedoch zu anderen Ergebnissen führen, als die Übung der Wahrnehmung des Stillstandes. Ein Innehalten des Denkens macht die verborgenen Geistesregungen bewusst, die sogenannten *saṃskāras*, auf die weiter unten noch näher eingegangen werden soll.

*Patañjali* zählt nun zahlreiche alternative Übungsformen auf, die Atemübung, die Übung der Sammlung und der Konzentration, die Loslösung von Leiden und Begierden bis hin zur Traumanalyse und Meditation über einen geliebten Gegenstand. Diese Übungen sind nur kurz erwähnt, ohne dass eine nähere Beschreibung hinzugefügt wäre. Die heute bekannte Praxis der *āsanas* findet man hier im ersten Kapitel noch nicht. Einer Übung widmet *Patañjali*

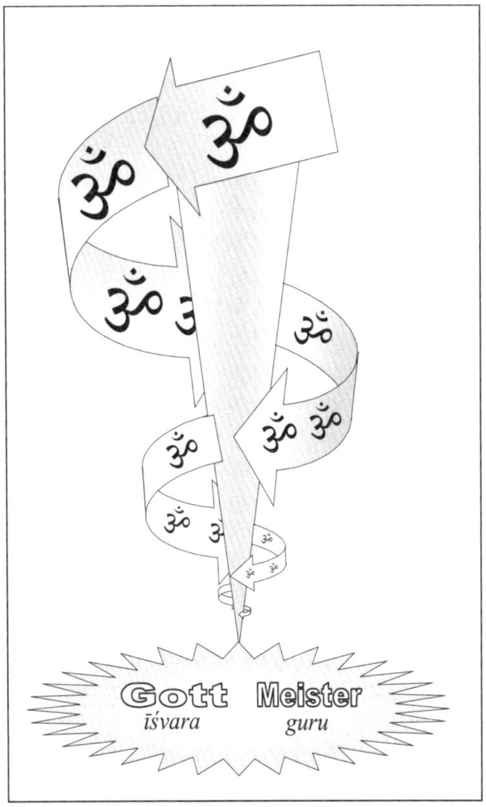


jedoch ganz besondere Aufmerksamkeit, die schon im Zentrum des *Yoga* der *Upaniṣads* stand: der OM-Meditation, hier als Hingabe an Gott verstanden.

Der Laut OM wird nicht direkt erwähnt. Ganz ehrfurchtsvoll redet *Patañjali* nur indirekt von 'dem Laut' (*praṇava*). Diesen Laut gilt es in ständiger Wiederholung (*japa*) zu meditieren. Das immerwährende Wiederholen von OM führt zur Konzentration des Geistes, gleichzeitig jedoch auch zur Loslösung von all seinen Aktivitäten. OM wird zum Fahrzeug in die Tiefen des menschlichen Bewusstseins. Diesen Prozess der Verinnerlichung versteht *Patañjali* als das *īśvara-praṇidhāna*, als Weg der Hingabe an Gott (Skrt.: *īśvara* (m.) - Herr, persönlicher Gott; *praṇidhāna* (n.) - Hingabe). Die Loslösung von der Gebundenheit an das Alltagsbewusstsein geschieht in der Hingabe an den göttlichen Grund, der in der Tiefe des Geistes zu finden ist. OM, mit Hingabe meditiert, zieht das Bewusstsein in die Tiefe des Geistes, wo sich Gott offenbart. Die Tiefe des Geistes, zu Beginn der *Sūtras* mit Wesensidentität benannt, heißt jetzt Gott, der Keim der Allwissenheit, der Guru, der Meister aller Meister (Skrt.: *guru* (m.) - spiritueller Meister). Wer den wahren Meister sucht, der braucht nicht in die Höhlen des Himālaya zu gehen. Und auch in den *Aśrams* an den heiligen Flüssen wird er den *Guru* nicht finden. Der wahre Meister wohnt im Innersten eines jeden Menschen. Der wahre, göttliche Meister offenbart sich, wenn sich die Bindungen an das Alltagsbewusstsein lösen und der Geist klar wird für den göttlichen Urgrund in den Tiefen menschlicher Existenz.

*OM-Meditation als Weg zur Erfahrung des inneren Meisters*

Das Gehen des *Yoga*-Weges erweist sich jedoch im konkreten Alltag oft als schwierig, wenn mit vielfachen Hindernissen zu kämpfen ist Krankheit, die Starrheit des Körpers, der Zweifel am

*Der Umgang mit Hindernissen*

Sinn der Praxis, Faulheit und manches andere, was die Übungspraxis behindern kann. Die Aussage des Textes ist dabei sehr klar. Die Hindernisse kommen nicht von außen. Wenn es Schwierigkeiten auf dem *Yoga*-Weg gibt, sind nicht die anderen Schuld, die von der Übungspraxis ablenken. Die Ursache liegt im Bewusstsein des Übenden selbst. Nur ein zerstreuter Geist (*citta-vikṣepa*) lässt sich ablenken. Wenn die Hindernisse somit in einem selbst liegen, so ist für einen adäquaten Umgang mit ihnen die Arbeit am eigenen Bewusstsein notwendig. Dies geschieht einerseits durch die Auflösung der Zerstreuungen, indem sich der Übende auf das besinnt, worum es ihm eigentlich geht, was er eigentlich will. Es geht dann um die Ausrichtung auf das eine Wesen. Andererseits gibt es auch Mittel, welche die Klarheit des Geistes (*citta-prasāda*) fördern, wie das Bemühen um eine Haltung der Liebe, des Mitleids, der Heiterkeit oder des Gleichmuts. Richtiger Umgang mit den Hindernissen heißt somit sowohl die Zerstreuungen aufzulösen als auch die Klarheit des Geistes zu fördern. Es wird deutlich, wie sehr die Philosophie des *Yoga* in der konkreten Praxis verankert ist. *Yoga-darśana* zeigt sich nicht nur als Reflexion über den tieferen Sinn des *Yoga*, sondern auch als das gut überlegte Gehen des Übungsweges in der Praxis. Dieser Übungsweg durchläuft nun verschiedene Stufen der Erfahrung.

## Stufen

*Yoga* beginnt mit der Erfahrung des Alltagsbewusstseins. Um auf den Weg zu kommen, ist es somit als erstes wichtig, die Gebundenheit des Alltagsbewusstseins als solche wahrzunehmen, die Gebundenheit des Geistes an seine Aktivitäten, die Erkenntnisse, Irrtümer oder Einbildungen usw. Der Übende erfährt dann, wie wenig Macht er über seinen eigenen Geist hat, wie Gedanken und Vorstellungen kommen und gehen, ob er dies will oder nicht. Erst wenn es möglich wird, diese Aktivitäten zur Ruhe kommen zu lassen, vermag sich die Gebundenheit zu lösen. Der Geist wird still, so dass sich der *Yogī* der tieferen Regungen des Geistes bewusst werden kann. Es entsteht die Wahrnehmung der *saṃskāras* (Skrt.: *saṃskāra* (m.) - Eindruck, Nachwirkung). *Saṃskāras* sind die unbewussten Eindrücke in den Tiefen des Geistes, die durch vergangene Gedanken und Handlungen entstanden sind und nun wieder neue Aktivitäten des Geistes erzeugen. Erlebnisse und Erfahrungen der Vergangenheit werden vergessen oder verdrängt, bleiben jedoch als *saṃskāra* in tieferen Schichten des Geistes (*citta*) erhalten. Der Mensch ist sich jedoch im allgemeinen dieser saṃskāras nicht bewusst. *Saṃskāras* könnten sozusagen als die verborgenen *vṛttis* bezeichnet werden. Sie werden nicht wahrgenommen, und doch wirken sie und beeinflussen das alltägliche Erkennen, die Erinnerungen oder auch die Träume im Schlaf. Erst wenn sich die äußeren Aktivitäten des Geistes beruhigen, dann vermag das Bewusstsein zum Quellpunkt seines Entstehens vorzudringen und mit den *saṃskāras* auch die feineren Gebundenheiten des Geistes wahrzunehmen.

*saṃskāra - die verborgenen vṛttis*

Die Wahrnehmung der *saṃskāras* fördert ihre Auflösung, so dass der *Yogī* weiter in tiefere Schichten des Geistes vorzudringen vermag, die *Patañjali* Weisheit (*prajñā*) nennt. Wenn die äußeren *saṃskāras* ihre Wirkkraft verloren haben, dann kommen die inneren Wirkkräfte der Weisheit zum Tragen, die inneren saṃskāras. Diese inneren Wirkkräfte der Weisheit

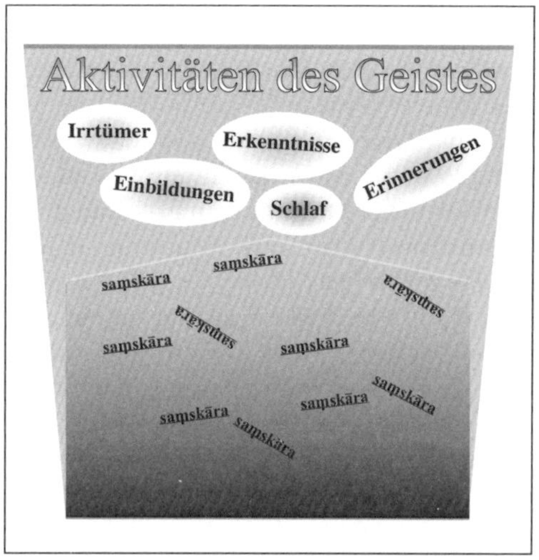

beruhen auf nichts, was mit Worten oder rationalen Schlussfolgerungen zu erreichen wäre. Sie sind die Träger von *ṛta*, der alte vedischen Vorstellung für die ewige, göttliche Ordnung, die Urwahrheit, welche die Welt in ihrem Fundament trägt (Skrt.: *ṛta* (n.) - ewige Ordnung). Wer aus der Weisheit lebt, der ist nicht mehr abhängig von den zufällig auf ihn einwirkenden Abhängigkeiten der Außenwelt, ist nicht mehr abhängig von den Strukturen des Alltagsbewusstseins, sondern wird getragen von der Urkraft göttlicher Weisheit aus den Tiefen des Geistes.

*Der Durchbruch der Weisheit*

Der Geist wird klar und offen für die Tiefen seiner inneren Wahrheit. Der Geist erfährt jetzt seine innere Einung. *Patañjali* nennt diese Einung jedoch noch *sabīja samādhi*, die keimhafte Einung (Skrt.: *sabīja* - keimhaft; *samādhi* (m.) - Einung, Versenkung). Sie mündet letztlich in den *nirbīja samādhi*, in die keimlose Einung (Skrt.: *nirbīja* - keimlos). Insgesamt sind somit im ersten Kapitel der *Sūtras* drei Phasen des *Yoga*-Weges unterschieden. Der Weg beginnt damit, sich der Gebundenheit der Aktivitäten des Geistes bewusst zu werden. Wenn diese Aktivitäten zur Ruhe kommen, entsteht *sabīja samādhi*, in welcher der *Yogī* zunehmende Einung erfährt. Im Laufe dieser Transformation entstehen verschiedene Formen dieser keimhaften Einung, die sich immer stärker vom logischen Denken lösen. Je mehr der Geist in sich zur Ruhe kommt, desto weniger wird er durch die Abhängigkeit an seine Aktivitäten hin und her gerissen, desto mehr nimmt seine Einung in der inneren Mitte zu. Aber erst wenn jede -auch die feinste - Aktivität zur Ruhe gekommen ist, dann entsteht der *nirbīja samādhi*, die keimlose Einung. Das erste Kapitel endet, ohne über diese Erfahrung etwas zu sagen, über die, da sie unsagbar ist, allem Anschein nach auch nichts zu sagen wäre.

*Die Stufen der Yoga-Erfahrung*

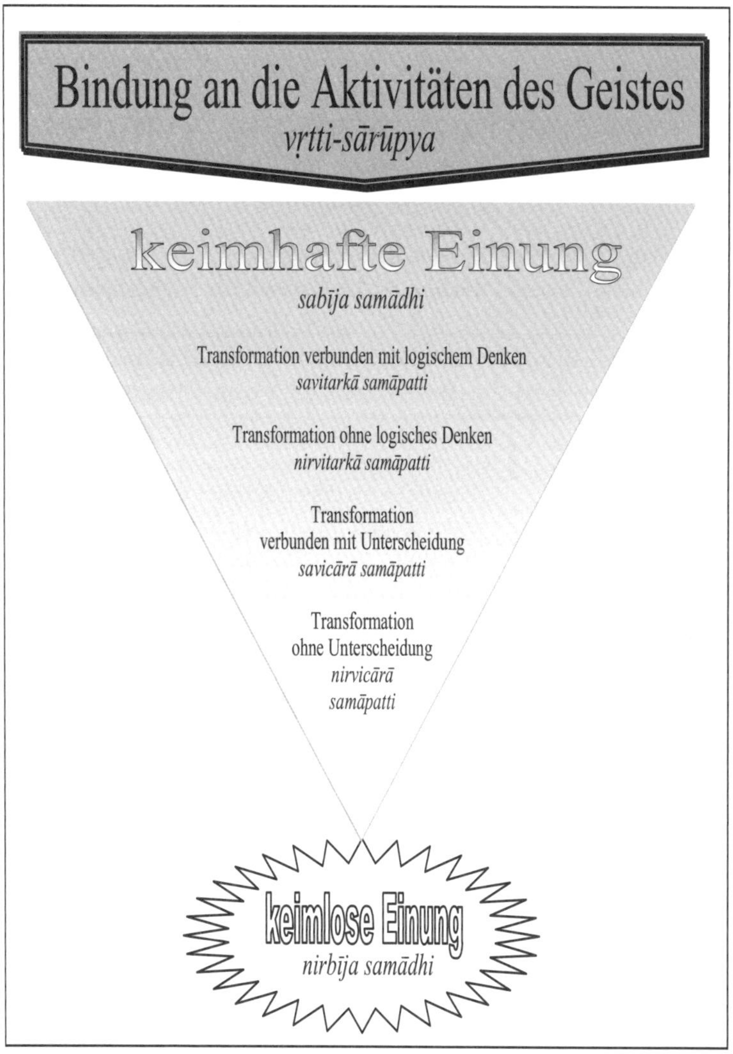

*Verwandlung der Askese*

## Kriyā-Yoga

Nachdem der Schwerpunkt des ersten Kapitel in der allgemeinen Erörterung der Prinzipien des *Yoga* lag, konzentriert sich das zweite Kapitel *sādhana pada* auf die Analyse des praktischen Weges. Es geht zunächst um *Kriyā-Yoga* (Skrt.: *kriyā* (f.) - Handlung, Opferritual, Therapie). *Kriyā-Yoga* meint bei *Patañjali* keine bestimmte Schule des *Yoga*, wie zum Beispiel *Yogānandas* oder *Satyānandas* moderne Verwendung dieses Begriffs nahelegen könnte. Und es geht auch nicht um ein Verständnis, wie es in den *Upaniṣads*, den *Purāṇas* oder dem *Haṭha-Yoga* vorliegt. *Patañjali* verwendet *Kriyā-Yoga* in der Bedeutung von '*Yoga*-Praxis'.

तप:स्वाध्यायेश्वरप्रणिधानानि क्रियायोग:

tapaḥ - svādhyāya - īśvarapraṇidhānāni kriyā-yogaḥ

Askese - eigenes Studium - Hingabe an Gott Yoga-Praxis

*Askese, eigenes Studium* sowie *Hingabe an Gott*, das sind die Bereiche der Yoga-Praxis

*Patañjali: Yoga-Sūtra 2.1.*

Parallel zum ersten Kapitel wird auch hier mit einer Kurzdefinition begonnen. Das erste *Sūtra* bestimmt die *Yoga*-Praxis mit nur einem Wort, das gleichfalls in drei Teile geteilt ist. Dieses Wort heißt *tapaḥsvādhyāyeśvarapraṇidhānāni*. Es sind die drei großen Bereiche der allgemeinen *Yoga*-Praxis genannt: 'Askese, Studium und Hingabe an Gott' (Skrt.: *tapas* (m.) - *innere* Askese; *svādhyāya* (m.) - eigenes Studium; *īśvara* (m.) - Herr, persönlicher Gott; *praṇidhāna* (n.) - Hingabe).

*Patañjali* zählt mit dieser Definition der *Yoga*-Praxis auch die drei Bereiche der allgemeinen spirituellen Praxis auf, wie sie sowohl bei den alten Asketen Indiens zu finden war und wie sie in gleicher Weise auch die Praxis der Asketen oder Ordensgemeinschaften aller Religionen bis zum heutigen Tag prägt. Es geht erstens um Askese, meist als Leben in materieller Armut und sexueller Enthaltsamkeit verstanden. Der zweite Bereich des Studiums deutet auf die Lektüre der heiligen Schriften der jeweiligen Tradition, während drittens die Hingabe an Gott auf die allgemein übliche Gebets- und Ritualpraxis weist.

*Verwandlung des eigenen Studiums*

Auch die damals bekannten Übungen des *Yoga* entstammen somit aus der allgemeinen spirituellen Praxis. *Yoga* gibt dieser Praxis jedoch einen ganz anderen, neuen Sinn. Yogischer Askese geht es nicht um Abtötung des Irdischen und Ausrichtung auf das Jenseits. Schon von Beginn an wird in den *Upaniṣads* betont, dass *tapas* keine äußere Abkehr von der Welt, sondern einen inneren Wandlungsprozess meint. Askese im yogischen Sinn will die Knoten der Begierde im Inneren des Herzens lösen. *Tapas* im yogischen Sinn meint eine innere Askese als die Loslösung von der inneren Gebundenheit an die Welt.

Im Studium des *Yoga* geht es gleichfalls nicht um die allgemein übliche Rezitation der Verse, wie sie in den Schriften überliefert sind. Und auch das rationale Verständnis ihres Inhalts trifft noch nicht den Sinn der Übung yogischer Philosophie. Studium im Sinne des Yoga meint Bewusstseinsschulung, nicht nur ein Verstehen, was *Yoga* ist, sondern ein Transformieren der eigenen Person selbst, ein Klarwerden des Geistes und somit die Öffnung für den existentiellen Sinn der Texte.

Letztlich weist yogische Praxis vielfach auch religiöse Momente auf. Die Hingabe an Gott im *Yoga* findet ihr Zentrum jedoch nicht im Bezug auf eine außerhalb des Menschen vorgestellte Gottheit. Gott im yogischen Sinn ist im Innen zu finden. In der yogischen Hingabe an Gott wird Gebet zur Meditation, zur Übung, die den Menschen im Inneren wandelt, um die Lebendigkeit Gottes im tiefsten Grund menschlicher Existenz zu erfahren.

*Verwandlung der Hingabe an Gott*

## Die kleśas

Wie im ersten Kapitel ist mit der Kurzdefinition der *Yoga*-Praxis zu Beginn des zweiten Kapitels in einem dreigeteilten Wort schon alles gesagt, jedoch kaum wohl schon alles verstanden. Die Aufgabe der folgenden *Sūtras* ist es nun, die Prinzipien Schritt für Schritt zu entfalten. Wie geschieht dieser innere Wandlungsprozess, der das Spezifische der *Yoga*-Praxis ausmacht? Das zweite *Sūtra* nennt zwei Momente. Der Sinn der Praxis liegt in der 'Ausrichtung auf *samādhi*' und in der 'Verringerung der *kleśas*'. Das Gute gilt es zu fördern, das Schlechte zu mindern. Was das zu fördernde Gute ist, die Einung (*samādhi*), darüber handelte ausführlich das erste Kapitel. Mit *kleśa* führt *Patañjali* jedoch einen neuen Begriff in die Philosophie des *Yoga* ein. *Kleśa* ist zu übersetzen mit Leiden, wobei es mehr um die Ursache

*Der doppelte Sinn der Yoga-Praxis: die Ausrichtung auf samādhi und die Verringerung der kleśas*

*Die fünf kleśas*

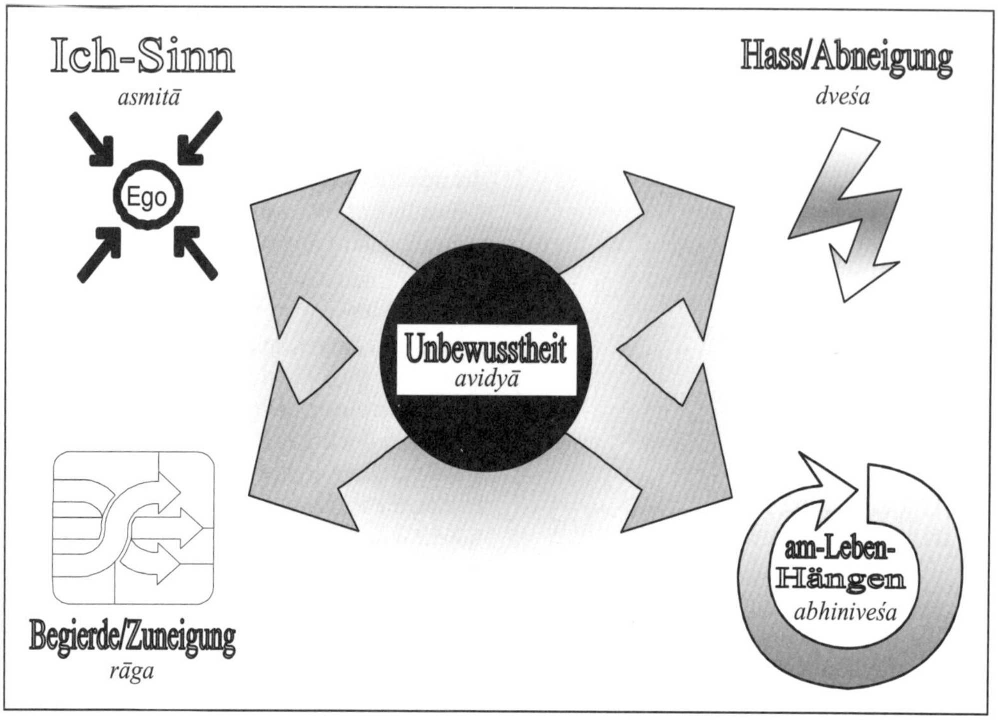


des Leidens geht, den Grund, warum Leiden entsteht (Skrt.: *kleśa* (m.) - Leiden, Leidensursache). Der *Yoga*-Praxis muss es deshalb darum gehen, nicht nur samādhi zu fördern, sondern auch die *kleśas* zu verringern.

Was sind jedoch diese *kleśas*, diese Leidensursachen? *Patañjali* zählt fünf Ausformungen der *kleśas* auf, darunter als erstes den Ich-Sinn (*asmitā*). Mangelnde Anerkennung, Machtverlust oder Kritik an der eigenen Person führt zu Leiden, wenn so das Ich durch die Mitmenschen nicht geachtet wird. Die Ursache dieses Leidens ist der Ich-Sinn. Der Mensch leidet beim Verlust eines geliebten Gegenstandes, aber auch beim Verlust eines Menschen. Die Ursache hierfür liegt im *kleśa* Begierde/Zuneigung (*rāga*). Der Mensch leidet im Streit. Die Ursache hierfür liegt im *kleśa* Hass/Abneigung (*dveśa*). Und der Mensch leidet beim Gedanken, selbst sterben zu müssen. Die Ursache hierfür liegt im kleśa Am-Leben-Hängen (*abhiniveśa*). Diesen vier *kleśas* liegt jedoch ein fünftes Wurzel-*kleśa* zugrunde, die Wurzelursache allen Leidens. Diese ist das Unwissen oder, besser noch, die Unbewusstheit (Skrt.: *avidyā* (f.) - Unwissen, Unbewusstheit). Die *avidyā* bildet den Nährboden für die anderen *kleśas*. Durch die Unbewusstheit erlangen die anderen vier erst ihre Kraft und Stärke.

Auf die *avidyā* ist somit ein besonderes Augenmerk zu richten. *Patañjali* erklärt das Wesen der Unbewusstheit als eine Form von Verwechslung. Durch die *avidyā* verwechselt der Mensch das Ewige mit dem Zeitlichen. Sein Streben gilt der Anhäufung von zeitlichen Gütern, als ob hier im Zeitlichen schon die Ewigkeit zu finden sei. Streben nach zeitlichen Gütern führt zur Gebundenheit und Abhängigkeit an sie. Da alles Zeitliche jedoch irgendwann einmal vergehen wird, muss notwendigerweise die Gebundenheit an Zeitliches zu Trennung, Schmerz und Leiden führen. Durch *avidyā* verwechselt der Mensch auch das Reine mit dem Unreinen. Die Beweggründe seines Handelns sind ihm unbewusst. Er wird getrieben von der Unbewusstheit seiner Begierden. Der Mensch merkt nicht, welches Potential der Gelassenheit, der Klarheit und der Freiheit in ihm liegt. Durch *avidyā* verwechselt der Mensch auch das echte Glück mit oberflächlichen Glücksgefühlen, die letztlich zu Leiden führen. Vom Anwachsen von Reichtum, Macht und Anerkennung verspricht er sich Glück und merkt nicht, wie all diese zeitlichen Dinge vergehen werden. Die Gebundenheit an dieses vermeintliche Glück hindert den Menschen jedoch daran, sich für das innere Glück zu öffnen, das dann erfahren wird, wenn der Geist in sich zur Ruhe kommt. Zuletzt verwechselt der Mensch durch *avidyā* auch das Selbst mit dem Nicht-Selbst. Er meint in dem Ich des Alltagsbewusstseins, das abhängig, gebunden, fremdbestimmt und getrieben ist, sich selbst zu finden. Der Mensch sieht nicht sein wahres Selbst, die Möglichkeit eines in sich stimmigen Lebens, das ursprüngliche Leben aus der inneren Mitte des wahren Selbst.

Es wird deutlich, dass es bei den *kleśas* nicht um Schmerzen geht, den negativen Empfindungen des Körpers oder der Psyche. Die Rede von den *kleśas* will deutlich machen, warum und wie der Mensch an die Welt, an sein Denken oder Fühlen gebunden ist und so die Unbewusstheit entsteht, die Leiden erst möglich macht. Die *kleśas* bringen genau das zum Ausdruck, wodurch das zu Beginn des ersten Kapitels beschriebene *vṛtti-sārūpya* entsteht, die Gebundenheit des Geistes an seine Aktivitäten. Die *kleśas* halten den Geist fest an der Oberfläche seiner Aktivitäten und halten ihn davon ab, in die Tiefe vorzudringen und das ursprüngliche Ewige, Reine, Glück und das Selbst zu erfahren.

Wenn im ersten Kapitel von *Yoga* als *citta-vṛtti- nirodha* die Rede war, dem Zur-Ruhe-Kommen der Geistesaktivitäten, so fragt nun das zweite Kapitel, was in der konkreten *Yoga*-Praxis bei diesem Zur-Ruhe-Kommen eigentlich geschieht. *Yoga*-Praxis bedeutet die konkrete Übung der Auflösung der *kleśas* und hiermit der von ihnen verursachten Gebundenheit. Diese Auflösung geschieht nicht nur durch die Erkenntnis der Prinzipien der Unbewusstheit und Gebundenheit, sondern vor allem durch die reale und persönlich vollzogene 'Umkehr' (Skrt.: *pratiprasava* (m.) - Rückkehr, Umkehr). Es gilt

*Die Wirkungsweise der kleśas*

den Lauf der Dinge, wie sie das Alltagsbewusstsein prägen, zu durchbrechen. Was bisher gut und richtig war, als wahr oder falsch angesehen wurde, alles dies gilt es zu hinterfragen. Es geht nicht nur darum, neu zu erkennen, sondern das ganze Leben neu auszurichten. Umkehr bedeutet nicht mehr, nur im Außen zu suchen, sondern den Weg nach innen konkret zu gehen.

Die Übung, die mit dieser Umkehr verbunden ist, nennt *Patañjali* das *dhyāna*, im allgemeinen mit Meditation übersetzt (Skrt.: *dhyāna* (n.) - Meditation). Meditation bedeutet hier vor allem Loslösung, Loslösung von der Gebundenheit an die Aktivitäten des Geistes, wobei diese Gebundenheit sich dann löst, wenn durch *dhyāna* die Kraft der *kleśas* schwindet. Der Geist beginnt sich zu klären und wird sich seiner tieferen, inneren Schichten bewusst. Der Sinn der *Yoga*-Praxis findet sein Zentrum in diesem Loslösungs- und

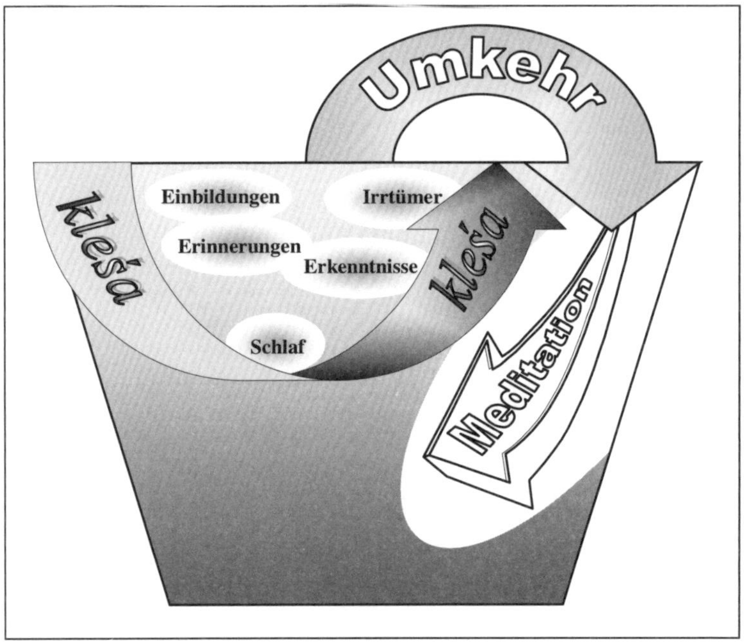


*Die Umkehr zur Auflösung der kleśas*

Befreiungsprozess, einem Prozess, der seine Perspektive in *kaivalya* findet, der absoluten Loslösung, Freiheit und Unabhängigkeit (Skrt.: *kaivalya* (n.) - Freiheit, Einzigkeit, Auflösung). *Patañjali* führt hier einen neuen Begriff ein, dessen nähere Erklärung erst im vierten Kapitel folgt. Die *Sūtras* gehen an dieser Stelle erst noch einmal einen Schritt zurück und beginnen mit einer neuen, systematischen Darstellung der *Yoga*-Praxis, den sogenannten acht Gliedern des Yoga.

## Die acht Glieder

Der *Aṣṭāṅga-Yoga* (Skrt.: *aṣṭa* - acht, *aṅga* (n.) - Glied), der achtgliedrige Weg des *Yoga*, gilt weithin als das Zentrum des klassischen *Yoga* des *Patañjali*. Der diesbezügliche Text steht tatsächlich genau in der Mitte der *Sūtras*. Die ersten fünf Glieder bilden das Ende des zweiten, die letzten drei den Anfang des dritten Kapitels. Die Ausführungen zum *Kriyā-Yoga* gingen von der allgemeinen spirituellen Praxis aus und zeigten, wie sie durch die Öffnung auf ihre eigene Tiefe zur *Yoga*-Praxis gewandelt werden kann. Der achtgliedrige *Yoga* bildet dagegen einen genuin selbständigen yogischen Ansatz. Vielleicht ist so auch die immense Wirkung zu erklären, welche diese Systematik der acht Glieder in der Geschichte des *Yoga* bis zum heutigen Tag entfaltet hat.

*Patañjali* zählt zunächst die acht Glieder eines nach dem anderen auf, ohne ihre Bedeutung oder den Zusammenhang näher zu erklären. So nennt er die Übungen der Gebote des allgemeinen Handelns (Skrt. *yama* (m.) - Hemmung, Regel, Gebot), die Übungen der besonderen Gebote in Bezug auf die *Yoga*-Praxis (Skrt.: *niyama* (m.) - besondere Hemmung, Regel, Gebot), die Übung ders Sitzens (Skrt.: *āsana* (n.) - Sitz, Sitzhaltung), die Atemregelung (Skrt.: *prāṇāyāma* (m.) - Atemregelung, -übung), das Zurückziehen der Sinne (Skrt.: *pratyāhāra* (m.) - Rückzug), die Sammlung (Skrt.: *dhāraṇā* (f.) - Konzentration), das Loslassen der Meditation (Skrt.: *dhyāna* (n.) - Loslassen, Meditation) und die Einung (Skrt.: *samādhi* (m.) - Einung, Versenkung). Die nun folgenden Ausführungen zu diesen acht Gliedern nehmen dann jeweils einen höchst unterschiedlichen Umfang ein. Die allgemeinen und besonderen Handlungsübungen finden sich ausführlich erklärt, dem mittleren Teil von Übung der Sitzhaltung, Atemregelung und dem Zurückziehen der Sinne sind dagegen nur wenige *Sūtras* gewidmet. Die Ausarbeitung der letzten drei Glieder, die schon ins dritte Kapitel fallen, beansprucht letztlich sogar nur noch jeweils ein *Sūtra*.

Als erstes Glied sind die Übungen der Gebote des allgemeinen Handelns der fünf *yamas* analysiert. *Yama* beschreibt die Haltung yogischer Ethik, die Übungen für das gute Handeln in der Welt. Die fünf *niyamas* zeigen dagegen die Übungen zur Entwicklung der in der *Yoga*-Praxis selbst anzustrebenden Grundhaltung. Nicht nur die indische Tradition, sondern auch die westlichen Leser nahmen oft an, dass es sich hier um die zehn Gebote des klassischen *Yoga* handelt, um Gelübde, die zu Beginn des *Yoga*-Weges abzulegen seien. Sicherlich meint *Patañjali* auch Regeln, wie die wörtliche Übersetzung dies nahelegt. Die *yamas* und *niyamas* wollen letztlich jedoch viel mehr, als dies Gebote als Handlungsrichtlinien je zu leisten vermögen.

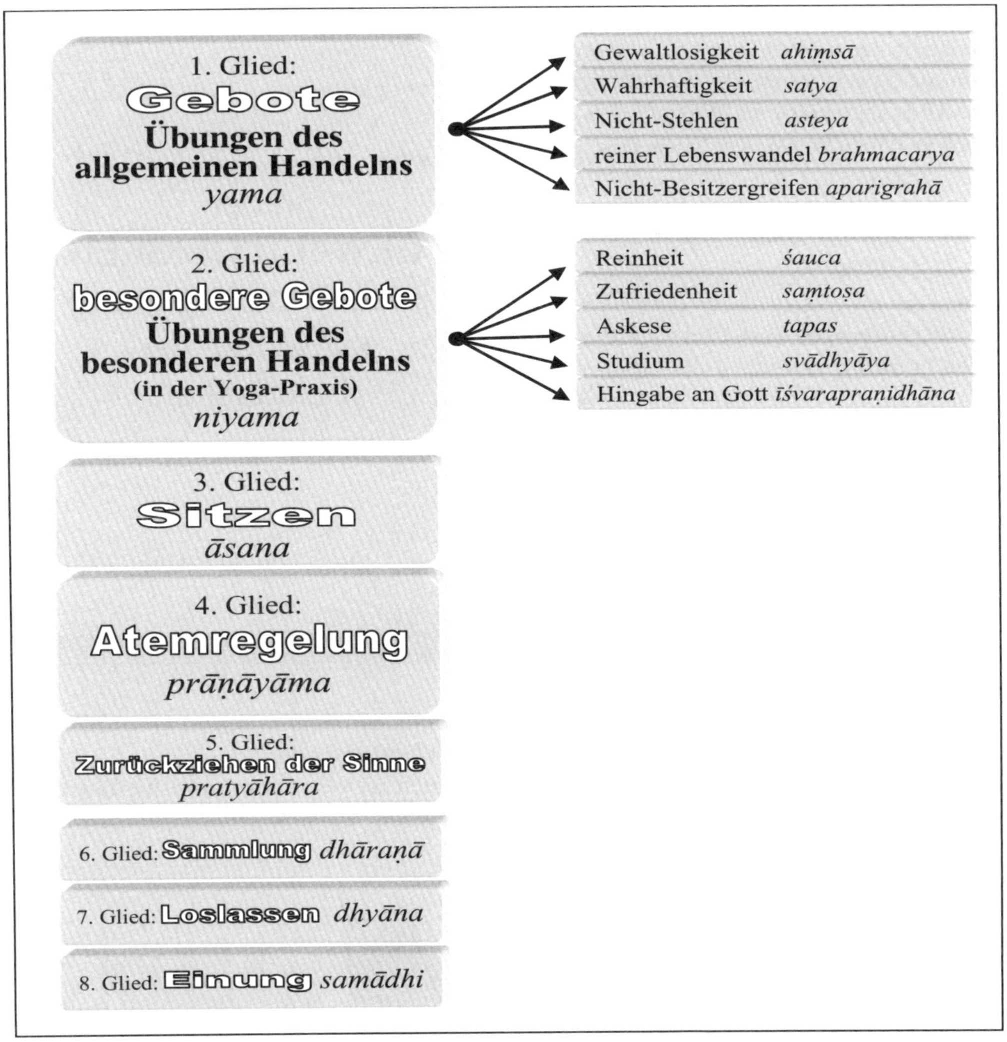


*Die acht Glieder des Yoga*

Als erste Übung des allgemeinen Handelns ist *ahiṃsā* genannt, die Gewaltlosigkeit (Skrt.: *ahiṃsā* (f.) - Gewaltlosigkeit). Der im *yama* Gewaltlosigkeit verankert ist, in dessen Umgebung verschwände die Feindschaft. Die *ahiṃsā* wurde oft wörtlich mit Nicht-Verletzen übersetzt, was jedoch den Bedeutungshorizont des Begriffs schon von vornherein einengt. *Mahātma Gandhi* sah in diesem Sinne das Nicht-Verletzen als eines der grundlegenden Gebote des Hinduismus, so dass es dem Hindu verboten sei, Tiere zu töten. Die *ahiṃsā* im Sinne des klassischen Yoga will jedoch mehr. *Patañjali* zielt mit *ahiṃsā* auf eine Übung zur Kultivierung der geistigen Haltung yogischer Gewaltlosigkeit, die als Ausdruck yogischer Tiefenerfahrung zu werten ist.

Um *ahiṃsā* zu verstehen, ist es notwendig, sich klar zu werden, wie *hiṃsā*, die Gewalt, entsteht. Mit Gewalt soll gleichfalls kein bestimmtes Handeln, sondern eine Geisteshaltung zum Ausdruck gebracht werden, die Geisteshaltung des Alltagsbewusstseins. Die Gier drängt den Menschen dazu, seine Wünsche mit Gewalt zu erfüllen. Durch Zorn entstehen Konflikte. Durch die Unbewusstheit merkt der Mensch gar nicht, wie ihn diese Abhängigkeiten zu gewaltvollem Handeln treiben. Die eigentliche Ursache für

*Die erste Übung des allgemeinen Handelns (yama): Gewaltlosigkeit (ahiṃsā)*

Gewalt liegt hiernach nicht bei den anderen, sondern in der eigenen Gebundenheit an Gier, Zorn und Unbewusstheit. Diese Abhängigkeiten des Alltagsbewusstseins drängen den Menschen zu einem von Gewalt getriebenen Handeln, selbst wenn er dies letztlich oft selbst gar nicht will.

Die Übung der Gewaltlosigkeit von *ahiṃsā* weist nun auf den Weg der grundlegenden Auflösung von *hiṃsā*, indem jetzt die Ursache von Gewalt angegangen wird. Und wenn diese Ursache in der Gebundenheit des Geistes liegt, dann bedeutet Gewaltlosigkeit den Weg des Bewusstseinswandels, in welchem sich die Knoten der inneren Gebundenheit lösen. Gewaltlosigkeit meint eine Geisteshaltung, in welcher der Mensch nicht mehr von seinen Emotionen getrieben wird, sondern aus einer inneren Stärke heraus lebt. In *ahiṃsā* wird kein Zweck verfolgt. Die eigenen Ziele werden weder durch Hintergedanken noch auf sanftem Wege durchgesetzt. Gewaltlosigkeit geschieht aus einer ursprünglich gelebten Haltung heraus, gegen nichts und niemanden Gewalt auszuüben. Nur eine solche Bewusstseinshaltung lässt auch den anderen die Freiheit, auf Gewalt zu verzichten, so dass gesagt werden kann, dass in dessen Umgebung die Feinschaft schwindet.

> Wer fest verankert ist
> in der
> GEWALTLOSIGKEIT,
> in dessen Umgebung
> schwindet die
> Feindschaft
>
> *Yoga-Sūtras des Patañjali 2.35*

In gleicher Weise tragen auch die Taten dessen Früchte, der in Wahrhaftigkeit gegründet

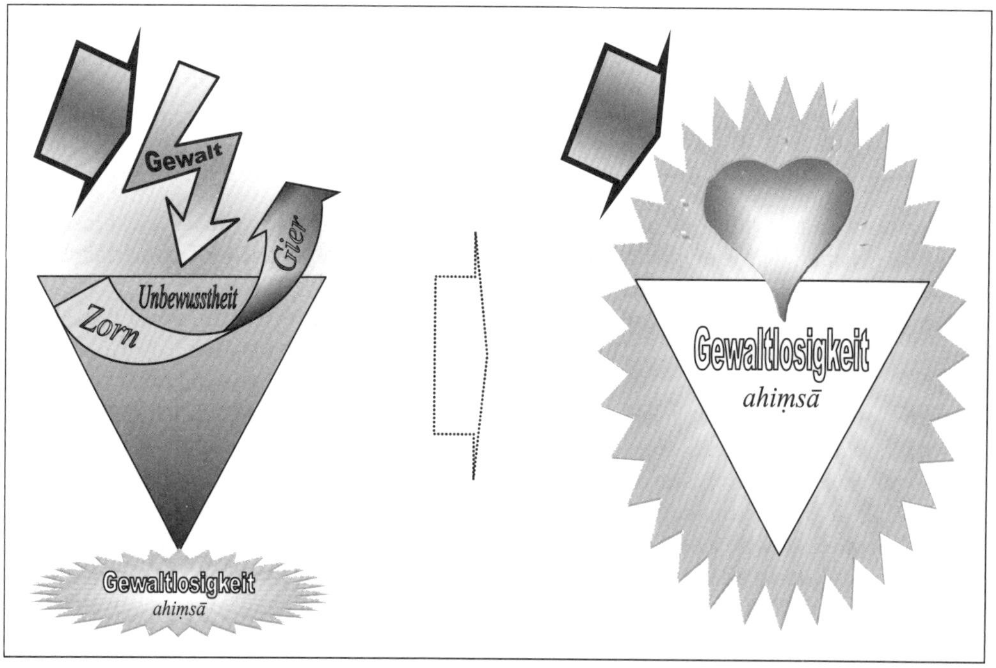


*Von äußerer Gewalt zur Gewaltlosigkeit als Geisteshaltung*

ist (Skrt.: *satyagraha* (m.) - Wahrheit ergreifen, Wahrhaftigkeit). Für wen Nicht-Stehlen zur Grundlage wurde, dem sollen alle Schätze zuströmen (Skrt.: *asteya* (n.) - Nicht-Stehlen) usw. Es geht nicht um Gebote, deren Übertretung mit Strafe geahndet würde. Werden Wahrhaftigkeit und Nicht-Stehlen zu einer Geisteshaltung, dann muss kein Gebot mehr vorschreiben, die Wahrheit zu sprechen oder nicht zu stehlen. Es wird eine Haltung geübt, in der grundsätzlich das Bedürfnis nach Wahrheit entsteht oder der Wunsch, niemandem etwas wegzunehmen. Nur wer ohne Hintergedanken eine solche Haltung realisiert hat, dessen Taten tragen Früchte. Und dem wird auch gerne gegeben, so dass ihm wie von alleine alle Schätze zuströmen.

*brahmacarya - reiner Lebenswandel im traditionell-religiösen und im yogischen Sinn*

Auch *brahmacarya* als der vierte *yama* weist eine yogische Interpretationsebene auf, die das allgemeine Verständnis eines Gelübdes oder Gebotes vertieft. Wörtlich übersetzt geht es um einen 'Wandel im Absoluten' oder um das heiligmäßige, reine Leben, ein 'Leben aus Gott' (Skrt.: *brahma (*m.) - Gott; *brahman* (n.) Absolutes; *carya* (n.) - Wandel). Die hinduistische Tradition versteht einen solchen reinen Lebenswandel als Leben in äußerer, vor allem in sexueller Enthaltsamkeit. Man kann sich im traditionellen Indien ein reines Leben aus Gott kaum anders vorstellen als ein Leben in Askese. *Brahmacarya* wurde in dieser Weise zum Synonym für Keuschheit und sexuelle Entsagung. Der zölibatär lebende *Brahmacārin* gilt so in Indien traditionell als Zeuge der Transzendenz mitten in der materiellen Welt. Er hat sich vom Schmutz der Materie gelöst und wird als Wächter des reinen Göttlichen in dieser Welt allgemein verehrt.

*Patañjali* geht es darüber hinaus jedoch nicht um äußere, körperliche Reinheit, sondern um einen reinen Geist. Und der Geist wird rein, wenn die Knoten der inneren Gebundenheit sich zu lösen beginnen. *Brahmacarya* bedeutet nun Entsagung im Sinne eines geistigen Prozesses, der für ein Leben aus dem Absoluten als dem Urgrund menschlicher Existenz öffnet. Und nicht von sexueller Enthaltsamkeit, sondern nur von *brahmacarya* im Sinne einer inneren, geistigen Transformation kann *Patañjali* sagen, dass hierdurch große Kraft entstehe.

Als letztes der fünf *yamas* nennt *Patañjali* die Übung des Nicht-Besitzergreifens, durch die die Kenntnis der Geburten entstehe (Skrt.: *aparigraha* (m.) - Nicht-Besitzergreifen). Auch hier geht die yogische Interpretation über die äußere, materielle Besitzlosigkeit hinaus. Nicht-Besitzergreifen meint eine geistige Loslösung. Die *Yogīs* sahen schon früh das Wesen der Wiedergeburt in der geistigen Gebundenheit an die

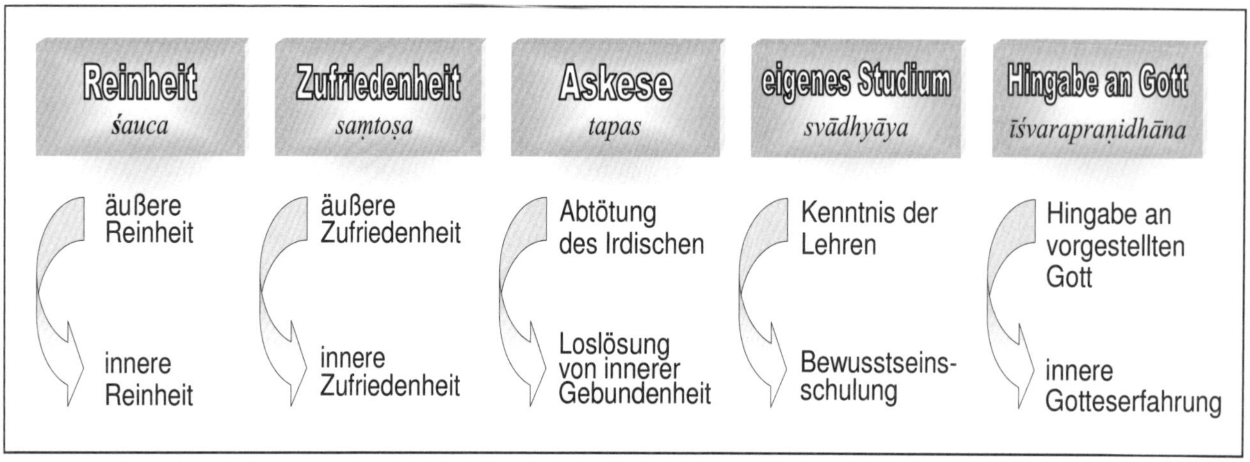


*Die fünf Übungen des besonderen Handelns in der Yoga-Praxis (niyama)*

materielle Welt. Gemeint ist die geistige Gebundenheit, die den Menschen, sogar über das derzeitige Leben hinaus, auch nach dem Tod an die zeitliche Welt bindet und ihn immer wieder zu einer neuen Geburt zwingt. *Aparigrahā* weist den Weg der Loslösung von diesem geistigen Besitzergreifen und eröffnet dadurch die Erfahrung des Ursprungs der Wiedergeburt.

Diesen fünf Übungen des Handelns folgen die fünf *niyamas*, die fünf besonderen, spezifisch auf die *Yoga*-Praxis ausgerichteten Übungsformen. Die fünf *niyamas* bestehen aus den drei Bereichen der *Yoga*-Praxis (*Kriyā-Yoga*), wie sie in Sūtra 2.1 definiert sind (Askese/*tapas*, Studium/*svādhyāya* und Hingabe an Gott/ *īśvarapraṇidhāna*), wobei noch Reinheit (Skrt.: *śauca* (n.) - Reinheit) sowie innere Ruhe (Skrt.: *saṃtoṣa* (m.) - innere Zufriedenheit) vorangestellt werden. Wie die allgemeinen Handlungsübungen weisen auch die niyamas über ein Verständnis als Gebote hinaus. *Śauca* will keine körperliche Reinheit, sondern die Übung der Haltung geistiger Reinheit. Innere Ruhe heißt nicht, keinen Krach zu machen oder nichts zu sagen, sondern einen in sich ruhenden Geist zu üben. Und wie schon zu Beginn dieses Kapitels gezeigt, geht es in der yogischen Askese nicht um Abtötung des Irdischen, sondern um die Loslösung von der inneren Gebundenheit an die Welt. Studium will nicht nur Kenntnis der Schriften, sondern Bewusstheitsschulung. Und auch Hingabe an Gott meint keine Hingabe an eine außerhalb des Menschen vorgestellte Gottheit, sondern das übende Einlassen auf den inneren Wandlungsprozess, der für die Gotteserfahrung im tiefsten Grund menschlicher Existenz öffnet.

Mit yama und niyama sind somit die ersten beiden der insgesamt acht Glieder des *Yoga* genannt. Sie mögen zwar zu Beginn des Weges durchaus als eine Art von vorbereitende Handlungsregeln Verwendung finden. Ihr wahres Potenzial entfalten sie jedoch erst, wenn sie sich zur Übungspraxis für die Entwicklung yogischen Handelns weiterentwickeln. *Yamas* und *niyamas* verwandeln sich im Laufe des Weges zu Leitlinien einer Haltung und werden selbst zum Übungsfeld. Die Übung richtet sich auf die Entwicklung einer Geisteshaltung, in der gutes Handeln nicht mehr nur eine Sache der Einhaltung von äußeren Regeln ist, sondern wie von alleine aus der Tiefe der eigenen Existenz geschieht. Letztlich bringen sie somit sogar die Perspektive des *Yoga* zum Ausdruck, zeigen Kriterien des in der Tiefe seiner Existenz gewandelten *Yogīs*.

Nach diesen Übungen des yogischen Handelns folgen nun die Glieder drei bis fünf, welche die drei äußeren Bereiche der Yoga-Übung näher beschreiben. Es geht um die Übung der Sitzhaltung (*āsana*), die Atemregelung (*prāṇāyāma*) und um das Zurückziehen der Sinne (*pratyāhāra*). Zum ersten Mal wird jetzt der Begriff *āsana* in einen Text des *Yoga* eingeführt,

*Die Übung des Sitzens (āsana)*

wörtlich übersetzt mit Sitz oder Sitzhaltung. Es geht um einen Begriff, der dann in dem erweiterten Verständnis von Körperstellung im weit später entstandenen *Haṭha-Yoga* in das Zentrum der *Yoga*-Praxis rücken sollte. Zu Zeiten der Entstehung der *Yoga-Sūtras* war jedoch die Vielfalt der heutigen Körperübungen noch nicht bekannt. Hier, in den drei *Sūtras* des zweiten Kapitels, die *Patañjali* der Beschreibung von *āsana* widmet, geht es ausschließlich um das rechte Sitzen.

Viel zitiert wurde die Kurzdefinition der Sitzhaltung: '*sthirasukham āsanam* - Die Sitzhaltung soll fest und angenehm sein.' Patañjali beschreibt nicht eine bestimmte Beinhaltung, nicht, wo die Arme zu liegen haben, und auch nicht, ob der Rücken aufrecht gehalten werden soll. Genannt sind nur zwei allgemeine Prinzipien, die eher Grundsätzliches über rechtes Sitzen aussagen. Es geht um zwei Prinzipien, die sich auf den ersten Blick widersprechen, sich zumindest als gegensätzlich zeigen. Ist es möglich, dass eine Sitzhaltung fest und stabil (*sthira*) und gleichzeitig auch angenehm und entspannt (*sukha*) sein kann? Geht eine feste Sitzhaltung nicht auf Kosten eines angenehmen Sitzens? Und umgekehrt: Führt nicht ein angenehmes und entspanntes Sitzen gerade zum Verlust von Stabilität und Festigkeit? Yogisches Sitzen will mehr, als man allgemein unter gutem Sitzen versteht, da es im *āsana* nicht nur um eine Körperhaltung, sondern auch um eine Geisteshaltung geht. Das Sitzen geschieht vollkommen mühelos, ohne jedes Machen. Der Text führt aus, dass der Geist auf das Unendliche ausgerichtet sein soll und von dort aus eine innere Stabilität empfängt. Aus der Kraft der Unendlichkeit werden alle Gegensatzpaare (*dvandva*) des Endlichen geeint. Diese innere Stabilität und Festigkeit entsteht gerade in der Entspannung des Ruhens in der inneren Mitte. Schon das Sitzen ist getragen von den Tiefen yogischer Erfahrung und bildet doch die Voraussetzung für das nächste Glied, die Atemregelung.

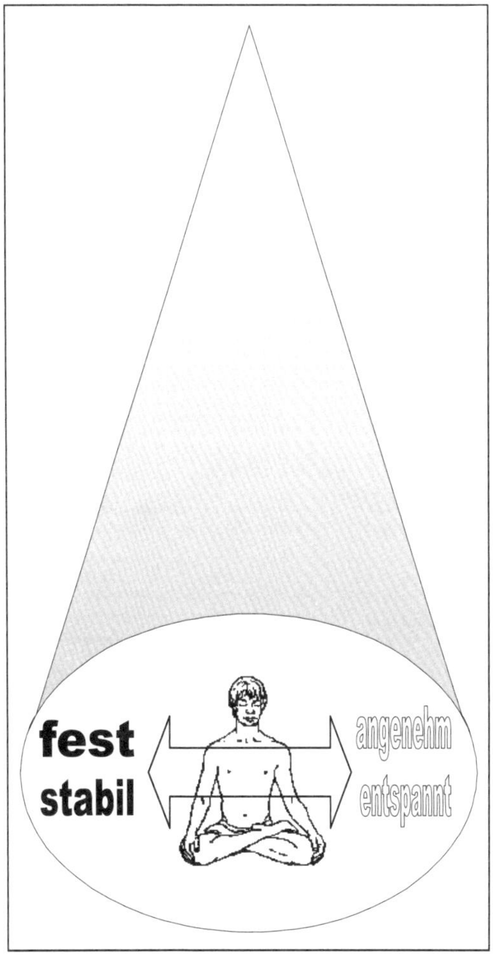


Mit der Atemregelung (*prāṇāyāma*) greift *Patañjali* auf eine schon früh entwickelte Übungspraxis des Yoga zurück, durch die mit Hilfe der Beruhigung des Atems ein Zur-Ruhe-Kommen des Denkens und Fühlens bewirkt werden soll. *Patañjali* beschreibt *prāṇāyāma* als die Unterbrechung des allgemeinen Verlaufs der Atmung. Die immer wiederkehrenden Phasen der Einatmung, der Ausatmung und des Atemanhaltens werden beobachtet und dadurch verlangsamt. Es entsteht die Feinheit des Atmens, wodurch auch die Aktivitäten des Geistes feiner und subtiler werden.

Wie alle bisher aufgezählten Glieder des *Yoga*-Weges geht auch die Atemregelung über das allgemeine Verständnis einer Übung, die zu machen ist und die bestimmte Zwecke erfüllen soll, weit hinaus. *Patañjali* nennt neben den drei machbaren Atemphasen (Einatmung,

*Die vier Phasen der Atemregelung (prāṇāyāma)*

Ausatmung und Anhalten) noch eine vierte Form der Atmung, die er, ganz parallel zur *Māṇḍūkya-Upaniṣad*, einfach nur als die 'Vierte' (*caturtha*) bezeichnet. Die 'Vierte' übersteigt alle äußeren und inneren Gegenstände, alles, was äußerlich sichtbar ist oder was innerlich vorgestellt werden könnte. Durch die 'Vierte' schwindet die Hülle der Unbewusstheit, die die innere Erleuchtung bedeckt, und es entsteht die Konzentration des Denkens. Die 'Vierte' bedeutet somit keine zusätzliche Atemphase. Sie bildet vielmehr den tragenden Grund von Einatmung, Ausatmung und Anhalten des Atems. Die 'Vierte' weist auf die Perspektive von *prāṇāyāma* und somit auf die Perspektive des *Yoga* schlechthin: ein Atmen aus der Klarheit des in sich ruhenden Geistes.

Als fünftes Glied beschreibt *Patañjali* in den letzten beiden *Sūtras* des zweiten Kapitels das Zurückziehen der Sinne (*pratyāhāra*). Mit Sehen, Hören, Schmecken, Riechen und Tasten kann der Mensch Kontakt zu den Objekten der Welt aufnehmen. Durch die Sinne werden die Aktivitäten des Geistes nach außen gerichtet. *Pratyāhāra* dreht diese Ausrichtung der Sinne um. Die Sinne werden zurückgezogen und nach innen gewendet. Bis hierhin handelt es sich um eine machbare Übung, wie sie jeder verstehen und nachvollziehen kann. Wie bei allen anderen Gliedern des *Yoga* überschreitet aber auch *pratyāhāra* die Dimension des Machbaren. Der Blick nach innen hat weiter zu gehen in die Tiefe des Geistes. Der Rückzug nach innen schreitet fort, bis der Geist in seiner Wesensidentität (*svarūpa*) ruht. *Patañjali* greift hier auf den zu Beginn des ersten Kapitels zur Definition des *Yoga* verwendeten Begriff zurück, um auch *pratyāhāra* auf die Tiefe yogischer Erfahrung auszurichten. Die Sinne gehen durch diesen Weg nach innen jedoch nicht verloren. Aus der Verinnerlichung empfangen sie sogar höchste Kraft. Die Sinne können sich erneut auf die Objekte der Welt ausrichten, so dass der Mensch jetzt aus der Ruhe des Geistes mit größter Schärfe zu sehen, zu hören, zu schmecken, zu riechen und zu tasten vermag. Mit diesen Ausführungen endet das zweite Kapitel über den Weg. Es enden jedoch nur die Ausführungen über die äußeren Bereiche der Übungspraxis. Die letzten drei der acht Glieder des *Yoga*-Weges folgen im dritten Kapitel.

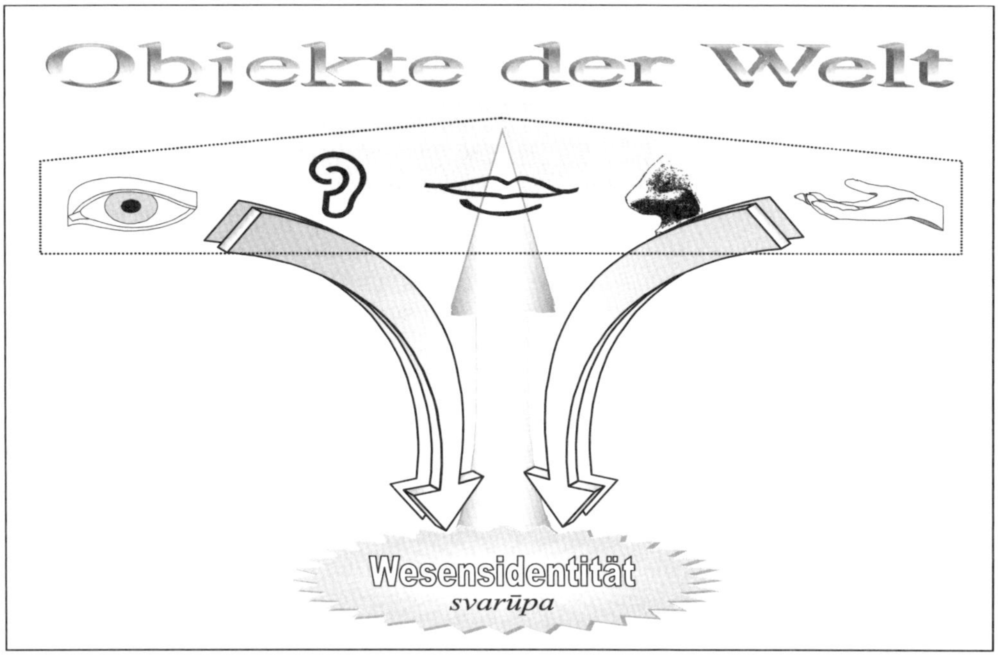


*Zurückziehen der Sinne (pratyāhāra)*

## Der innere Kern

Das dritte Kapitel zu den 'übernatürlichen Fähigkeiten' (*vibhūti pada*) handelt von den inneren Aspekten des *Yoga*-Weges. Gemeint ist der innere Kern des *Yoga*, der in äußerster Kürze mit Konzentration (*dhāraṇā*), Loslassen/Meditation (*dhyāna*) und Einung (*samādhi*) mit jeweils nur einem *Sūtra* auf den Punkt gebracht ist. Die Ausführungen beginnen mit *dhāranā* als dem sechsten Glied. Dhāranā kann mit Sammlung und Konzentration übersetzt werden, der Konzentration des Geistes auf einen Gegenstand. Die Aktivitäten des Geistes, die im Alltagsbewusstsein sich einmal auf dies und ein andermal auf das ausrichten, werden nun auf nur einen Gegenstand konzentriert. Bei der Übung des rechten Handelns ist dieser Konzentrationsgegenstand die jeweilige Handlung, bei der Übung des Sitzens die jeweilige Sitzhaltung, bei der Atemregelung der Fluss des Atems oder beim Zurückziehen der Sinne die Wendung der Sinne nach innen. Aber auch die anderen von *Patañjali* genannten Übungsformen beginnen mit der Sammlung auf einen Gegenstand. Die OM-Meditation mit der Konzentration auf OM, die Übung der Reflexion, mit der Sammlung auf den Gegenstand der Reflexion, die Meditation über einen geliebten Gegenstand mit der Konzentration auf den geliebten Gegenstand usw. *Dhāraṇā* als Konzentration auf eine bestimmte Aktivität des Geistes bildet den Beginn jeder *Yoga*-Übung. *Dhāraṇā* allein macht jedoch noch nicht *Yoga* aus.

*Die Konzentration des Geistes auf einen Gegenstand*

*Sammlung (dhāraṇā)*

*Loslassen/Meditation (dhyāna)*

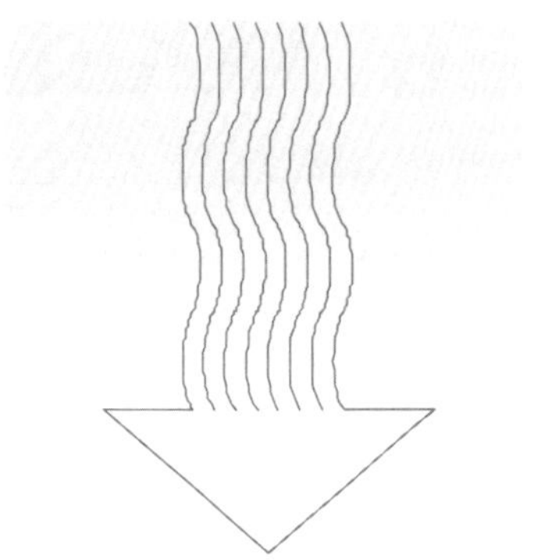

*Das Zurückfließen in einem Strahl*

Die Übung wird fortgeführt durch *dhyāna* als dem siebten Glied, der Meditation im Sinne eines alles umgreifenden Loslassens. *Dhyāna* bedeutet ein Zurückfließen in einem Strahl. Die Konzentration wird gelockert, jedoch nicht

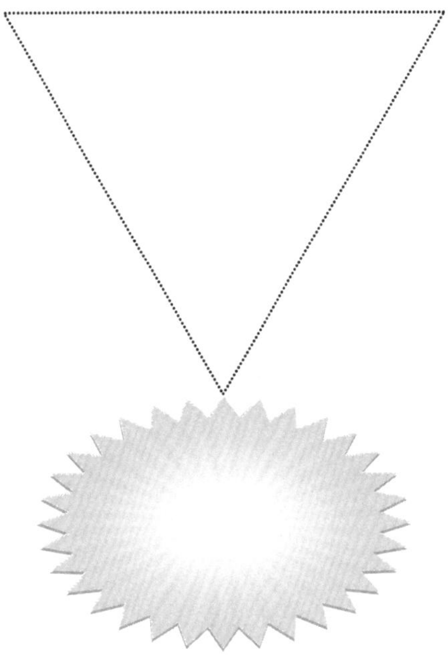

*Der äußeren Form entleert - 'artha' allein leuchtet auf*

*Einung (samādhi)*

dahingehend, dass sich der Geist wieder treiben lässt und so erneut von einem Gegenstand zum nächsten gezogen wird. Im Gegenteil, *dhyāna* will eine Verfeinerung der Konzentration. Wenn so die Gebundenheit der Geistesaktivitäten sich zu lösen beginnt, fließt der Geist in einem Strahl zurück in seine innere Mitte. Jede eigene Aktivität wird in ein inneres Geschehenlassen transformiert. Yogisches Handeln, Sitzen, Atmen, das Zurückziehen der Sinne, Meditieren usw. gewinnt zunehmend an Verinnerlichung und Gelassenheit, durch die das aufbrechen kann, was als achtes Glied die Perspektive der Übungspraxis ausmacht.

In *samādhi* als der inneren Einung oder Versenkung ist der Geist von allen äußeren Formen entleert, das heißt, alle gebundenen Aktivitäten des Geistes sind zur Ruhe gekommen. Der Geist wird frei und klar, so dass, wie *Patañjali* dies ausdrückt, nur noch das *artha* aufleuchtet (Skrt.: *artha* (n.) - Gegenstand, Zweck, Wohlstand,). Artha meint zunächst Gegenstand, dann aber auch Sinn und Zweck oder Vermögen und Reichtum. Es leuchtet das auf, was im Yoga immer Gegenstand ist, der Sinn und Zweck aller Übungspraxis, das innere Vermögen und der Reichtum des Geistes, der im allgemeinen unbewusst und verschüttet ist. Das Leben aus *samādhi* bildet den Grund alles yogischen Handelns, es bildet die Perspektive des Sitzens, Atmens und des Einziehens der Sinne wie auch jeder anderen Form der *Yoga*-Praxis.

Die acht Glieder des *Yoga* sind somit keineswegs als gleichberechtigte Glieder einer Kette und wohl auch nicht ausschließlich als Stufen zu interpretieren. *Yama* und *niyama* zeigen die Übung des yogischen Handelns. Sie mögen zu Beginn durchaus als Regeln verstanden werden. Als Übung sind sie jedoch auf eine Veränderung der inneren Haltung ausgerichtet, auf ein Handeln aus der Erfahrung von *samādhi*. *Āsana, prāṇāyāma* und *pratyāhāra* bilden den äußeren Bereich der Übung mit dem Körper, dem Atem und den Sinnen. Aber auch diese drei Glieder sind auf einen inneren Wandel ausgerichtet, auf eine Öffnung für die Erfahrung von *samādhi*. Die letzten drei Glieder, *dhāraṇā*,

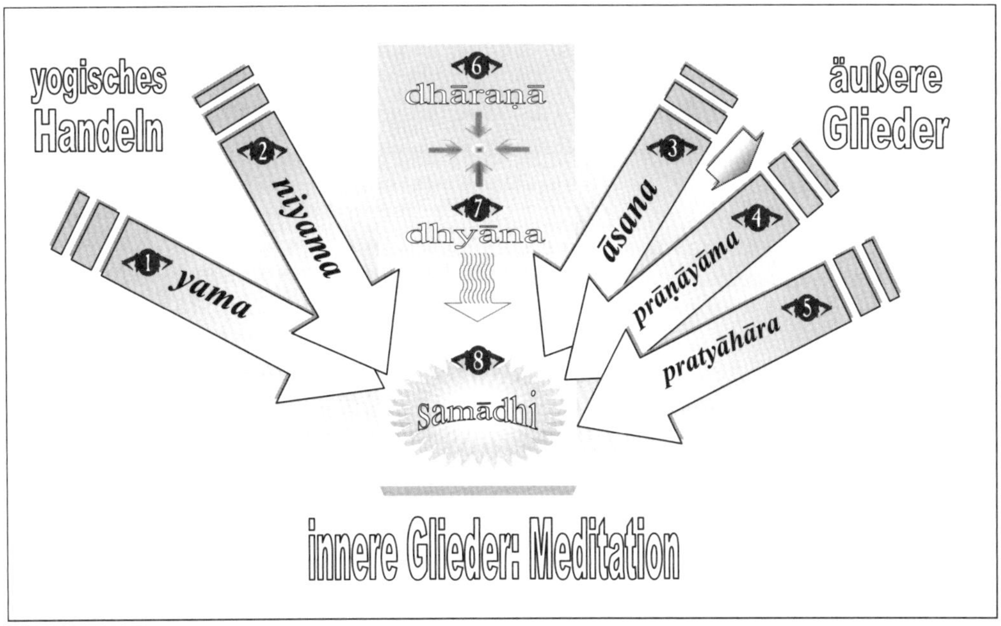


*Der Zusammenhang der acht Glieder des Yoga*

*dhyāna* und *samādhi*, bilden darüber hinaus dann als Einheit den inneren Kern der vorhergehenden fünf, wie auch jeder anderen *Yoga*-Übung. *Patañjali* nennt diese Einheit den *saṃyama*, das Zusammenhalten oder Zusammenfassen des Yoga (Skrt.: *saṃyama* (m.) - Zusammenhalten, Zügeln). Der *saṃyama* dieser drei zeigt, wie die Übungspraxis des Yoga funktioniert. *Dhāraṇā* macht den Aspekt der Konzentration deutlich, den jede Übung aufweist, dhyāna den des Loslassens und *samādhi* den der Einung. Richtet sich der *saṃyama* auf den Sitz, so spricht man von der *Yoga*-Übung des *āsana*, richtet er sich auf den Atem, spricht man von der *Yoga*-Übung des *prāṇāyāma* usw. *Saṃyama* steht als der innere Kern in der Mitte jeder Übungspraxis des *Yoga*.

Obwohl die *Sūtras* jetzt schon zum inneren Kern des *Yoga* vorgedrungen sind, so sieht *Patañjali* hier doch noch nicht das Ende des *Yoga*-Weges erreicht. Da es sich bei den acht Gliedern immer noch um Übungen handelt, liegt in ihnen doch noch der Rest des Machens, der Keim von Gebundenheit an die Aktivitäten des Geistes. Nach der im ersten Kapitel der Sūtras getroffenen Unterscheidung muss es sich bei jeder Form der Aktivität noch um *sabīja* *samādhi* handeln, um die sogenannte keimhafte Einung (Skrt.: *sabīja* - keimhaft). Selbst *saṃyama* als der innere Kern der Übungs-Praxis bildet so nur die äußere Seite von *nirbīja samādhi*, der keimlosen Einung (Skrt.: *nirbīja* - keimlos). Und wie schon im ersten Kapitel endet auch dieser Abschnitt, ohne über diese Erfahrung etwas zu sagen, über die allem Anschein nach wirklich nichts zu sagen ist. In *nirbīja samādhi* scheint jegliche innere wie auch äußere Bindung

*Von der keimhaften zur keimlosen Einung*

an die Welt aufgegeben. Die Perspektive des *Yoga* sogar über den leiblichen Tod hinaus ist aufgezeigt. Mit diesem Abschnitt enden die Ausführungen über den achtgliedrigen Weg des *Yoga*, jedoch noch nicht das dritte Kapitel.

## Die siddhis

Der zweite Teil des dritten Kapitels ist den *siddhis* gewidmet, den weithin bekannten außergewöhnlichen Fähigkeiten der *Yogīs* (Skrt.: *siddhi* (f.) - Vollkommenheit, außergewöhnliche Fähigkeit). Um zu erklären, was es mit den *siddhis* auf sich hat, geht *Patañjali* im Gedankengang einen Schritt zurück und analysiert in einem neuen Anlauf noch einmal die Phasen des yogischen Wandlungsprozesses. Die im folgenden dargestellten drei Phasen yogischer Transformation, durch die der *Yogī* in ganz neuer Weise auch auf die Körper- und Sinnenwelt ausgerichtet wird, bilden die Grundlage zum Verständnis dessen, was in den außergewöhnlichen Fähigkeiten der *siddhis* passiert.

*Die drei Verwandlungen des Geistes*

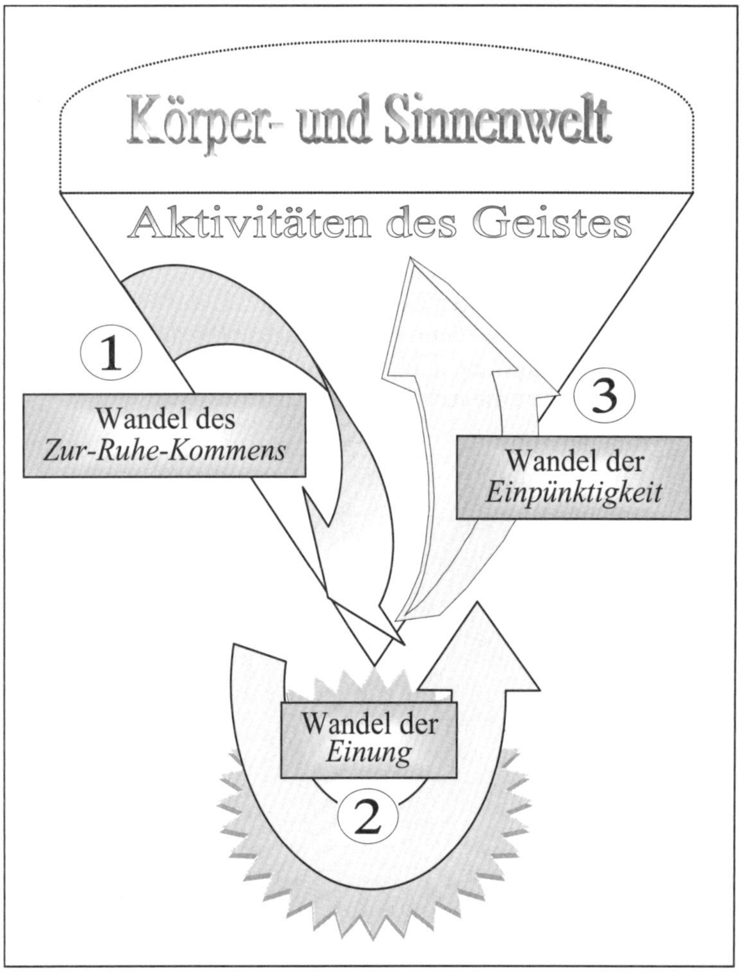


Zu Beginn der drei Wandlungsphasen steht *nirodha-pariṇāma*, der Wandel des Zur-Ruhe-Kommens (Skrt.: *nirodha* (m.) - Hemmen, Zur-Ruhe-Kommen, *pariṇāma* (m.) - Entwicklung, Transformation, Verwandlung). Es handelt sich um den zu Beginn des ersten Kapitels beschriebenen Prozess der Auflösung der Gebundenheit an die Aktivitäten des Geistes. Der Geist, nicht mehr in der Gebundenheit an seine Aktivitäten hin und her getrieben, wird rein und klar und kommt in dieser Weise zur Ruhe. Je mehr die Gebundenheit sich auflöst, desto mehr nimmt die Einung zu. Es folgt somit die zweite Phase des *samādhi-pariṇāma*, des Wandels der Einung. Jetzt ruht der Geist in sich, in seiner Wesensidentität. Dieser nach innen gerichteten Transformation folgt abschließend die dritte Phase der Rückkehr in die Außenwelt. *Patañjali* beschreibt die verwandelte und verwandelnde Rückkehr des *ekāgratā-pariṇāma* als den Wandel der Einpünktigkeit (Skrt.: *ekāgratā* (f.) - Einpünktigkeit, Konzentration). Richtet sich der klare Blick des geeinten Geistes auf die Dinge der Welt, so erscheint auch ihre Vielheit in neuer, geeinter Kraft. Nicht nur der Geist, sondern auch das Handeln in der Körper- und Sinnenwelt vermag nun aus dieser Kraft des Einen zu leben.

Wenn der zur Ruhe gekommene Geist aus der Kraft dieser inneren Einung schöpft und mit dieser Kraft sich erneut auf die Außenwelt ausrichtet, dann entstehen für den *Yogī* Möglichkeiten, die außerhalb des Vorstellungsvermögens des Alltagsbewusstseins liegen. Dann können die außergewöhnlichen Fähigkeiten der *siddhis* aufbrechen. Zum Teil handelt es sich bei den *siddhis* um besondere Formen des Wissens, wie zum Beispiel das Erlangen von Kenntnissen über frühere Existenzen oder über die Ordnung des Kosmos. Dann geht es um paranormale Fähigkeiten wie Unsichtbarkeit, das Verlassen des Körpers oder das yogische Fliegen. Aber auch die Fähigkeit zur Liebe zählt zu den yogischen Vollkommenheiten.

Später, im vierten Kapitel der *Sūtras*, erwähnt *Patañjali*, dass solche Fähigkeiten auf vielfachem Wege entstehen könnten, durch Veranlagung, Drogen, *Mantras* oder auch durch Askese. In den Ausführungen des dritten Kapitels geht es jedoch um den spezifisch yogischen Umgang mit den außergewöhnlichen Fähigkeiten. Die meisten der spirituellen Wege der Weltreligionen kennen das Entstehen außergewöhnlicher Erfahrungen und Fähigkeiten. Manche Schulen tolerieren sie, andere lehnen sie ab. Der *Yoga* entwickelte dagegen ein spezifisch positives Verhältnis zu den *siddhis*. Der klassische *Yoga* lehrt sogar eine Übungsform, die das Entstehen von siddhis fördert. Die *siddhis* werden selbst zur Übung des *Yoga*, indem *saṃyama* als der dreigeteilte innere Kern der *Yoga*-Übung auf sie angewendet wird.

Die Übung der siddhis beginnt hiernach erstens mit *dhāraṇā*, indem sich der *Yogī* auf die zu erzielende Fähigkeit konzentriert. Sie wird zweitens weitergeführt mit *dhyāna*, dem Loslassen von jedem Machen. Nicht nur jede ichbezogene Begierde, aus dem *siddhi* persönlichen Gewinn zu ziehen, gilt es aufzulösen. Das Loslassen von *dhyāna* schließt auch die Absicht der Verwirklichung des *siddhi* mit ein. Erst wenn jegliches Wollen als Aktivität des Geistes zu Ruhe gekommen ist, entsteht drittens die Öffnung für *samādhi*, der Durchbruch der inneren Einung. Die Kraft eines Handelns aus der Einung von *samādhi,* die durch eine in dieser Weise geübte Wandlung des Geistes entsteht, führt dann zur Verwirklichung des jeweiligen *siddhi*.

*Patañjali* räumt der Beschreibung der *siddhis* im dritten Kapitel außergewöhnlich viel Platz ein. Gleichzeitig warnt er jedoch auch vor ihnen. Die außergewöhlichen Fähigkeiten der *siddhis* haben das Potential, den *Yogī* an die Welt zu binden. Sie können hochmütig machen und verdunkeln dann wieder das Leben aus der inneren Einung. Letztlich gilt es sich auch von den Vollkommenheiten zu lösen. Erst der Verzicht auf die Ausübung der *siddhis* führt zu *kaivalya*, zur vollkommenen Freiheit, zur absoluten Loslösung, dem zentralen Thema des vierten und letzten Kapitels.

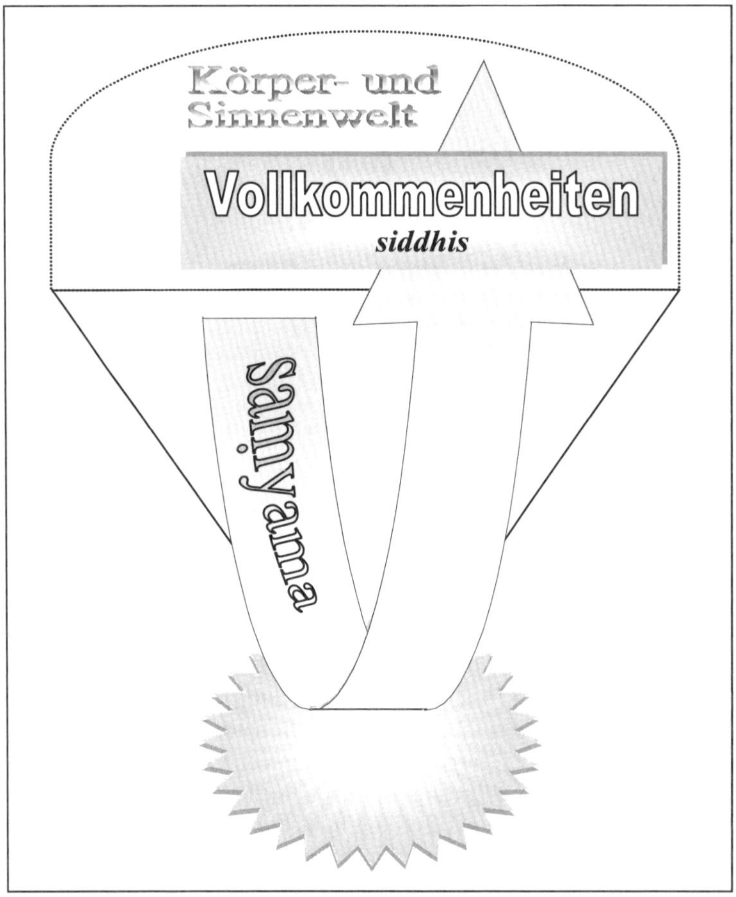


*Die Übung der yogischen Vollkommenheiten*

## Die vollkommene Loslösung

Mit der Definition von *Yoga* in nur einem Wort zu Beginn des ersten Kapitels war schon alles gesagt. Um jedoch besser verstehen zu können, was hiermit gemeint war, folgten immer neue Erklärungen, die jeweils unterschiedliche Schwerpunkte setzten und so verschiedene Aspekte offenlegten. Das vierte Kapitel über die 'vollkommene Loslösung' (*kaivalya pada*) öffnet nun die Philosophie des *Yoga* auch für die anderen damals bekannten Konzeptionen spiritueller Philosophie, für die *Upaniṣads* des *Vedānta*, insbesondere aber für die Philosophie

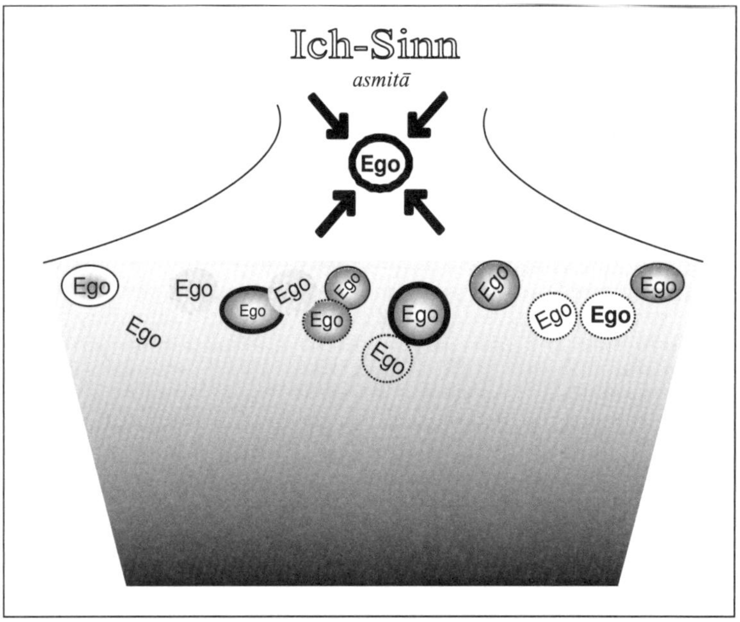


*Der Ich-Sinn als Urprinzip der 'Alltagsbewusstseine'*

des *Sāṃkhya* und auch des *Mahāyāna*-Buddhismus. Diese Öffnung geschieht wohl zu dem einzigen Zweck, alle spirituellen Pfade als Ausdrucksformen des einen yogischen Weges aufzuzeigen mit der einen und letzten Perspektive der vollkommenen Loslösung von *kaivalya* (Skrt.: *kaivalya* (n.) - Freiheit, Einzigkeit, vollkommene Loslösung).

Das Alltagsbewusstsein wird jetzt, über die Terminologie von *citta-vṛtti* im ersten Kapitel hinaus, auch als *nirmāṇa-citta* bezeichnet (Skrt.: *nirmāṇa* (n.) - Schaffen, Herstellung, Umwandlung). *Nirmāṇa-kāya* bedeutet im *Mahāyāna*-Buddhismus den Körper der Verwandlung. Es geht hier um den irdischen Körper der *Buddhas*. *Nirmāṇa-citta* weist in paralleler Vorstellung auf den 'machenden Geist', auf den Geist, der in der raum-zeitlichen Welt handelt und sie gestaltet. Wie im ersten Kapitel das Alltagsbewusstsein von der Gebundenheit/*sārūpya* geprägt wurde, so ist jetzt als Ursache dieses machenden Geistes der Ich-Sinn/*asmitā* angenommen. *Patañjali* rückt im vierten Kapitel, wohl beeinflusst aus der Diskussion mit buddhistischen Philosophen, ein Prinzip in den Mittelpunkt, das im zweiten Kapitel noch unter die *kleśas* eingeordnet war. Der nun entscheidend aufgewertete Ich-Sinn wird dafür verantwortlich gemacht, dass der Geist des Menschen an der Oberfläche seiner Möglichkeiten verbleibt. Der Ich-Sinn zieht den Geist weg von seinem einenden Ursprung, indem er in jedem Menschen sein eigenes Ego produziert und somit viele verschiedene Ichs. Es entstehen an der Oberfläche des Geistes viele *nirmāṇa-cittani*, viele ins Deutsche so schwer zu übersetzende 'machende Geiste' oder 'Alltagsbewusstseine'.

Wie ist es möglich, dass der Ich-Sinn den Geist an der Oberfläche hält? Der Ich-Sinn führt dazu, dass jedes dieser Egos der 'machenden Geiste' ausschließlich für sich selbst handelt. Die Menschen vollbringen mit ihrem jeweiligen Ego gute und schlechte Handlungen oder auch Handlungen, die irgendwo dazwischenliegen. In jedem Fall entstehen aber durch das ich-bezogene Handeln Wünsche und Begierden, die das Ego in neuem Handeln erfüllen will und letztlich sogar erfüllen muss. Die Menschen werden Getrieben von dem Bedürfnis nach Erfüllung ihrer eigenen Begierden. *Patañjali* erklärt diese Getriebenheit des Alltagsbewusstseins durch ein ständiges Bestimmtwerden von *vāsanā* genannten unbewussten Wünschen (Skrt.: *vāsanā* (f.) - Wunsch, Wohnung, Eindruck, Vorstellung). Vāsanās entstehen bei jeder ich-bezogenen Handlung und werden in dem *āśaya* genannten Unbewussten gesammelt (Skrt.: *āśaya* (m.) - Ruheort, Behälter). Von hier aus treiben sie als verborgene Begierden das zukünftige Handeln des Menschen an. Die Parallele zur buddhistischen *Yogāchāra*-Schule des *Mahāyāna*-Buddhismus fällt auf, die gleichfalls ein mit *vāsanas* gefülltes sogenanntes 'Speicherbewusstsein' kennt, aus dem alles Seiende entsteht. Dabei ist keineswegs festgelegt, wann und wo eine bestimmte *vāsanā* sich auswirkt. Fest steht nur, dass jedes Ich-Bewusstsein durch sein begierdevolles Handeln ständig neue *vāsanās* produziert, die aus dem Unbewussten heraus das Ich von einer Handlung zur nächsten treiben, die wieder neue Begierden erzeugen, die wiederum neues Handeln erfordern. Der Geist bleibt unfrei, in ständiger Unruhe getrieben.

*Die verborgenen Begierden der vāsanās: ihr Entstehen und ihre Wirkung*

Die in der Tiefe des Unbewussten verborgenen Eindrücke der *vāsanās* erinnern auch an die im ersten Kapitel beschriebenen *saṃskāras*. In der späteren Geschichte des Yoga werden beide Termini immer wieder sogar als Synonyme verwendet. Während *saṃskāra* als verborgene *vṛtti* jedoch eher als unbewusste Aktivitäten des Geistes zu interpretieren sind, so haftet den vāsanās die im Buddhismus geprägte Bedeutung von verborgenen Begierden an. Beiden gemeinsam ist jedoch die Vorstellung von unbewussten Handlungsimpulsen, die das Alltagsbewusstsein treiben und so den Geist des Menschen verdunkeln.

*Die Zusammenführung der Schulen in der yogischen Grundkonzeption*

Auch das vierte Kapitel folgt dann der Grundstruktur des *Yoga* als Weg zur Befreiung des Menschen aus den Gebundenheiten des Alltagsbewusstseins. Ziel ist es, sich der Tiefen menschlicher Existenz bewusst zu werden. Diesen Weg zu gehen heißt jetzt: Reinigung des Geistes von den *vāsanās*. An anderer Stelle spricht *Patañjali* von der Loslösung vom *ātman* (Skrt.: *ātman* (m.) - Selbst). *Patañjali* verwendet den Begriff *ātman* hier im buddhistischen Sinn des Ich-bezogenen Alltagsbewusstseins. Er wendet sich somit gegen die Tradition des *Vedānta*, die *ātman* in solchen Zusammenhängen fast immer im Sinne des göttlichen Selbst verstand. An wieder anderer Stelle geht es um die Befreiung von der Abhängigkeit von den *guṇas*, den Grundeigenschaften der raumzeitlichen Welt (Skrt.: *guṇa* (m.) - Qualität, Grundeigenschaft, Faden). Die Gebundenheit an die *guṇas* verdunkelt den *puruṣa*, den reinen Geist (Skrt.: *puruṣa* (m.) - Geist, Geistseele). Mit *guṇa* und *puruṣa* greift *Patañjali* auf Begriffe der *Sāṃkhya*-Philosophie zurück. Wenn *Patañjali* die Perspektive eines bewussten Lebens entwirft, in welcher in der Vielheit der Welt die ursprüngliche Einheit (Skrt.: *ekatva* (n.) - Einheit) aufscheint, so ist zuletzt auch zu dem monistischen Denken der vedischen *Upaniṣads* eine Verbindung hergestellt. Besonders im vierten Kapitel der *Sūtras* werden Konzeptionen und Begriffe aus zahlreichen Schulen in die Philosophie des *Yoga* fruchtbar aufgenommen, um in immer wieder erneuten Anläufen den Weg des *Yoga* in seinen verschiedenen Facetten zum Ausdruck zu bringen.

Alle Wege werden dann auf die eine Perspektive des *Yoga* ausgerichtet, wenn *Patañjali* zum Abschluss des Textes noch einmal den Weg und das Ziel des *Yoga* verdeutlicht. Hierzu unterscheidet er zwischen drei Phasen, wobei er die erste *viveka khyāti*, die 'Schau der Unterscheidung', nennt (Skrt.: *viveka* (m.) - Unterscheidung,

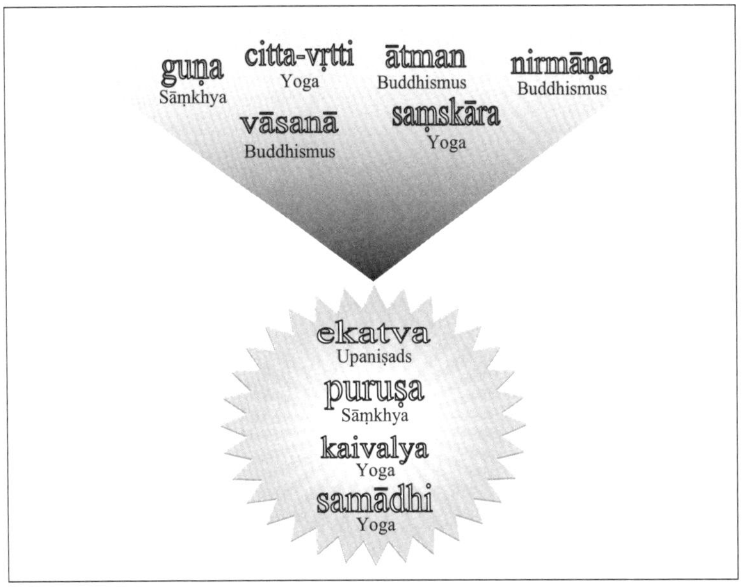

*khyāti* (f.) - Schau, Erkenntnis). Der erste Schritt aus dem allgemeinen Alltagsbewusstsein heraus besteht in der Erkenntnis, dass der Mensch viel mehr ist, als wie er sich zunächst und zumeist erfährt. Der *Yogī* erkennt den Unterschied zwischen dem allgemeinen Alltagsbewusstsein und der spezifischen Bewusstheit der yogischen Erfahrung. Er erlangt *viveka khyāti* als die 'Schau der Unterscheidung'.

Diese erste Erfahrung ursprünglicher Bewusstheit hat jedoch noch keinen Einfluss auf das konkrete Leben des Alltags. Dies ändert sich in der nächsten Phase von *dharma-megha-samādhi*, der 'Einung in der Wolke des (den Kosmos tragenden) Gesetzes' (Skrt.: *dharma* (m.) - kosmische Ordnung, Gesetz; *megha* (m.) - Wolke). *Patañjali* greift hier auf den *mahāyāna*-buddhistischen Begriff von *dharma-megha* zurück, der auch in einigen späteren *Upaniṣads* des *Vedānta* Verwendung findet. Der *Yogī* lebt in dieser Form der Einung/*samādhi* wie in einer Wolke von *dharma*, des die kosmische Ordnung tragenden Gesetzes. Dies geschieht nach *Patañjali* genau dann, wenn der *Yogī* die Einung erfährt, jedoch auf den Gewinn aus seinem Tun verzichtet. Durch den Verzicht auf den persönlichen Gewinn hört jedes ich-bezogene Handeln auf. Der *Yogī* wird frei vom Streben nach persönlichen Zielen, um sich so für ein Handeln aus dem allumfassenden göttlichen Gesetz öffnen zu können.

Das Handeln in der Welt bildet jedoch nicht das letzte Ziel des klassischen *Yoga*. Es folgt die dritte und letzte Phase der 'vollkommenen Loslösung' von *kaivalya*. In *kaivalya* ist der *Yogī* vollkommen losgelöst von jeglicher Gebundenheit an die Welt und gründet so ganz in seiner 'Wesensidentität' (Skrt.: *svarūpa* (n.) - Wesensidentität). Mit *kaivalya* als dem Gegründetsein in der Wesensidentität von *svarūpa* knüpft *Patañjali* am Ende der *Sūtras* wiederum an den Beginn des ersten Kapitels an. Schon in den ersten Sūtras wurde *Yoga* als das Zur-Ruhe-Kommen der Aktivitäten des Geistes definiert, so dass der 'Sehende' dann in seiner Wesensidentität/*svarūpa* zu ruhen vermag. Die *Sūtras* kehren zuletzt zu ihrer ersten Definition des *Yoga* zurück, in der schon von Anfang an die Perspektive des *Yoga* bestimmt wurde. Der Kreis der Philosophie des *Yoga* ist geschlossen.

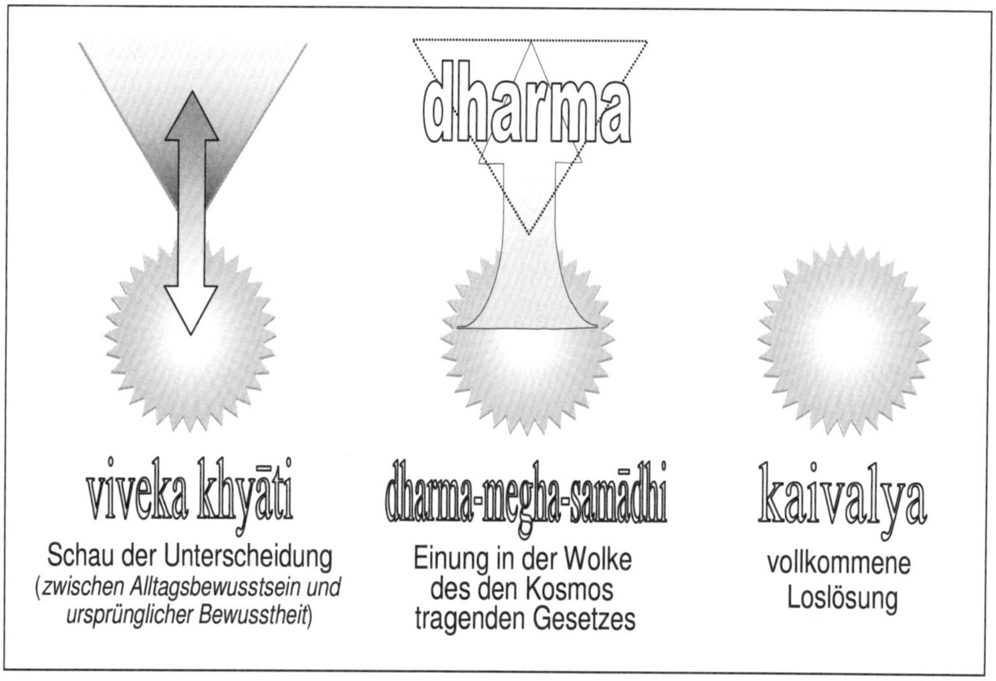


*Die drei höchsten Phasen des Yoga-Weges*

# *4. Kapitel:* Der den Körper integrierende Haṭha-Yoga

## 1. Entstehung - Texte - Überlieferung

Der *Haṭha-Yoga* gehört zu den jüngsten Entwicklungen der indischen *Yoga*-Tradition. Der Begriff kann wörtlich mit 'kraftvoller *Yoga*' übersetzt werden (Skrt.: *haṭha* (m.) - Kraft, Gewalt, kraftvolle Anstrengung). In diesem Sinne geht es um einen kraftvollen, das heißt mit dem Körper und den Energien des Körpers arbeitenden Übungsweg des *Yoga*. Darüber hinaus hat auch eine symbolische Deutung des Begriffs *haṭha* eine weite Verbreitung gefunden. Hiernach ist *haṭha* mit *ha* = Sonne und *ṭha* = Mond erklärt, wobei Sonne und Mond als Symbole für die zwei Seiten der zunächst auseinandergefallenen Grundenergien des Körpers gelten. *Haṭha-Yoga* hat demnach die Vereinigung dieser beiden Seiten zum Ziel, die zur Erweckung der göttlichen Urkraft des Körpers führt.

*Die symbolische Deutung des Begriffs haṭha*

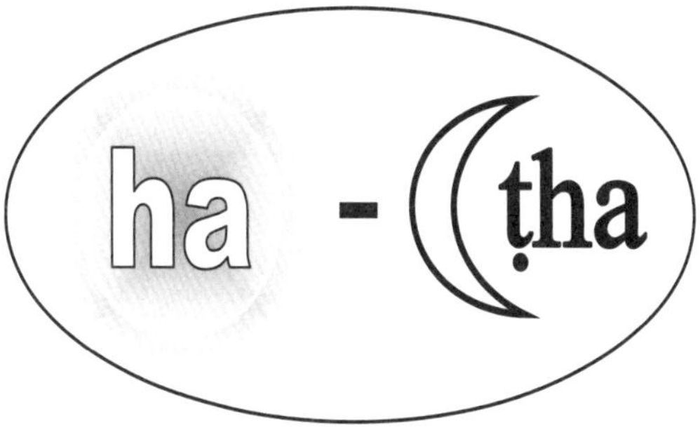


Der *Haṭha-Yoga* ist zu Beginn des zweiten Jahrtausends n. Chr. innerhalb des shivaitischen Tantrismus entstanden. Seine große Popularität in den folgenden Jahrhunderten erlangte er wohl vor allem durch seine den *Körper* bejahende und ihn in den Prozess der Erleuchtung mit einbeziehende Grundhaltung. Philosophische Reflexionen und Begründungen treten zu Gunsten der Beschreibung einer Art feinstofflicher Physiologie zurück. Im Mittelpunkt der Texte stehen somit zumeist technische Übungsanweisungen, ihre physiologischen Erklärungen und auch die Beschreibung der Wirkung der Übungen auf den Körper oder den Geist. *Haṭha-Yoga* zeigt sich als eine Form des Yoga, die auch für den im Alltag lebenden Menschen, für den sogenannten 'Hausvater' (*gṛhastha*), zu praktizieren war, was mit Sicherheit gleichfalls zu seiner Verbreitung beigetragen hat.

*Die Entstehung des Haṭha-Yoga innerhalb des shivaitischen Tantrismus*

Die Ursprünge des *Haṭha-Yoga* sind mit einem *Gorakṣa* oder *Gorakṣanātha* genannten Lehrer des shivaitischen Tantrismus verbunden, der vielleicht im 11. oder 12. Jhd n. Chr. gelebt hat. *Gorakhṣa* gilt als einer der großen Gründer der *Kāṇphaṭa*-Schule der *Nāthas*, die somit zu den ersten Vertretern des *Haṭha-Yoga* zu zählen sind. *Gorakṣa* stand fest gegründet im shivaitischen Tantrismus seines Lehrers *Matsyendra*, integrierte

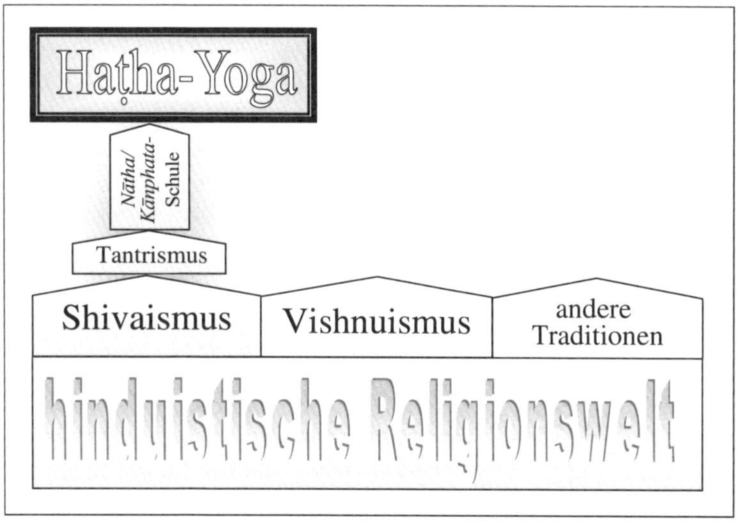

*Haṭha-Yoga - eine neue Form des Yoga mit Wurzeln in alten Traditionen*

hierin verschiedene andere Traditionen und entwickelte auf diesem Fundament den neuen Weg des *Haṭha-Yoga*. Als wichtigste dieser Traditionen ist der klassisch-philosophische *Yoga* der *Sūtras* des *Patañjali* zu nennen. Der eher asketisch orientierte klassische *Yoga* wurde jetzt jedoch zu einer die Übung mit dem Körper in den Mittelpunkt rückenden spirituellen Praxis transformiert. *Gorakṣa* stützte sich aber auch auf den anderen großen, innerhalb der hinduistischen Religionswelt entstandenen spirituellen Weg des *Vedānta*. Gleichzeitig sind Einflüsse aus dem Buddhismus festzustellen Heute werden *Gorakṣa* und *Matsyendra* sogar als buddhistische *Siddhas* verehrt. Der *Haṭha-Yoga* wollte sich so von Anfang an als eine Zusammenführung aller damals bekannten spirituellen Traditionen verstehen.

Unter den zahlreichen dem *Gorakṣa* zugeschriebenen Werken beziehen sich zwei auf den *Haṭha-Yoga*, wobei sein Haupttext mit dem Titel '*Haṭha-Yoga*' als verloren gilt. Das älteste uns überlieferte Schriftzeugnis des *Haṭha-Yoga*, in dem auch zum ersten Mal der Begriff *Haṭha-Yoga* auftaucht, ist somit das *Gorakṣaśataka* (Skrt.: *śataka* - hundert). Seine 101 Verse mögen eine wichtige Funktion für das Entstehen dieses neuen Zweigs des *Yoga* gehabt haben.

Erst in der *Haṭha-Yoga-Pradīpikā* liegt *Haṭha-Yoga* jedoch als voll entwickeltes System vor. Die *Haṭha-Yoga-Pradīpikā* (Skrt.: *pradīpikā* (f.) - kleine Leuchte) des *Svātmārāma* stammt aus der Blütezeit des *Haṭha-Yoga* im 14. und 15. Jahrhundert. Sie steht in der Traditionslinie der *Nātha-Yogīs*, gründet auf *Gorakṣas* verloren gegangenen Text *Haṭha-Yoga* und enthält sogar einige Strophen seines *Gorakṣaśataka*. Von diesem bis heute gebräuchlichsten Text des *Haṭha-Yoga* liegen zahlreiche Sanskrit-Kommentare vor. Erst hier ist eine umfassende Praxis von Körperstellungen (*āsana*) beschrieben, sechs Reinigungs-Übungen (*ṣaṭ-kriyā*), Atemübungen, die hier 'Atemzurückhaltung' (*kumbhaka*) genannt werden, und die meist komplexeren Übungen der sogenannten 'Körpergesten' (*mudrā*). Zu den *mudrās* werden in der *Haṭha-Yoga-Pradīpikā* auch die sexuellen Übungen des linkshändigen Tantrismus und die Meditationspraxis gezählt.

Die später entstandene *Gheraṇḍa-Saṃhitā* (Skrt.: *Gheraṇḍa* - Eigenname des Autors, *saṃhitā* (f.) - Sammlung,) stammt aus der Feder des *Gheraṇḍa*, eines *Vishnu*-Verehrers aus Bengalen, über den sonst nur wenig bekannt ist. Dieser wichtige Text zeigt jedoch, dass *Haṭha-Yoga* sich schon bald über den Kreis des shivaitischen Tantrismus hinaus auch auf andere Strömungen der indischen Kultur ausbreitete. *Gheraṇḍa* übernimmt zum Teil wortgleich Teile aus der *Haṭha-Yoga-Pradīpikā,* beschreibt jedoch mehr *āsanas* und *mudrās*. Der kreativste Teil der *Gheraṇḍa-Saṃhitā* ist vor allem bei der Beschreibung der Reinigungs-Übungen zu finden. Interessanterweise übernimmt dieser Text nicht den Begriff *Haṭha-Yoga*, sondern spricht von *Ghaṭastha-Yoga* (Skrt.: *ghaṭastha* (m.) - physischer Körper).

Sowohl auf die *Haṭha-Yoga-Pradīpikā* als auch auf die *Gheraṇḍa-Saṃhitā* bezieht sich der vierte unter den Grundlagentexten des *Haṭha-Yoga*, die *Śiva-Saṃhitā*. Sie zeichnet sich vor allem durch die Behandlung von philosophischen Fragestellungen aus, die bei den meisten *Haṭha-Yoga*-Texten eine eher untergeordnete Rolle spielen. Hierbei treten Bezugnahmen auf den *advaita-vedānta* und auch buddhistische Einflüsse in besonderem Maße hervor.

Mit den vier genannten Texten sind bei weitem nicht alle, aber doch die am meisten verbreiteten Grundlagentexte des *Haṭha-Yoga* genannt. Viele andere, wie zum Beispiel die *Yoga-Yājñavalkya-Saṃhitā*, die in enger Beziehung auch zu den vedisch orientierten *Yoga-Upaniṣads* steht, wurden in der Geschichte des *Yoga* weit weniger rezipiert, zeigen uns heute jedoch ein umfassendes und vielschichtiges Bild des *Haṭha-Yoga*. All diese Texte wurden bis zu ihrer schriftlichen Niederlegung oft über eine lange Zeit mündlich vom jeweiligen Lehrer an seine Schüler weitergegeben. Dies konnte jedoch nicht verhindern, dass *Hāṭha-Yoga*, vielleicht schon ab dem 16. Jahrhundert, oft auf die Praxis bloßer Techniken mit zum Teil magischer Ausrichtung reduziert wurde. Einerseits mag es dieses Abgleiten in den Okkultismus gewesen sein, andererseits wird jedoch auch mit Sicherheit die Überfremdung durch die englische Kolonialmacht den Niedergang des *Haṭha-Yoga* mit herbeigeführt haben. Erst im 20. Jahrhundert setzte in einer kreativen Auseinandersetzung mit dem westlichen Denken die moderne *Yoga*-Renaissance ein.

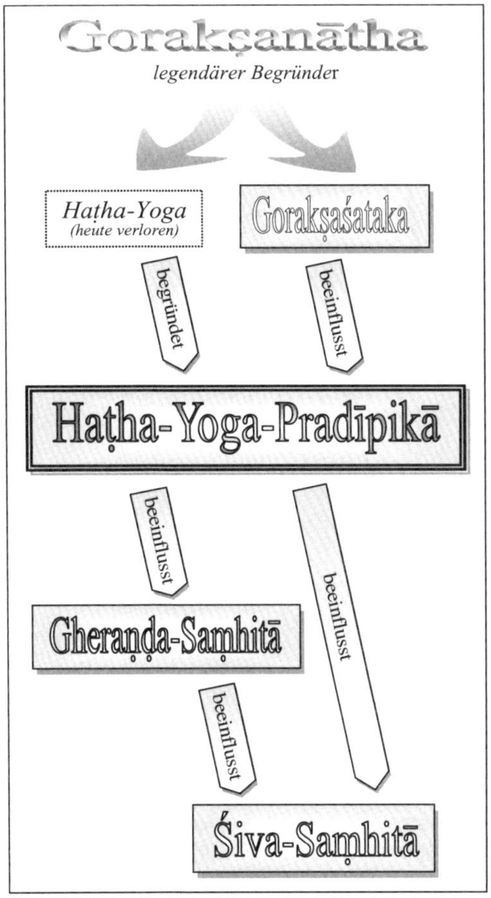


*Die Grundtexte des Haṭha-Yoga*

# 2. Die Grundkonzeption

## Spirituelle Anatomie

Es wurde immer wieder betont, dass es das große Verdienst des *Haṭha-Yoga* ist, den Körper in die spirituelle Konzeption des *Yoga* integriert zu haben. *Yoga* nimmt im *Haṭha-Yoga* vom Körper seinen Ausgang und öffnet diesen so entwickelten Körper-*Yoga* für die spirituelle Tiefe. *Yoga* vom Körper aus zu denken hat jedoch einschneidende Konsequenzen für den philosophischen Ansatz. Die Philosophie des *Haṭha-Yoga* ähnelt jetzt mehr einer spirituellen Anatomie oder Physiologie als den in mehr oder weniger abstrakten Begriffen denkenden Wegen des bisher bekannten religiösen oder des klassischen *Yoga*.

Schon in seinem anatomischen Grundansatz zeigt sich der *Haṭha-Yoga* als eine Schule des shivaitischen Tantrismus. Wie in allen Formen des *Yoga* geht es auch im *Haṭha-Yoga* um einen Weg der Bewusstseinsschulung, einen Weg der Transformation, der für die Bewusstheit der

*Möglichkeiten der Interpretation der spirituellen Anatomie des Haṭha-Yoga*

Tiefen menschlicher Existenz öffnet. Yogische Transformation erscheint jetzt jedoch als ein Strömen von Energien und spirituellen Urkräften im Körper, die geweckt oder gereinigt werden. Diese *prāṇa* und *kuṇḍalinī* genannten Kräfte fließen dabei in mit *nāḍī* bezeichneten Kanälen und verdichten sich in den Energiezentren der *cakras*.

Die Tradition nannte den von *nāḍīs* und *cakras* gebildeten Körper *sūkṣma-śarīra*, den feinstofflichen Leib (Skrt.: *sūkṣma* - fein, *śarīra* (n.) - Leib). Man hat immer wieder versucht, die Strukturen dieses feinstofflichen Leibes mit der grobstofflichen Anatomie insbesondere des Nervensystems in Beziehung zu setzen. *Nāḍīs* und *cakras* werden dann als feinstofflicher Ausdruck des grobstofflichen Nervensystems gesehen und erscheinen in dieser Weise als objektiv nachweisbare Strukturen. Als große Schwierigkeit erwies sich dabei, dass Anzahl und Verlauf der Kanäle und auch der Energiezentren in den verschiedenen Texten und Schulen höchst unterschiedlich angegeben werden. Dies nahmen die Gegner des *Haṭha-Yoga* wiederum zum Anlass, die feinstoffliche Physiologie als baren Unsinn und reine Fiktion abzutun.

Beide Ansätze der Interpretation scheinen an der ursprünglichen Intention des *Yoga* vorbeizugehen. Sowohl der Versuch, die feinstoffliche Anatomie objektiv nachzuweisen, als auch ihre Verurteilung als Unsinn gehen von der Alltagserfahrung aus. Beide Ansätze bleiben an der Oberfläche des gegenständlichen Denkens und vermögen nicht zur yogischen Tiefenerfahrung durchzudringen. *Yoga* bleibt auch im *Haṭha-Yoga* ein Erfahrungsweg, der die Alltagserfahrung durchbricht und sich für eine umfassendere Bewusstheit öffnet. Die Rede von Energien, Kanälen und Energiezentren ist in dieser Weise als Ausdruck dieses yogischen Erfahrungsweges zu verstehen. Die Begriffe wollen yogische Tiefenerfahrung beschreiben und den Weg zu dieser Erfahrung weisen. Es geht um feinstoffliche Strukturen, besser gesagt um eine spirituelle Anatomie, die nur durch das konkrete Sich-Einlassen auf den Erfahrungsweg *Yoga* evident werden kann. Sicher mag manches durch die materielle Physiologie und Anatomie erklärt werden können. Das was der *Haṭha-Yoga* mit seiner spirituellen Anatomie meint, dies wird mit bloßen Erklärungen jedoch kaum berührt.

Die spirituelle Anatomie gibt dem *Haṭha-Yoga* das begriffliche Material an die Hand, die zahlreichen Erfahrungen auf dem Weg des *Yoga* zu beschreiben und so den yogischen Transformationsprozess in bisher noch nicht dagewesener Konkretion darzustellen. Dieser Weg beginnt mit der Verlebendigung des Körpers, indem die Kanäle für die Lebensenergie *prāṇa* gereinigt werden. Das Fließen von *prāṇa* bildet die Voraussetzung für die Erweckung der göttlichen Energie der *kuṇḍalinī,* die jetzt vom Beckenboden bis zum Scheitelpunkt entlang der Wirbelsäule aufsteigen kann, wobei die Energiezentren der *cakras* geöffnet werden. Der entscheidende Durchbruch geschieht dann, wenn die *kuṇḍalinī* den Scheitelpunkt erreicht hat. Dieser Durchbruch besteht in der Vereinigung der *kuṇḍalinī* mit der göttlichen Transzendenz von *śiva*. Die vollkommene Befreiung

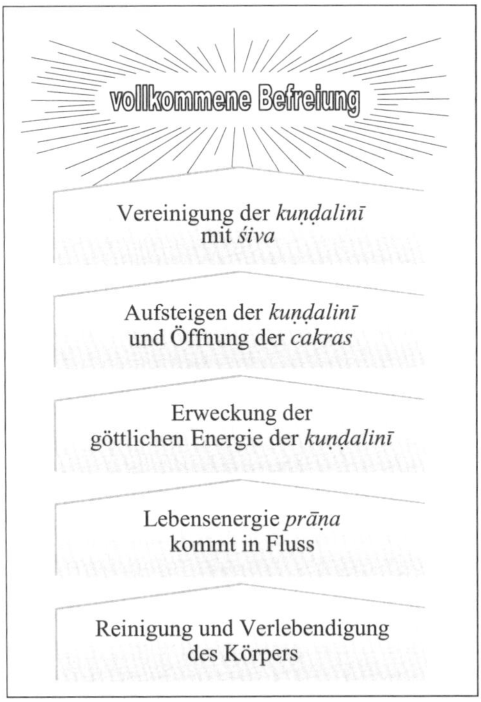


*Die Stufen der spirituellen Transformation des Haṭha-Yoga im Überblick*

ist allerdings erst erreicht, wenn diese Transzendenzerfahrung dauerhaft wird, wenn der Nektar der Unsterblichkeit vom Scheitelpunkt bis zum Beckenboden wieder zurückfließt.

Diese Beschreibungen bringen den Weg der yogischen Transformation mit Bildern zum Ausdruck, die einen breiten Interpretationsspielraum lassen. So scheint es nur verständlich, dass die einzelnen Schulen des *Haṭha-Yoga* zum Teil stark variierende Darstellungen entworfen haben. Im folgenden gilt es vor allem nur die Strukturen zum Ausdruck zu bringen, die eine weit verbreitete Akzeptanz erreichen konnten.

## Leben des Körpers

Zunächst und zumeist ist sich der Mensch weder des tieferen Sinns von Religion noch des ursprünglichen Seins seiner eigenen Existenz bewusst. Dies heißt, dass im allgemeinen weder Gott, noch das volle Potential von Körper und Geist erfahren wird. Die Perspektive des *Haṭha-Yoga* liegt zwar in der Entwicklung dieser Tiefenerfahrung. Der Weg beginnt jedoch mit der Arbeit am Körper und seiner Verlebendigung. Die feinstofflichen Energiekanäle der *nāḍīs* (Skrt.: *nāḍī* (f.) - Kanal, Gefäß, Ader, Fluss) können so als Ausdruck der Erfahrung des Fließens von Energie in verschiedenen Regionen des Körpers verstanden werden. Die Vorstellung von feinstofflichen *nāḍīs* geht dabei bis zu den Ursprüngen der yogischen Philosophie in den *Upaniṣads* zurück. Die *Bṛhadāraṇyaka-*, *Chāndogya-* und auch die *Kaṭha-Upaniṣad* sprechen von 101 *nāḍīs*, die, von der Mitte des Herzens ausgehend, nach außen führen. Durch sie könne die Seele des Menschen nach dem Tod den Körper verlassen. Die wichtigste dieser feinstofflichen Adern führt vom Herzen zum Scheitelpunkt des Kopfes. Wenn durch *Yoga* die Knoten der Begierde im Herzen gelöst sind, dann verlässt die Seele über diese wichtigste nāḍī den Körper und wird so unsterblich. Der Weg über die anderen 100 Adern führt dagegen zu erneuten Wiedergeburten.

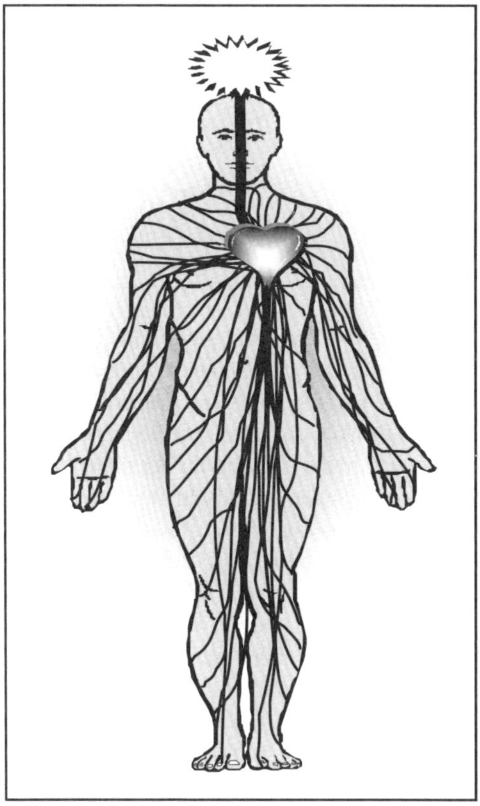

*Die Ursprünge der nāḍī-Vorstellung in den Upaniṣads*

*Die wichtigsten Energiekanäle (nāḍī) des Haṭha-Yoga*

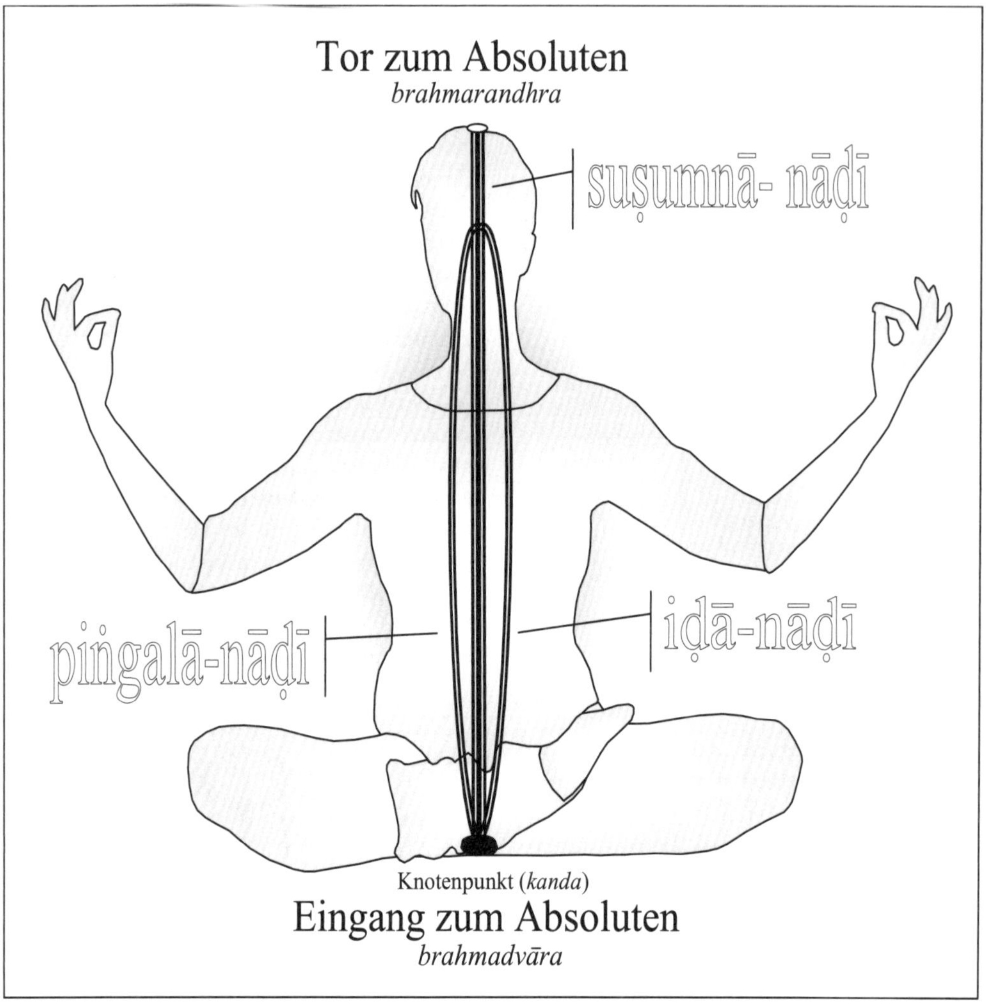


Der *Haṭha-Yoga* stützt sich jedoch nur entfernt auf diese Vorstellungen von den Seelenkanälen in den *Upaniṣads*. Im Wesentlichen wird hier das Denken der tantrischen Schulen übernommen. Anzahl und Verlauf der *nāḍīs* sind in den verschiedenen Grundschriften des *Haṭha-Yoga* zwar unterschiedlich beschrieben. Die *Śiva-Saṃhitā* nennt zum Beispiel 300 000 *nāḍīs*, die *Haṭha-Yoga-Pradīpikā* nur 72 000. Es hat sich dann jedoch ein Grundkonzept herauskristallisiert, über das weitgehende Übereinstimmung herrscht. Für die Praxis des *Yoga* werden letztlich nur drei *nāḍīs* wichtig, die mit den Namen *iḍā*, *piṅgalā* und *suṣumnā* benannt sind.

*Iḍā* (Skrt.: *iḍā* (f.) - die Erquickliche) verläuft links entlang der Wirbelsäule vom linken Nasenloch bis zu dem am Beckenboden liegenden, *kanda* genannten Knotenpunkt (Skrt. *kanda* (m.) - Wurzelknolle, Zwiebel). Mit ihr wird der Mond, der weibliche Aspekt und das Erquickliche und Kühlende verbunden. *Piṅgalā* (Skrt. *piṅgalā* (f.) - die Rotbraune) verläuft parallel zu ihr vom rechten Nasenloch ebenfalls zum *kanda* am Beckenboden. Mit ihr ist die Sonne, der männliche Aspekt und das Rote, Erwärmende assoziiert. Vom *kanda* geht auch die dritte und wichtigste nāḍī aus, die *suṣumnā* (Skrt. *suṣumnā* (f.) - die sehr Gnädige). Sie steigt genau im Zentrum der Wirbelsäule auf, bis zum

Scheitelpunkt. Die *suṣumnā* wird dann in besonderer Weise zum Ort der Gotteserfahrung, von ihrem unteren Anfang, dem *brahmadvāra* als dem 'Eingang zum Absoluten' (Skrt.: *brahma* (n.) - Absolutes, *dvāra* (n.) - Eingang, Tor), bis hin zu ihrem oberen Ende, dem *brahmarandhra* als dem 'Tor zum Absoluten' (Skrt.: *randhra* (n.) - Tor, Öffnung, Loch).

In den meisten Texten des *Haṭha-Yoga* ist zwischen zwei Arten von Erfahrungen spiritueller Energie unterschieden: *prāṇa*, die Energie von *iḍā* und *piṅgalā*, sowie *kuṇḍalinī,* die Energie der *suṣumnā*. Die Vorstellung der Lebensenergie *prāṇa* (Skrt.: *prāṇa* (m.) - Atem, Lebensenergie) geht auf ältestes Denken zurück. Im *Haṭha-Yoga* wird ihm in einer ganz besonderen, körperbezogenen Darstellungsweise eine zentrale Rolle beigemessen. In den beiden äußeren Kanälen *iḍā* und *piṅgalā* zirkulierend, trägt der *prāṇa* von hier aus die gesamten Lebensprozesse. Dies geschieht nach alter Tradition in fünf verschiedenen Aspekten: *prāṇa* fördert den Aus- und Einatemvorgang, *vyāna* als verteilende Energie den Kreislauf, *samāna* als zusammenziehende Energie die Verdauung und den Stoffwechsel, *apāna* als abstrebende Energie die Ausscheidung, und *udāna* als aufstrebende Energie trägt im oberen Teil des Körpers Sprache und auch die spirituelle Entwicklung. *Prāṇa* wirkt in dieser Weise nicht nur auf die Prozesse des materiellen Körpers. Wichtig ist vor allem die Wirkung nach innen. *Prāṇa* bildet dann die Energie, die dazu beiträgt, die göttliche Urkraft der *kuṇḍalinī* im Körper des Menschen zu entfalten.

Zunächst und zumeist muss jedoch davon ausgegangen werden, dass die *nāḍīs* verstopft sind und somit *prāṇa* in ihnen nicht fließt. Die Texte des *Haṭha-Yoga* verwenden hier eine sehr bildhafte und gegenständliche Sprache. Es erscheint deswegen als wichtig, sich immer wieder zu vergegenwärtigen, dass es sich bei aller Gegenständlichkeit doch nicht um Phänomene der materiellen Welt handelt. Verstopfungen der *nāḍī*-Kanäle meinen keine materiellen Ablagerungen oder Unreinheiten. Die Unreinheit der Kanäle deutet hier eher auf Verspannung,

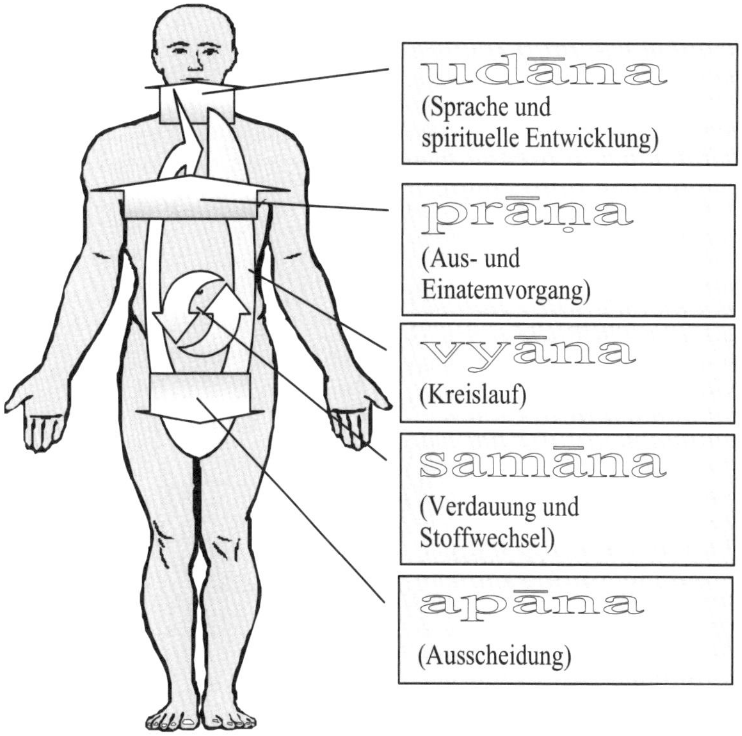


*Die traditionellen fünf Ausformungen der Lebensenergie prāṇa*

noch mehr auf Unbewusstheit, im Sinne des *Haṭha-Yoga* vor allem jedoch auf den Mangel an innerer Lebendigkeit und Lebenskraft.

Der Weg des *Haṭha-Yoga* beginnt deswegen mit der Schulung des Körpers. Es gilt die verstopften *prāṇa*-Kanäle der *nāḍīs* zu reinigen. Die innere Kraft des *prāṇa* beginnt zu fließen, wenn sich die äußere Atmung stabilisiert, beruhigt und verfeinert hat, wenn die Verspannungen des Körpers gelöst werden und sich seine Unbewusstheiten aufhellen. Wenn dann prāṇa von den Nasenöffnungen durch den ganzen Körper in *iḍā* und *piṅgalā* bis hin zum Beckenboden und in der *suṣumnā* wieder zurück nach oben ungehindert strömt, dann wird der Körper von der Lebensenergie getragen, die von der Erfahrung innerer Festigkeit und lebendiger Stabilität gekennzeichnet ist.

Schon der klassisch-philosophische *Yoga* hatte von Stabilität gesprochen. Das dort beschriebene Zur-Ruhe-Kommen der Aktivitäten des Geistes bezog sich jedoch nur auf den psychischen Bereich. *Haṭha-Yoga* denkt im Unterschied

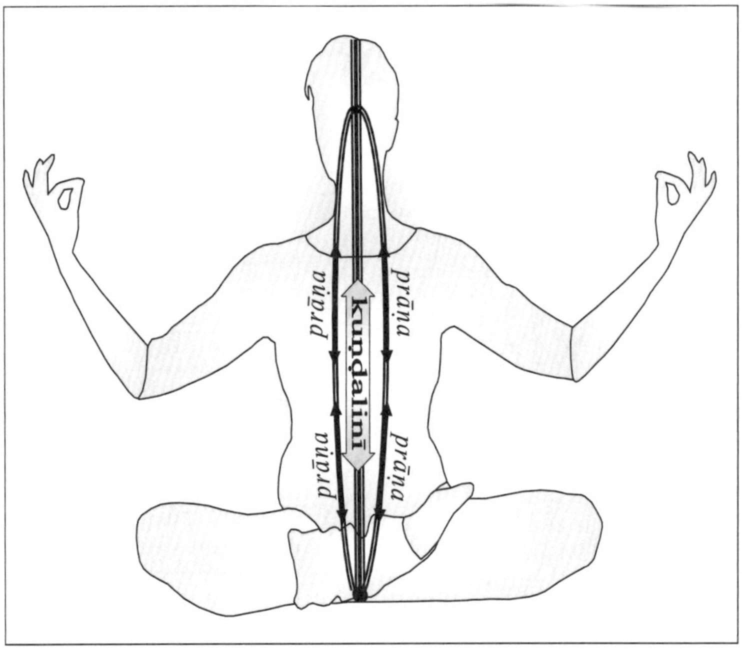


*Die Reinigung des nāḍi-Systems*

hierzu Yoga vom Körper aus. Für den *Haṭha-Yoga* beginnt Yoga mit dem Zur-Ruhe-Kommen der Aktivitäten des Körpers, wobei dieser Prozess den Geist keineswegs ausschließt. Im Gegenteil: Körper und Geist werden in inniger Verbindung gedacht. Eine solche psychosomatische Abhängigkeit ist zuerst zwischen der Atmung des Körpers und dem Denken des Geistes festzustellen. Denken und Atmung können als die zwei Seiten derselben Medaille gesehen werden, die zwei Seiten der Einheit von Körper und Geist. In diesem Sinne ist in der *Haṭha-Yoga-Pradīpikā* zu lesen:

*Wenn der Atem in Bewegung ist, sind es auch die Gedanken.*
*Wenn der Atem ruht, dann ruhen auch sie.*
*Da der Yogī nach Ruhe strebt, so soll der Atem beruhigt werden.*
*(Haṭha-Yoga-Pradīpikā 2.1)*

*Denken und Atmung als die zwei Seiten derselben Medaille*

Ein aufgeregter Geist zieht eine aufgeregte Atmung nach sich, wie ruhiges Denken zu ruhigem Atmen führt. Wie die Aktivitäten des Geistes auf die Atmung wirken, so beeinflusst auch umgekehrt die Atmung die Geistesaktivität. Der Weg des *Haṭha-Yoga* besteht so zunächst in der Beruhigung und Verfeinerung der Atmung, die gleichzeitig auch das Ziel des klassischen *Yoga*, die Beruhigung der Aktivitäten des Geistes verwirklicht.

Die innere Kraft des *prāṇa* beginnt zu fließen, wenn die äußeren Aktivitäten der Atmung und des Geistes gereinigt werden, das heißt zur Ruhe kommen. Die meisten Texte betonen diese beiden Aspekte, wobei die tantrisch ausgerichteten Schulen des *Haṭha-Yoga* noch eine dritte Komponente der äußeren Aktivität erwähnen: den Fluss des männlichen Samens. Wie die Meditation, die Körper- und die Atemübungen zur Reinigung und Beruhigung von Atmen und Denken führen, so fördert die tantrische Übungspraxis die Reinigung, das heißt die Beruhigung des triebhaften Samenflusses. Auch diese Beruhigung der äußeren Aktivität bedeutet das Aufkommen von innerer Energie, das Fließen von *prāṇa*.

Nach den alten Texten kann das Fließen von prāṇa durchaus auf der materiellen Ebene auch zu einer stabilen Gesundheit, einem schönen Körper bis hin zu einem langen Leben führen. Für den yogischen Prozess ist jedoch wiederum die Wirkung nach innen wichtig, wenn die Verlebendigung des Körpers das Fundament dafür legt, weiter in die spirituelle Tiefe der menschlichen Existenz vorzudringen. Der Weg des *Haṭha-Yoga* zeigt sich somit als ein Prozess der Verlebendigung und Bewusstwerdung von außen nach innen, vom materiellen Körper über verschiedene Stufen letztlich bis hin zur Erfahrung der spirituellen Tiefe des Menschen. Fließt *prāṇa* bis zum *kanda* am Beckenboden, dann ist die Voraussetzung für die nächste Stufe des yogischen Transformationsprozesses gelegt, die Erfahrung der *kuṇḍalinī*.

### kuṇḍalinī

Die Vorstellung von der göttlichen Urkraft *kuṇḍalinī* (Skrt.: nach *kuṇḍalin* - geringelt, Schlange) übernimmt der *Haṭha-Yoga* vom *Kuṇḍalinī-Yoga* des Tantrismus (siehe hierzu das Kapitel *Yoga* in den *Tantras*). *Kuṇḍalinī* wird bildhaft als eine am Beckenboden dreieinhalb, fünffach oder auch achtfach eingerollte, schlafende Schlange vorgestellt, als Sinnbild der im Körper des Menschen verborgene göttlichen Urkraft. Sie wird in den Texten mit zahlreichen Synonymen wiedergegeben wie *rājī*, *nāgi*, *sarasvatī*, *ātma-śaktī* usw. Die *kuṇḍalinī* schläft und bedeckt mit ihrem Kopf das *brahmadvāra*. Diese untere Öffnung der *suṣumnā* als 'Eingang zum Absoluten' ist somit verschlossen. Für *Yoga* als Erfahrungsweg heißt dies, dass *kuṇḍalinī* zunächst und zumeist nicht bewusst ist. Das Göttliche wohnt zwar im Körper, der Mensch vermag es jedoch nicht zu erfahren.

Während in den auf die vedischen *Upaniṣads* gestützten Schulen das Göttliche im Menschen zumeist als im Herzen verborgen erfahren wird, so zeigt sich der *Haṭha-Yoga* mit dieser Verlagerung des Ursprungs der Gotteserfahrung in den Beckenboden ein weiteres Mal als eine im Tantrismus verankerte Schule des *Yoga*. Und auch das Modell, das erklärt, warum Gott gerade dort verborgen zu erfahren ist, übernimmt der *Haṭha-Yoga* aus der tantrischen Denkwelt.

*Reinigung als das Zur-Ruhe-Kommen von Atmung, Denken und Samenfluss*

Hiernach wird davon ausgegangen, dass Gott als reine, in sich ruhende Transzendenz nie einen Grund gehabt hätte, die materielle Welt zu erschaffen. Dass doch die Welt existiert, liegt darin, dass das Göttliche in sich zwei verschiedene Aspekte aufweist, das Männliche und das Weibliche. Nur der männliche, meist mit dem Namen *śiva* bezeichnete Aspekt bedeutet reine, in sich ruhende Transzendenz (Skrt.: *śiva* (m.) - reine Transzendenz). Der weibliche Aspekt, die *śakti,* meint Schöpfungskraft (Skrt.: *śakti* (f.) - Kraft, Potenz, Macht). Nur durch den weiblichen Aspekt wird Gott zum Schöpfergott, genauer gesagt zur Schöpfungsgöttin, und bringt die Welt hervor.

Allerdings ist die göttliche Urkraft der *śakti* nur so lange aktiv, wie sie die materielle Welt erschafft. Mit dem Ende der Schöpfung des

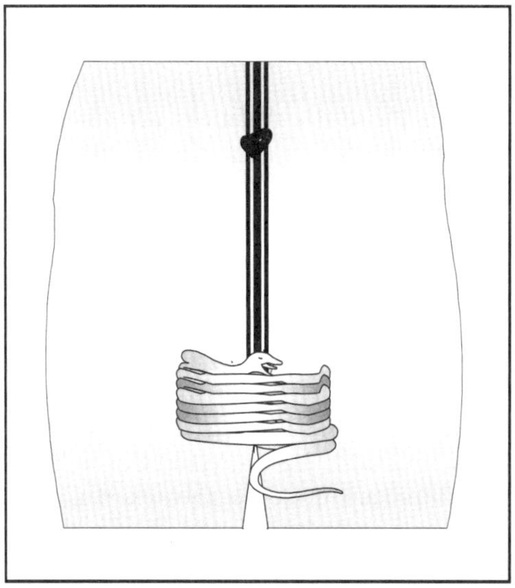

*Die allgemeine Unbewusstheit des Göttlichen im Menschen, vorgestellt als am Beckenboden schlafende Schlange*

*Das Entstehen des Menschen durch die Trennung des weiblichen (kuṇḍalinī-śakti) und des männlichen (śiva) Aspektes Gottes*

Menschen endet auch ihre Tätigkeit. Das Ergebnis ist die materielle Welt. Bildhaft vorgestellt rollt sich nun die *śakti* als *kuṇḍalinī* wie eine Schlange in der Materie ein. *Kuṇḍalini* bedeutet somit die im Menschen am Beckenboden schlafende und so für menschliches Erfahren zunächst verborgene, individuelle Form der kosmischen Schöpfungskraft der *śakti*.

Die Verborgenheit des Göttlichen im Menschen und auch die Trennung des weiblichen und des männlichen Aspektes Gottes bedeuten die Unerlöstheit des Menschen. Der Mensch ist hierdurch an die materielle Welt gebunden. Die Aufgabe des *Yoga* bleibt auch im *Haṭha-Yoga* die Loslösung von der materiellen Gebundenheit und somit die Erlösung und Befreiung des Menschen. Es gilt die schlafende Schlange *kuṇḍalinī-śakti* zu wecken und so die göttliche Schöpfungskraft wieder zu aktivieren und bewusst zu erfahren. Dieses Wecken der *kuṇḍalinī* geschieht im *Haṭha-Yoga* durch Schulung des Körpers, vor allem durch die Befreiung seiner Lebenskraft, indem *prāṇa* ungehindert fließen kann. Um ein Bild aus der modernen Denkwelt zu gebrauchen: *Prāṇa* dient als eine Art Anlasser für die Aktivierung des Motors der *kuṇḍalinī*.

Mit dem Erwachen der *kuṇḍalinī* ist eine neue Dimension des Erfahrungsweges des *Haṭha-Yoga* erschlossen, die es in Folge weiter zu kultivieren gilt. Immer mehr wird der Körper mit der göttlichen Urkraft erfüllt. Auch hier geht es um einen Erfahrungsweg, der als Aufstieg der *kuṇḍalinī* in dem zentralen Kanal der *suṣumnā* beschrieben wird.

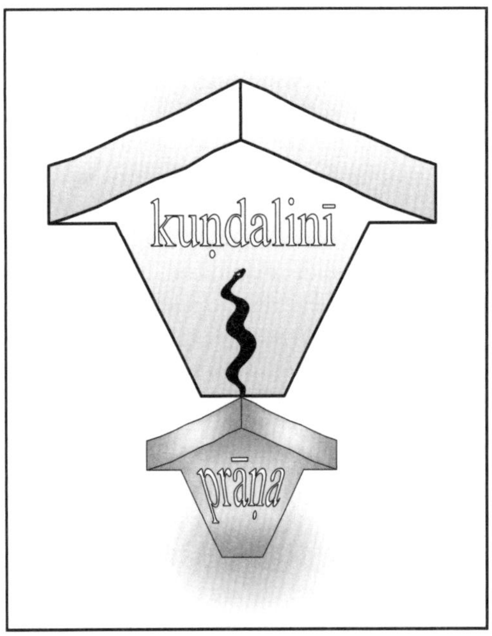


*Die Aktivierung der Lebensenergie prāṇa als Voraussetzung zur Erweckung der göttliche Urkraft kuṇḍalinī*

## cakra

In der Phase des Aufstiegs der *kuṇḍalinī* durch die vertikale Achse der *suṣumnā* vom Beckenboden aus wird der Körper immer mehr von der göttlichen Urkraft durchströmt, wobei sich verschiedene Energiezentren öffnen. Diese Energiezentren werden meist *cakra* (Skrt.: *cakra* (n.) - Kreis, Rad) oder auch *padma* (Skrt.: *padma* (m. n.) - Lotus, Lotusblüte) genannt, nach der englischen Notation manchmal auch *chakra* geschrieben. Die Vorstellung von *cakras* wurde im Tantrismus als Ausdruck von Energieerfahrungen im Körper entwickelt. *Cakras* finden aber auch als Hilfsvorstellungen für die Meditation Verwendung. In den verschiedenen

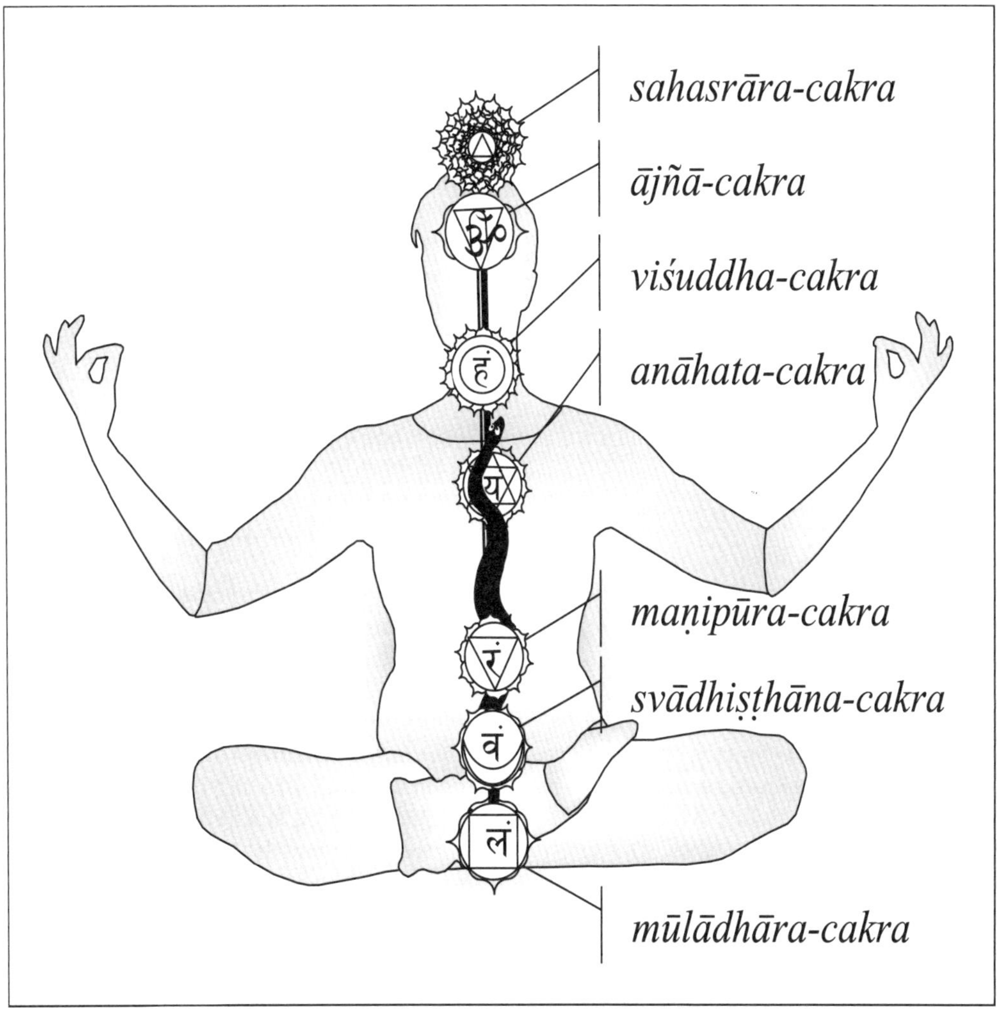


*Die Öffnung der cakras im Aufstieg der kuṇḍalinī*

Schulen gibt es Modelle von neun, zwölf und noch mehr *cakras*. Im *Haṭha-Yoga* hat sich vor allem die Konzeption von sechs auf der vertikalen Achse der *suṣumnā* liegenden *cakras* durchgesetzt, wobei ein siebtes als über der körperlichen Existenz liegendes, transzendentes *cakra* hinzugefügt ist.

Ähnlich wie bei den *nāḍīs* werden auch die sechs Körper*cakras* an konkreten Orten in der Wirbelsäule, genauer gesagt innerhalb der *suṣumnā*, platziert, obwohl sie keineswegs auf der körperlichen Ebene zu lokalisieren sind. Auch die Rede von der Öffnung der *cakras,* wenn sie von der *kuṇḍalinī* durchströmt werden, und vom Schließen, wenn die *kuṇḍalinī* wieder versiegt, lässt auf einen mechanischen Vorgang schließen. Es ist jedoch notwendig, sich auch hier zu vergegenwärtigen, dass der Ursprung der *cakra*-Vorstellung in Erfahrungen auf dem Weg des *Yoga* liegt, die mit dem mechanischen Denken des Alltagsbewusstseins nicht zu erfassen sind.

Die *cakras* werden mit verschiedenen Symbolen dargestellt, einer Lotusblüte mit je verschiedener Anzahl an Blütenblättern, einem geometrischen Symbol, einem Wurzel*mantra* und einem Element der Materie. Sie sind aber auch bestimmten Körperfunktionen zugeordnet, Empfindungsorganen, Tatorganen, Farben, symbolischen Tieren, einem Aspekt im menschlichen Leben, einem

*Das mūlādhāra-cakra, das Wurzel-Zentrum an der Basis der Wirbelsäule*

männlichen und einem weiblichen Aspekt Gottes. Aus diesem weiten Bereich der Korrelationen sollen hier nur die wichtigsten dargestellt werden.

Das unterste der sechs Körper*cakras* ist als *mūlādhāra-cakra* bekannt (Skrt.: *mūla* (n.) - Wurzel; *ādhāra* (m.) - Stütze), als das 'Wurzel-Zentrum'. Seine Lage wird gemeinhin unterhalb der Wirbelsäule zwischen Afteröffnung und Geschlechtsorganen angegeben. Die meisten Schulen ordnen dem *mūlādhāra-cakra* den vierblättrigen Lotus zu, das Quadrat, den Wurzelmantra *laṃ*, das Element Erde, im Zentrum ein Dreieck als Symbol der *yonī* (Skrt.: *yonī* (f.) - Vagina, Schoß), wobei im Herzen der *yoni* ein *liṅga* eingezeichnet ist (Skrt.: *liṅga* (n.) - Phallus, Kennzeichen, Götterbild), um das sich die Schlange *kuṇḍalinī* windet, mit dem Kopf die Öffnung des *liṅga* verschließend.

Die Deutungen dieser Bilder fallen je nach Schule höchst unterschiedlich aus, bieten so jedoch auch den Spielraum für eine je spezifische, von der eigenen Erfahrung geprägte Auslegung. Schon der Name dieses *cakra* deutet auf die Erfahrung von Halt. Seine Öffnung bietet die Stütze für alle anderen Erfahrungen, die beim Aufstieg der *kuṇḍalinī* gemacht werden. Auch der vierblättrige Lotus und das Viereck symbolisieren Stabilität. Der Wurzel*mantra laṃ* unterstützt das Element Erde, das feste, aber auch tragende Element. Das Dreieck mit der Spitze nach unten ist die *yonī*, die Vagina als Symbol des Weiblichen. Das liṅga als der Phallus symbolisiert das Männliche, was auf die enge Beziehung gerade dieses *cakra* zu der den Menschen erdenden Sexualität hinweist. Die Schlange versperrt mit ihrem Kopf das *brahmadvāra,* den Eingang zum Absoluten. Dieses *cakra* bildet somit in seiner geschlossenen Form den Ursprung der Unbewusstheit für das Absolute. Gleichzeitig ist hier in seiner Öffnung jedoch auch das Potential für den Durchbruch der göttlichen Urkraft zu finden. In diesem *cakra* wird das Erwachen der *kuṇḍalini* erfahren, wenn sich das Tor zum Absoluten öffnet und die göttliche Energie der *kuṇḍalinī* den zentralen Energiekanal der *suṣumnā* aufzusteigen beginnt.

Das zweite *cakra* wird unterhalb des Nabels an der Basis des männlichen Geschlechtsorgans bzw. in der Höhe des Uterus lokalisiert und kann mit 'Zentrum des eigenen Fundaments' übersetzt werden (Skrt.: *sva* - selbst, eigen; *adhiṣṭhāna* (n.) - Fundament). Die meisten Schulen ordnen dem *svādhiṣṭhāna-cakra* einen sechsblättrigen Lotus zu, einen Halbmond, den Wurzel*mantra vaṃ* und das Element Wasser. Wie das erste *cakra* deutet auch dieses Energiezentrum auf die Erfahrung von Stabilität, die hier jedoch einen anderen Charakter erhält. Der

*Das svādhiṣṭhāna-cakra - das Zentrum des eigenen Fundaments unterhalb des Nabels*

*Das maṇipūra-cakra - das Zentrum der Stadt des Edelsteins in der Höhe des Nabels*

Wurzel*mantra vaṃ* unterstützt das Element Wasser, wie auch der Halbmond durch seine Verbindung mit den Gezeiten mit dem Wasser und dem zyklischen Werden und Vergehen verbunden wird. Die Erfahrung des *svādhiṣṭhāna-cakra* deutet somit auf die Erfahrung der Festigkeit in der Bewegung der aufsteigenden *kuṇḍalinī*.

Das *maṇipūra-cakra* als das dritte Zentrum liegt etwa in der Höhe des Nabels und kann als 'Zentrum der Stadt des Edelsteins' übersetzt werden (Skrt.: *maṇi* (m.) - Edelstein; *pūra* (m.) - Stadt, Überfluss). Ihm ist der zehnblättrige Lotus, das abwärts weisende Dreieck, der Wurzel*mantra raṃ* und das Element Feuer zugeordnet. Der Wurzelmantra *raṃ* unterstützt das Element Feuer, wie auch das Symbol des Dreiecks als Symbol des Menstruationsblutes und des Feuers angesehen wird. Das *maṇipūra-cakra* gilt in dieser Weise als das cakra der leuchtenden Energie.

Das vierte Energiezentrum, das *anāhata-cakra* (Skrt.: *an* - nicht, *āhata* - angeschlagen, *anāhata* (n.) - das Nicht-Angeschlagene), meint das 'Zentrum des nicht angeschlagenen Klangs'. Es liegt in der Höhe des Herzens. Hier scheint die Tradition des Tantra und des *Haṭha-Yoga* mit dem alten Denken der *Upaniṣads* zu korrelieren, das im Herzen den Ort des Göttlichen sah. Der nicht-angeschlagene Klang ist der Ton, den man hervorbringt, ohne dass sich zwei Gegenstände berühren. Ein solcher Ton ist mit materiellen Gegenständen nicht zu erzeugen und verweist so auf ein inneres, übersinnliches Tönen.

Das *anāhata-cakra* wird mit einem zwölfblättrigen Lotus verbunden, mit zwei ineinandergeschobenen Dreiecken und dem Wurzel*mantra yaṃ*, wobei der Wurzelmantra *yaṃ* das Element Luft unterstützt.

Das *viśuddha-cakra* als das fünfte Energiezentrum liegt in der Höhe des Halses. Seine

*Das anāhata-cakra - das Zentrum des nicht angeschlagenen Klangs in der Höhe des Herzens*

*Das viśuddha-cakra - das reine Zentrum in der Höhe des Halses*

Übersetzung lautet das 'reine Zentrum' (Skrt.: *viśuddha* - gereinigt, rein lauter). Dem *viśuddha-cakra* ist ein sechzehnblättriger Lotus, ein weißer Kreis, der Wurzel*mantra haṃ* und das Element Äther/Raum zugeordnet, wobei der Wurzel*mantra haṃ* wiederum genau dieses Element unterstützt. Das Symbol des weißen Kreises deutet auf den Kreis des Raumes und wird oft mit dem Vollmond verbunden.

*Das ājñā-cakra - das Auftragszentrum zwischen den Augenbrauen*

Als letztes der sechs *cakras* des Körpers gilt das *ājñā-cakra*, das 'Auftrags-Zentrum' (Skrt.: *ājñā* (f.) - Befehl, Auftrag). Es wird zwischen den Augenbrauen lokalisiert. Das *ājñā-cakra* ist auch als sogenanntes drittes Auge bekannt und in dieser Weise für Erkenntnis und Intuition zuständig. Sein Name kann dahingehend gedeutet werden, dass hier genau der Ort gelegen ist, an welchem der *Guru* den spirituellen Kontakt mit dem Schüler herstellt, der Schüler seinen spirituellen Auftrag bekommt. Diesem *cakra* ist der zweiblättrige Lotus, ein weißes Dreieck als Symbol des Weiblichen, in welchem ein weißes liṅga als Symbol des Männlichen eingefügt ist, und der Wurzel*mantra* OM zugeordnet. Während die ersten fünf *cakras* sich je auf eines der fünf Elemente der Materie beziehen, weist die Zuordnung des *ājñā-cakra* über den materiellen Bereich hinaus auf den Geist. Viele Schulen sehen hier auch den Sitz der noch vom Ich-Sinn geprägten Erkenntniskräfte, wobei mit der Öffnung des *ājñā-cakra* der Erwerb übersinnlicher Kräfte einhergehen soll. Der Aufstieg der *kuṇḍalinī* innerhalb des Körpers ist hier zu seinem Abschluss gekommen. Der weitere Weg führt über den Körper und auch über den Geist hinaus.

## Die Vereinigung

Den sechs *cakras* des Körpers übergeordnet ist das *sahasrāra-cakra*, das 'Zentrum des tausendblättrigen Lotus' (Skrt.: *sahasra* - tausend, *ara* (m.) - Radspeiche, Blütenblatt). Allgemein anerkannt ist, dass dieses siebte *cakra* entweder direkt am Scheitelpunkt oder etwas darüber lokalisiert werden kann. Das *sahasrāra-cakra* ist als tausendblättriger Lotus dargestellt, in der Mitte der Vollmond, der ein hell erleuchtetes Dreieck mit der Spitze nach oben einschließt, in dessen Zentrum die Leere (*śūnya*) zu finden ist, die auch *parama-bindu*, 'höchster Tropfen', genannt wird (Skrt.: *parama* - höchster, *bindu* (m.) - Tropfen, Punkt). Der Wurzel*mantra* ist die ewige Stille. Dem *sahasrāra-cakra* ist weder ein Element der materiellen Welt noch der Geist zugeordnet. Es steht über jeglicher Zuordnung und repräsentiert die Erfahrung reiner Transzendenz.

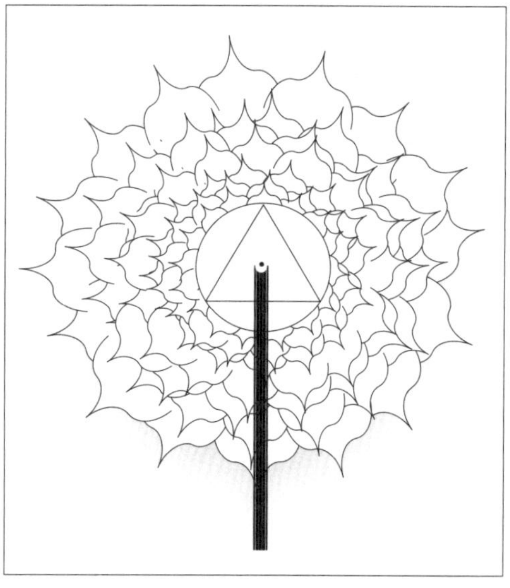

*sahasrāra-cakra - das Zentrum des tausendblättrigen Lotus am Scheitelpunkt*

Schon das Fließen von *prāṇa* zeigte sich als die körperliche Seite einer ursprünglichen Stabilisierung der Aktivitäten des Geistes, wie dies auch schon im klassischen *Yoga* beschrieben wurde. In gleicher Weise erscheint jetzt auf einer tieferen Ebene auch der Aufstieg der *kuṇḍalinī* eng verbunden mit der Beruhigung des Denkens. Die meisten Schulen sprechen hier allerdings weniger von *nirodha*, wie dies *Patañjali* tat, sondern bevorzugen den tantrischen Begriff *laya* (Skrt.: *laya* (m.) - Ruhe, Untergang, Tod, Auflösung). Der Aufstieg der *kuṇḍalinī* und die Auflösung des Denkens bilden die zwei Seiten einer Medaille. Um so mehr sich die Aktivitäten des Denkens beruhigen, desto stärker kann sich die innere Kraft der *kuṇḍalinī* entfalten. Und umgekehrt bedeutete der Aufstieg der *kuṇḍalinī* ein weiteres Auflösen der Aktivitäten des Geistes und hiermit die Auflösung der bisherigen Sicht der Welt, wie sie im Schöpfungsprozess entfaltet wurde.

Der yogische Transformationsprozess erreicht seinen entscheidenden Durchbruch, wenn die Auflösung des Denkens so weit fortgeschritten ist, so dass sich jetzt auch der letzte Faden der Gebundenheit an die materielle Welt auflöst. Dieser vollkommenen Loslösung des Denkens entspricht der Durchbruch der *kuṇḍalinī* am oberen Ende der *suṣumnā* durch das *brahmarandhra*, das 'Tor zum Absoluten'. Die *kuṇḍalinī* stößt vor zum Wohnort von *parama-śiva*, der höchsten Form des Gottes *Shiva* als der reinen Transzendenz, der gleichzeitig der Vereinigungsort von *śiva* und *śakti* ist. Die Trennung des männlichen und des weiblichen Aspektes Gottes durch die Schöpfung der materiellen Welt ist nun rückgängig gemacht. Die *kuṇḍalinī-śakti* vereinigt sich wieder mit *parama-śiva*, mit dem sie ihrem innersten Wesen nach immer schon eins gewesen ist.

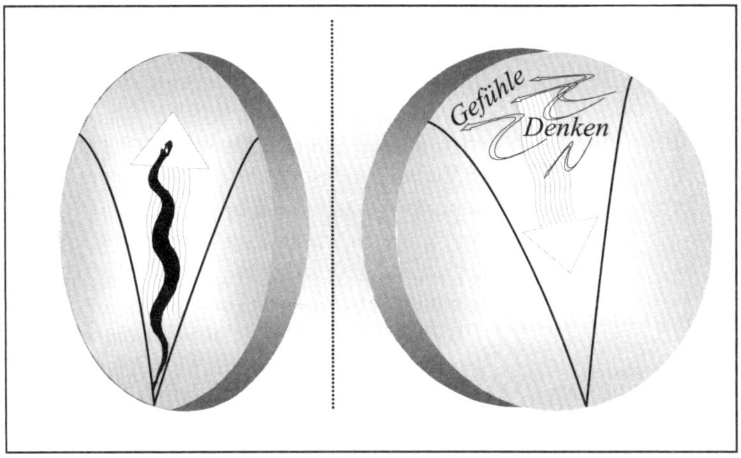


*Aufstieg der kuṇḍalinī und Auflösung des Denkens (laya) als zwei Seiten einer Medaille*

## rāja-yoga

Wenn die Erfahrung der Vereinigung im *sahasrāra-cakra* zuerst nur kurz möglich war, so gilt es im weiteren Verlauf des *Yoga*-Weges diese Fähigkeit der vollkommenen Loslösung vertieft zu kultivieren, wobei die Vertiefung gerade darin besteht, den ganzen Körper in diese

*Die Vereinigung der kuṇḍalinī mit parama-śiva*

*Das Selbst: Leer wie ein Topf im Raum, voll wie ein Topf im Ozean*

Erfahrung mit hineinzunehmen. Es gilt die Fähigkeit zu entwickeln, die *kuṇḍalinī* in ihrer Vereinigung mit *śiva* wieder nach unten zu bewegen. Dann ergießt sich der Nektar der Unsterblichkeit (*amṛta*) mit der Erfahrung unendlicher Glückseligkeit (*ānanda*) vom Scheitelpunkt bis zum Beckenboden. Wenn es dem *Yogī* möglich ist, die *kuṇḍalinī* nun ständig in der Vereinigung zu lassen, dann wird er als vollkommen befreit angesehen.

*Der Nektar der Unsterblichkeit (amṛta) ergießt sich vom Scheitelpunkt bis zum Beckenboden*

Während die vollkommene Befreiung als das letzte Ziel mit der Rede vom Nektar der Unsterblichkeit in einem gegenständlichen Bild zum Ausdruck kommt, so wird andererseits auch der Weg reiner Abstraktion beschritten. So führt die *Haṭha-Yoga-Pradīpikā* folgendes Gleichnis aus der *Yoga*-Tradition auf:

*Und nachdem alles leer ist, dann ist das Denken zur Ruhe gekommen. Innen und außen leer wie ein Topf im leeren Raum und*

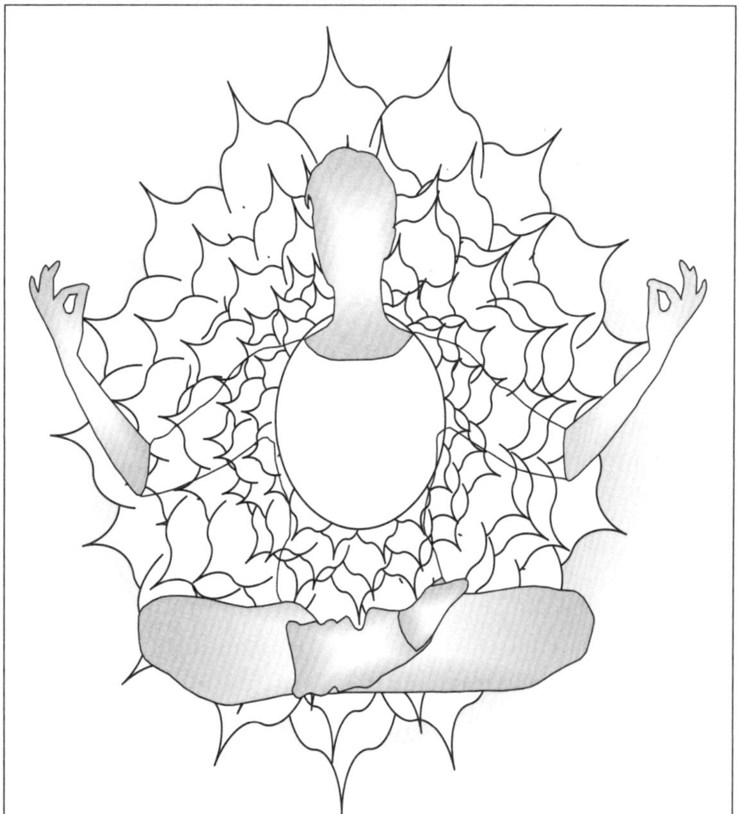

*doch innen und außen gefüllt wie ein Topf im Ozean.*

*(Haṭha-Yoga-Pradīpikā 4.55-56)*

Leere und Fülle ist in eins gedacht. Es gibt nichts, was zu denken wäre und doch geht es gerade um die Erfahrung der Fülle des Lebens, auf das alle menschliche Existenz hinstrebt. Wie das Gleichnis mit dem leeren Topf im Ozean zeigt, weist der *Haṭha-Yoga* mit großer Radikalität das Missverständnis von *Yoga* als Weltflucht und Abgleiten in die Transzendenz zurück, ohne den Wert der Transzendenzerfahrung damit aufzugeben. *Haṭha-Yoga* weist den Weg der Befreiung zu Lebzeiten (*jīvanmukti*). Die Fülle der Transzendenz wird mitten in der Konkretion der materiellen Welt gelebt. Wie ein Topf im Ozean innen und außen voll ist, so erfährt der Mensch seinen Körper erfüllt von der transzendenten Wirklichkeit, wie er auch überall in der Welt die Fülle der Transzendenz zu schauen vermag.

Um diese Perspektive zum Ausdruck zu bringen, wird der Begriff *rāja-yoga* eingeführt, der 'königliche Yoga' (Skrt.: *rāja* (m) - König, königlich). *Rāja-yoga* als Begriff des *Haṭha-Yoga* meint hier nicht den klassischen *Yoga* des *Patañjali*, wie *Vivekānanda* und viele andere Meister der Gegenwart ihn gebrauchen. *Rāja-yoga* meint in den alten Texten keinen bestimmten *Yoga*-Weg, sondern die Perspektive des *Haṭha-Yoga*, das Ziel, auf das alle Praxis des *Haṭha-Yoga* ausgerichtet ist.

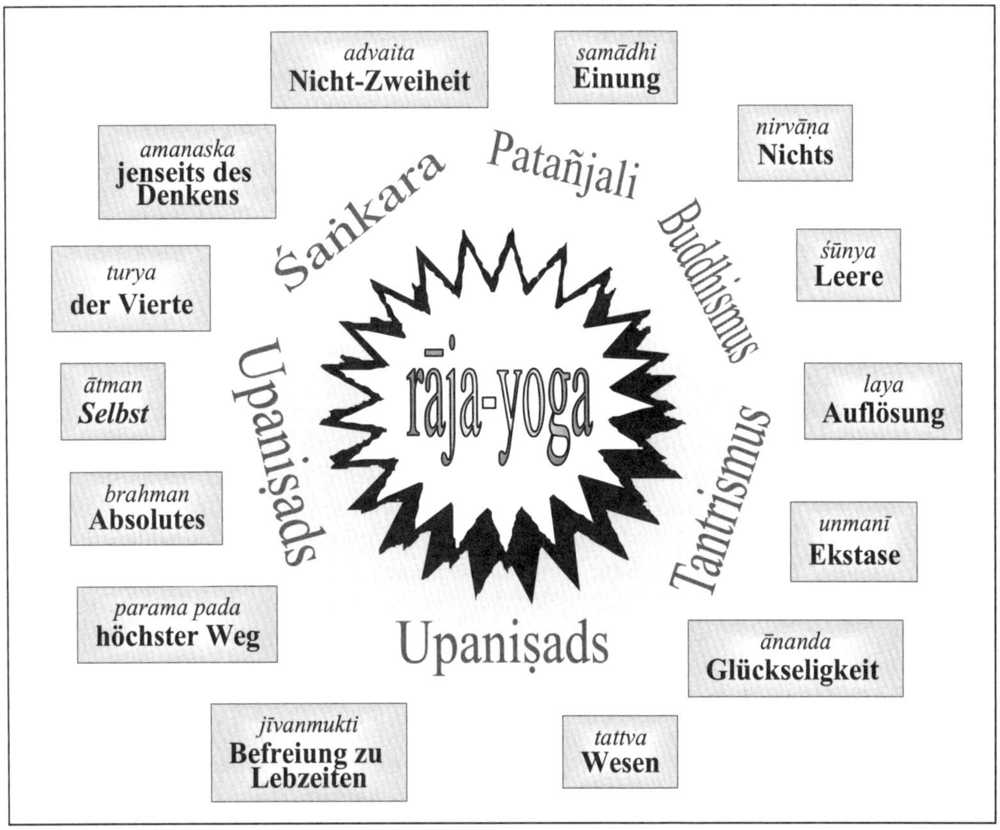


*Der raja-yoga als das alle anderen spirituellen Wege integrierende spirituelle Fundament des Haṭha-Yoga*

Wie gezeigt, unterscheidet sich der *Haṭha-Yoga* in der Übungspraxis ganz wesentlich von den religiösen oder klassischen Schulen der Tradition. Ganz anders verhält es sich jedoch hier bei der Beschreibung der Perspektive des Weges. In Bezug auf das letzte Ziel stellt sich der *Haṭha-Yoga* ganz bewusst in die Tradition des Yoga Indiens, indem er sich als Weiterführung der *Yoga*-Wege der verschiedenen Traditionen sieht. Ja es mag sogar als besonderes Charakteristikum der *Haṭha-Yogīs* gelten, dass sie den *Haṭha-Yoga* als Kulminationspunkt aller damals bekannten spirituellen Wege betrachten. Die zahlreichen in der Tradition ausgebildeten Begriffe zur Bezeichnung der jeweils anvisierten Perspektive werden in dieser Weise als Synonyme des einen und einzigen Sinns des *Yoga* verstanden, als Synonyme für *rāja-yoga*. So ist vom Aufgehen im Absoluten (*brahman*), der Identität des individuellen Selbst (*jivātman*) mit dem höchsten SELBST (*paramātman*), vom höchsten Weg (*parama pada*) und dem VIERTEN (*turya*) die Rede. Die Texte sprechen von der Einung (*samādhi*), von der Unzweiheit (*advaita*), von der Auflösung (*laya*), von dem Bereich jenseits des Denkens (*amanaska*), vom Wesen (*tattva*), von ohne Falschheit (*nirañjana*), von der Ekstase (*unmanī*) und von der Glückseligkeit (*ānanda*). Über diese aus den spirituellen Wegen des hinduistischen Kulturkreises stammenden Begriffen hinaus werden sogar buddhistische Termini wie die Rede von der Leere (*śūnya*) oder vom Nichts (*nirvāṇa*) als Synonyme für den *rāja-yoga* als Perspektive des *Haṭha-Yoga* gebraucht. Nicht die Absetzung, sondern die Integration aller anderen *Yoga*-Wege kann als die Grundintention des *Haṭha-Yoga* angesehen werden, eine Haltung, die mit Sicherheit zu dem großen Erfolg dieses Weges beigetragen hat.

# 3. Die Übungspraxis

Es gehörte zu den besonderen Kennzeichen des klassischen *Yoga* des *Patañjali*, dass hier einerseits die Übungspraxis (*abhyāsa*) betont wurde, andererseits die Notwendigkeit der Loslösung, also des Loslassens von jedem Üben (*vairagya*). Die Übung bestand gerade darin, vom Machen loszulassen und sich auf eine Haltung der Gelassenheit einzulassen. Die meisten Schulen des *Haṭha-Yoga* scheinen dann diesen traditionellen Ansatz des Yoga in Richtung auf die Betonung von *abhyāsa*, also der Übungspraxis, zu ändern. Teilweise scheint sogar die Machbarkeit des Yoga in besonderer weise propagiert. Manche Einseitigkeit ist so in den Schulen des *Haṭha-Yoga* entstanden, die jedoch auf eine konkrete Ursache zurückzuführen ist, wie der Blick in die *Haṭha-Yoga-Pradīpikā* zeigt:

*Vom Reden über Yoga zur konkreten Praxis*

*Die Vollkommenheit im Yoga erreicht man nicht durch das Lesen der Lehrbücher. Man erreicht sie nicht durch das Tragen des Yoga-Gewandes oder durch Reden über Yoga, sondern wahrlich nur das Üben bringt den Erfolg. Daran ist nicht zu zweifeln. (Haṭha-Yoga-Pradīpikā 1.65-66)*

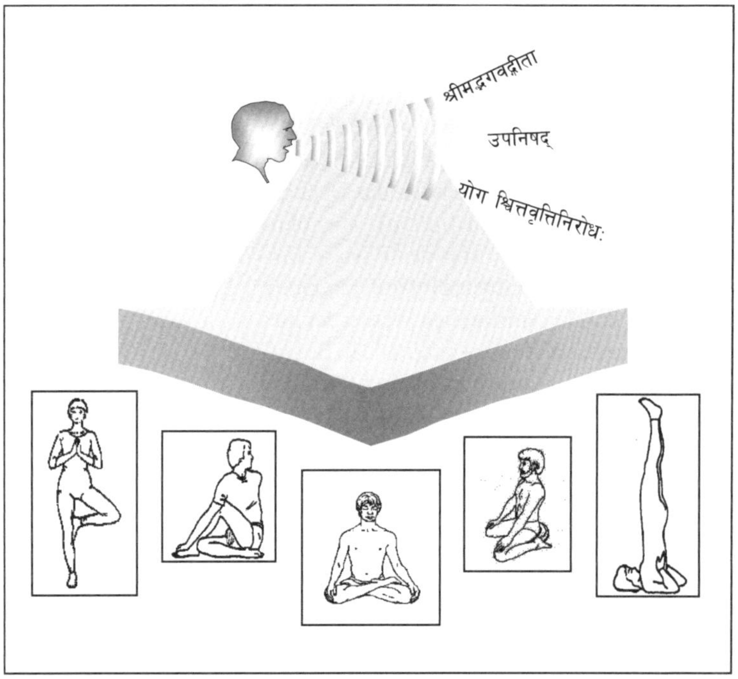


*Haṭha-Yoga* zeigt sich hier als ein Weg der Praxis, der sich gegen die bloßen Theoretiker wendet, die in der Philosophie des *Yoga* beschlagen sind und über sie trefflich diskutieren können. All die *Yoga*-Theoretiker bleiben an der Oberfläche wie auch diejenigen, die sich in das weiße Tuch eines *Yogīs* hüllen, innerlich jedoch unbewusst und gebunden leben. Wichtig ist die Arbeit an sich selbst, die Übungspraxis zur eigenen Transformation.

So mag es auch nicht verwundern, dass im Zentrum der Texte des *Haṭha-Yoga* nicht mehr theoretische Analysen des spirituellen Weges stehen, sondern die Beschreibung konkreter Übungstechniken, die zudem noch recht gegenständlich mit Körperübungen beginnen. Das tantrische Leitmotiv der Betonung der Praxis des eigenen Handelns wird auf den Weg des *Yoga* übertragen. Dem Üben mit dem Körper wird eine in der Geschichte des *Yoga* bisher noch nie dagewesene Bedeutung beigemessen. *Yoga*, traditionell ein spiritueller Weg der Meditation, wird im *Haṭha-Yoga* zum *kāya-sādhana*, zum Weg des Körpers (Skrt.: *kāya* (m.) - Körper; *sādhana* (n.) - Weg, Durchführung, Werkzeug). Umfangreiche Systeme einer vielgestaltigen Praxis geben den *Yogīs* konkrete Möglichkeiten an die Hand, *Yoga* mit dem Körper zu üben.

Obwohl im *Haṭha-Yoga* die Techniken im Zentrum stehen, so weist der eigentliche Sinn der Praxis doch über den Bereich des Technischen weit hinaus. Die ganze Vielfalt der Übungsformen hat die Erfahrung von *samādhi* oder *rāja-yoga* zum Ziel. Der Körper wird nach der *Haṭha-Yoga-Pradīpikā* zum Werkzeug für die Erleuchtung:

*Ohne Haṭha-Yoga gibt es keinen rāja-yoga, und ohne rāja-yoga führt der Haṭha-Yoga zu nichts. Deswegen muss man sowohl den einen wie den anderen üben, bis zu ihrer Vollendung.*
*(Haṭha-Yoga-Pradīpikā 2.76)*

Mit diesem viel zitierten Satz der *Haṭha-Yoga-Pradīpikā* macht *Savātmārāma* zunächst deutlich, dass das Ziel des *Haṭha-Yoga* ohne Übungspraxis nicht zu realisieren ist. Ohne die Übungen des *Haṭha-Yoga* gibt es keine Erfahrung des *rāja-yoga*. Aber auch umgekehrt gilt: Die im Haṭha-Yoga so stark betonte Übungspraxis bedeutet für sich genommen noch nichts. Auch die vielen wohltuenden Wirkungen der Übungen, von der Heilung von Krankheiten bis zur Stabilisierung der Gesundheit, machen *Haṭha-Yoga* noch nicht zu einem *Yoga*-Weg im ursprünglichen Sinne des Wortes. Alles Üben gewinnt nur dann einen Sinn, wenn es auf die Perspektive des *Yoga* ausgerichtet ist, auf *rāja-yoga* als die innere Transformation von Körper und Geist, die für die Erfahrung der Tiefen der menschlichen Existenz öffnet. Diese Erfahrung der ursprünglichen Einung bildet den inneren Kern nicht nur des *Yoga*, sondern auch aller *Haṭha-Yoga*-Techniken von Beginn an.

Bei der Vielfalt der Übungen des *Haṭha-Yoga* können doch vier große Bereiche unterschieden werden: *āsana, prāṇāyāma, mudrā* und Meditation. Hinzu kommen Ernährungsregeln, Regeln der Lebensführung und Reinigungsübungen. Die Übungspraxis beginnt mit den Haltungen des Körpers, den *āsanas*.

## āsana-Praxis

Der Begriff *āsana* kann wörtlich mit 'Sitz' übersetzt werden (Skrt.: *ās* - sitzen; *āsana* (n.) - Sitz). Der klassische *Yoga* kennt *āsana* als das dritte der acht Glieder des Yoga, wobei unter āsana ausschließlich der Meditationssitz verstanden wurde. Meditationssitz bedeutete jedoch mehr als bloßes Sitzen. Sitzen war selbst schon eine Übungsform, die Übung der sitzenden Betrachtung des Unendlichen.

Der *Haṭha-Yoga* entwickelt nun unter dem Begriff *āsana* eine Übungsform, die über die Praxis des meditativen Sitzens im klassischen *Yoga* weit hinausgeht. Die *Haṭha-Yogīs* stellen die *āsana*-Praxis an den Beginn der *Yoga*-Praxis, so dass am Anfang des *Haṭha-Yoga* die Arbeit mit dem Körper steht. Zuerst werden verschiedene Variationen des Sitzens in verschiedensten Stellungen erarbeitet.

*Haṭha-Yoga als Weg zur Verwirklichung von rāja-yoga*

*Die Arbeit an Variationen des rechten Sitzen*

*Die Entwicklung der vom Sitzen abweichenden Körperhaltungen*

Der *Haṭha-Yoga* entwickelt dann jedoch zahlreiche weitere, vom Sitzen abweichende Körperhaltungen. Obwohl nicht nur Drehhaltungen, sondern auch Umkehrstellungen und Haltungen im Stehen oder Liegen beschrieben werden, behält man doch den Begriff Sitz, das heißt *āsana*, bei. Die *Haṭha-Yoga-Pradīpikā* nennt 15, die *Gheraṇḍa-Saṃhitā* 32 und die *Śiva-Saṃhitā* 84 Formen von *āsanas*. Bis heute sind nicht nur unzählige Variationen dieser klassischen *āsanas*, sondern zahlreiche neue Körperhaltungen entstanden. Neben den gehaltenen Stellungen werden *āsanas* oft auch als dynamische Bewegungen praktiziert. Die *āsana*-Praxis kann von Beginn an als der wohl kreativste Teil des *Haṭha-Yoga* gelten, der auch die größte Verbreitung erlangte. Obwohl es sich nur um die erste Stufe der sehr vielfältigen Praxis des *Haṭha-Yoga* handelt, wird gegenwärtig sowohl im Westen als auch in Indien *Yoga* sogar oft mit āsana gleichgesetzt.

*Die Wirkungen der āsana-Praxis*

Als Übungen des Körpers wirken die *āsanas* zunächst unmittelbar auf den Körper. Es geht um die Reinigung des Körpers von Verspannungen, Unbewusstheiten und Blockaden, so dass seine Bewusstheit und innere Lebendigkeit geschult wird. Die āsanas bereiten den Körper für die Erfahrung der ihm innewohnenden göttlichen Kraft vor. Die traditionellen Texte sprechen von der Stärkung, Entspannung und Beruhigung des Körpers, von der Verdauungsförderung und Stärkung der körperlichen Gesundheit und auch von der Therapie bestimmter Krankheiten. Wenn diese Wirkungen auch immer wieder besonders betont werden, für den Gesamtprozess des *Yoga*-Weges bilden sie doch nur eine Form von Nebenwirkungen. In der Sprache der alten Texte gilt es durch die *āsana*-Praxis vor allem die Energie des *prāṇa* in Fluss zu bringen, deren Fließen die Voraussetzung für die Erweckung der *kuṇḍalinī* bildet. Die Perspektive selbst der ersten Stufe der *āsanas* ist schon *samādhi*.

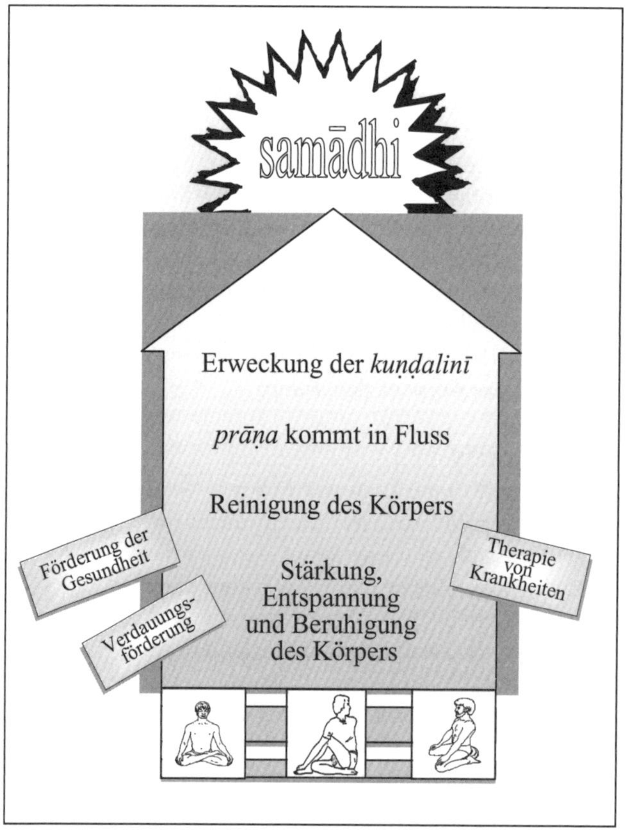

## ṣaṭ-kriyā

Während die *āsana*-Praxis auf die Beseitigung der Körperblockaden und somit auf eine innere Reinigung ausgerichtet ist, so zielen die Übungen der *ṣaṭ-kriyā* auf eine äußere Reinigung ab. Die ṣaṭ-kriyā, wörtlich übersetzt die sechs Handlungen (Skrt.: *ṣaṭ* - sechs, *kriyā* - Handlung), fördern eine Tiefenreinigung des Körpers, die mit bloßem Waschen nichts zu tun hat. Es gilt die körperlichen Unreinheiten wie Fett oder Schleim zu beseitigen, um so auch auf diesem Wege Energien ins Fließen zu bringen und Lebendigkeit und Bewusstheit zu fördern. *Trāṭaka* reinigt die Augen, indem durch starke Konzentration auf einen Gegenstand der Tränenfluss angeregt wird. Durch *neti* werden die Nasenkanäle mit Hilfe eines Fadens oder mit Wasser von Schleim befreit. *Kapālabhāti* bedeutet die Reinigung der Lunge durch schnelles Atmen. *Dhautī* beschreibt eine Magenreinigung durch Verschlucken eines langen Stück Stoffs, der dann wieder erbrochen wird. *Nauli* will die Eingeweide durch Zusammenziehen der Bauchmuskeln reinigen, während *basti* die Reinigung von Dickdarm und Rektum durch Einlauf bedeutet. Diese sechs Grundformen werden so in den traditionellen Texten beschrieben und vor allem in Indien in nahezu unveränderter Form bis heute praktiziert.

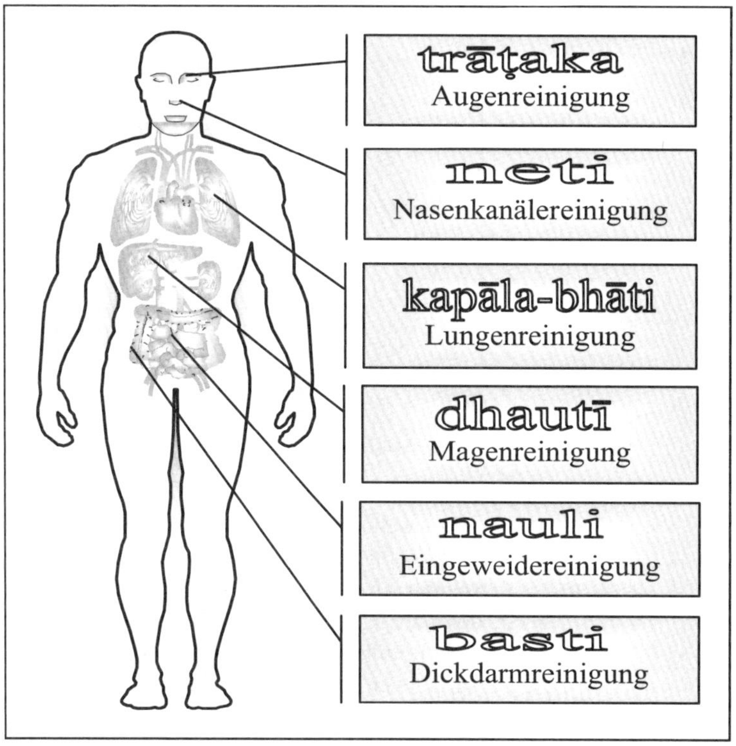


*Die ṣaṭ-kriyā - die sechs Körperreinigungen*

## prāṇāyāma

Mit den Atemübungen des *prāṇāyāma* (Skrt.: *prāṇa* (m.) - Atem, Lebensenergie; *āyāma* (m.) - Regelung, Hemmung) greift der *Haṭha-Yoga* auf eine der ältesten Übungsweisen zurück, die in der langen Tradition des *Yoga* entwickelt wurden. Schon in der *Śvetāśvatara-Upaniṣad* wird die Übung der Beruhigung des Atems beschrieben, durch die auch das Denken zur Ruhe komme. Die späten *Yoga-Upaniṣads* kennen sogar ausführliche *prāṇāyāma*-Techniken, die in den verschiedenen Schulen des *Haṭha-Yoga* ausgearbeitet werden.

*Prāṇāyāma* steht in der Abfolge der Übungen des *Haṭha-Yoga* an zweiter Stelle. Wenn der *Yogī āsana* gemeistert hat, dann ist er dazu befähigt, mit *prāṇāyāma* zu beginnen. Es haben sich dann insbesondere in der *Haṭha-Yoga-Pradīpikā* und *Gheraṇḍa-Saṃhitā* acht als klassisch geltende *prāṇāyāmas* herauskristallisiert, die unter den Namen *sūrya-bhedana, ujjayī, sītkārī, śitalī, bhastrikā, bhrāmarī, mūrcchā* und *plāvinī* bekannt wurden.

*Die acht klassischen prāṇāyāmas*

*Die vier Phasen des prāṇāyāma*

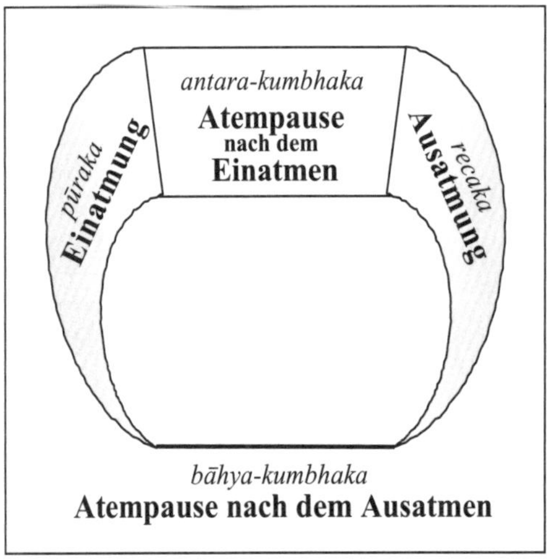


Der wohl bekannteste *prāṇāyāma*, der allerdings nicht zu diesen klassischen *prāṇāyāmas* gezählt wird, ist *nāḍī-śodhana*, die 'Reinigung der Kanäle' (Skrt.: *nāḍī* (f.) - Kanal; *śodhana* (n.) - Reinigung, Säuberung). Die in jeweiligen Variationen beschriebene Übung folgt dem Prinzip, abwechselnd ein Nasenloch beim Einatmen oder Ausatmen zu verschließen, um die Menge der eingeatmeten Luft und so auch die Atemgeschwindigkeit zu reduzieren. Bei *nāḍī-śodhana* können, wie bei den meisten anderen *prāṇāyāmas* auch, vier jeweilig verschieden betonte Phasen der Übung unterschieden werden: der *pūraka* als die Einatmung (Skrt.: *pūraka* (m.) - Strom, Einatmung), der *recaka* als die Ausatmung (Skrt.: *recaka* (m.) - Entleerung, Ausatmung), der *antara-kumbhaka* als die Atempause nach dem Einatmen (Skrt.: *antara* - innen; *kumbhaka* (m.n.) - Krug, Atemanhalten) und der *bāhya-kumbhaka* als die Atempause nach dem Ausatmen (Skrt.: *bāhya* - außen). Das Zentrum, das Herz der Übung, liegt dabei jedoch nur auf einem Teil, auf dem *kumbhaka.*

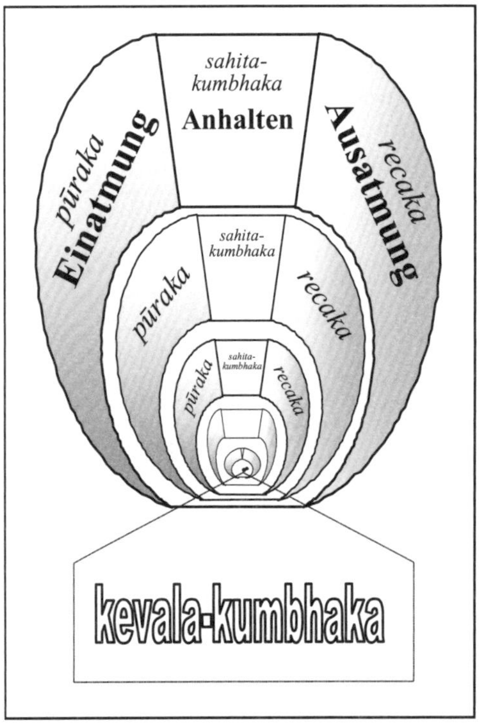


*Der Weg von sahita-kumbhaka zu kevala-kumbhaka*

Kumbhaka ist zentral für das Verständnis von *prāṇāyāma,* so dass dieser Begriff in der *Haṭha-Yoga-Pradīpikā* sogar als Synonym für *prāṇāyāma* Verwendung findet. Wie *Patañjali* den Sinn des klassischen *Yoga* als Weg zur Beruhigung der Aktivitäten des Geistes sah, so liegt der Sinn von *prāṇāyāma* in *kumbhaka*, das heißt in der Beruhigung der Aktivitäten des Atems. *Kumbhaka* will letztlich jedoch nicht das willentliche Anhalten des Atems oder die Unterdrückung der Atemtätigkeit. Die yogische Ruhe des Atmens ist genauso wenig machbar, wie die Ruhe der Geistesaktivitäten erzwungen werden kann. Es geht keineswegs um *sahita-kumbhaka*, das willentliche Anhalten des Atems (Skrt.: *sahita* - verbunden, zusammengesetzt), sondern um *kevala-kumbhaka*, um einen von allein aufkommenden Atemstillstand (Skrt.: *kevala* - allein, absolut). Dies gilt nach der *Haṭha-Yoga-Pradīpikā*, obwohl die Übung des *prāṇāyāma*, wie jede andere Übung auch, mit dem willentlichen Entschluss und der Durchführung der beschriebenen Atemtechnik beginnen muss:

*Übe das willentliche Anhalten des Atems (sahita) bis zur Vollkommenheit des allein aufkommenden Atemstillstandes (kevala) ... Der allein aufkommende Atemstillstand ist das vollkommene prāṇāyāma, weil es ohne Einatmung und Ausatmung durchgeführt wird.*
*(Haṭha-Yoga-Pradīpikā 2.72-73)*

Zu Beginn des Übens kann der Atem nur in den Atempausen zwischen Ein- und Ausatmung bzw. zwischen Aus- und Einatmung angehalten werden. Der Fortschritt in der Übung besteht nun nicht in der Verlängerung dieser Pausen. Es würde so nur *sahita-kumbhaka* verlängert, also das willentliche Anhalten des Atems. Keineswegs wäre schon *kevala-kumbhaka* erreicht. Dieser allein aufkommende Atemstillstand entsteht dadurch, dass die Zyklen des Atmens immer konzentrierter, ruhiger und feiner werden. Die Atmung wird im Prozess der Übung in sich ruhiger, ohne dass etwas gemacht würde, bis ohne jegliche Einatmung und Ausatmung der Atem in sich zu ruhen beginnt. Es entsteht *ekāgratā,* die Einpünktigkeit als das in sich Ruhen aller Aktivitäten (Skrt.: *ekāgratā* (f.) - Einpünktigkeit, Konzentration).

Das Üben macht es nicht, aber es fördert *kevala-kumbhaka*, wobei diese Beruhigung der Atemaktivitäten nur eine Seite eines den ganzen Menschen erfassenden Transformationsprozesses bedeutet. Da die Atmung und die Geistesaktivitäten aufs Engste miteinander verbunden sind, kommen durch die Beruhigung des Atems auch die Aktivitäten des Geistes zur Ruhe. Sowohl die Aktivitäten des Atems als auch des Geistes werden in sich konzentriert. Die Blockaden im gesamten Körper wie auch die Verspannungen des Geistes beginnen sich zu lösen.

Es ist nicht das willentliche Anhalten, sondern nur *kevala-kumbhaka* als die nicht mehr gemachte Ruhe der Atmung, welche die innere Reinheit entstehen lässt. Der *Yogī* wird konzentriert und klar in Körper und Geist, was in der Sprache des *Haṭha-Yoga* als die Reinigung (*śodhana*) der Kanäle (*nāḍī*) bezeichnet wird. Die Energie des *prāṇa* vermag sich in allen Kanälen zu entfalten. Der Körper wird gestärkt und so vorbereitet für das Erwachen und Aufsteigen der *kuṇḍalinī. Prāṇāyāma* gilt dann zusammen mit *āsana* vielfach als Vorbereitung für die nun zu besprechenden *mudrā*, die komplexesten Übungen des *Haṭha-Yoga.*

## mudrā

Den Übungen der *mudrā* wird insbesondere in den traditionellen Quellentexten große Bedeutung beigemessen. Viele der *mudrās* ähneln den Körperhaltungen der *āsanas.* Es werden jedoch auch andere, von den *āsanas* unterschiedene Übungsformen unter dem Begriff *mudrā* subsumiert. Das Gemeinsame der *mudrās* ist vor allem ihre komplexe Struktur und ihr hoher Schwierigkeitsgrad. Da eine falsche Ausführung gerade hier äußerst schädliche Folgen nach sich ziehen soll, wird besonders für die *mudrās* immer wieder betont, sie nur bei einem kompetenten Meister zu erlernen und sie ansonsten geheim zu halten. Als die wohl anspruchvollsten Übungen des *Hatha-Yoga* könnte *mudrā* in sehr freier Übersetzung als Fortgeschrittenen-Übung bezeichnet werden.

Die Grundbedeutung von *mudrā* in seinem tantrischen Ursprung als 'Geste' (Skrt.: *mudrā* (f.) - Siegel, Zeichen, Geste) meint zuerst eine rituelle Körperhaltung, der eine bestimmte Bedeutung und aus dieser heraus auch eine Wirkung zugesprochen wird. In der Vorstellung der Korrelation des Mikrokosmos Mensch mit dem Makrokosmos des Weltalls geht man davon aus, dass, ähnlich wie bei der Verwendung von mantras, mit den rituellen Gesten der mudrās konkrete Wirkungen auf der Ebene des Makrokosmos erzielt werden können.

Über diese Grundbedeutung hinaus ist der Begriff *mudrā* jedoch noch in zahlreichen anderen Zusammenhängen gebraucht. Als mudrā wird die weibliche Teilnehmerin im sexuellen Ritus des linkshändigen *Tantra* bezeichnet und ebenfalls das dort als rituelles Aphrodisiakum gebrauchte geröstete Getreide. Auch der große Ohrring der Mitglieder des *Kānphaṭa-Ordens* wird *mudrā* genannt. Der klassische indische Tanz oder die darstellende Kunst kennt mudrās als Körper-, Kopf- und Handgesten. Sehr bekannt sind die mudrās als Handgesten, die, in den traditionellen Quellentexten des *Haṭha-Yoga* zwar noch nicht erwähnt sind, heute jedoch innerhalb der *āsana*-Praxis Verwendung finden. Weit verbreitet ist zum Beispiel *añjali-mudrā*,

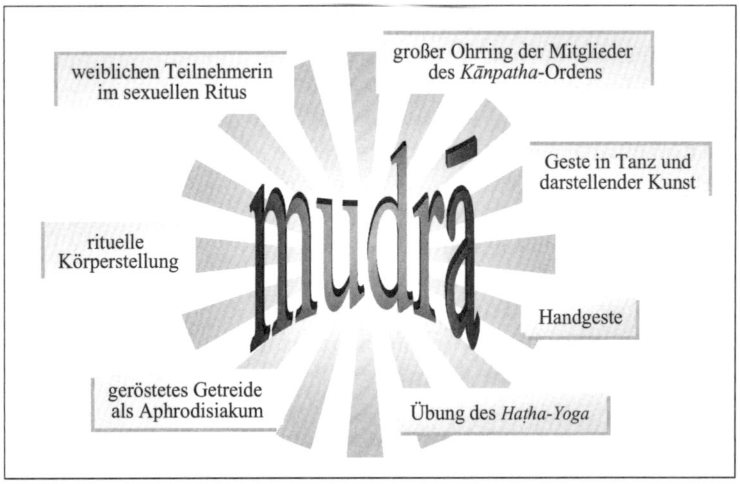


*Die Vielfalt der Bedeutungen des Begriffs mudrā*

die Grußgeste der zur Ehrerbietung hohl zusammengelegten Hände. Sie alle haben nichts zu tun mit *mudrā* als Fortgeschrittenen-Übung des *Haṭha-Yoga*.

Die meisten mudrās im Sinne des *Haṭha-Yoga* bauen auf eine vorhergehende *āsana*- und *prāṇāyāma*-Praxis auf und integrieren dann wiederum *āsana-, prāṇāyāma-, pratyāhāra-* oder *dhāraṇā*-Elemente. Auch die Verschlussübungen der *bandhas* (Skrt.: *bandh* - binden, fesseln, *bandha* (m.) - Verschluss, Riegel) werden als Teilübung von *mudrā* gesehen, andere Texte lehren sie dagegen als Begleitung und/oder Intensivierung von *prāṇāyāma*. Zu den *bandhas* zählen Übungen der Muskelkontraktion im Rachen, im Unterleib und im Anusbereich. Manche Schulen kombinieren *mudrās* mit sexuellen Praktiken oder bezeichnen den sexuellen Akt selbst als *mudrā*. Ziel dieser Übungen ist der Stillstand des Samenflusses, der eine sexuelle Vereinigung ohne Ejakulation möglich machen soll. Mit der Beherrschung des Samenflusses ist jedoch kaum schon die eigentliche Bedeutung der sexuellen mudrās des *Haṭha-Yoga* erreicht. Unterdrückung wie auch Beherrschung befinden sich noch auf der Ebene des herstellenden Machens. *Yoga* will jedoch mehr. Die Übungen des *Haṭha-Yoga* zeigen einen Weg, sich auf den sexuellen Akt einzulassen, gleichzeitig aber von seiner triebhaften Gebundenheit loszulassen. Auch sie wollen die Befreiung von triebhafter Abhängigkeit, durch die sich der *Yogī*, wie im klassischen *Yoga*, für eine nicht herstellbare, grundlegende Kraft und Stärke öffnet, die sein Leben zu tragen beginnt. Der sexuelle Akt wird zur Übungspraxis der Öffnung für die ursprüngliche Vollkommenheit, Kraft und Stärke (*siddhi*). Da so die Beruhigung des Denkens und das Fließen des *prāṇa* als Voraussetzung für die erfolgreiche Durchführung der sexuellen *mudrās* genannt ist, wird wiederum deutlich, wie sehr auch hier *mudrā* im Sinne einer Fortgeschrittenenübung zu verstehen ist.

*Die komplexe Struktur der mudrā als Übung des Haṭha-Yoga*

Als eine der anspruchvollsten *mudrās* gilt *khecarī-mudrā* (Skrt.: *khecarī* (f.) - Himmelsflug). Aus der tantrischen Praxis entnommen, wird sie in allen klassischen Texten des *Haṭha-Yoga* beschrieben. *Khecarī-mudrā* gilt als Höhepunkt des *Haṭha-Yoga*. Die Übung besteht im Zurückbiegen der Zunge nach hinten, um den Gaumen hinten zu verschließen. Die Fähigkeit des Zurückbiegens soll durch das Durchtrennen des Zungenbändchens sogar weiter gesteigert werden. Der Druck der Zunge auf das Gaumendach wirkt reflexartig auf die Atmung, die sich zunehmend verlangsamt. Mit dem Atem beruhigt sich das Denken, so dass gerade durch *khecarī-mudrā* der yogische Transformationsprozess in besonderer Weise gefördert werden soll.

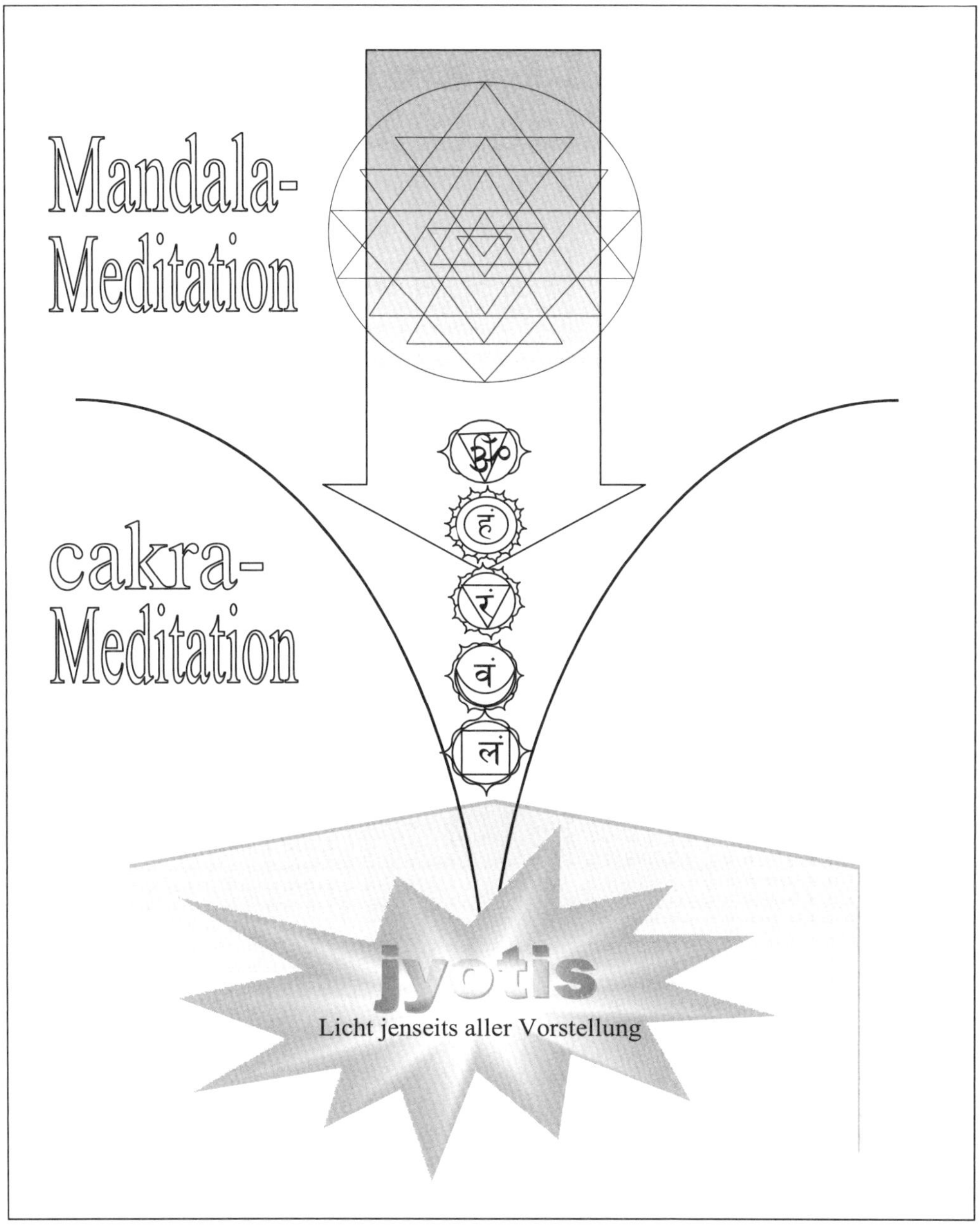


*Meditation über einen räumlichen Gegenstand*

## Meditation

Den Abschluss der Praxis des *Haṭha-Yoga* bilden Übungen der Meditation, die zum Teil ebenfalls als *mudrā* bezeichnet werden. Zwei Formen sind hierbei zu unterscheiden, die Meditation über einen räumlichen Gegenstand und die Meditation über einen Laut.

Zu der Meditation über einen räumlichen Gegenstand zählt das Üben mit *Mandalas* aus der tantristischen Tradition (Skrt.: *maṇḍala* (m.n.) - rund, Kreis, Gebiet) (siehe hierzu das Kapitel über *Yoga* in den *Tantras*). Die *śāṃbhavī-mudrā* wählt als Konzentrationspunkt eine

*Meditation mit einem Mantra*

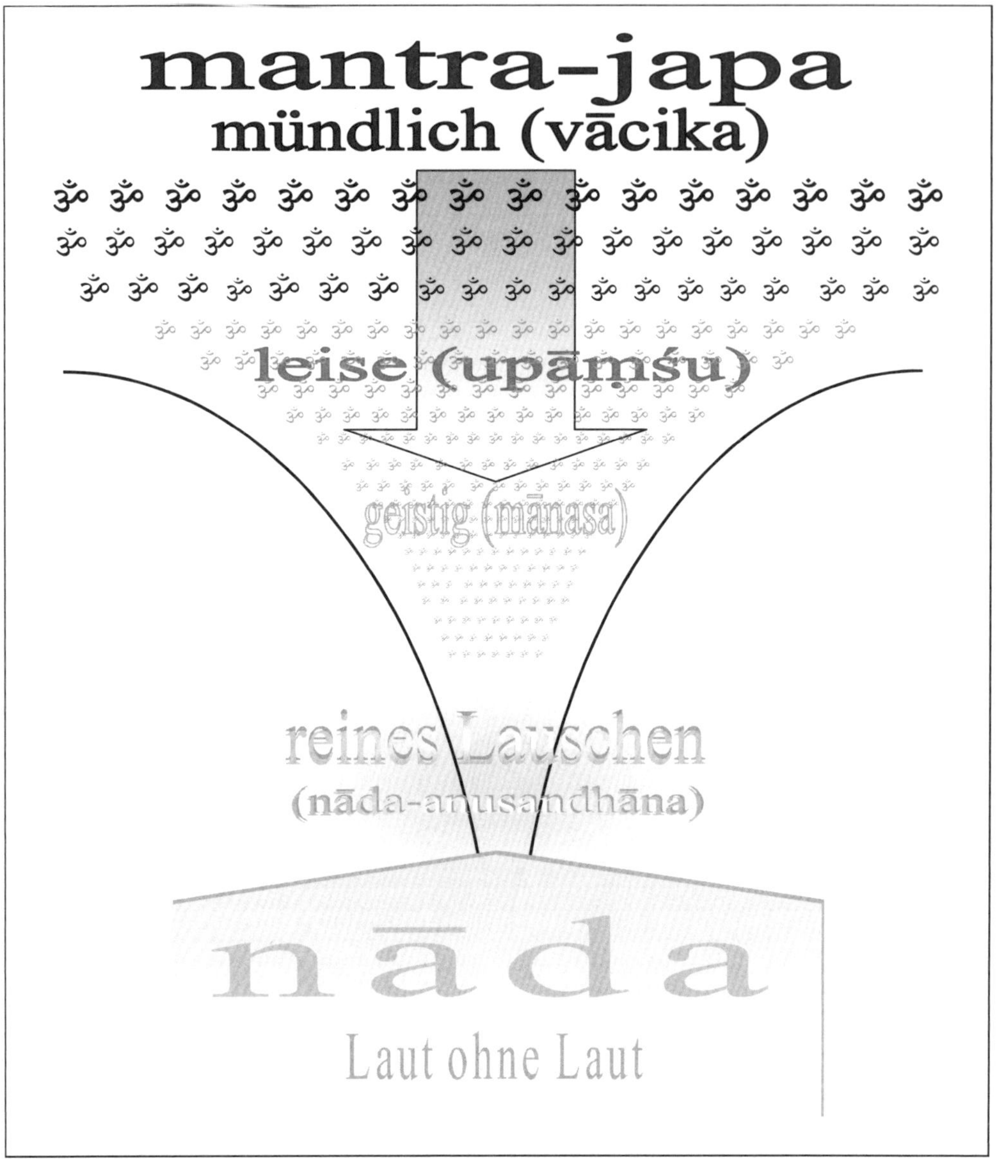


bestimmte Stelle des Körpers. Der konzentrierte und gleichzeitig anstrengungslose Blick ist bei dieser 'dem *Shiva* zugehörigen' *mudrā* (Skrt.: *śaṃbhu* (m.) - Beiname des Gottes *Shiva*) zunächst auf das Augenbrauenzentrum oder auf eines der sechs Körper-*cakras* gerichtet. Im Prozess der Meditation wendet sich der Blick weiter nach innen, so dass sich der Geist für *jyotis* zu öffnen beginnt, das innere 'Licht', das jenseits jeglicher gegenständlicher Vorstellung aufscheint (Skrt.: *jyotis* (n.) - Licht, Glanz). Ganz im Sinne der sowohl im religiösen wie auch im klassisch/philosophischen *Yoga* beschriebenen Meditations-Praxis bleibt auch diese Form des Meditierens weder bei einer bloßen Konzentrationstechnik, noch bei einer Übung des Loslassens stehen. Konzentration und Loslassen übersteigend, geht es um den Durchbruch in eine neue Dimension der *Yoga*-Erfahrung. Während *Patañjali* von *citta-vṛtti-nirodha* spricht, nennt die *Haṭha-Yoga-Pradīpikā* diesen den Menschen in der Tiefe seiner Existenz wandelnden Transformationsprozess *citta-laya*, die 'Auflösung des Geistes' (Skrt.: *citta* (n.) - Geist; *laya* (m.) - Ruhe, Untergang, Tod, Auflösung).

Parallel zu der Meditation über einen räumlichen Gegenstand verläuft die Meditation über einen Laut. Auf eine sehr alte Übungstradition stützt sich die Rezitation des *mantra-japa* (Skrt.: *mantra* (m/n.) - Meditationswort; *japa* (m.) - Murmeln). Die *Yoga-Yājñavalkya-Saṃhitā* definiert diese Praxis als 'Übung' (*abhyāsa*) mit *Mantras* gemäß den Regeln'. Diese mantras können aus dem Bereich religiöser Verehrung stammen. Das viel rezitierte '*OM namaḥ Śivāya*' als Anrufung des Gottes *Shiva* wäre hier als Beispiel zu nennen. Oft finden auch mantras als reine Wortklänge wie zum Beispiel die Wurzel*mantras* der tantrischen Tradition Eingang in die Meditationspraxis des *Haṭha-Yoga*. *Mantras* wie *laṃ, vaṃ, raṃ, yaṃ, haṃ* oder *OM* haben keinen definierbaren Sinn. Sie stellen Klangschwingungen dar, welchen bestimmte Wirkungen innewohnen.

Die Übung besteht in der ständigen, konzentrierten Wiederholung des *Mantra*, entweder *vācika*, das heißt laut ausgesprochen (Skrt.: *vācika* - mündlich), oder *upāṃśu*, das heißt nur leise gemurmelt (Skrt.: *upāṃśu* - leise). Die *Yoga-Yājñavalkya-Saṃhitā* beurteilt den leise gemurmelten *mantra-japa* als tausendmal besser als die laute Rezitation. Tausendmal besser als das leise Murmeln sei jedoch die rein geistig, das heißt *mānasa* durchgeführte Wiederholung des *Mantra* (Skrt.: *mānasa* - geistig). Für die Meditation wichtig ist somit die zunehmende Verfeinerung der Praxis, so dass sich der Geist immer mehr von seinen äußeren Bindungen löst und nach innen geführt wird.

Wie die *yantras* oder Konzentrationspunkte des Körpers nur als äußere Hilfsmittel für einen inneren Transformationsprozess dienen, so bilden die mantras in gleicher Weise nur den äußeren Ansatzpunkt der für den Meditationsprozess so wichtigen Wendung nach innen. Die Übung kann dann auch ganz ohne gesprochenen oder gedachten Mantra erfolgen. *Nāda-anusandhāna* ist das reine Lauschen nach innen, die Meditation des 'Achtens auf den inneren Laut' (Skrt.: *nāda* (m.) - Laut, Ton, *anusandhāna* (n.) - Achten auf, Anwendung), Diese Meditation über den inneren Laut wurde vor allem in der *Haṭha-Yoga-Pradīpikā* und den *Yoga-Upaniṣads* entwickelt.

Im Zentrum steht die Abkehr vom Hören mit den Ohren nach außen, um alle Aufmerksamkeit nach innen zu lenken. Die *Haṭha-Yoga-Pradīpikā* beschreibt, wie während des Aufstiegs der *kuṇḍalinī* in der *suṣumnā-nāḍī* verschiedene Töne zu hören seien, die sogar beurteilen lassen, wie weit die *kuṇḍalinī* gekommen sei. Die Erfahrung der inneren Töne wird dabei immer leiser bis zu einem Lauschen auf nāda als dem inneren Tönen ohne jegliche Schwingung. Wird *nāda* als Ton ohne jeglichen Laut vernommen, dann verliert auch der Geist jegliche Schwingung und kommt vollkommen zur Ruhe. Dies ist die Erfahrung der Einheit des höchsten Absoluten und des höchsten Selbst oder wie sie auch immer in den verschiedenen Schulen und Texten benannt wird.

# *5. Kapitel:* Der Yoga der Gegenwart

## 1. Die Renaissance des Yoga

Nachdem *Yoga* insbesondere durch den *Haṭha-Yoga* im 14. und 15. Jahrhundert eine gewisse Hochblüte erleben konnte, trat in den folgenden Jahrhunderten eine Phase der unschöpferischen Stagnation ein. Auf der einen Seite wurde *Yoga* auf die Anwendung alchemistischer und magischer Techniken reduziert. Das Bemühen um übernatürliche Fähigkeiten trat in den Vordergrund, vom Feuerlaufen über das Berühren glühender Metalle bis zum tagelangen Verharren in extremen Körperstellungen. Auf der anderen Seite entwickelte sich *Yoga* zur weltverneinenden Askesepraxis, deren einziges Ziel in der Abtötung jeglicher Körperlichkeit bestand. Die ab dem 17. Jahrhundert ins Land strömenden europäischen Missionare und Kaufleute erlebten *Yoga* somit in erster linie als Weg der Fakire und Asketen und prägten in dieser Weise das frühe *Yoga*-Bild im Westen. Die immer stärker werdende Unterdrückung der kulturellen Eigenständigkeit durch die Kolonialmächte tat ihr übriges zum Niedergang des *Yoga*.

Erst als im 19. Jahrhundert sich eine Rückbesinnung auf das eigene kulturelle Erbe Indiens abzeichnete, entstanden auch die ersten Wurzeln einer *Yoga*-Renaissance. Einerseits versuchte man sich, zunächst vor allem in der neu entstandenen Schicht der Gebildeten, auf die alten Traditionen Indiens zu besinnen, sich der eigenen, indischen kulturellen Werte bewusst zu werden. Aus diesem Prozess entwickelte sich dann im 20. Jahrhundert der indische Nationalismus, der 1947 schließlich zur Unabhängigkeit Indiens führte. Bis heute ist selbst die Einrichtung von '*Yoga*-Lehrstühlen' an indischen Universitäten eine politisch motivierte Angelegenheit national ausgerichteter Hindus.

Andererseits setzte aber auch eine intensive Auseinandersetzung mit der westlichen Kultur der Imperialmächte ein. So waren es gerade die traditionellen Normen und Gebräuche von der Witwenverbrennung bis zur Unterdrückung der Kastenlosen, die vielfach als Missstände angeprangert wurden, um gerade in der Aufnahme des westlichen Denkens die Zukunft Indiens zu sehen. So gilt auch *Yoga* bis heute bei westlich ausgerichteten Indern als eine Sache der 'Großväter', nicht aber als eine Aufgabe des modernen Indiens, das sich auf Wissenschaft und Technik und den damit verbundenen Wohlstand ausrichten sollte. Nicht ohne Grund gehören heute gerade die indischen Computertechniker und Informatiker zu den besten der Welt.

Indien stand und steht in der Spannung zwischen Rückbesinnung auf die Tradition und der Ausrichtung auf die moderne westliche Kultur. So schickte zum Beispiel der anglophile Vater *Aurobindos* seinen Sohn zur Ausbildung nach England, damit er gerade nicht in der seiner Meinung nach rückständigen indischen, sondern in der modernen westlichen Kultur aufwachsen sollte. Nach seiner Rückkehr nach Indien verlangte dann aber die orthodoxe Verwandtschaft *Aurobindos* von ihm ein Haaropfer, das ihn von der religiösen Befleckung seines Aufenthaltes im Westen wieder reinigen sollte. Wenn *Svāmī Vivekānanda* als erster der großen Meister Indiens die Philosophie des *Vedānta* und *Yoga* in den USA verbreitete, so war er vor allem um Anerkennung Indiens durch die die Welt beherrschende westliche Kultur bemüht. Und der Westen, der oft auf die Länder der Dritten Welt herabblickte, nahm nicht nur *Vivekānanda,* sondern auch die zahlreichen anderen *Yoga*-Meister, die ihm folgten, begeistert

*Die zwei Seiten der Öffnung des Yoga für das abendländische Denken*

auf. Als *Vivekānanda* bei seiner Rückkehr nach Indien mit großem Enthusiasmus empfangen wurde, war Indien mit Stolz erfüllt, dass sich die abendländische Kultur für die Spiritualität des besetzten und unterdrückten Indiens interessierte.

Aus dieser Spannung zwischen Ost und West, zwischen Tradition und Moderne, entstand in Indien die Renaissance des modernen *Yoga*, die Wiederentdeckung der in Vergessenheit geratenen *Yoga*-Tradition im 19. und vor allem im 20. Jahrhundert. Diese Wiederentdeckung bedeutete den Aufbruch eines neuen *Yoga,* eines *Yoga* für unser gegenwärtiges Zeitalter. Die Umwandlungen des *Yoga* bedeuteten einen gewaltigen Transformationsprozess, der in seinem Umfang für den Außenstehenden, der die indische Tradition nicht kennt, kaum abzuschätzen ist. Der alte Gedanke des *Yoga*, dass jeder Mensch seinen eigenen spirituellen Weg zu finden habe, der ihm gemäß ist, machte eine Anpassung des *Yoga* an die moderne Kultur unabdingbar. Hieraus resultiert das Bestreben der indischen Meister, den *Yoga* umzuformen, so dass er sowohl dem westlichen Menschen als auch den modernen Indern zugänglich wird. Dagegen lehnten die *Yogīs* des orthodoxen Hinduismus jeglichen Wandel kategorisch ab. Eine Veränderung erschien ihnen als Verrat an der eigenen Tradition gegenüber den westlichen Imperialisten, die Indien über Jahrhunderte beherrscht und unterdrückt hatten. Die Renaissance des *Yoga* wurde jedoch nicht von den Traditionalisten, sondern von den für einen Dialog mit dem Westen offenen, ihn fördernden und mitgestaltenden *Yogīs* getragen.

Dieser Dialog begann zunächst auf der religiösen Ebene zwischen einem stark am *Vedānta* orientierten *Yoga* und dem westlichen Christentum. *Svāmī Vivekānanda, Paramahaṃsa Yogānanda* oder *Svāmī Śivānanda* sahen im *Yoga* einen spirituellen Weg zur Bewusstwerdung des Wesens von Religion, einen Weg zur Vertiefung des Hinduismus und in gleicher Weise zur Aufdeckung des mystischen Fundamentes des Christentums. *Yoga* bedeutete für sie einen Weg zur Verständigung der Kulturen, indem alle Religionen ihr gemeinsames Fundament erkennen,wie es im *Vedānta* oder *Yoga* grundgelegt ist.

Andere Pioniere des *Yoga* öffneten sich für die andere Seite der westlichen Kultur, die säkulare Welt von Wissenschaft und Technik. *Śrī Yogenda, Svāmī Kuvalyānanda, Svāmī Rama* oder zuletzt auch *Maharishi Mahesh Yogi* sahen die Möglichkeit der wissenschaftlichen Erforschung der Wirkungen des *Yoga*. Sie lösten *Yoga* aus dem religiösen Kontext und lehrten einen auch für den weltlichen, religiös ungebundenen Menschen gangbaren Erfahrungsweg. Vielfach stand jetzt auch die konkrete therapeutische Anwendung der *Yoga*-Praxis im Vordergrund.

Der moderne *Yoga* in Indien hatte sich in einem konstruktiven Dialog mit dem westlichen Denken gewandelt und befindet sich noch heute in einem ständigen Transformationsprozess. Dieser Wandel ist durchaus an ganz konkreten Phänomenen festzumachen und in seinen einzelnen Strukturen aufzuzeigen.

### ◆ Yoga für jeden

Während traditionell Yoga eine Sache weniger auserwählter Asketen blieb, so zeichnet sich der *Yoga* des 20. Jahrhunderts gerade durch seine Öffnung für größere Bevölkerungskreise aus. Es waren *Śri Yogendra* oder *T. Krishnamāchārya,* die als erste den traditionellen *Yoga* der elitären Zirkel aufbrachen. Gegen die seit alters her elitäre Grundhaltung des *Yoga* lehrten sie *Yoga* als Übungsweg, der prinzipiell von jedem gegangen werden konnte. Sie bereiteten so den Boden für den heutigen *Yoga* als Massenbewegung. Hierzu mussten die oft komplizierten und schwierigen Übungen verändert und vereinfacht werden, so dass sie auch vom Durchschnittsbürger und breiteren Bevölkerungsschichten durchzuführen waren.

### ◆ Yoga für Frauen

Erst diese Öffnung des *Yoga* machte es möglich, dass auch für den orthodoxen Hinduismus als religiös unrein geltende westliche Menschen als *Yoga*-Schüler angenommen werden konnten. Der radikale Wandel, der damit verbunden war, dass *Yogīs* wie *Śrī Yogendra, T. Krishnamāchārya, Svāmī Śivānanda* oder *Paramahaṃsa Satyānanda* nicht nur Suchende aus dem Westen, sondern auch Frauen als Schülerinnen annahmen, ist für den an den westlichen Frauen-*Yoga* gewöhnten abendländischen Menschen nicht zu erahnen. Die Öffnung des *Yoga* für Frauen bedeutete für das Indien des 20. Jahrhunderts eine Revolution, die viele traditionell orientierte Hindus nahezu schockierte. Obwohl in den klassischen Texten auch vereinzelt von *Yoga*-Schülerinnen berichtet wird, galt zu Beginn des 20. Jahrhunderts *Yoga* als ein Weg der Männer, von dem Frauen vollkommen ausgeschlossen waren. Wenn heute zu beobachten ist, dass sogar schon in manchen indischen *Yoga*-Ausbildungskursen Frauen die Mehrheit übernommen haben, so wird deutlich, wie stark sich der indische *Yoga* gewandelt hat.

*Die Umwandlung des modernen Yoga in Indien*

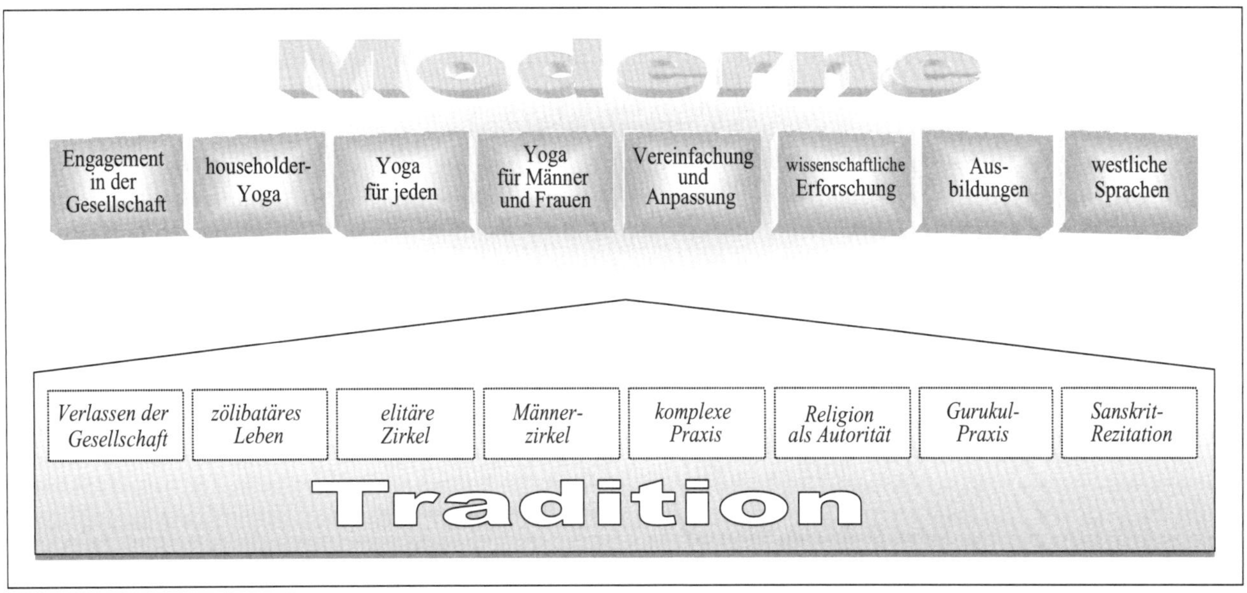

*Die großen Organisationen zur Verbreitung des Yoga in der modernen Welt*

### ◆ Organisationen und Ashrams

Während *Yoga* traditionell zumeist von wandernden *Yogīs* ohne festen Wohnsitz in persönlichen Schülerkreisen gelehrt wurde, gründeten nahezu alle bedeutenden Meister des 20. Jahrhunderts fest institutionalisierte *Yoga*-Zentren und spirituelle Organisationen. Alle heute bekannten großen Yoga-Ashrams sind erst im 20. Jahrhundert entstanden. Jedoch gerade durch die nach westlichem Vorbild angelegten *Yoga*-Organisationen konnten die Lehren der Meister nicht nur im Heimatland des *Yoga*, sondern auch über Indien hinaus in der ganzen Welt verbreitet werden. Von der 'Ramakrishna Mission Association' (RMA) eines *Vivekānanda*, über *Śivānandas* 'Divine Life Society' (DLS) bis hin zum 'Spiritual Regeneration Movement' (SRM) eines *Maharishi Mahesh Yogi* bildeten diese Gesellschaften, Bewegungen und Zusammenschlüsse mit ihren jeweils zahlreichen Niederlassungen und Zentren das organisatorische Fundament der modernen Yoga-Renaissance.

### ◆ Relativierung des Zölibats-Gelübdes

Der *Yoga* zu Beginn des 20. Jahrhunderts zeigte sich vornehmlich als ein *Yoga* von weltverneinenden Asketen. Selbst die meisten der großen Meister des 20. Jahrhunderts lebten noch zölibatär oder legten sogar ein *Saṃnyāsa*-Gelübde ab. Die Relativierung der Grundforderung eines zölibatären Lebens für die Praxis des *Yoga* und die hiermit verbundene Öffnung für den in weltlichen Zusammenhängen stehende Menschen bildete eine der Voraussetzungen für die Verbreitung des *Yoga* in der modernen Kultur.

### ◆ westliche Sprachen

Für die Aufnahme des *Yoga* im Westen am wichtigsten erwies sich dann aber die Veränderungen in der Lehr- und Lernpraxis. Die Lehrtexte existierten traditionell in erster Linie nur im Gedächtnis der Meister und konnten nur über sie erfahren werden. Der *Guru* war oft nur nach jahrelanger Prüfungszeit und persönlichem

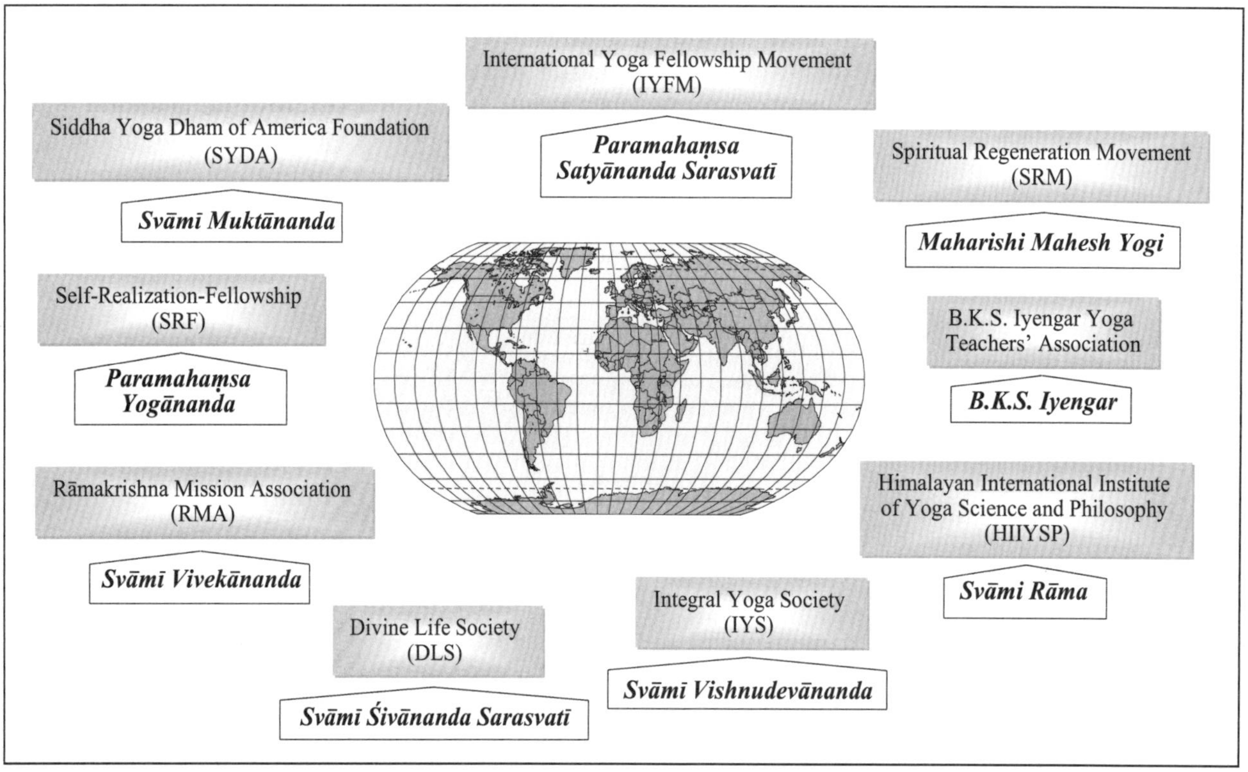

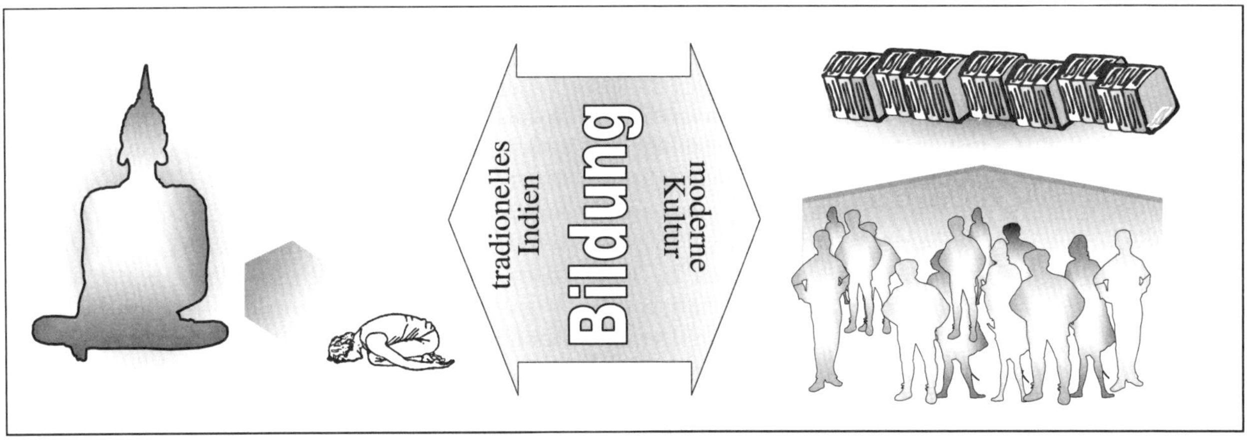


*Bildung im traditionellen Indien und der modernen Kultur*

Dienst bereit, das Geheimwissen des *Yoga* auserwählten Schülern mitzuteilen. Der Schüler war so von vornherein auf seinen Lehrer angewiesen. Nur wer in der Tradition der Meister stand, konnte den Inhalt der Texte verbürgt erfahren. Allein um die originalgetreue Weitergabe der Texte vom Lehrer auf den Schüler und von diesem an seine Schüler zu gewährleisten, war die völlige Unterwerfung unter die absolute Autorität des Meisters gefordert. Das Studium des *Yoga* bedeutete so ein oft jahrelanges Erlernen der korrekten Sanskrit-Phonetik, des Auswendiglernens und der Rezitation der traditionellen Sanskrit-Texte. Erst zuletzt war auch die Einweihung in das Verständnis der Inhalte möglich. Selbst wenn westliche Schüler bereit waren, sich der traditionell autoritären Lehrmethodik eines indischen *Yoga*-Meisters zu unterwerfen, so bildeten doch meist schon die sprachlichen Anforderungen ein unüberwindbares Hindernis für ein tiefergehendes Studium. Erst als die indischen Meister begannen in Englisch zu lehren und vor allem auch Bücher in englischer Sprache zu schreiben, wurde die Öffnung des *Yoga* für ein breiteres westliches Publikum möglich. Gerade über die Vermittlung der allgemein zugänglichen Bücher, die zudem noch in einer für den Abendländer verständlichen Sprache geschrieben waren, konnte sich die Renaissance des modernen *Yoga* entfalten.

**◆ Yogalehr-Ausbildungen**

Neben diesen Veränderungen in der Lehr- und Lernmethodik begann sich auch die traditionelle *Gurukul*-Praxis zu wandeln, das Lernen im Zusammenleben mit einem Lehrer, (Skrt *guru* (m.) - spiritueller Meister, *kula* (n.) - Familie, Wohnung). Ashrams und *Yoga*-Institute initiierten Yogalehr-Ausbildungen in einem zeitlich festgelegten Rahmen. Es wurde somit möglich, zu einem festgesetzten Gebührensatz eine *Yoga*-Lehr-Ausbildung oft sogar mit Abschlussdiplom oder Zertifikat zu absolvieren. Nicht nur eine für den *Yoga* bisher unbekannt große Zahl von Indern konnte sich so zu Yogalehrern ausbilden lassen. Die Institutionalisierung der Lehrpraxis ermöglichte es gerade auch den Yogaschülern und jetzt auch -schülerinnen des Westens, nicht nur den Weg des *Yoga* selbst zu gehen, sondern ihn auch in ihren Heimatländern weiterzugeben und dort zu verbreiten.

# 2. Die großen Meister

*Die Bedeutung des Haṭha-Yoga bei den indischen Yogīs des 20. Jahrhunderts*

Die Praxis des *Yoga* in den westlichen Ländern konzentriert sich vorwiegend auf den *Haṭha-Yoga*. Oft sind mit dem Begriff *Yoga* sogar nur die Körperübungen der *āsana*-Praxis gemeint. Im Gegensatz hierzu spielt bei vielen der großen indischen *Yoga*-Meister des 20. Jahrhunderts der *Haṭha-Yoga* oft gar keine oder nur eine untergeordnete Rolle. *Rāmakrishna* und *Vivekānanda*, wie auch *Aurobindo, Yogānanda, Gandhi, Ramana Maharshi* und *Krishnamurti* prägten maßgeblich die Renaissance des Yoga, aber sie lehrten keinen *Haṭha-Yoga*. Andere Meister wie *Śivānanda, Svāmī Rama, Muktānanda, Satyānanda* oder *Maharishi Mahesh Yogi* integrierten zwar *Haṭha-Yoga* in ihr *Yoga*-Übungssystem, ohne bei den Körperübungen jedoch einen Schwerpunkt zu setzen. Aber es gab auch bedeutende Lehrer des *Haṭha-Yoga* wie *Yogendra, Kuvalyānanda, Vishnudevānanda* und vor allem *Krishnamāchārya* mit seinen Schülern *Iyengar, Pattabhi Jois* und *Desikachar*. Sie alle beeinflussten wesentlich auch den heutigen *Yoga* im Westen. Wenn in diesem Kapitel die großen Meister der *Yoga*-Renaissance vorgestellt werden, so gilt es sich nicht nur auf die im Westen populären *Haṭha-Yoga*-Lehrer zu beschränken, sondern die ganze Bandbreite des modernen *Yoga* zu zeigen.

## Brāhma- und Arya-Samāj

Als *Ram Mohan Rai* 1828 den *Brāhma-Samāj* gründete, bezog er sich zwar keineswegs auf die Tradition des *Yoga*. Die von ihm initiierte Bewegung kann jedoch als eines der ersten Anzeichen der Umwandlung des hinduistischen Weltbildes angesehen werden, aus dem heraus dann im 20. Jahrhundert die Renaissance des *Yoga* aufbrechen konnte. Der *Brāhma-Samāj* war die erste neo-hinduistische Bewegung, die,

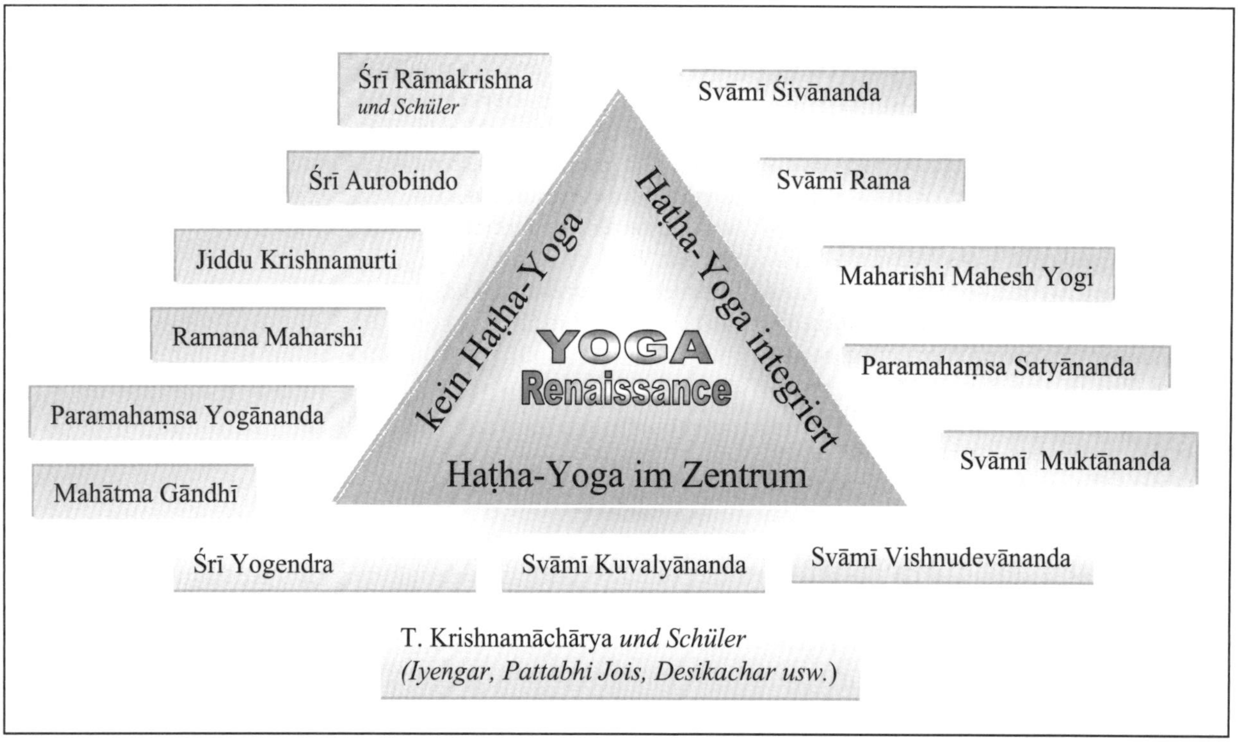

auf der Grundlage der Philosophie des *Vedānta*, westliche, sozialreformerische Gedanken integrierte, wie zum Beispiel das Recht von Frauen auf eine Ausbildung.

Während der *Brāhma-Samāj* ein eher kleinerer Kreis blieb, wuchs der von *Dayānanda Sarasvatī* 1875 ins Leben gerufene *Ārya-Samāj* zu einer Volksbewegung. Nach dem Grundsatz 'zurück zu den Veden' sollte eine monotheistische *Veda*-Religion etabliert werden, die sich auf die traditionell indischen Werte wie zum Beispiel die alten Yoga-Wege rückbesinnen wollte. Es entstand eine neohinduistische Bewegung, die den Hinduismus nicht mehr als eine Volksreligion sehen wollte, in der die Zugehörigkeit zu einer Kaste darüber entscheidet, ob jemand Hindu ist oder nicht. Der Neo-Hinduismus erhob einen universalen Wahrheitsanspruch auf eine Universalreligion, die alle anderen Religionen integriert. Der gedankliche Rahmen war abgesteckt, in dem sich die Öffnung der indischen Tradition für die Welt vollziehen konnte, wie sie in ganz besonderem Maße von *Śrī Rāmakrishna* repräsentiert wird.

## **Śrī Rāmakrishna** (1836-1886)

Das Leben *Rāmakrishnas*, der aus einer armen Brahmanenfamilie stammte, vollzog sich noch in sehr engem indischen Rahmen. Aufgewachsen in einem bengalischen Dorf, soll er schon in seiner Jugend spirituelle Erfahrungen gemacht haben. *Rāmakrishna* wurde, wie traditionell üblich, mit einem sechs Jahre alten Mädchen mit Namen *Sarada* verheiratet. Da er sich zum Saṃnyāsin weihen ließ, wurde die Ehe allerdings nie vollzogen. Er glaubte, dass seine Frau die Inkarnation der göttlichen Mutter, sei und verehrte sie immer als solche. Den größten Teil seines Lebens verbrachte *Rāmakrishna* als Tempelpriester in einem *Kālī*-Tempel in *Dakshineshvar* bei Kalkutta, der heute zu einem Wallfahrtsort für seine Anhänger wurde.

Das Besondere seines Lebens lag gerade darin, dass er vielen verschiedenen spirituellen Wegen folgte. Er wurde in die tantrische Praxis initiiert und folgte gleichzeitig dem *advaita-vedānta*, der die 'Nicht-Zweiheit' als letzte Realität ansieht. Dies hinderte ihn wiederum keineswegs daran, Gott beziehungsweise die göttliche Mutter, wie er vorzugsweise sagte, in einer innigen personalen Beziehung zu verehren. Nachdem er eine Vision *Christi* hatte, betrachtete er auch *Christus* fortan als Inkarnation Gottes, allerdings nicht als die einzige. *Rāmakrishna* ging davon aus, dass alle Religionen zu demselben Ziel streben und *Jesus, Allah, Buddha* oder *Kālī* als verschiedene Aspekte der einen Realität anzusehen sind. Er kam so zu der Einsicht, dass alle religiösen Wege zu demselben Ziel führen, zur Realisierung Gottes, was er zum Beispiel in dem Gleichnis von den verschiedenen Treppen auf dassselbe Dach zum Ausdruck brachte:

*Gott kann auf vielen Wegen verwirklicht werden. Alle Religionen sind wahr. Das Wichtige ist nur, das Dach zu erreichen. Man kann es auf Steintreppen erreichen oder auf Holztreppen oder auf einer Bambustreppe oder mit Hilfe eines Seils. Man kann klettern oder auch eine Bambusstange benutzen.*
*(The Gospel of Rāmakrishna)*

Es ging ihm jedoch nicht um die Begründung einer hinduistischen Universalreligion und die Ausarbeitung einer Lehre, wie sie für den aufkommenden Neo-Hinduismus charakteristisch wurde. *Rāmakrishna* war mehr auf ein mystisch-spirituelles Erfahren ausgerichtet. Er lebte eine Grundhaltung, die alle Religionen als gleichberechtigte Pfade beurteilte. *Rāmakrishna* war ein Meister der Praxis, vor allem der mystischen Praxis. Interessanterweise zeigte er für die Übungen des *Haṭha-Yoga* oder für Meditation kein Interesse. Er war *Bhakta*, einer, der die Hingabe an Gott als zentrale Übung ansah. Seine Praxis bestand in erster Linie im Singen religiöser Lieder, welche die Hingabe an Gott förderten. *Rāmakrishna* hatte jedoch Schüler, die für theoretisch begründende Fragestellungen viel offener waren als er. Der wohl bedeutendste unter ihnen war *Svāmī Vivekānanda*, der nun auch die theoretischen Grundlagen der Umwandlung des traditionellen Hinduismus in eine für die Religionen der Welt offene Universalreligion formulierte.

*Die Rāmakrishna Bewegung - der Beginn hinduistischer Mission im Westen*

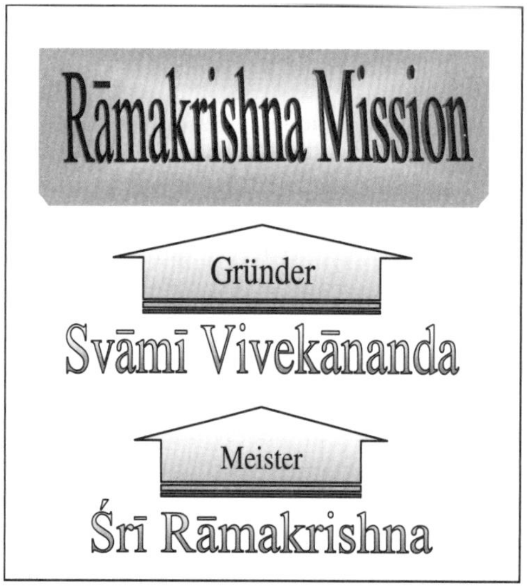


## Svāmī Vivekānanda (1863-1902)

*Die universale Bruderschaft aller Religionen unter dem Dach des Vedānta*

*Vivekānanda* wurde mit dem Namen *Narendranath Datta* in Kalkutta geboren, in einem christlichen Missions-College erzogen und mit 20 Jahren Schüler von *Rāmakrishna*. Nach dem Tod seines Lehrers wurde er *Saṃnyāsin* und nahm den Namen *Svāmī Vivekānanda* an. Er entwarf nicht nur eine der wichtigsten Konzeptionen des *Neo-Vedānta*. Auf seine Initiative gehen auch mehrere seine Lehre auch im Westen verbreitende Organisationen zurück. Zusammen mit anderen Schülern gründete er den *Rāmakrishna*-Orden, aus welchem sich die *Vedānta Society* und die *Rāmakrishna Mission Association* (1897) entwickelte. Die zahlreichen heute existierenden *Vedānta*-Gesellschaften des Westens sind in dieser Weise Teil des *Rāmakrishna*-Ordens.

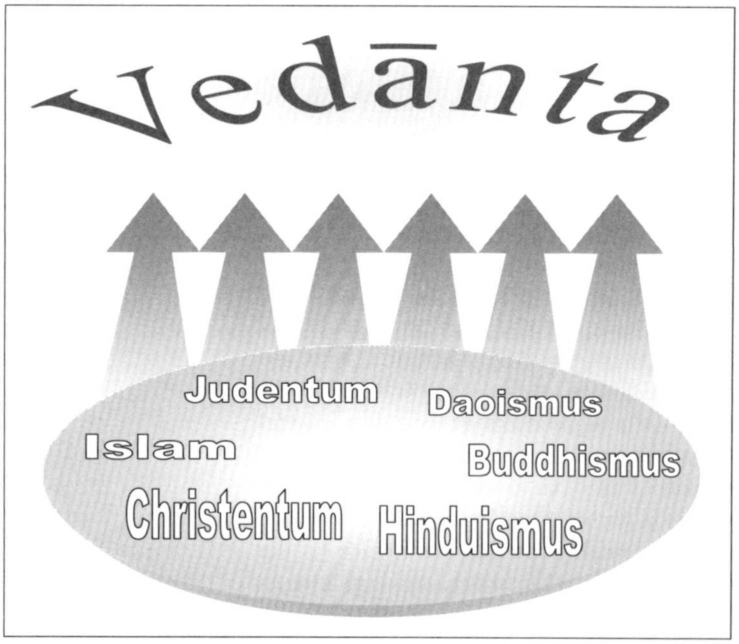


*Svāmī Vivekānanda* kann als der erste Hindu der Moderne angesehen werden, der hinduistische Spiritualität aktiv für das Abendland öffnete. Mit ihm beginnt die Yoga-Mission im Westen. *Vivekānanda* reiste als geistiger Botschafter des Hinduismus zum Weltparlament der Religionen 1893 nach Chicago und hielt dort eine Rede, die ihn praktisch über Nacht in ganz Amerika berühmt machte. Diese viel beachtete Rede auf dem Kongress gilt als Startschuss für die Verbreitung des *Yoga* wie auch hinduistischer Spiritualität in der abendländischen Kultur. Nach der Rückkehr *Vivekānandas* nach Indien wurde er dort als Nationalheld gefeiert. Interessanterweise wurde schon bald sein Wirken von christlicher Seite aus als Versuch hinduistischer 'Gegenmission' verurteilt.

Die Grundintention seiner Rede bestand in der Forderung nach der Anerkennung der Gleichwertigkeit des Hinduismus gegenüber den anderen Religionen, was die an den christlichen Überlegenheitsdünkel gewöhnte Zuhörerschaft vollkommen überraschte. Im Mittelpunkt seiner Argumentation lag der Gedanke der Toleranz gegenüber allen fremden Religionen und Weltanschauungen. Die Toleranz wurde jedoch vor allem dadurch ermöglicht, dass er alle Volksreligionen, sowohl den Hinduismus wie das Christentum oder den Islam, relativierte. Keine der Religionen würde die göttliche Wahrheit in ihrem ursprünglichen Sinn zum Ausdruck bringen. Alle Religionen seien auf dem Weg zu einem gemeinsamen Ziel, sie wären im Grunde auf dieselbe Wahrheit ausgerichtet. Diese ursprüngliche Wahrheit habe dann freilich im

*Vedānta* Indiens ihren vollkommensten Ausdruck gefunden. Schon in den *Upaniṣads* war von dem Wissenden die Rede, der, von der Gebundenheit an die vielen Namen und Formen befreit, in den einen Geist eingegangen ist wie die vielen Flüsse in den einen Ozean. *Vivekānanda* überträgt die alte Vorstellung von dem die ursprüngliche Einheit schauenden erleuchteten Geist auf das Verhältnis der heutigen Religionen zueinander. Seiner modernen Interpretation des *Vedānta* geht es jetzt um die Forderung der universalen Bruderschaft aller Religionen unter dem einen Dach des *Vedānta.*

In vielen weiteren Reden, die er in ganz Amerika hielt, entwarf er auch eine Neuinterpretation der traditionellen *Yoga*-Wege, die starken Einfluss auf das Grundverständnis des *Yoga* des 20. Jahrhunderts ausübte. *Vivekānanda* stützt sich hierbei vor allem auf den religiösen Yoga der *Bhagavadgītā* und den klassisch-philosophischen *Yoga* des *Patañjali* und konstruierte hieraus ein Vier-Wege System des *Yoga*. Die ersten drei Wege, *Karma-Yoga, Jñāna-Yoga* und *Bhakti-Yoga*, entnahm er der *Gītā*. Den klassischen *Yoga* des *Patañjali* fügte er unter dem Namen *Rāja-Yoga* als vierten Weg hinzu, wobei er noch einige Elemente der feinstofflichen Physiologie des Tantrismus und des *Haṭha-Yoga* integrierte. In dieses sich ausschließlich auf die in der klassischen Zeit bekannten Wege des *Yoga* beschränkende System ist die *Haṭha-Yoga*-Praxis selbst nicht berücksichtigt. Für *Vivekānanda* spielte der *Haṭha-Yoga* keine Rolle, genauso wie auch für *Paramahaṃsa Yogānanda,* der nicht nur den Westen bereiste, sondern als der erste indische *Yogī* seine Wirkungsstätte gänzlich in das Abendland verlegte.

## Paramahaṃsa Yogānanda

(1893-1952)

Weltbekannt wurde Yogānanda vor allem durch sein Buch 'Autobiographie eines Yogi' (1946), das sein außergewöhnliches, an Wundern und Begegnungen mit indischen wie auch christlichen Heiligen reiches Leben schildert. Es ist für einen Inder sehr ungewöhnlich, über sich selbst eine Biographie zu schreiben. Insbesondere der westlichen Leserschaft konnte dieses Buch deswegen einen einmaligen Einblick in die Welt der indischen *Yogīs* vermitteln. Es ist ausführlich beschrieben, wie *Yogānanda* im nordindischen Gorakhpur mit dem Namen *Mukunda Lāl Ghosh* geboren wurde. Als Schüler von *Svāmī Śrī Yukteśvar Giri* erhielt er von ihm zunächst die Techniken des *Kriyā-Yoga* und später auch die Einweihung zum *Saṃnyāsin* des *Giri*-Zweigs des auf *Śaṅkara* zurückgehenden *Daśanāmi*-Ordens. Mit der Weihe zum *Saṃnyāsin* war die Namensänderung in *Paramahaṃsa Yogānanda* verbunden (Skrt.: *paramahaṃsa* (m.) - höchste Seele, hervorragender Asket). *Yogānanda* gehört somit zu den Vertretern des modernen *Yoga*, die sich einerseits auf den *Yoga* beziehen, andererseits aber auch in der Tradition des *Vedānta* stehen.

*Yogānandas* Lehrer *Śrī Yukteśvar* war Schüler von *Lahiri Mahāśaya*, der wiederum den

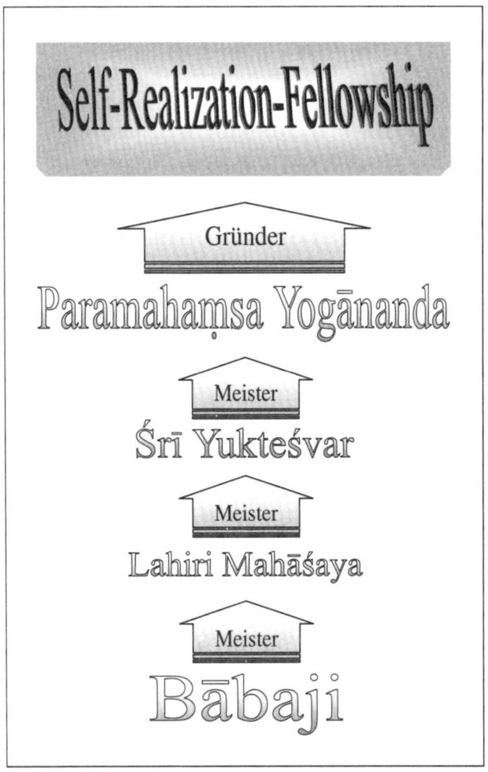


*Die Lehrtradition des Paramahaṃsa Yogānanda*

## Exkurs : Kriyā-Yoga:

*Kriyā-Yoga* heißt in der wörtlichen Übersetzung *Yoga* der (rituellen) Handlung (Skrt.: *kriyā* (f.) - Handlung, Opferritual, Therapie). *Patañjali* verwendet den Begriff im Sinne des traditionellen, religiös orientierten *Yoga,* bestehend aus Askese (*tapas*), Studium der Schriften (*svādhyāya*) und der Hingabe an Gott *(īśvarapranidhāna*).

In der *Tri-Śikhi-Brāhmaṇa-Upaniṣad* ist *Kriyā-Yoga* als Synonym für *Karma-Yoga* gebraucht, das *Bhagavāta-Purāṇa* versteht hierunter dann die vedische oder tantrische rituelle Praxis. Die *kriyās* im *Haṭha-Yoga* meinen körperliche Reinigungsübungen. Als Bezeichnung für das Übungssystem des *Yogānanda* erlangte *Kriyā-Yoga* eine heute weit verbreitete Bedeutung. Aber auch *Satyānanda* entwickelte im 20. Jahrhundert eine Praxis, die er *Kriyā-Yoga* nannte.

*Die zahlreichen Bedeutungen des Begriffs Kriyā-Yoga*

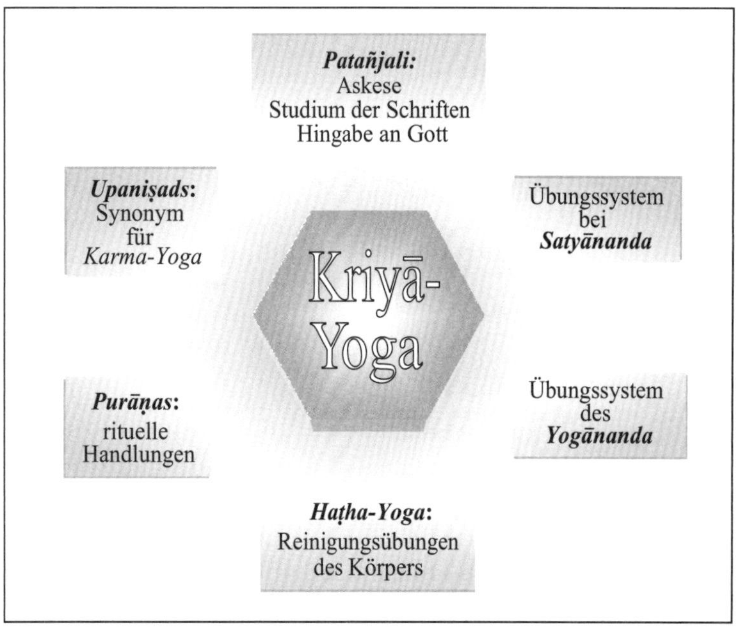


*Kriyā-Yoga* von dem berühmten *Bābaji* erhalten hatte. Laut *Yogānanda* lebt *Bābaji* als göttliche Inkarnation (*avatāra*) seit Jahrhunderten im selben physischen Körper bei *Badrinarāyan* im nördlichen Himālaya. *Yogānanda* berichtet in seinem Buch, dass er 1920 in einer Vision von *Bābaji* selbst den Auftrag erhielt, nach Amerika zu gehen und den *Kriyā-Yoga* im Westen zu verbreiten. Schon im selben Jahr gründete er bei Los Angeles als Basisorganisation seiner Yoga-Mission im Westen die 'Self-Realization-Fellowship' (SRF). *Yogānanda* sollte fast die ganze folgende Zeit bis zu seinem Tod im Westen bleiben.

Auch *Yogānanda* war kein *Haṭha-Yogī*. Er beurteilte den *Haṭha-Yoga* als ein Spezialgebiet des *Yoga*, der nach seiner Meinung von den sich um die Befreiung ihrer Seele bemühenden *Yogīs* nur selten angewendet würde. Der *Kriyā-Yoga* des *Yogānanda* ist dabei zu unterscheiden von anderen Übungsformen, die mit demselben Begriff bezeichnet werden. Über die von *Yogānanda* gelehrte Praxis des *Kriyā-Yoga* selbst ist im Rahmen eines Yoga-Philosophie-Atlasses allerdings nur wenig zu sagen, da sie nur den eingeweihten Schülern zugänglich gemacht werden darf. Im Zentrum steht eine Form der Meditation, die jedoch auch Bezüge zu zahlreichen anderen *Yoga*-Wegen aufweist. *Yogānanda* lehrte sechs Aspekte des *Kriyā-Yoga,* in den *Karma-Yoga* als Übung spirituellen Handelns, *Jñāna-Yoga* als Weg zur Erkenntnis der Einheit der menschlichen Seele mit Gott, *Bhakti-Yoga* als Übung der echten Liebe und Hingabe an Gott, der tantrische *Kuṇḍalinī-Yoga* und auch eine Körper- und Atemarbeit integriert sind. Ziel ist die Erweckung der *kuṇḍalinī*. Immer wieder ist allerdings betont, dass *Kriyā-Yoga* nicht durch Bücher, sondern nur durch einen persönlichen Lehrer zu vermitteln ist.

Wie schon vor ihm *Vivekānanda*, so verstand sich auch *Yogānanda* als Botschafter des modernen Hinduismus in der christlichen Welt des Abendlandes. Der religiöse Dialog zwischen Ost und West bildete eines seiner zentralen Anliegen. Dabei sah er sich keinesfalls als Vertreter des volksreligiösen Hinduismus. *Kriyā-Yoga* bedeutet einen Weg, die volksreligiösen Vorstellungen sowohl hinduistischer wie auch christlicher Provenienz hinter sich zu lassen. Einerseits soll so die Möglichkeit eröffnet werden, zu einem bewussteren und aufmerksameren Leben der jeweilig eigenen Religion zu finden. Andererseits gilt es, gerade durch das bewusste Leben der eigenen Religion auch auf einer tieferen Ebene für das einende Potential aller Religionen offen zu werden. *Kriyā-Yoga* meint einen Weg, der über alle Volksreligionen hinausweist und hierdurch gerade innerhalb jeder Religion, sowohl im Hinduismus wie auch im Christentum, gegangen werden kann. Wie schon vor ihm *Vivekānanda* bemühte sich auch *Yogānanda* um eine Verbindung der Religionen, nun jedoch nicht unter dem Dach des *Vedānta*, sondern mit dem einigenden Band des *Yoga*.

## **Śrī Aurobindo Ghose** (1872-1950)

*Śri Aurobindo Ghose* zählt zu den berühmtesten *Yogīs* und *Yoga*-Philosophen des 20. Jahrhunderts, sowohl in Indien als auch im Westen. In einer bengalischen Familie in Kalkutta geboren, wurde er schon mit sieben Jahren von seinem anglophilen Vater, der seinen Sohn unberührt von der von ihm als rückständig beurteilten indischen Kultur aufziehen wollte, nach England geschickt. Er wuchs somit in Europa auf und kehrte als westlich orientierter Mensch mit 21 Jahren in seine Heimat zurück. In Indien angekommen, trat *Aurobindo* zuerst in den Dienst des Mahahrajas von Baroda, wurde dann 1900 Professor für englische Literatur, lernte Sanskrit und studierte in diesem Zusammenhang auch die Schriften der *Yoga*-Tradition. *Aurobindo* wurde auch in dieser Zeit Schüler bei *Vishnu Bhaskar Lele*, der ihn in die *prāṇāyāma*- und Meditationspraxis einführte.

Mit der Suche nach spiritueller Tiefe war gleichzeitig auch der Beginn seines politischen Engagements verbunden. *Aurobindo* avancierte in nur kurzer Zeit zu einer der führenden Persönlichkeiten der bengalischen nationalistischen Bewegung, die leidenschaftlich für die Befreiung Indiens von der englischen Kolonialmacht kämpfte, wobei man auch den bewaffneten Kampf nicht ausschloss. 1908 inhaftierten ihn die Engländer nach einem Bombenattentat auf eine britische Einrichtung, bei dem zwei unbeteiligte Zivilisten getötet wurden. Der folgende einjährige Gefängnisaufenthalt initiierte bei *Aurobindo* einen spirituellen Wandel, der zur Verwirklichung einer neuen Berufung führte. Er flüchtete nach seiner Freilassung 1910 in das südindische Pondicherry, das unter französischer Oberhoheit stand, und war so einem eventuellen erneuten Zugriff der englischen Behörden entzogen. In Pondicherry, das er bis zu seinem Lebensende nie mehr verlassen sollte, gründete er einen Ashram und schrieb etwa 30 umfangreiche Bücher vorwiegend in englischer Sprache, in welchen er die Philosophie und Praxis des 'Integralen Yoga' entwickelte.

*Integraler Yoga* bedeutet zunächst die Integration der drei großen klassischen Yoga-Wege, wie sie in der *Bhagavadgītā* aufgezeigt sind, die Zusammenführung des *Yoga der Philosophie (Jñāna-Yoga*) und des *Yoga des Handelns* (*Karma-Yoga)* auf der Grundlage des *Yoga der religiösen Hingabe* (*Bhakti-Yoga*). Die *Bhagavadgītā* wird für *Aurobindo* in dieser Weise, neben der *Īśā-Upaniṣad*, zu einer der zentralen Bezugspunkte. In einem weiteren Sinn integriert der von Aurobindo aufgezeigte *Yoga* wesentliche Momente des indischen wie auch des westlichen Denkens, indem er den Weg der individuellen Befreiung mit dem Konzept der Evolution verbindet. Er sieht die Kraft der Evolution jedoch nicht in dem Darwin'schen Ausleseprinzip, sondern in einem einzigartigen Selbstfindungsprozess, in welchem die göttliche Kraft mitten in dieser Welt lebendig wird.

Um diesen Evolutionsprozess zum Ausdruck zu bringen, entwickelt *Aurobindo* eine spezifische Terminologie. Evolution geschieht hiernach nicht linear, sondern in aufwärts gerichteten Zyklen, in welchen die vorhergehende Dimension die folgende aus sich entlässt. Aus dem *materiellen Körper* geht das *Vital* hervor, die Lebensnatur mit ihren Wünschen, Gefühlen und Leidenschaften. Das Vital ist die Dimension des Menschen, welcher er im allgemeinen am meisten verhaftet ist. Der Prozess geht weiter durch die Entwicklung des *Mental*, der Denkkräfte, der Fähigkeit der Überlegungen und des verstandesmäßigen Erfassens. Erst wenn das Mental überstiegen ist, öffnet sich das *Übermental* (Engl.: *overmind*), das göttliche Bewusstsein. Hier bestehen allerdings noch Unterschiede zwischen dem personalen und apersonalen

Gottesbild. Erst im *Supramentalen* sind keine solchen Unterscheidungen rationaler Art mehr möglich. Das *Supramental* liegt jenseits jeglicher mentalen Konzeption. Das *Supramental* ist als allumfassendes, ganzheitliches Bewusstsein zu verstehen, in welchem die fundamentale Wahrheit und Einheit aller Dinge verankert ist.

*Die Doppelbewegung des spirituellen Aufstiegs des Menschen und der Herabkunft des Göttlichen*

Der Weg des *Integralen Yoga* ist dabei nur als die Beschleunigung eines ohnehin geschehenden Evolutionsprozesses sowohl des menschlichen Individuums als auch der Gesellschaft gesehen. Der Weg des *Yoga* fördert die Umwandlung des Menschen in einem ganzheitlichen Wachstum, bis er letztlich zum wahren Selbst des *Supramental* befreit wird. Der Prozess zeichnet sich gerade dadurch aus, dass der Mensch immer weniger vom *Vital* bestimmt ist und sich verstärkt auf die höheren Dimensionen ausrichten kann. Die Entwicklung mag so bis zum *Übermental* fortschreiten. Es ist jedoch nicht mehr möglich, sich um das *Supramental* zu bemühen. Das *Supramental* bleibt reines Geschenk. Die Verwirklichung des *Supramentalen* ist gleichbedeutend mit einem Leben auf Erden im Einklang mit dem höchsten göttlichen Willen, der vollständigen Transzendenz des Ego bei Wahrung der einzigartigen Individualität jedes Einzelnen. Der voll verwirklichte Mensch ist dann nicht mehr durch sein kleines Ich, sein persönliches *Mental*, das persönliche *Vital* und den persönlichen Körper beschränkt, sondern ist eins mit dem höchsten Selbst als dem supramentalen, kosmischen Bewusstsein, das zugleich die gründende Existenz im tiefsten Inneren des Menschen bildet.

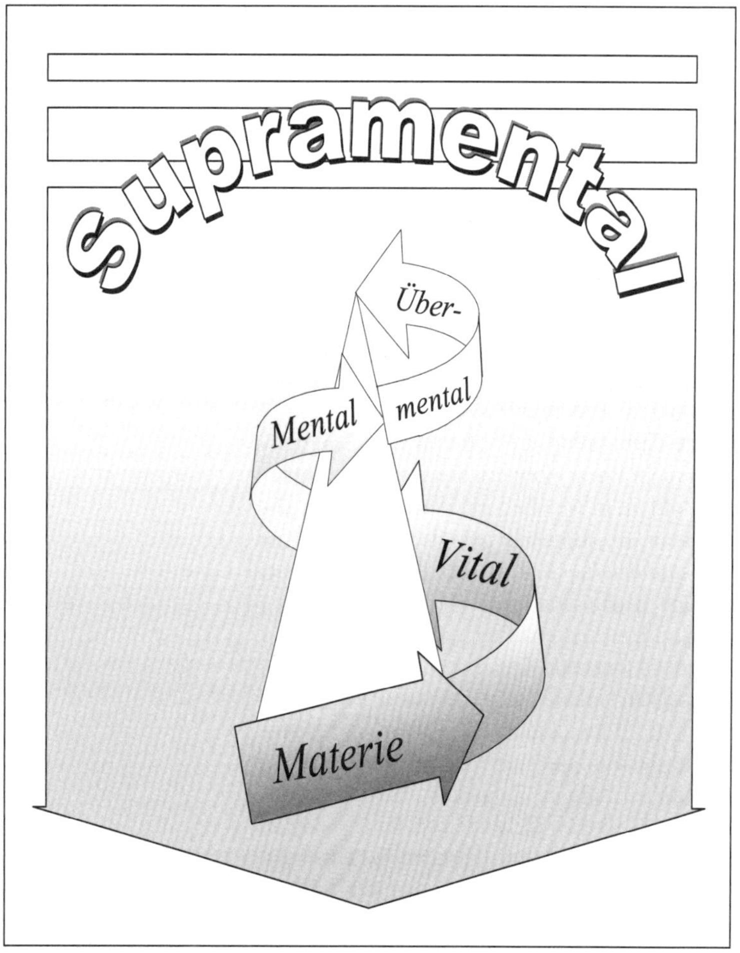


Wenn wir im 20. Jahrhundert an einem Punkt der globalen Krise angekommen sind, die *Aurobindo* eindeutig zu sehen glaubte, dann führte er diese Krise auf eine Störung in diesem Evolutionsprozess zurück. Die Evolution ist ins Stocken gekommen, da der Mensch entgegen seiner ursprünglichen Bestimmung vom *Supramental* und somit vom göttlichen Bewusstsein getrennt ist. Die Aufgabe des *Integralen Yoga* besteht somit keineswegs darin, den *Yogī* zu einem zusätzlichen, übernatürlichen Bewusstsein zu führen. Die Aufgabe liegt in der Lösung der Blockaden der Evolution, deren Lösung eine neue Dimension des Menschseins aufbrechen lasse. Gelingt dieser Sprung nicht, so könnte der jetzige Mensch von diesem Planeten verschwinden, so wie auch schon vor ihm viele Arten ausgestorben sind. Der Evolutionsprozess als solcher ginge jedoch weiter. Gelingt der Sprung, so würde eine neue Menschheit entstehen, eine Menschheit, die aus ihrer ursprünglichen Bestimmung zu leben versteht, die in der Öffnung für ihr wahres göttliches Selbst, das *Supramental*, liegt.

*Aurobindo* lehrte wie alle bisher dargestellten Meister des 20. Jahrhunderts keinen *Haṭha-Yoga*. Der *Integrale Yoga* beinhaltet auch keine Meditationsform, nicht einmal ein festes Konzept oder irgendwelche Anleitungen. Die Praxis des

*Integralen Yoga* besteht mehr in der Kultivierung einer Haltung, einer Haltung der Hingabe, des Sich-Öffnens, des Sich-Überantwortens (Engl.: *surrender*). Es geht um eine Öffnung der Selbstkonzentration nach innen und oben. Diese Öffnung fördert zunächst den Aufstieg von den niederen Dimensionen zur jeweils Höheren bis hin zum Übermentalen. Die öffnende Konzentration muss dann aber über das zu erstrebende Ziel hinausgehen. Letztlich ist eine Öffnung für die Herabkunft des *Supramentalen* gemeint, so dass der Friede von oben in das Herz jedes Einzelnen herabzuströmen vermag. Jeder aufsteigenden Bewegung geht letztlich eine Herabkunft voraus. Die yogische Transformation ist in dieser Weise von der Doppelbewegung von Aufstreben des Menschen und Herabkunft des Göttlichen gekennzeichnet. Die Kultivierung einer solchen Haltung heißt ein Leben in vollständiger Hingabe an das Göttliche zu führen, ein Einswerden mit der göttlichen Mutter oder dem supramentalen Göttlichen, wie *Aurobindo* dies immer wieder auszudrücken pflegte. Es geht um die Öffnung für die göttliche Kraft über uns und die Zurückweisung aller Dinge, die für eine solche Öffnung hinderlich sind. Der *Integrale Yoga* mündet in sich-überantwortender *bhakti*, die alles Wissen und Handeln des Menschen durchdrungen hat, so dass das Göttliche in einer integrierenden Einheit sowohl im Transzendenten als auch im Universum wie auch im Individuum zu finden ist.

*Aurobindo* zog sich schon im Jahre 1926 von nahezu allen persönlichen Kontakten zurück und übergab die Leitung seines Ashram seiner Weggefährtin **Mirra Alfassa** (1878-1973), die allgemein nur als die '**Mutter**' bezeichnet wird. Die gebürtige Französin kam erstmals 1914 nach Pondicherry, traf dort mit *Aurobindo* zusammen und zog 1920 endgültig in den Ashram. *Aurobindo* verehrte in ihr die göttliche *śakti*, die kosmische Urkraft (Skrt.:, *śakti* (f.) - Kraft, Potenz, Macht), und machte aus ihr eine der ersten großen weiblichen *Yoginīs* des 20. Jahrhunderts. Unter ihrer Führung wuchs der Ashram von einer kleinen Gruppe von *Aurobindo*-Anhängern zu einer Gemeinschaft von über 2000 Personen heran. Im Mittelpunkt der von ihr gelehrten Praxis stand nicht die Meditation, das Gebet oder etwa die Beschäftigung mit der Philosophie *Aurobindos*. Nach ihrem Leitsatz 'für das Göttliche zu arbeiten heißt, mit dem Körper zu beten' ging es ihr um die konkrete, hingabevolle Arbeit, von der Autoreparatur über den Unterhalt von Gästehäusern bis zur Papierherstellung. In der hingabevollen Arbeit sah sie die Vorbereitung für die höheren Stadien des Bewusstseins in der Evolution des Menschen. Ihr größtes Projekt begann sie 1968 mit der Gründung der yogischen Stadt *Auroville* in der Nähe von Pondicherry. Das Hauptziel *Aurovilles* besteht in der Verwirklichung menschlicher Einheit auf spiritueller Grundlage. *Auroville* möchte den Aufbau eines Ortes, in welchem jedem Menschen, unabhängig von Abstammung, Geschlecht und Religion, die Möglichkeit für ein freies spirituelles Wachstum gegeben werden sollte.

## **Mahātma Gandhī** (1869-1948)

Neben *Aurobindo* ist *Mahātma Gandhi* der zweite große *Yogī* des 20. Jahrhunderts, der aus der indischen Freiheitsbewegung hervorging. Er wurde als *Mohandas Karamchand Gandhi* in *Porbandar* (zwischen Mumbai und Karachi) in einer Familie von Politikern geboren. Schon während seines Jura-Studiums in England beschäftigte sich *Gandhi* intensiv mit der *Bhagavadgītā*, vertiefte sich aber auch in die Bibel. Es schloss sich eine erste berufliche Tätigkeit als Rechtsanwalt in Südafrika an, wo er gegen die Rassenunterdrückung kämpfte. Bei seiner Rückkehr nach Indien 1915 war *Gandhi* schon weithin als Freiheitskämpfer bekannt und wurde von *Rabindranath Tagore* als *Mahātma*, als 'große Seele' begrüßt. Im Unterschied zu *Aurobindo* blieb *Gandhi* jedoch in der Politik. Sein ganzes Leben widmete er dem Kampf für die Unabhängigkeit Indiens, die dann am 15. August 1947 wirklich wurde, allerdings mit der Aufspaltung des Kontinents in den säkularen Staat der Indischen Union (*Bhārat*) und die islamische Republik Pakistan. Ein radikaler

Hindu-Fundamentalist, der *Gandhi* für die Teilung mit verantwortlich gemacht hatte, ermordete ihn ein Jahr nach der Unabhängigkeit.

*Mahātma Gandhi* war ein großer *Karma-* und *Bhakti-Yogī*, wobei er sich auch auf wesentliche Werte des klassisch-philosophischen *Yoga* des *Patañjali* stützte. Für ihn war es in diesem Sinne wichtig, Politik zu betreiben, ohne sich in ihre Sachzwänge verstricken zu müssen. Es ging ihm um die Verwirklichung von Politik aus der yogischen Haltung einer inneren Losgelöstheit heraus. Yogische Grundsätze wurden von ihm dabei ganz bewusst politisiert und für den gewaltfreien politischen Kampf zur Befreiung Indiens von der englischen Kolonialherrschaft eingesetzt.

Das yogische Prinzip von *ahiṃsā* verstand er als Gewaltlosigkeit des politischen Handelns (Skrt.: *ahiṃsā* (f.) - Gewaltlosigkeit). *Satyagraha* interpretierte er als passiven, gewaltfreien Widerstand (Skrt.: *satyagraha* (m.) - Wahrheit ergreifen). Äußerlich bedeutete *satyagraha* dabei Streik, innerlich sah er jedoch einen solchen Streik als Übungs-Weg zur Einung mit Gott. *Gandhi* ging davon aus, dass sich, wenn in der Durchführung eines Streiks diese innere spirituelle Haltung verwirklicht ist, dann die eigene Haltung der Gewaltlosigkeit auch auf den politischen Gegner übertragen müsse. In dieser Weise versuchte *Gandhi* einen im klassischen *Yoga* bei *Patañjali f*ormulierten Grundsatz in die politische Praxis des 20. Jahrhunderts umzusetzen. Die von ihm aufgezeigte Praxis des gewaltfreien Widerstandes wirkt bis heute auf Methoden politischer Auseinandersetzung sowohl in Indien wie auch im Westen.

Als weiteres Prinzip kultivierte *Gandhi aparigraha* als einfaches, naturverbundenes Leben in kleinen dörflichen Gemeinschaften (Skrt.: *aparigraha* (m.) - Nicht-Besitzergreifen). Ihm ging es um schlichte Lebensführung, um so nicht dem Streben nach materiellem Wohlstand zu erliegen, wie er dies in der westlichen Kultur vorfand. Gandhi setzte dem Streben nach westlichem Lebensstil die ureigenen Werte des traditionellen indischen Landlebens entgegen.

Als letztes der von *Gandhi* praktizierten yogischen Prinzipien ist *brahmacārya* zu nennen, traditionell als die Forderung nach sexueller Enthaltsamkeit interpretiert (Skrt.: *brahmacarya* (n.) - reiner Lebenswandel). *Gandhi* dehnte *brahmacārya* jedoch über den sexuellen Bereich hinaus aus und verstand hierunter ein enthaltsames Leben schlechthin. Hierbei wurde insbesondere das Fasten für ihn wichtig, das er zielgerichtet zum Erreichen ganz konkreter politischer Veränderungen einsetzte. *Gandhi* erkannte in dieser Weise die soziale Dimension der yogischen Ethik, die in der Tradition nur wenig gesehen und lange Zeit verloren gegangen war. Auf dem Fundament dieser sozialen Kompetenz des *Yoga* entwarf er eine bisher noch nie dagewesene politische Ethik des *Yoga*.

## **Ramana Maharshi** (1879-1950)

*Ramana Maharshi* kann als einer der bedeutendsten Vertreter des *Jñāna-Yoga* in der Ausrichtung des *advaita-vedānta* gezählt werden. Er war gleichzeitig aber auch ein Vertreter des *Bhakti-Yoga* als Weg der religiösen Hingabe. *Ramana Maharshi* wurde in einem kleinen Dorf in der Nähe des südindischen Madurai geboren. Mit sechzehn Jahren hatte er ein Initialerlebnis, eine spirituelle Todeserfahrung, die sein Leben entscheidend veränderte. Er sagte später hierzu:

*Sterben kann ich nicht, das habe ich schon hinter mir wie einer das Kindsein oder das Jungsein*

Alle Gebundenheit an die Dinge der Welt wurde gelöst, so dass mitten in der Welt alles Weltliche für ihn gestorben war. Nach dieser entscheidenden Erfahrung verließ *Ramana Maharshi* seine Familie und ließ sich in verschiedenen Höhlen in der Nähe des Berges *Arunachala* in Tiruvanamalai nieder. Als die Anzahl seiner Schüler immer mehr zunahm, wurde für ihn in den zwanziger Jahren am Fuße des Berges ein Ashram gebaut. Er empfing dort Tausende von Suchenden aus aller Welt. Als einer der ersten kam der britische Mystiker *Paul Brunton*. Es sollten viele andere folgen, die *Maharshis* Lehren in den Westen brachten.

*Ramana Maharshi* lehrte keinen *Haṭha-Yoga* und auch keine Meditation. Als *Jñāna-Yogī* beantwortete er die Fragen der Besucher, wobei er keine Lehre oder Theorie des *Yoga* entwarf. Er zeigte einen Weg, in dessen Zentrum nur die eine Frage stand: Wer bin ich? Es war der Weg, auf dem der Mensch seine vielen falschen Identitäten erkennen sollte, sie durchbricht und letztlich zu seinem wahres Selbst gelangt, zum *ātman* als der höchsten Form der Realität.

Während er im Sinne der Philosophie des *Yoga* vom Selbst sprach, brachte er als *Bhakti-Yogī* dem Gott *Shiva* als dem höchsten göttlichen Bezugspunkt seine religiöse Verehrung dar. Von dieser religiösen Ausformung des *Yoga* zeugt bis heute die virulente Rezitationspraxis, die in seinem Ashram täglich praktiziert wird.

## **Jiddu Krishnamurti** (1895-1986)

*Jiddu Krishnamurti* gehört zu den bedeutendsten indischen Philosophen des 20. Jahrhunderts, der wie kaum ein anderer der Tradition des *Yoga* kritisch gegenüberstand und sie auf ihren eigenen, revolutionären Grund hin zu öffnen versuchte. Die Theosophen glaubten in *Krishnamurti* den zukünftigen *Weltenlehrer* zu sehen und gründeten um ihn herum den *Orden des Sterns des Ostens*. Dieser Vereinigung, zu deren Haupt *Krishnamurti* ernannt wurde, sollte die Aufgabe zukommen, die Welt auf das Kommen des *Weltenlehrers* vorzubereiten. Im Jahre 1929 löste *Krishnamurti* jedoch nach 20jähriger Tätigkeit bei dem jährlichen Treffen des Ordens in Anwesenheit von 3000 Mitgliedern die Vereinigung auf. Er hatte erkannt, dass der Glaube an ihn als den großen Meister die Mitglieder des Ordens von der eigenen Entdekkung der Wahrheit abgehalten hatte. Mit diesem Schritt verzichtete *Krishnamurti* auf die Anerkennung und die Verehrung, die ihm als Haupt des Ordens entgegengebracht wurde, und bereiste bis zu seinem Tod im Jahre 1986 die Welt, um in zahllosen Vorträgen die feststehenden Wahrheiten der spirituellen Zirkel zu hinterfragen.

*Krishnamurti* versuchte aufzuzeigen, wie spirituelle Organisationen ihren Mitgliedern zwar Halt geben, dieser Halt sie jedoch gleichzeitig auch wie in einem Käfig festhält. Seine Kritik richtete sich nicht nur auf die Organisationen, sondern auch auf die spirituelle Führung der *Yoga*-Meister, einschließlich seiner eigenen, wenn sie Schüler daran hindert, ihren eigenen Weg zur Wahrheit zu gehen. *Krishnamurti* zeigt einen Weg ohne *Guru*, letztlich auch ohne Leitung von außen. In diesem Sinne forderte er seine Zuhörer immer wieder dazu auf, ihre eigene Kompetenz ernstzunehmen:

*Sie sind daran gewöhnt, dass man Ihnen sagt, welche Fortschritte Sie gemacht haben, was Ihr spiritueller Status ist. Wie kindisch! Wer außer Ihnen kann Ihnen sagen, ob Sie innerlich schön oder hässlich sind?*

Insbesondere richtete *Krishnamurti* auch seine Kritik auf jegliche Form yogischer Methoden zur Herstellung höherer Bewusstseinsformen. Die Wahrheit, um die es im *Yoga* gehe, entziehe sich der menschlichen Verfügbarkeit. Der spirituelle Weg sollte ohne spirituelle Methoden oder Techniken gegangen werden:

*Wenn ich eine Minute lang bewusst und aufmerksam bin, reicht das. Die meisten von uns sind unaufmerksam. Dieser Unaufmerksamkeit bewusst zu werden, ist Aufmerksamkeit; aber die Kultivierung von Aufmerksamkeit ist nicht Aufmerksamkeit.*

*Krishnamurti*, dem selbst ein tiefes spirituelles Erfahren zugänglich war, arbeitete in dieser Weise weniger daran, Schülern einen yogischen Weg aufzuzeigen, sondern den von anderen aufgezeigten yogischen Weg kritisch zu hinterfragen. Für ihn war es von fundamentaler Bedeutung, zunächst die eigene Unbewusstheit wahrzunehmen, um sich so erst auf den Weg der Wachheit und Bewusstheit begeben zu können. Diese Wachheit und Bewusstheit war für *Krishnamurti* jedoch keine Sache, die in irgendeiner Weise zu machen wäre, nicht durch eine spirituelle Organisation, nicht durch einen *Guru* und auch nicht durch eine *Yoga*-Technik.

## Svāmī Muktānanda (1908-1983)

Während *Jiddu Krishnamurti* jegliche Abhängigkeitsbeziehung zwischen *Guru* und Schüler in Frage stellte, kann *Svāmī Muktānanda* als derjenige Vertreter des modernen *Yoga* angesehen werden, der die Meister-Schüler-Beziehung am radikalsten zum Herzstück des yogischen Weges erklärte. *Svāmī Muktānanda* lehrte einen *Yoga*-Weg, den er *Siddha-Yoga* nannte, den *Yoga* der Vollkommenen (Skrt.: *siddha* (m.) - Vollkommener). Der *Siddha-Yoga* ist eine Form des *Kuṇḍalinī-Yoga*, der stark im Tantrismus des *Kashmir-Shivaismus* verwurzelt ist, einem Zweig der hinduistischen Religionswelt, deren Anhänger sich der Verehrung des Gottes *Shiva* widmen.

*Svāmī Muktānanda* wurde zunächst Schüler des vedāntischen *Yogī Svāmī Siddharudha*, der ihn auch zum *Saṃnyāsin* weihte. Hier lernte er Sanskrit, die Lehren des *Yoga* und des *Vedānta*. Nach dem Tod *Siddharudhas* durchquerte *Muktānanda* als Wandermönch ganz Indien, bis er schließlich auf seinen eigentlichen Meister traf, auf *Bhagavan Nityānanda*.

*Bhagavan Nityānanda* war ein in Südindien geborener Anhänger des *Kashmir-Shivaismus*, der schon mit 12 Jahren *Saṃnyāsin* wurde, lange Zeit bettelnd durch den Himālaya wanderte und dort in Höhlen wohnte, bis er sich in einer Einsiedelei in *Ganeshpuri* bei Mumbai (Bombay) niederließ. 25 Jahre lebte er dort als *avadhūta,* einer besonders radikalen Form der Asketen, die zum Teil auch der Bekleidung entsagten (Skrt.: *avadhūta* (m.) - abgeschüttelt, Asket geworden, Asket). Nach dem Tod *Nityānandas* baute sich *Muktānanda* in der Nähe von *Ganeshpuri* einen kleinen Ashram auf. Dort entwickelte er den *Siddha-Yoga* auf den Grundlagen der von *Nityānanda* empfangenen Lehren. Von dort aus unternahm er in den sechziger und siebziger Jahren auch mehrere Weltreisen, die ihn vor allem in den USA sehr populär machten. Obwohl er selbst kein Englisch sprach, konnte durch die von ihm gegründete 'Siddha Yoga Dham of America Foundation' (SYDA) der *Siddha-Yoga* weltweit verbreitet werden. Die SYDA gehört heute in den USA zu den reichsten und populärsten *Yoga*-Gesellschaften mit zehntausenden von Anhängern. Über die USA hinaus wurden bis heute in Europa, in Neuseeland und auch in Australien zahlreiche Siddha-Yoga-Zentren gegründet.

Im Zentrum des *Siddha-Yoga* steht *Shaktipat*, die Initiation durch direkte spirituelle Verwandlung, wie sie schon *Nityānanda* praktizierte und wie sie *Muktānanda* von ihm gelernt hatte. Die *śaktipāta-dīkṣā* ist ein Einweihungsritual (Skrt.: *dīkṣā* (f.) - Einweihung), in welchem die Herabkunft der göttlichen Urkraft initiiert wird (Skrt.: *śakti* (f.) - Kraft, Potenz, Macht; *pāta (m.)* - Flug, Fall). Durch *Shaktipat* wird, so *Muktānanda*, bei dem für den spirituellen Weg offenen Schüler die innere Energie durch die volle, entfaltete Energie des *Gurus* entfacht, so wie eine noch nicht brennende Kerze durch eine brennende entzündet werden kann. Durch *Shaktipat*, die Initiation auf den *Yoga*-Weg, erwacht die *kuṇḍalinī*, und der Prozess der spirituellen Entfaltung wird eingeleitet (Skrt.: *kuṇḍalinī* (f.) - Schlangenkraft, göttliche Urkraft). Diese Erweckung kann durch einen mantra, einen Blick, eine Berührung oder auch nur durch einen Gedanken geschehen. Die *kuṇḍalinī-śakti* ist nach der Initiation jedoch durch weitere Übungspraxis zu fördern, wobei es wichtig ist, dass jede Schülerin und jeder Schüler die ihnen entsprechende Übungsform auswählt. In *Muktānandas* Ashram selbst spielen heute die Übungsformen des Mantrasingens sowie lange Rezitationen und hingebungsvolle Arbeit des *Karma-Yoga* eine zentrale Rolle.

1982 machte *Muktānanda* seinen Schüler ***Svāmī Nityānanda*** mit seiner Schwester ***Svāmī Chidvilasānanda***, die von ihren Anhängern auch ***Gurumayī*** genannt wird, zu seinen Nachfolgern und übertrug ihnen die Fähigkeit der *śaktipāta*-Einweihung. Die *Siddha-Yoga*-Bewegung wird heute allein von Svāmī *Chidvilasānanda* geleitet, während *Svāmī Nityānanda* einen eigenen Weg geht. *Svāmī Chidvilasānanda* hat ihren Hauptwohnsitz in den USA, kommt jedoch auf ihren Weltreisen auch immer wieder in den Ashram nach *Ganeshpuri*.

## Svāmī Śivānanda Sarasvatī
(1887-1963) und Schüler

*Svāmī Śivānanda Sarasvatī* gehört zu den wirkmächtigsten *Yogīs* des 20. Jahrhunderts, der insbesondere durch seine zahlreichen Schüler den modernen *Yoga* Indiens, aber auch der westlichen Welt maßgeblich geprägt hat. Er wurde in Südindien als Kind einer Brahmanenfamilie mit dem Namen *Kuppusvāmī* geboren, studierte Medizin und arbeitete daraufhin zehn Jahre lang als Arzt in Malaysia. Nach seiner Rückkehr nach Indien ließ *Kuppusvāmī* sich 1924 in *Rishikesh* von *Svāmī Viśvānanda Sarasvatī* zum *Saṃnyāsin* des *Sarasvatī*-Zweigs des auf *Śaṅkara* zurückgehenden *Daśanāmi*-Ordens weihen und erhielt hierdurch den Ordensnamen *Svāmī Śivānanda Sarasvatī*. Nach längeren Reisen und Studien der vedāntischen und yogischen Tradition gründet er 1936 in *Rishikesh* die 'Divine Life Society' (DLS) und zugleich den *Śivanānda-Ashram*. Es folgte die Gründung einer weiteren Reihe von Institutionen wie die *Ayurvedic Pharmacia* (1945) oder ein Augenkrankenhaus (1957). Für die Ausbreitung des *Yoga* wurde die 1948 ins Leben gerufene 'Yoga Vedānta Forest Academy' in besonderer Weise wichtig, die eine systematische Schulung der Ashram-Bewohner in den Lehren des *Vedānta* und *Yoga* zum Ziel hatte. Die verschiedenen religiös-yogischen Institutionen setzten sich die Aufgabe das alte Erbe des *Yoga* neu zu beleben. *Śivānanda* lehrte und schrieb seine zahlreichen Bücher in englischer Sprache, um so *Yoga* über Indien hinaus auch in der westliche Kultur verbreiten zu können.

*Svāmī Śivānanda Sarasvatī* war ein *Vedāntin* und entwarf aus dieser Perspektive des *Vedānta* seinen 'Yoga of Synthesis'. Hierzu zählte er zunächst die drei klassischen Wege der *Bhagavadgītā*, *Karma-Yoga* als *Yoga des Handelns*, *Jñāna-Yoga* als *Yoga der philosophischen Reflexion* und *Bhakti-Yoga* als *Yoga der religiösen Hingabe*. Hinzu kommen *Rāja-Yoga* im Sinne des *Yoga der Meditation* nach den *Sūtras* des *Patañjali* und auch die körperbezogenen Übungen des *Haṭha-Yoga*. Alle *Yoga*-Wege werden hierbei unter dem einen Dach des *Vedānta* zusammengeführt, den *Śivānanda* als Höhepunkt und Zentrum aller spirituellen Wege sieht. Im Westen durchgesetzt haben sich dann allerdings vor allem nur die Übungen des *Haṭha-Yoga*, die als *Śivānanda-Yoga* bekannt wurden.

*Śivānanda* war einer der großen Wegbereiter des modernen *Yoga*, gerade indem er sich von traditionellen Grundsätzen verabschiedete. Radikal wendete er sich gegen die traditionellen Askesepraktiken, wie sie gerade von den Höhlenyogīs in *Rishikesh* praktiziert werden. Ihm ging es darum, den Körper als Wohnort des göttlichen Geistes zu kultivieren und den *Yoga* eines dienenden Lebens in der Welt aufzuzeigen. Er wendete sich gegen einen *Yoga* der elitären Zirkel und öffnete yogische Spiritualität für alle Suchenden. Für *Śivānanda* waren die Ideale universaler Brüderlichkeit und des Dienstes an der Menschheit von höchster Bedeutung, so dass er es als eine seiner zentralen Aufgaben ansah, *Yoga* in die Welt zu tragen. Eine Revolution gegenüber der hinduistischen Orthodoxie bedeutete es auch, wenn *Śivānanda* als geborener Brahmane Unberührbare in seinen Ashram einlud und sowohl ihnen wie auch Frauen Yogaunterricht erteilte. Seine Schülerin *Svāmī Śivānanda Radha* gilt als die erste deutschstämmige, das heißt westliche Frau, die von *Śivānanda* in den *Sarasvatī*-Orden eingeweiht wurde und vor ihm das *Saṃnyāsa*-Gelübde ablegte.

Ab den 50er Jahren kamen nicht nur Inder, sondern auch zahlreiche Sucher aus dem Ausland nach *Rishikesh*, um von *Śivānanda* zu lernen. Darüber hinaus wirkte *Śivānanda* durch seine Bücher, die in aller Welt verbreitet wurden, vor allem jedoch durch seine zahlreichen Schüler, die den Ashram über seinen Tod hinaus bis heute lebendig halten und auf Missionsreisen den *Śivānanda*-Yoga in den Westen bringen.

Von seinen wichtigsten Schülern ist zuerst ***Svāmī Chidānanda*** zu nennen, der 1949 von *Śivānanda* zum *Saṃnyāsin* geweiht wurde. Er leitete die Krankenstation des Ashrams und wurde bei der Gründung der *Yoga Vedānta Forest Academy* Professor für *Raja-Yoga*. Als

*Svāmī Śivānanda und seine wirkmächtigsten Schüler*

*Śivānanda* 1963 starb, übernahm *Svāmī Chidānanda die* Nachfolge als Präsident der *Divine Life Society.* Von *Rishikesh* aus führten ihn ausgedehnte Missionsreisen in zahlreiche Länder der Welt. Neben *Chidānanda* wurde dann vor allem ***Svāmī Krishnānanda*** für den Ashram in *Rishikesh* wichtig, den *Śivānanda* schon 1946 zum *Saṃnyāsin* weihte. Er übernahm als Vertreter von *Chidānanda* das Amt des Generalsekretärs der *Divine Life Society* und gehört zu den wenigen großen Schülern *Śivānandas*, die Indien nie verlassen haben.

***Svāmī Satchidānanda,*** der 1949 in den *Śivānanda*-Ashram aufgenommen wurde und wenig später auch die Weihe zum *Saṃnyāsin* erhielt, ist der erste Schüler *Śivānandas*, den er 1953 ins Ausland schickte, um dort seine Lehre zu verbreiten. Diese erste Reise ging nach Sri Lanka, es folgten weitere Fahrten nach Malaysia, Singapur und Hongkong und zahlreiche andere Länder. 1966 kam er zum ersten Mal in die USA und nach Europa. *Satchidānanda* gründete 1967 in New York das 'Integral Yoga Institute'. Zahlreiche weitere dieser Institute entstanden daraufhin auch an anderen Orten. *Svāmī Satchidānanda* gehört zu den *Yogīs*, die in den USA seinen ständigen Aufenthalt nahmen. 1976 erhielt er sogar die US-Staatsbürgerschaft.

Bekannt wurde auch ***Svāmī Venkateśānanda,*** der 1945 in den *Śivānanda*-Ashram aufgenommen und wenig später zum *Saṃnyāsin* geweiht wurde. Er war längere Zeit persönlicher Sekretär *Śivānandas*. *Svāmī Venkateśānanda* entwickelte eine überaus intensive Tätigkeit als Schriftsteller, vor allem als Übersetzer des *Yoga-Vāśiṣṭa* und auch anderer Sanskrit-Werke. 1961 begann er seine Auslandsreisen in die USA und auch nach Europa. Schließlich nahm er in Mauritius seinen Hauptwohnsitz und bereiste von dort aus unermüdlich die Länder der Welt.

Eine ganz besondere Bedeutung für die Verbreitung des *Śivanānda*-Yoga im Westen kommt dann aber ***Svāmī Vishnudevānanda*** zu, dem ersten Professor für *Haṭha-Yoga* der *Yoga Vedānta Forest Academy*. Als *Vishnudevānanda* ab 1957 in den Westen gesandt wurde, entwickelte er eine spezifische, für den westlichen Menschen zugängliche Form des *Haṭha-Yoga.* Es war insbesondere *Svāmī Vishnudevānanda,* der den im Westen praktizierten *Haṭha-Yoga* des 20. Jahrhunderts wie nur wenige andere prägte. Die mit *Śivānanda* verbundene *Haṭha-Yoga*-Praxis wurde in besonderem Maße von ihm geprägt. 1959 gründete *Vishnudevānanda* in Montreal das erste *Śivananda Yoga Vedānta Zentrum* im Westen. Es sollten bis heute über 40 weitere Zentren folgen, die nicht nur *Haṭha-Yoga* lehren, sondern auch zahlreiche westliche *Haṭha-Yoga*-Lehrer und -Lehrerinnen ausbilden.

## Paramahaṃsa Satyānanda Sarasvatī (1923-2009)

Auch *Paramahaṃsa Satyānanda Sarasvatī* gehörte zu dem großen Schülerkreis *Śivānandas.* Obwohl er *Śivānandas* Grundansatz eines vedāntisch orientierten *Yoga* beibehielt, entwickelte *Satyānanda* vor allem durch die Integration tantrischer Lehren einen in vielen Bereichen eigenständigen Yoga-Weg, der als *Satyānanda Yoga* bekannt wurde. Der im nordindischen Almore geboren *Satyānanda* wurde 1942, also schon mit 19 Jahren, in den Ashram von *Svāmī Śivānanda* aufgenommen und wenig später zum *Saṃnyāsin* des *Sarasvatī*-Zweigs des *Daśanāmi*-Ordens geweiht. Im Jahre 1956 verließ *Satyānanda* den *Śivānanda*-Ashram, zog zuerst als Bettelmönch durch Indien, rief aber schon im selben Jahr die 'International Yoga Fellowship Movement' (IYFM) in *Rajnandgaon* ins Leben, das organisatorische Fundament für die zukünftige Verbreitung seiner Lehre. 1963 gründete er in *Munger* die 'Bihar School of Yoga', eine Institution, die heute von der indischen Regierung als Forschungs- und Ausbildungsinstitut anerkannt ist.

An der *Bihar School of Yoga* wurden unter anderem die Reinigungsübungen des *Haṭha-Yoga* wissenschaftlich untersucht, um sie zur Behandlung von Krankheiten einzusetzen. Die besondere kreative Leistung *Satyānandas* lag jedoch in der Entwicklung yogischer Übungsformen, die dem heutigen Menschen zugänglich sind. *Satyānanda* stützte sich auf alte yogische Techniken, studierte yogische und vor allem auch tantrische Lehrtexte und entwickelte hieraus sein Yoga-System des *Satyānanda Yoga®*. Dieses System verbindet die vedische Tradition (*Upaniṣads, Bhagavadgītā*) mit einem tantrisch ausgerichteten *Haṭha-Yoga* (*Haṭha-Yoga-Pradīpikā*, tantrische Texte). Es stützt sich auf die klassischen Yoga-Wege des *Yoga der philosophischen Reflexion* (*Jñāna-Yoga*), auf den *Yoga des Handelns* (*Karma-Yoga*), den *Yoga der Hingabe* (*Bhakti-Yoga*), den *Yoga der Meditation* nach den *Sūtras* des *Patañjali* (*Rāja-Yoga*) sowie die Körperübungen des *Haṭha-Yoga.* Zwei Übungsformen des *Satyānanda Yoga®* verleihen diesem Übungsystem dabei das ganz besondere Charakterisitikum: *Kriyā-Yoga* und *Yoga-Nidrā.*

*Kriyā-Yoga* (Skrt.: *kriyā* (f.) - *rituelle* Handlung) nach *Satyānanda* ist nicht zu verwechseln mit dem *Kriyā-Yoga* des *Yogānanda, Kriyā-Yoga* bei *Patañjali* oder den zahlreichen anderen mit diesem Begriff benannten Übungswegen (siehe hierzu den Exkurs zum Kriyā-Yoga auf S. 174). *Kriyā-Yoga* meint hier eine tantrisch geprägte Form des *Haṭha-Yoga* als Abfolge bestimmter *āsanas, prāṇāyāmas, mudrās* und *bandhas*, die von *Satyānanda* insbesondere für westliche *Yoga*-Übende zusammengestellt wurden.

Die wichtigste Übungsform des *Satyānanda Yoga®* ist jedoch *Yoga-Nidrā* (Skrt.: *nidrā* - Schlaf). *Yoga-Nidrā* bedeutet die Technik des yogischen Schlafes, obwohl es sich weniger um Schlaf als um eine mit Visualisierungen arbeitende, geführte Meditation aus der tantrischen Tradition handelt, die zu einer Tiefenentspannung von Körper und Geist führt. *Yoga-Nidrā* meint jedoch keine für sich stehende Übungsform, sondern steht immer im Zusammenhang mit dem Gesamtsystem des *Satyānanda Yoga®*.

Und auch das Gesamtsystem des *Satyānanda Yoga®* steht nicht für sich, sondern ist auf eine yogische Lebensweise ausgerichtet. *Satyānanda Yoga®* zu praktizieren bedeutet, sich für eine neue Lebensform zu entscheiden, die Einweihung in eine Lebensform der Loslösung von den Gebundenheiten an die Dinge der Welt. Dabei entwickelte *Satyānanda* eine ganze Reihe von Möglichkeiten der Einweihung, welche die auf *Śaṅkara* zurückgehende asketische Einweihungspraxis mit dem tantrischen, auf die Welt ausgerichteten Weg verbindet. Schon in den ersten Graden einer Einweihungshierarchie wird ein spiritueller Name vergeben, obwohl zunächst nur eine eher allgemein gehaltene Verpflichtung zu einem spirituellen Leben gefordert ist. Auch der weiterführende *karma-saṃnyāsa* verlangt noch keine sexuelle Enthaltsamkeit, sondern die Entsagung der Gebundenheit an die Früchte des Handelns (Skrt.: *karma* (n.) - Handlung; *saṃnyāsa* (m.) - Niederlegen, Entsagung). *Satyānanda* greift so ein schon in der *Bhagavadgītā* zum Ausdruck gebrachtes hohes yogisches Ideal auf und öffnet den Einweihungsweg somit für die im Familienleben, der Partnerschaft und im Beruf stehenden Menschen. Von hier aus ist es möglich, weitere Einweihungen zu vollziehen, die dann tatsächlich auch die volle sexuelle Entsagung beinhalten oder aber, parallel hierzu, allein auf die innere Loslösung von sexueller Abhängigkeit ausgerichtet sind. Dass *Satyānanda*, wohl durch die Einbeziehung tantrischen Denkens, das Gelübde sexueller Enthaltsamkeit nicht mehr als höchstes Ideals ansah und dass er schon sehr früh auch Frauen zum *Saṃnyāsin* weihte, wurde von orthodoxen Hindus vielfach kritisiert. Gerade hierdurch gelang ihm jedoch die Öffnung des *Yoga* für den mitten im Leben stehenden westlichen Menschen.

Als bedeutendster Schüler *Satyānandas* gilt heute ***Paramahaṃsa Niranjanānanda Sarasvatī***. Er kam 1964 in die *Bihar School of Yoga* und wurde bald darauf von *Satyānanda* zum *Saṃnyāsin* geweiht. Über viele Jahre bereiste *Niranjanānanda* im Auftrag *Satyānandas* die ganze Welt, um die Lehre seines Meisters zu verbreiten. 1983 ernannte *Satyānanda* ihn zu seinem Nachfolger. Als sich *Satyānanda* 1988 von allen organisatorischen Verpflichtungen der *Bihar School of Yoga* zurückzog, wurde *Niranjanānanda* zum wichtigsten Repräsentanten des *Satyānanda Yoga* in Indien. Auf ihn geht auch die Gründung der *Bihar Yoga Bharati* im Jahre 1994 zurück, die 2000 von der indischen Regierung offiziell zur Universität erklärt wurde und so als erste *Yoga*-Universität der Welt gelten kann. Die Universität pflegt die indische *Gurukul*-Tradition, in welcher der Schüler zusammen mit dem Lehrer lebt und lernt. Sie bildet so ein einziges großes Ashram, in welchem Studenten und Professoren den gemeinsamen spirituellen Weg gehen. Die Pädagogik ist ausgerichtet auf ein Lernen mit dem Herzen, so dass es weniger darum geht, etwas werden zu müssen, als vielmehr ein authentisches Leben zu lernen. Andererseits handelt es sich aber auch um eine moderne Akademie, die akademische Abschlusszertifikate und Diplome in den Bereichen *Yoga*-Philosophie, *Yoga*-Psychologie und *Yoga*-Anwendung ermöglicht. Die Universität setzt auf einer neuen Ebene das Grundprinzip *Satyānandas* um, einerseits in den alten Traditionen des *Yoga* und *Vedānta* Indiens die Wurzeln zu suchen, gleichzeitig sich jedoch auch auf die moderne, westlich geprägte Kultur einzulassen.

## **Svāmī Rama** (1925 - 1996)

*Svāmī Rāma* ließ sich zum *Saṃnyāsin* des *Bharati*-Zweig des auf *Śaṅkara* zurückgehenden *Daśanāmi*-Ordens weihen, war aber auch Schüler verschiedener *Yogīs* in den Höhlen des Himalaya. Wie viele der bedeutenden *Yogīs* des 20. Jahrhunderts war auch er den beiden großen spirituellen Wegen Indiens verbunden, dem *Vedānta* auf der einen und dem *Yoga* auf der anderen Seite. *Svāmī Rama* gründete 1969 das 'Himalayan International Institute of Yoga Science and Philosophy' und bald danach das 'Himalayan Institute of Medical Sciences' in Dehradun sowie das 'Sadhana Mandir' am Ufer des Ganges in *Rishikesh*. Von hier aus konnte seine Lehre durch zahlreiche Niederlassungen in den USA und Europa verbreitet werden.

*Svāmī Rama* wurde vor allem dadurch weithin bekannt, dass er sich zu Beginn der 70er Jahre einer amerikanischen Forschungseinrichtung (*Menninger Foundation*) zur Verfügung stellte, um an ihm persönlich die messbaren Auswirkungen der *Yoga*-Übungen wissenschaftlich dokumentieren zu lassen. Er konnte so wissenschaftlich abgesichert zeigen, in welcher Weise es einem *Yogī* möglich ist, sein autonomes Nervensystem zu kontrollieren. Eine Fülle von physiologischen, medizinischen und therapeutischen Untersuchungen der Wirkungen der *Yoga*-Praxis gehen auf seine Initiative zurück.

Nach dem Tod *Svāmī Ramas* im Jahre 1996 wurde sein Schüler ***Svāmī Veda Bharati*** zum Nachfolger ernannt. *Svāmī Veda Bharati* war Professor für Sanskrit an der University of Minesota in den USA, als er 1969 Schüler von *Svāmī Rama* wurde, der ihn 1992 zum *Saṃnyāsin* weihte. Der Schwerpunkt seiner *Yoga*-Praxis ist die Meditation (*Dhyana-Yoga*), die er von *Rishikesh* aus auch auf regelmäßig durchgeführten Reisen sowohl in Europa als auch in den USA lehrt.

## Maharishi Mahesh Yogi (1918-2008)

*Maharishi Mahesh Yogi,* mit bürgerlichem Namen *Mahesh Prasād Varmā*, studierte zunächst Physik in Allāhābād, bis er in den 50er Jahren Schüler von *Svāmi Brahmānanda Sarasvatī* wurde, dem *Śaṅkaracharya* von *Jyotir Math*, einem der wichtigsten Vertreter des sich auf *Śaṅkara* berufenden *Daśanāmi*-Ordens. 1959 reiste *Maharishi Mahesh Yogi* in die USA, um in Los Angeles zum ersten Mal im Westen eine Form der Mantrameditation zu lehren, die er *Transzendentale Meditation* (TM) nannte. Durch die Gründung des 'Spiritual Regeneration Movement' (SRM) schuf er die Basisorganisation, durch die in den folgenden Jahrzehnten die *Transzententale Meditation* weltweit Verbreitung fand. Weithin bekannt wurde *Maharishi Mahesh Yogi* vor allem als 1967 die *Beatles*, auf dem Höhepunkt ihres Ruhmes angelangt, zu ihm nach Rishikesh kamen und sich in die Meditation einführen ließen.

Die *Transzententale Meditation* basiert auf dem klassischen Yoga der *Sūtras* des *Patañjali*, wobei jedoch auch einzelne Übungen des *Haṭha-Yoga* integriert sind. Sie wurde später ergänzt durch *Siddhi*-Techniken, wie sie im dritten Kapitel der Sūtras beschrieben werden (Skrt.: *siddhi* (f.) - Vollkommenheit, außergewöhnliche Fähigkeit).

Die Übungsformen zeichnen sich vor allen dadurch aus, dass sie sehr leicht durchführbar sind und wenig Regeln der Lebensführung vorgeben. Yogisches Leben sollte nicht vom Lehrer dem Schüler gelehrt werden, sondern durch die regelmäßig durchgeführte Meditationspraxis beim Schüler von alleine entstehen.

*Maharishi Mahesh Yogi* interpretiert die *Sūtras* nicht als einen Weg yogischer Weltabkehr. Den Grundsatz der *Bhagavadgītā* integrierend, nicht die Lösung von der Welt, sondern von der inneren Gebundenheit an die Welt zu suchen, ist Meditation für ihn auf den inneren Wandlungsprozess ausgerichtet, der zu einem befreiten Leben mitten in der Welt führt. Meditation und Leben in der Welt wurden so nicht mehr, wie in der indischen Tradition oft üblich, als Gegensätze beurteilt, sondern als die zwei notwendigen und sich wechselseitig stützenden Seiten des spirituellen Weges gesehen. Die von *Maharishi Mahesh Yogi* gelehrte Praxis war damit ideal dazu geeignet, beim mitten in den Lebenszusammenhängen stehenden, trotzdem aber für ein spirituelles Leben offenen westlichen Menschen Eingang zu finden.

Als Physiker entwickelte *Maharishi Mahesh Yogi* ein großes Interesse an der wissenschaftlichen Erforschung der Wirkungen der Meditation. Eine bedeutende Zahl naturwissenschaftlich orientierter Untersuchungen entstand auf seine Initiative hin, welche die *Transzendentale Meditation* zu einer der am besten erforschten Meditationsformen des *Yoga* machten. *Maharishi Mahesh Yogi* scheute dann auch nicht davor zurück, mit den Ergebnissen dieser Forschungen für die *Transzendentale Meditation* im großen Stil zu werben.

Der große Durchbruch im Westen gelang jedoch erst dann, als er sich von einem weiteren grundlegenden Prinzip der indischen *Yoga*-Tradition löste, dem fast alle selbst der modernen *Yoga*-Meister des 20. Jahrhunderts nachfolgten: dem Prinzip der *Armut* und *Besitzlosigkeit* (Skrt.: *aparigraha* (m.) - Nicht-Besitzergreifen). Selbst heute ist es in Indien weit verbreitet, für die *Yoga*-Lehre nur eine geringe Spende zu erbitten oder kostendeckende Honorare zu verlangen. *Maharishi Mahesh Yogi* brach mit diesem Prinzip und verlangte für die Einführung in die Meditation oder die *Siddhi*-Techniken einen selbst im Westen überraschend hohen Geldbetrag. Die Folge dieser Praxis war, dass allein in den 70er Jahren wahrscheinlich über zwei Millionen Menschen die *Transzendentale Meditation* erlernten.

## Śrī Yogendra (1897 - 1989)

Mit *Śrī Yogendra* begegnen wir einem der ersten Vertreter des modernen *Haṭha-Yoga*. Er gehört zu den Pioniergestalten, die die Renaissance des *Haṭha-Yoga* im 20. Jahrhundert einleiteten, indem sie die alte Tradition des *Yoga* aufnahmen und für die Praxis des 20. Jahrhunderts umformten. *Śrī Yogendra* wurde schon mit 18 Jahren Schüler von *Paramahaṃsa Mādhavadāsaji*, der in *Malsar* in der Nähe von Baroda lehrte. Nach drei Jahren gründete er 1918, also im Alter von 21 Jahren, das *Yoga Institute* in *Versova* in der Nähe von Mumbai (Bombay), das dann später nach *Santa Cruz,* einem Stadtteil von Mumbai umzog. Schon bald danach reiste *Yogendra* in die USA und gründete auch dort in der Nähe von New York das *Yoga Institute of America*, das allerdings heute nicht mehr besteht.

Der von ihm vertretene Ansatz des *Haṭha-Yoga* ist wissenschaftlich und therapeutisch orientiert. *Śrī Yogendra* gehört zu den ersten, die eine Evaluierung der Heilwirkungen der *āsanas* durchführte. Mit ihm beginnt eine wissenschaftlich fundierte *Yoga*-Therapie, der es um die methodische Anwendung von Übungen des *Haṭha-Yoga* bei der Behandlung von Krankheiten geht.

In vielen Punkten wendete sich *Śrī Yogendra* von der Tradition ab, um neue Schwerpunkte zu setzen. Während *Yoga* traditionell als ein Weg männlicher *Saṃnyāsins* angesehen wurde (Skrt.: *saṃnyāsin* (m.) - Asket, der Welt Entsagender), begann *Yogendra* damit, die *Haṭha-Yoga*-Praxis breiteren Bevölkerungsschichten, darunter auch Frauen, zugänglich zu machen. Auch er selbst lebte nicht mehr als *Saṃnyāsin,* wie alle anderen bisher in diesem Kapitel dargestellten *Yoga*-Meister. *Śri Yogendra* heiratete, bekam Kinder und sah sich als 'householder Yogī'. Wie er selbst mitten in der Welt lebte, so war es ihm auch wichtig, Yoga an die Bevölkerung von Mumbai weiterzugeben, die zu ihm in sein Institut kam, vor allem um Heilung für ihre körperlichen wie psychischen Krankheiten zu erfahren.

Wenn jedoch der Durchschnittsbürger *Haṭha-Yoga* praktizieren sollte, so mussten die *āsanas*, *prāṇāyāmas* und Reinigungstechniken der *kriyās* modifiziert werden. *Yogendra* vereinfachte die Übungen und machte sie für eine im Alltag zu übende *Yoga*-Praxis tauglich. Zuletzt wendete *Śrī Yogendra* sich auch von der traditionellen Lehrmethodik ab. Das Institut gehört auch hier zu den ersten Institutionen in Indien, die eine *Yoga*-Lehr-Ausbildung entwickelten, die dann auch von anderen Institutionen übernommen wurde. Männern wie auch Frauen wurde es so ermöglicht, sich zu *Yoga*-Lehrenden ausbilden zu lassen und dann eigene *Yoga*-Zentren zu eröffnen.

Die Nachfolge in der Leitung des Instituts wurde von seinem Sohn ***Dr. Jayadeva Yogendra*** und seiner Frau ***Haṃsaji Jayadeva Yogendra*** übernommen. Während *Śrī Yogendra* den Schwerpunkt seiner Arbeit in der Erarbeitung einer modernen Form des *Haṭha-Yoga* sah, wurde von seinem Sohn die spirituelle Perspektive des *Yoga* in besonderem Maße betont, wie sie in den *Sūtras* des *Patañjali* zum Ausdruck kommt. Der klassisch/philosophische Yoga wird jedoch, modern interpretiert, als Weg zu einem bewussten Leben mitten in der Welt verstanden. In der Fortführung des Ansatzes seines Vaters geht es ihm um die Entwicklung einer *Haṭha-Yoga* und *Rāja-Yoga* (*Patañjali*) integrierenden *Yoga*-Wissenschaft.

## Svāmī Kuvalyānanda (1883-1966)

Zunächst von *Sri Aurobindo* beeinflusst, wurde *Svāmī Kuvalyānanda*, wie auch *Śri Yogendra*, Schüler von *Paramahaṃsa Mādhavadāsaji.* Wie *Yogendra* konzentrierte auch er sich insbesondere auf den *Haṭha-Yoga* und war davon überzeugt, dass die Erforschung des *Haṭha-Yoga* mit den Mitteln moderner Wissenschaft sowohl die körperliche Gesundheit wie auch das spirituelle Wachstum des Menschen fördern könne. *Svāmī Kuvalyānanda* und *Śrī Yogendra* können somit als die beiden großen Pioniere der modernen wissenschaftlich-rationalen Erforschung des *Haṭha-Yoga* angesehen werden.

Schon 1921 untersuchte *Kuvalyānanda* die Wirkungen von Übungen des *Haṭha-Yoga* auf den menschlichen Körper mit der Hilfe einiger Studenten in einem Laboratorium eines Krankenhauses in Baroda. Er setzte sogar Röntgenstrahlen ein, um die Wirkungen von *nauli* oder *uḍḍīyāna-bandha* auf den Körper verstehen zu lernen. Die Tradition des *Yoga* sollte mit Hilfe des modernen, wissenschaftlich-experimentellen Zugangs erforscht werden, um so die materiellen wie auch die spirituellen Aspekte des *Yoga* für die heutige Zeit wiederentdecken zu können. *Kuvalyānanda* wollte auf dem Feld von Gesundheit und der Behandlung von Krankheiten eine Akzeptanz des *Yoga* in der modernen Gesellschaft erreichen, wodurch er die Wiederbelebung der alten Tradition des *Yoga* und letztlich auch eine spirituelle Erneuerung der indischen Gesellschaft zu fördern hoffte.

*Svāmī Kuvalyānanda* gründete 1924 das *Kaivalyadhāma Institute* in *Lonavla* und im Jahre 1932 eine weitere Einrichtung dieser Art in Mumbai (Bombay). Heute gibt es Ableger in Frankreich und den USA. Hiermit waren Institutionen geschaffen, die eine breit angelegte therapeutische Anwendung und Erforschung des *Haṭha-Yoga* ermöglichten, bis hin zur Entwicklung eines Systems yogischer Gesundheitskultur. Hinzu kamen Fortbildungen für in westlicher Medizin ausgebildete Ärzte zum Yoga-Therapeuten und auch Yogalehrausbildungskurse, die wiederum nicht nur Männern, sondern auch Frauen offen standen. Über diese yogatherapeutische Ausrichtung hinaus wurde in *Kaivalyadhama* auch an textkritischen Ausgaben der klassischen Texte des *Haṭha-Yoga* gearbeitet. Die dort herausgegebene Zeitschrift 'Yoga-Mimamsa' wuchs zu einer der wichtigsten Publikationsorgane des modernen *Yoga*. Diese Arbeit wurde dann auch nach *Kuvalyānandas* Tod von seinen Nachfolgern *Dr. Gharote* und *Svāmī Maheshānanda* weitergeführt.

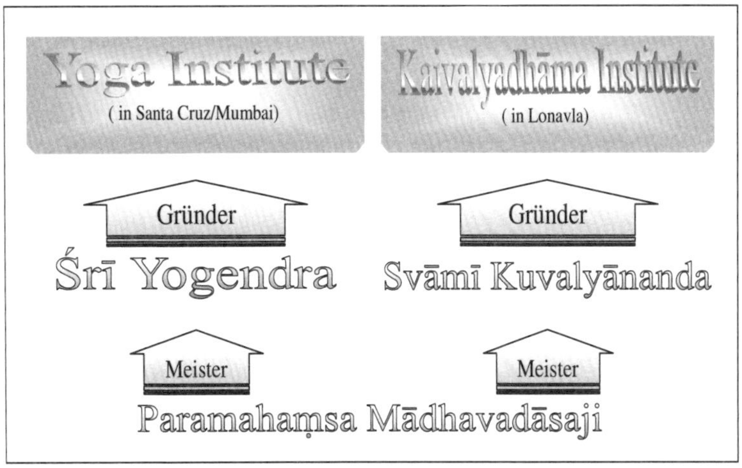


*Die ersten beiden großen Institutionen des Hatha-Yoga*

## Śrī T. Krishnamāchārya (1888 -1989) und Schüler

Die Rolle, die *Svāmī Śivānanda* für die Renaissance des vedāntisch geprägten *Yoga* im 20. Jahrhundert spielte, kann für den Bereich des *Haṭha-Yoga Śrī T. Krishnamāchārya* zugemessen werden. Wie *Śivānanda* wirkte auch *Krishnamāchārya* nicht nur durch seine eigene Lehrtätigkeit, sondern in ganz besonderer Weise auch durch seine vielen bedeutenden indischen wie auch westlichen Schüler, die den modernen *Haṭha-Yoga* maßgeblich inspiriert und geprägt haben.

*Krishnamāchārya* stammte aus *Muchchukunte*, einem kleinen Dorf des südindischen Bundesstaates Andhra Pradesh. Er studierte Sanskrit und indische Philosophie an verschiedenen indischen Universitäten sowie die Praxis des *Haṭha-Yoga* bei *Ramamohan Brahmachāri* im Himālaya. Seine Lehrtätigkeit nahm er zunächst in Mysore auf, unter anderem mehrere Jahre auch am Palast des *Maharājas von Mysore*. Mit dem Umzug nach *Chennai* (Madras) konnte er dann eine Wirkung entfalten, die ihn nicht nur zu einem weithin anerkannten *Haṭha-Yoga*-Lehrer, sondern auch zu einem bedeutenden Meister der *Veda*-Rezitation und auch āyurvedischen Heiler machte.

*T. Krishnamāchārya* bezog sich nicht nur auf die Texte des *Haṭha-Yoga*, sondern auch auf den klassisch-philosophischen *Yoga* des *Patañjali* und die *Bhagavadgītā*. Darüber hinaus stützte sich *Krishnamāchārya* noch auf zwei eher weniger bekannte Texte, die *Yoga-Yajñavalkya-Saṃhitā*, einem Werk des *Haṭha-Yoga* aus dem 13. oder 14. Jhd. n. Chr., das viele Parallelen zu den *Yoga-Upaniṣads* dieser Zeit aufweist. In besonderer Weise bezog er sich jedoch auf den südindischen Weisen *Nāthamuni* aus dem 9. Jahrhundert, in dessen Tradition er seine Familie sah. *Krishnamāchāryas* Lehre wird begründet im *Yogarahasya*, einem verschollenen Text von *Nāthamuni*, von dem er sagte, dass er ihn intuitiv erschaut habe.

Einerseits zeigte sich *Krishnamāchārya* fest verankert in der religiösen und yogischen Tradition Indiens. Seine Schüler berichten von seiner traditionellen, äußerst autoritären Lehrpraxis. Andererseits verstand es *Krishnamāchārya* aber auch, die traditionellen Lehren in einem neuen, dem modernen Menschen zugänglichen Licht zu interpretieren und den *Yoga* für die moderne Zeit zu öffnen. So war es ihm wichtig, *Yoga* nicht nur dem engen Kreis der Eingeweihten, sondern auch dem im alltäglichen Leben stehenden Menschen zugänglich zu machen. Er selbst gehörte zu den wenigen Meistern des *Yoga,* die nicht als *Saṃnyāsin,* sondern als 'householder-Yogī' lebten. *Krishnamāchārya* gründete eine Familie und zeugte insgesamt sechs Kinder. Viel Kritik musste er sich von orthodoxer Seite gefallen lassen, als er *Yoga* an Frauen und dies sogar im Einzelunterricht weitergab. Schon in den dreißiger Jahren wurde die aus dem Westen stammende *Indra Devi*, die später Yoga vor allem in den USA und Europa lehrte, als seine erste weibliche Schülerin in *Haṭha-Yoga* ausgebildet.

Zwei Prinzipien prägen den von *Krishnamāchārya* entwickelten *Yoga*-Stil: *vinyāsa krama* und *viniyoga*. Das erste Prinzip von *vinyāsa krama* (Skrt.: *vinyāsa* (m.) - Anordnung, Hinsetzen, Stellung; *krama* (m.) - Gang, Reihenfolge) bezieht sich auf den methodischen Aufbau der *Haṭha-Yoga*-Praxis. Jede Übungseinheit hat aus einer Reihe einzelner Teilübungen zu bestehen, die aufeinander aufbauend aneinander gereiht werden, um so ein bestimmtes körperlich-therapeutisches oder auch spirituelles Ziel zu fördern. Im Zentrum des zweiten *viniyoga*-Prinzips steht die individuelle Anpassung der Praxis des Yoga an die jeweilige Person (Skrt.: *viniyoga* (m.) - Übertragung, Anwendung, Gebrauch). Eine Anpassung der Übungen des *Haṭha-Yoga* an die Bedürfnisse des heutigen Menschen gehört bekanntlich zu den Grundprinzipien bei allen großen *Yoga*-Meistern des 20. Jahrhundert. Wenn *Yoga* nicht nur im Bereich der elitären Zirkel gelehrt, sondern auch breiteren Bevölkerungsschichten zugänglich gemacht werden sollte, dann mussten die traditionellen Übungen an die neue Klientel angepasst, das heißt zumeist vereinfacht werden. Das *viniyoga*-Prinzip im Sinne *Krishnamāchāryas* meint darüber hinaus jedoch noch etwas ganz anderes. Ihm war es wichtig, dass die *Yoga*-Schüler nicht in Normen eingezwängt werden, die theoretische Konzepte des *Yoga* setzen können. Im Mittelpunkt von viniyoga steht die Individualität eines jeden einzelnen Menschen. Nicht die Übenden haben sich an vorgegebene Übungen anzupassen, sondern die Übung an die individuelle Konstitution der Übenden. Der jeweiligen Konstitution entsprechend sind die klassischen āsanas so zu verändern, bis eine dem Übenden gemäße, ihm entsprechende Form gefunden ist. Letztlich müsste es in diesem Sinne, nach Krishnamāchārya, so viele āsanas geben, wie Menschen sich dem Yoga widmen. Weil so der Lehrende größte Rücksichtnahme auf die persönliche Situation des Lernenden zu nehmen habe, wurde für ihn vor allem der Einzelunterricht oder der Unterricht in kleinen Gruppen wichtig.

Im Laufe seiner über viele Jahrzehnte dauernden Lehrtätigkeit konnte *Krishnamāchārya* zahlreiche Schüler und Schülerinnen unterrichten, die dann wieder auf ihre je eigene Weise *Yoga* weitergaben. Mit Sicherheit wird der noch junge *Krishnamāchārya* zu seiner Zeit in Mysore noch anders unterrichtet haben

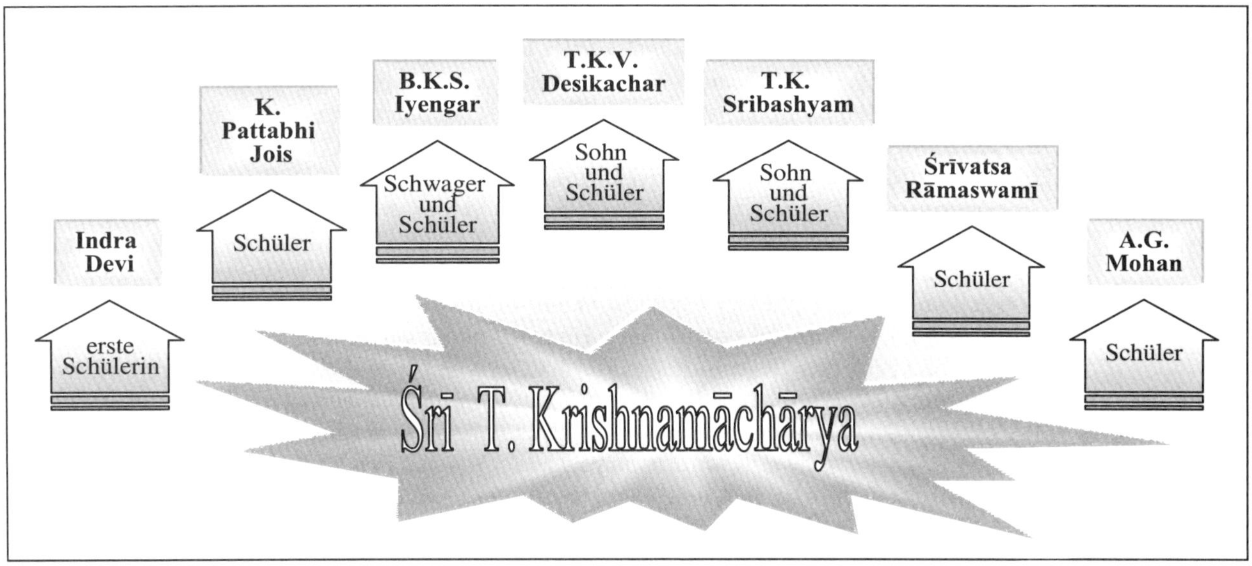


*Śrī T. Krishnāmachārya und seine wichtigsten Schüler*

als der reife Lehrer in Chennai, so dass es nur natürlich erscheint, dass die frühen Schüler einen anderen *Yoga* kennenlernten als diejenigen, die erst später zu *Krishnamāchārya* in die Lehre gingen. Vielleicht mögen die zum Teil sehr unterschiedlichen *Yoga*-Ansätze der *Krishnamāchārya*-Schüler aber gerade auch auf seine spezifische Lehrweise zurückzuführen sein, jeden Schüler individuell zu unt*errichten, und ihn so zu seinem eigenen* Yoga-Weg zu führen.

Zu den frühen Schül*ern Krishnamāchāryas gehört* ***B.K.S. Iyengar***, der Bruder seiner Frau. Nachdem er bei dem noch jungen *Krishnamāchārya* in Mysore in den *Yoga* eingeweiht wurde, entwickelte *Iyengar* nach seinem Umzug nach Poona eine Form der *Yoga*-Praxis, die heute als *Iyengar® Yoga* bekannt ist. *Iyengar* kann als der berühmteste *Haṭha-Yogī* der Moderne bezeichnet werden, der die Art und Weise der *Haṭha-Yoga*-Praxis im Westen über Jahrzehnte maßgeblich prägte.

*Iyengar l*ehrt vor allem eine *āsana*-Praxis, wobei erst nach deren Beherrschung die Atemübungen des *prāṇāyāma* folgen. Die intensive Schulung des Körpers durch eine sehr präzise durchgeführte, auf anatomische Details achtende Körper-Praxis wird für ihn zur absoluten Voraussetzung für jede weiterführende Übungsform. Hierbei werden die *āsanas* in besonderer Weise fordernd praktiziert. Der Schulterstand gehört von Anfang an zu seinem Lehrplan. Den Geübten empfiehlt er täglich zehn Minuten Kopf- und Schulterstand. Sehr bekannt wurden vor allem die von ihm für die *āsana*-Praxis entwickelten Hilfsmittel wie Gürtel, Holzklötze, Gewichte oder von der Wand hängende Seile. Wie sein Lehrer *Krishnamāchārya*, aber auch wie fast alle anderen großen Meister des modernen *Haṭha-Yoga* in Indien, setzt *Iyengar āsanas* auch zur Behandlung von Krankheiten ein.

Durch die 'B.K.S. Iyengar Yoga Teachers Association' konnte der *Iyengar® Yoga* weit über Indien hinaus, vor allem jedoch in den USA und in England eine zentrale Bedeutung erlangen. Sein 1965 in englischer Sprache erschienenes Buch 'Licht auf Yoga' zählt zu den wirkmächtigsten Büchern des modernen *Haṭha-Yoga.* 1974 gründete *Iyengar* in Poona das nach seiner verstorbenen Frau benannte 'Ramamani Iyengar Memorial Yoga Institute', dessen Leitung heute seine Tochter *Gita* und sein Sohn *Prashant* übernommen haben. *Prashant Iyengar* gilt heute als der Philosoph der *Iyengar*-Familie und arbeitet seit längerer Zeit am philosophischen Verständnis des *Iyengar® Yoga*.

Wie Iyengar gehört auch ***Śrī K. Pattabhi Jois*** zu den frühen Schülern *Krishnamāchāryas* in Mysore. *Pattabhi Jois* bezieht sich vor allem auf *Krishnamāchāryas vinyāsa krama*-Prinzip, das er jedoch in einer für ihn spezifischen Weise interpretiert. Hierbei beruft er sich auf eine zusammen mit *Krishnamāchārya* in den dreißiger Jahren in einer Bibliothek in Kalkutta entdeckte Schrift, auf die er seine Übungsform des *Aṣṭāṅga-Vinyāsa Yoga* gründet (Skrt.: *aṣṭāṅga* - achtgliedrig; *vinyāsa* (m.) - Anordnung, Hinsetzen, Stellung). Der Begriff *aṣṭāṅga* weist auf den achtgliedrigen Pfad bei *Patañjali,* der den geistigen Hintergrund seines Übungssystems bildet. *Vinyāsa* meint in diesem Zusammenhang eine *āsana*-Praxis, die, im Unterschied zum herkömmlichen Verständnis, das *āsana* nicht als gehaltene Stellung auffasst, sondern als dynamische Bewegung. *Pattabhi Jois* lehrt in diesem Sinne sechs feststehende Übungsfolgen von *āsana*-Reihen mit aufsteigendem Schwierigkeitsgrad, die, verbunden mit rhythmischer Ein- und Ausatmung und verschiedenen *bandhas*, sehr energetisch und kraftvoll ausgeführt werden.

Erst in den 60er Jahren begann *Pattabhi Jois* seine kleinen Schule in Mysore auch für Schüler aus dem Westen zu öffnen. Wichtig wurden vor allem mehrere US-amerikanische Schüler und Schülerinnen, die *Aṣṭāṅga-Vinyāsa Yoga* dann in den USA unter dem Namen *Power-Yoga* bekannt machten. *Power Yoga* wird heute als besonders auf den aktiven westlichen Menschen ausgerichtetes Übungssystem praktiziert, in dem die kraftvolle *āsana*-Praxis als 'Body-Workout' erscheint, Yoga zum 'Powertank' wird, der das eigene 'Energiesystem' auflädt, um so den 'Burn-out' zu verhindern. Nicht mehr die Fachtermini des Sanskrit, sondern Begriffe des modernen Englisch bringen hier die Philosophie des *Yoga* zum Ausdruck. In den 90er Jahren greift dann allerdings eine Reihe von streng an der indischen Tradition orientierten westlichen Schülern wieder auf den Begriff *Aṣṭāṅga-Vinyāsa Yoga* zurück, um sich von dieser Anpassung der Lehre *Pattabhi Jois* an das amerikanisch/westliche Denken zu unterscheiden.

Zu den späteren Schülern *Krishnamāchāryas* zählt sein Sohn ***T.K.V. Desikachar***. Er lehrt einen *Haṭha-Yoga* im geistigen Horizont des klassisch/philosophischen *Yoga* der *Sūtras* des *Patañjali*, den er wie sein Vater therapeutisch anwendet. Ganz im Gegensatz zu seinem Vater verließ er jedoch den traditionell autoritären Lehrstil und unterrichtet einen *Yoga*, in welchem nicht die Anbindung an einen Meister, sondern die eigenverantwortliche Übungspraxis der Schüler im Mittelpunkt steht.

*Desikachar* bezieht sich auf die beiden schon von *Krishnamāchārya* gelehrten Prinzipien des *viniyoga* und *vinyāsa krama*, wobei *viniyoga* als 'Vini-Yoga' ab den 80er Jahren missverständlich sogar als Name für seinen *Yoga*-Ansatz gebraucht wurde. Das Prinzip *viniyoga* im Sinne Desikachars geht über die individuelle Anpassung der Übungspraxis an die Übenden hinaus, um einen von jeder Glaubensrichtung oder allen vorgegebenen Normen befreiten *Yoga*-Weg aufzuzeigen. Alle Übungen werden abgewandelt und variiert, um sie auf die individuelle körperliche wie auch psychische Verfassung jedes Einzelnen zuzuschneiden. Es geht in dieser Weise um das Zusammenstellen eines persönlichen Übungsprogramms für jeden Einzelnen, das dann ein eigenverantwortliches und selbständiges Üben ermöglicht. Im Sinn von *vinyāsa krama* besteht die *Yoga*-Praxis nach *Desikachar* immer aus Teilübungen, die, sorgfältig ausgewählt, in überlegter Weise aufeinander aufbauen.

***T.K. Sribhashyam***, als fünftes der sechs Kinder *Krishnamāchāryas* geboren, kam schon viel früher zum *Yoga*, als sein älterer Bruder *Desikachar. Krishnamāchārya* unterrichtete *Sribhashyam* seit seinem fünften Lebensjahr. Seit 1970 lebt er in Südfrankreich und gründete dort seine eigene *Yoga*-Ausbildungsschule mit dem Namen *Yogakshemam. Yogakshemam*, in der Bedeutung von 'Reichtum (*yoga*) und Schutz (*kṣemam*)' bezieht sich auf *Bhagavad-gītā* 9.22, wo Gott *Krishna* demjenigen, dessen Leben in Hingabe immer nur auf ihn ausgerichtet ist, Reichtum und Schutz verspricht. Dabei geht es nicht nur um weltlichen Wohlstand, sondern um den spirituellen Reichtum der Befreiung des Menschen durch Gotteserfahrung. In diesem Sinne lehrt *Sribhashyam* den *Yoga*, wie er ihn von seinem Vater erlernt hatte und richtet ihn dabei in besonderer Weise auf die spirituelle Perspektive der *Yoga*-Philosophie und auf die wahrhafte Hingabe an Gott aus.

Im Unterschied zu *Sribashyam*, der über Indien hinaus vor allem in Europa wirkt, wurde ***Śrīvatsa Rāmaswāmī*** in den letzten 20 Jahren vor allem in den USA bekannt. Schon in den 50er Jahren kam *Krishnāmācharya* als enger Freund seines Vaters in seine traditionell religiös ausgerichtete Familie, um seine Eltern, seine Schwester und ihn selbst im *Yoga* zu unterrichten. Es war dann jedoch *Śrīvatsa* allein, der in eine intensive Schülerschaft zu *Krishnamāchārya* eintrat, die über dreißig Jahre andauern sollte. *Śrīvatsa Rāmaswāmī* verdeutlicht *Krishnamāchāryas* Ansatz einer auf *Patañjali* gegründeten *Haṭha-Yoga*-Praxis, die wiederum in der traditionell vedischen Religiosität verankert ist. Dabei legt er auf eine diffizile Ausarbeitung der philosophischen und religiösen Zusammenhänge des *Yoga* wert. Die *āsana*-Praxis besteht in sorgfältig ausgewählten Übungsfolgen, wobei der Atem dazu benutzt wird, die Körperbewegungen der *āsanas* zu synchronisieren. Abhängig vom Alter, dem Temperament und anderen Faktoren werden die Übungen an die individuellen Bedürfnisse der Übenden angepasst, so dass hier gerade die therapeutische Ausrichtung des *Yoga* hervortritt. Für diejenigen, die für Hingabe offen sind, lehrt *Śrīvatsa* die Praxis der Hingabe in der Rezitiation der vedischen Hymnen, der selbst in seiner Lehre vor westlichem Publikum eine große Bedeutung beigemessen ist. Spezifisch für *Śrīvatsa Rāmaswāmī* erscheint seine Betonung des Wandels der *Yoga*-Praxis in den verschiedenen Stadien des Lebens. Während junge Menschen *Yoga* vor allem zur Förderung von Selbstvertrauen und Körperkunst üben sollten, wandelt sich die Praxis im mittleren Alter zur Körpertherapie, die soweit wie möglich eine optimale Gesundheit zum Ziel hat. Erst im Alter richtet sich *Yoga* auf das letzte Ziel aus, auf ein Verständnis der *Yoga*-Philosophie und die Realisierung der ursprünglichen Wahrheit.

Als einer seiner letzten großen Schüler kann ***A.G. Mohan*** gelten, der erst 1971 zu dem inzwischen 83 jährigen *Krishnamāchārya* kam, dann jedoch 18 Jahre bis zu seinem Tod bei ihm blieb. Er verband die *Yoga*-Lehre *Krishnamāchāryas* mit der Heilkunde des *Āyurveda*. *Mohan* nennt seinen therapeutisch ausgerichteten Yoga-Weg *Svastha Yoga*. Den Begriff *svastha* (Skrt.: *svastha* - gesund) versteht er dabei im spirituellen Sinn als ein 'Stehen' (*stha*) im 'Selbst' (*sva*). Über die Gesundung und innere Balance von Körper, Atem und Geist hinaus will *Svastha Yoga* so dem Übenden auch helfen, im Selbst zu stehen und daraus zu leben. Zusammen mit seiner Frau ***Indra Mohan*** leitet *A.G. Mohan* in Chennai eine Privatpraxis und ein Ausbildungsinstitut für Yoga-Therapie und Āyurveda und wirkt durch seine zahlreichen Bücher.

Mit *Iyengar, Pattabhi Jois, Desikachar, Sribhasyam, Śrīvatsa Rāmaswāmī* und *A.G. Mohan* sind sechs der bekanntesten Schüler *Krishnamāchāryas* genannt, die auf durchaus unterschiedliche Art den modernen *Yoga* der letzten vierzig Jahre mitgestalteten. Sie alle berufen sich auf *Krishnamāchārya* als ihren Lehrer, der so nicht nur als einer der wichtigsten Lehrer des *Yoga* in Indien zu gelten hat, sondern auch als bedeutender Förderer des *Yoga* im Westen.

# 3. Yoga als Massenbewegung

Der Aufbruch des Yoga in der modernen Kultur bedeutet nicht nur das Anwachsen der Verbreitung des *Yoga*, über kleine Zirkel hinaus, zu einer Massenbewegung, sondern auch das Erwachen der Suche nach einer ursprünglichen Spiritualität. Dieser Aufbruch hat eine lange Vorgeschichte. Dem Dialog zwischen den östlichen und westlichen Kulturen ist hierbei eine maßgebliche Rolle beizumessen. Die ersten direkten Kontakte zwischen Indien und dem Abendland in der Antike waren im Mittelalter durch die Ausbreitung des Islam abgebrochen. Zwischen Europa und Indien schob sich ab dem 7. Jahrhundert der muslimische Kulturraum, so dass, wenn dies möglich gewesen sein sollte, Kenntnisse über den *Yoga* Indiens im Westen nur über die Vermittlung des Islam möglich gewesen wären.

Die Situation änderte sich entscheidend, als mit der Wende vom Mittelalter zur Neuzeit *Vasco da Gama* in den Jahren 1497 - 1498 den Seeweg nach Indien um Afrika entdeckte. Die muslimischen Reiche konnten nun umschifft werden. Es entstanden zu Beginn der Neuzeit Handelsbeziehungen zwischen Europa und Indien. Vor allem durch die Kolonialisierung des indischen Subkontinents ab dem 18. Jahrhundert begann dann nicht nur die Auseinandersetzung Indiens mit der abendländischen Kultur. Auch umgekehrt gelangten die Erzählungen über Indien von Reisenden und Missionaren nach Europa. Sie berichteten von einem Yoga der Fakire, der artistischen Magier und Asketen und prägten so über lange Zeit die westliche Volksmeinung von *Yoga*. Ende des 18. Jahrhunderts setzte insbesondere in Deutschland die wissenschaftliche Indienforschung ein. Texte der *Yoga*-Philosophie, wie zum Beispiel die *Bhagavadgītā*, erschienen im 19. Jahrhundert in Europa. Berühmt wurde der Ausspruch *Wilhelm v. Humboldts*, der die *Gītā* als das 'schönste, ja vielleicht das einzig wahrhaft philosophische Gedicht' bezeichnete. Der deutsche Philosoph *Arthur Schopenhauer* wurde maßgeblich von den *Upaniṣads* beeinflusst. Aus der Indienbegeisterung der Romantik entstand die deutsche Sanskritphilologie und die wissenschaftliche Erforschung der *Yoga*-Texte. Die *Yoga-Sūtras* des *Patañjali* und auch die *Haṭha-Yoga-Pradīpikā* wurden in westliche Sprachen übersetzt.

*Die trennende Verbindung zwischen Ost und West durch den Islam im Mittelalter*

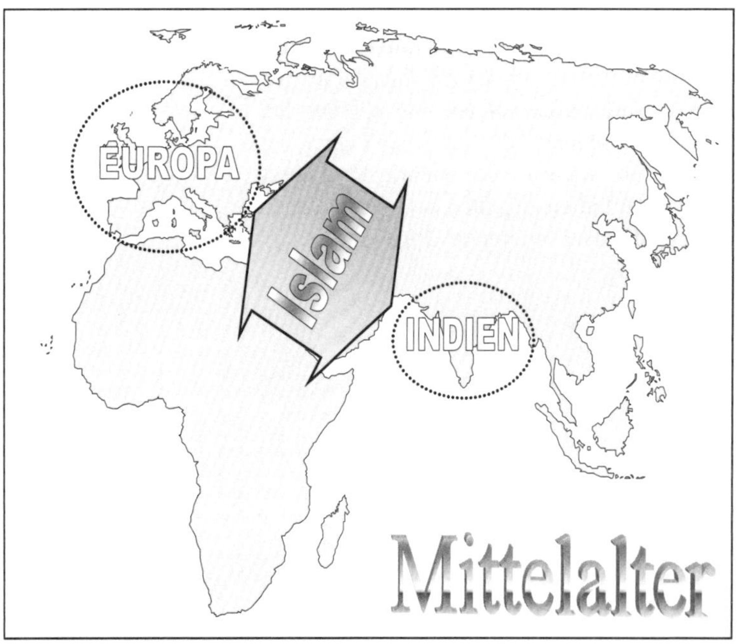


Neue Möglichkeiten der Intensivierung des Austausches zwischen Ost und West taten sich dann mit der Eröffnung des Suezkanals im Jahre 1869 auf. Mit dem Dampfschiff verkürzte sich die Reise nach Indien von mehreren Monaten auf drei Wochen. Einem größeren Personenkreis in Europa wurde es nun ermöglicht, nach Indien zu fahren. Insbesondere die theosophische Bewegung konnte Ende des 19. Jahrhunderts wesentliche Impulse aus dem *Yoga* aufnehmen. Die geistige Urheberin der Theosophie, *H.P. Blavatsky*, brachte vor allem dem klassisch-philosophischen *Yoga* des *Patañjali* große Wertschätzung entgegen, während der

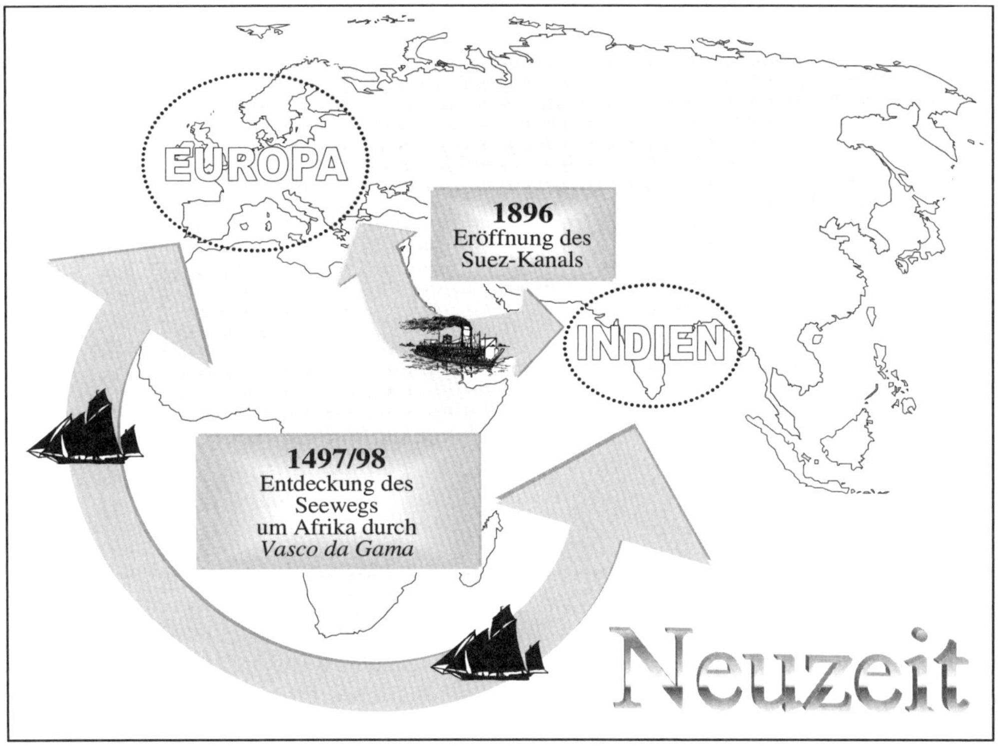


*Die Wiederaufnahme des direkten Kontaktes zwischen Ost und West in der Neuzeit*

Körperbezug des *Haṭha-Yoga* von ihr noch abgelehnt wurde. *Haṭha-Yoga* fand erst später und nur in Teilen der theosophischen Gesellschaft Anklang. Mit *Vivekānanda* und *Yogānanda* kamen auch die ersten indischen Yoga-Missionare gegen Ende des 19. und zu Beginn des 20. Jahrhunderts mit dem Schiff nach Amerika und auch nach Europa. Auch sie vertraten vor allem einen geistigen *Yoga*.

Der *Haṭha-Yoga*, der heute das Bild des modernen *Yoga* prägt, spielte so lange Zeit nur eine sehr untergeordnete Rolle. Und doch gab es schon früh auch hier Pioniere. Zu Beginn der zwanziger Jahre eröffneten *Śrī Yogendra* und *Svāmī Kuvalyānanda* verschiedene Institute für *Haṭha-Yoga* in Indien und sogar schon in den USA. In den 1930er Jahren etablierte *T. Krishnamacharya* eine *Yoga*-Praxis am Palast des Maharajas in Mysore. Zur selben Zeit gründete der russischstämmige *Boris Sacharow* in Berlin die erste *Yoga*-Schule in Deutschland, wobei die von ihm gelehrten Übungen noch nicht als *Yoga*, sondern unter dem Namen 'Indische Körperertüchtigung' liefen. Er legte den Grundstein für die *Śivānanda*-Tradition in Deutschland, so dass *Śivānanda Sacharow* 1947 sogar den Titel *Yogarāj*, 'König des *Yoga*', verlieh. Zu diesen frühen Pionieren des *Haṭha-Yoga* gehört gleichfalls auch der aus einer südindischen Arztfamilie stammende *Selvarajan Yesudian*, der zusammen mit der Ungarin *Elisabeth Haich* schon in den frühen 1940er Jahren in Ungarn eine Yoga-Schule gründete, die er 1948 in die Schweiz verlegte. Insbesondere die internationale Sommerschule im Schweizer Ponte Tresa avancierte zu einer wichtigen Schule des *Haṭha-Yoga* in Europa. Ihr 1941 gemeinsam verfasstes Buch 'Yoga und Sport', das in zahlreichen Sprachen erschien, zählt bis heute zu den am meisten verbreiteten *Yoga*-Büchern der Gegenwart.

Der eigentliche Durchbruch des *Yoga* im Westen geschah dann jedoch erst nach dem Zweiten Weltkrieg. Ende der 1950er Jahre kamen die *Śivānanda*-Schüler *Svāmī Satchidānanda, Svāmī Venkateśānanda* und dann vor

*Die Ermöglichung des Dialogs zwischen Ost und West durch breitere Bevölkerungsschichten durch die moderne Flugzeugtechnik*

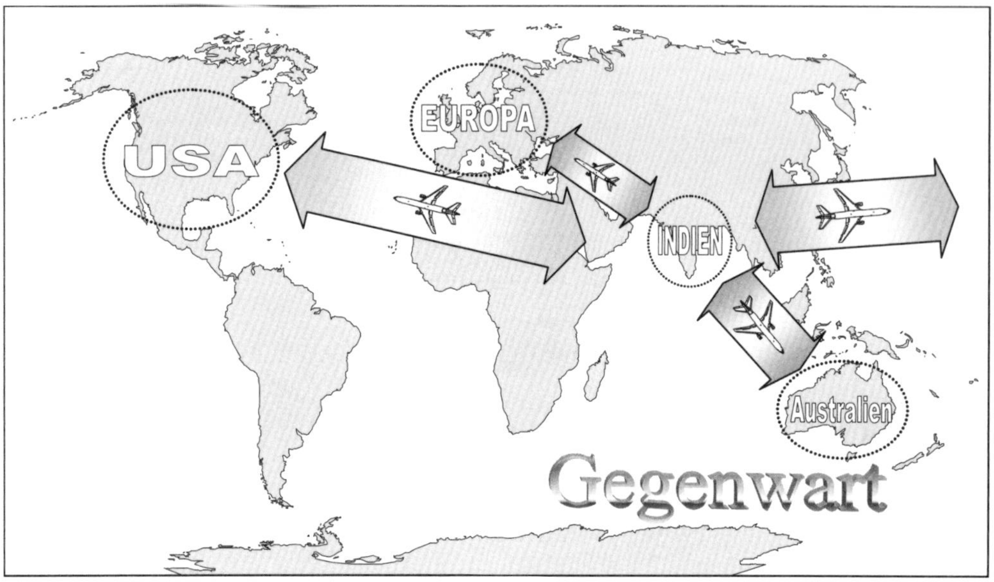


allem auch *Svāmī Vishnudevānanda* in die USA und nach Europa, um dort den *Śivānanda-Yoga* zu verbreiten.Es folgten die *Krishnamacharya*-Schüler *Iyengar* und *Pattabhi Jois*.

Als dann das Flugzeug das Schiff als Verkehrsmittel abzulösen begann, war Indien von den USA oder Europa nicht mehr Wochen, sondern nur noch Stunden entfernt. Weitere indische *Yogīs* besuchten daraufhin den Westen. Umgekehrt konnten jetzt auch Menschen aus dem Westen in nur kurzer Zeit die indischen Ashrams erreichen. Ende der 1960er Jahre fuhren die *Beatles* in einer spektakulären Reise in das am Fuße des Himalaya gelegene *Rishikesh*, um sich dort von *Maharishi Mahesh Yogi* in die *Transzendentale Meditation* einführen zu lassen. Zahlreiche weitere Suchende sollten folgen. Insbesondere der *Haṭha-Yoga* in seinen verschiedenen Spielarten entwickelte sich zu einer wahren Massenbewegung. Mit *Iyengar® Yoga, Satyananda Yoga®, Aṣṭāṅga-Vinyāsa Yoga/Power-Yoga, Yoga* nach *Desikachar/Vini-Yoga, Yoga de l'Energie, TriYoga®* oder *Jivamukti Yoga* sind nur einige der bekanntesten Richtungen und Schulen genannt, die heute den Yoga im Westen und auch im modernen Indien prägen. *Haṭha-Yoga*-Kurse werden nicht nur in zahlreichen privaten *Yoga*-Zentren angeboten, sondern haben auch in Fitnesszentren, Volkshochschulen, Krankenhäusern oder Firmen und Betrieben ihren festen Platz gefunden. *Yoga* konnte einen wichtigen Dienst als Übungsweg gegen Rückenschmerzen, Haltungsschäden und Übergewicht bis hin zur Hilfe bei der Bewältigung der Stressbelastungen des Alltags übernehmen. Die eigentliche Triebkraft für die Faszination des modernen Menschen für den Yoga blieb jedoch, im Westen wie auch in Indien, immer der ursprüngliche Sinn des Yoga als Weg des spirituellen Erwachens.

Die Welt des *Yoga* hat sich so gegenwärtig verändert. Es ist zwar heute noch möglich, in einem *Shivananda Yoga-Vedanta* Zentrum und einem Meditationszentrum des *Siddha-Yoga* oder der *Transzendentalen Meditation* in Indien die Praxis des *Yoga* zu erlernen. Die indischen *Yoga*-Meister wird man gegenwärtig, zu Beginn des 21. Jahrhunderts, dort jedoch immer seltener antreffen, da sie oft ihren Hauptwohnsitz in den Westen verlegt haben und nur noch auf ihren Weltreisen einen Abstecher ins heimatliche Indien machen. *Paramahaṃsa Yogānanda* war der erste indische *Yogī*, der in den Westen übersiedelte. Es folgten mit *Svāmī Vishnudevānanda, Svāmī Satchidānanda,*

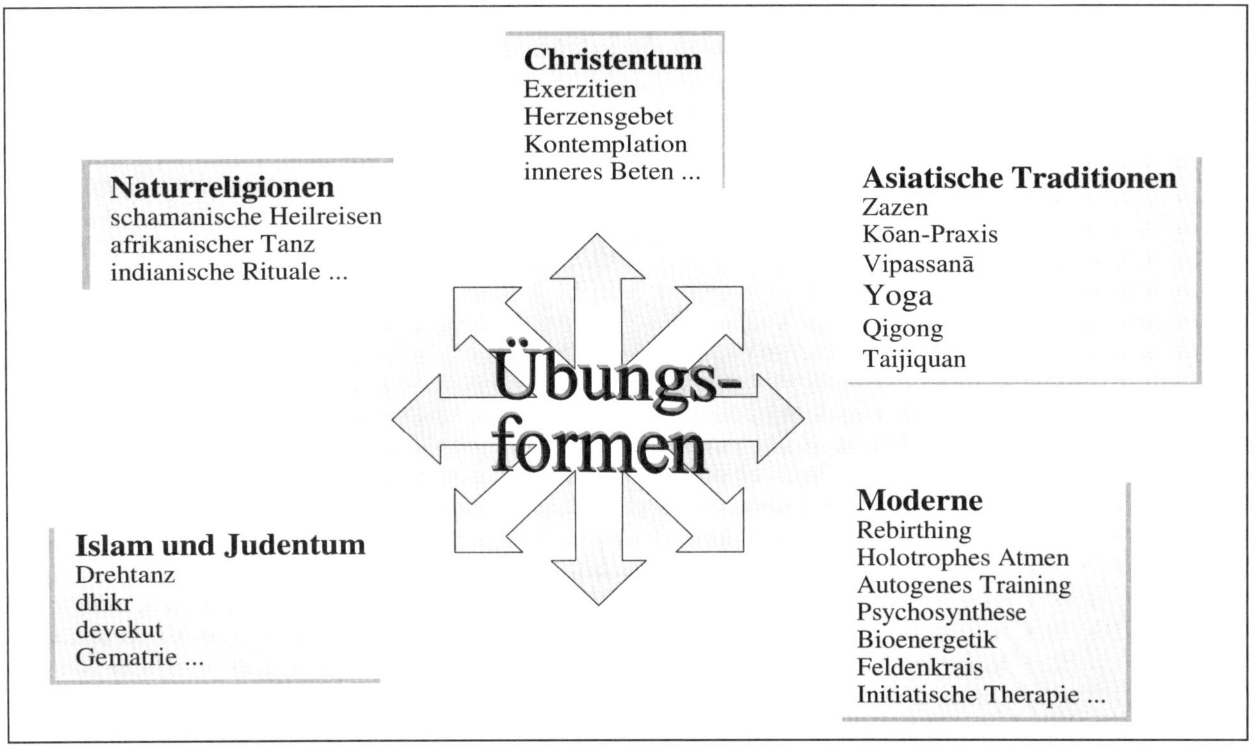


*Die Vielfalt des Angebots spiritueller Übungsformen in der modernen Kultur*

*Jiddu Krishnamurti, Maharishi Mahesh Yogi, Yesudian, Svāmī Chidvilasānanda* oder *Śrī T.K. Sribhashyam* viele andere nach. *Yoga* wurde vermehrt nicht nur eine Sache Indiens, sondern eine Sache der Weltkulturen.

Auch blieb der *Yoga* nicht der einzige spirituelle Weg, der dem modernen Menschen offen steht. Andere spirituelle Traditionen Asiens öffneten sich in paralleler Weise, vom *Tantra* über *Vipassanā* und *Zen* bis hin zu *Taijiquan* oder *Qigong*. Hinzu kam, dass vergessene mystische Wege im Islam oder Judentum neu entdeckt wurden, vom *Drehtanz* oder dem *dhikr* des *Sufismus* bis zur Praxis von *Gematrie* und *devekut* in *Kabbalah* und *Chassidismus*. In den USA besann man sich auf die Spiritualität der Urbevölkerung, auf schamanische Heilreisen und indianische Rituale. Die Spiritualität des meditativen Tanzes oder Trommelns kam ins Bewusstsein. Nachdem sie über Jahrhunderte vergessen war oder nur in kleinen Zirkeln gelebt wurde, erblühte in ganz besonderem Maße auch die christliche Mystik. Die spirituelle Dimension der Exerzitien wurde belebt. Inneres Beten, Herzensgebet, Kontemplation oder auch die Praxis der Gebetsgebärden wurden für die christliche Spiritualität der Gegenwart wieder entdeckt. Zuletzt müssen auch die erst in der Gegenwart entstandenen Übungsformen erwähnt werden, die nicht in einer religiös-spirituellen Tradition gründen. Die Atemübungen des *Rebirthing* oder des *Holothrophen Atmen*s, das Autogene Training, die Psychosynthese, *Bioenergetik, Feldenkrais*-Übungen oder die *Initiatische Therapie* zählen zu diesen modernen Wegen. Im Zeitalter der Globalisierung überwinden auch die spirituellen Wege ihre kulturellen Begrenzungen. *Yoga* erscheint als ein Weg in einem nahezu unbegrenzten Markt der Möglichkeiten. Was zunächst wie eine Befreiung aus traditionell festgelegter Dogmatik aussah, droht nun in der Grauzone der Beliebigkeit seine Konturen zu verlieren. Der moderne Mensch sieht sich in der Freiheit des Wählenkönnens und somit vor der Frage, wo die ursprüngliche Spiritualität zu suchen ist.

# 4. Zurück zum Ursprung

Das Angebot spiritueller Wege ist heute groß, so dass die Orientierung nicht immer leicht fällt. Nicht wenige Suchende wandern von einem Meister zum nächsten, lassen sich in eine Tradition einführen, um dann doch wieder bei einer anderen ihr Heil zu suchen. Und selbst wenn *Yoga* als der geeignete Weg erkannt wäre, entsteht sofort wiederum die Frage, welche der vielen Methoden oder Schulen des *Yoga* nun die richtige sei. In der Vielfalt der Möglichkeiten wird der Ruf nach dem ursprünglichen *Yoga* laut. Aber was ist der ursprüngliche *Yoga*? Entsprechen die vielen Veränderungen des modernen *Yoga* gegenüber der indischen Tradition dem ursprünglichen Sinn des *Yoga*? Ist es wichtig, einen indischen Meister zu haben, oder vermag auch ein Lehrer aus dem Westen den ursprünglichen *Yoga* zu lehren? Gehört das traditionelle, hierarchische Verhältnis zwischen Meister und Schüler notwendig zum *Yoga*, oder ist auch eine demokratische und teilnehmerzentrierte Lehrweise erlaubt? Wer vertritt die wahre Lehre? Ist der ein ursprünglicher *Yogī* oder vielleicht sogar eine *Yoginī*, die den Lotus-Sitz und Kopfstand beherrscht oder die klassischen Texte in Sanskrit auswendig rezitieren kann? Ist das Ideal sexueller Enthaltsamkeit weiter aufrecht zu erhalten? Ist der Glaube an die Wiedergeburt, an die *karma*-Lehre oder an die Erlösung von der Wiedergeburt untrennbar mit dem Wesen des *Yoga* verbunden? Entspricht der moderne Gesundheitsyoga, der sich von dem religiösen Hintergrund Indiens gelöst hat, noch dem ursprünglichen Sinn des *Yoga*? Nur einige von zahlreichen Fragen auf der Suche nach dem ursprünglichen *Yoga* sind genannt, denen sich das letzte Kapitel dieses *Yoga*-Philosophie-Atlasses widmen will.

*Das Erwachen des inneren Lebens als die Urerfahrung des Yoga*

Schon von Anfang an bedeutete *Yoga* die Erfahrung, dass der Mensch viel mehr ist, als wie er sich zunächst und zumeist erfährt. Der Mensch besteht nicht nur aus Körper und Geist. Der materielle Leib und die fühlende und denkende Psyche bilden in der Sichtweise des *Yoga* nur die Außenseite der menschlichen Existenz. In der Urerfahrung des *Yoga* erwacht das ursprüngliche Bewusstsein, das Körper und Geist trägt. Dieses ursprüngliche Bewusstsein wird als inneres Lebens, als wahres Selbst, als das Absolute oder mit vielen anderen Begriffen benannt. Dieses ursprüngliche Bewusstsein wird in der vedisch/yogischen Tradition gerne mit dem Herzen assoziiert, obwohl letztlich kein Ort angegeben werden kann, auf das es zu beschränken wäre. Die Texte des *Yoga* stimmen jedoch darin überein, dass der Mensch erst in dieser Urerfahrung des *Yoga* die Fülle seines eigentlichen Menschseins erfährt.

Zunächst und zumeist ist sich der Mensch dieser seiner inneren Mitte jedoch nicht bewusst. Bekannt ist nur das Außen von Körper, Psyche, Denken, Fühlen oder Handeln. Der Mensch scheint eine natürliche Neigung zu diesem Außen zu besitzen, so dass er sich im allgemeinen sogar ausschließlich als materielles und mentales Wesen versteht. Wahrheit wird im Begreifbaren der heiligen Lehren gesucht oder im Machbaren der Rituale und Handlungen. Der Mensch scheint existentiell

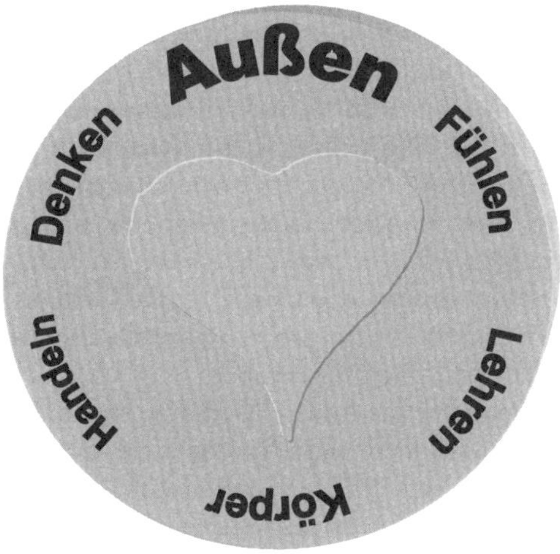


*Die Einschränkung auf das Außen im allgemeinen Bewusstsein*

gebunden an die Wahrheit des Außen, selbst wenn diese Gebundenheit und die hiermit einhergehende Unbewusstheit zumeist sogar nicht wahrgenommen werden.

Den Weg des *Yoga* zu gehen bedeutet, sich dieser eigenen Unbewusstheit und Gebundenheit an das Außen bewusst zu werden, um so erst auf den Rückweg zum Innen zu gelangen. *Yoga* meint den Weg zur Auflösung der äußeren Verspannungen in Körper und Geist zur Förderung von Klarheit, Ausgeglichenheit und Bewusstheit, so dass das jedem Menschen innewohnende Potential ursprünglicher Lebendigkeit aufbrechen kann. *Yoga* meint so nicht äußere Askese, sondern innere Umwandlung, ganzheitliche Transformation von Körper und Geist. Yoga zielt auf ein Durchlässigwerden der äußeren körperlichen und geistigen Dimensionen für ihr inneres, ursprüngliches Leben. Körper und Geist sollen nicht unterdrückt, sondern durchlässig gemacht werden für ein Leben aus der inneren Mitte des wahren Selbst, des Absoluten.

Um diesen Weg der Transformation von Körper und Geist zu fördern, entwickelten die *Yogīs* Indiens in ihrer fast 3000jährigen Geschichte zahlreiche Übungsformen mit einer heute nahezu unübersehbaren Vielfalt an Methoden und Schulen. *Yoga* zeigt sich so als eine der kreativsten und vielgestaltigsten spirituellen Traditionen der Menschheitsgeschichte, wenn nicht nur Übungen für den Geist, für das Handeln, für die religiöse Praxis, sondern auch für den Körper entwickelt wurden.

Nach diesen Überlegungen mögen auch die anfangs gestellten Fragen zu einem ursprünglichen Verständnis des *Yoga* eine Antwort finden. Die Vielfalt der Übungspraxis des *Yoga* mag auf den ersten Blick zwar verwirrend wirken. Sie bietet jedoch gerade die Chance, den je eigenen Übungsweg zu finden, der der eigenen individuellen Persönlichkeit entspricht. Die Übungsform wird sich als die beste erweisen, die die eigene Öffnung für die innere Mitte am meisten fördern kann.

Ob der Meister oder die Meisterin aus Indien stammt oder aus dem Westen, ob er oder sie zölibatär lebt oder in der Familie, dies alles wird sekundär, wenn erst einmal bewusst geworden ist, dass der Meister den Transformationsprozess den Schüler zwar fördern kann, aber für ihn nicht verantwortlich ist. Den Weg des *Yoga* hat jeder Schüler und jede Schülerin in Indien wie im Westen selbst zu gehen. Selbst die strengste Unterwerfung unter die Autorität des *Gurus* hat wenig Sinn, wenn hierdurch nur die Abhängigkeit an den Meister gefestigt wird, der eigene Wandel zum Erwachen inneren Lebens jedoch nicht eingeleitet ist. Nicht Lotussitz, Kopfstand und Sanskrit-Rezitation erweisen den wahren

*Die Wege des Yoga als Rückwege zur inneren Urerfahrung*

*Yogī* oder die wahre *Yoginī*. Die wahren Meister des *Yoga* leben, was sie lehren. Ihr Leben ist geprägt von Wahrhaftigkeit, das heißt all ihr äußeres Denken, Fühlen und Handeln ist durchdrungen von dem inneren Geist des *Yoga.*

Der Glaube an Wiedergeburt, *karma*-Lehre oder Erlösung von der Wiedergeburt gehören so zwar wesentlich zu der Lehre des *Yoga*. Nach den bisherigen Ausführungen wurde jedoch deutlich, dass jede *Yoga*-Lehre nur die Außenhülle des Phänomens *Yoga* bedeutet. Es ist gerade *Patañjali,* der die Lösung von der Gebundenheit an alle Lehren als wesentliches Moment des yogischen Transformationsprozesses beschreibt. Ob diese Lehren des *Yoga* nun religiös, philosophisch, psychologisch oder mit Begriffen aus dem Gesundheitsbereich formuliert werden, ob sie Fachtermini des Sanskrit verwenden oder in einer westlichen Sprache sprechen, immer ist nur im Außen formuliert. Wird *Yoga* nur in seiner äußeren Form übernommen, so handelt es sich nie um *Yoga* im ursprünglichen Sinn. Zu übernehmen ist nur das Außen. Eine Fixierung auf das Außen macht sogar gerade die Unbewusstheit aus, von der es sich im *Yoga* zu lösen gilt. Die Lehren sind im Osten wie im Westen immer wieder mit dem inneren Geist des *Yoga* zu beleben und so erst mit Sinn zu erfüllen. Die Wege des *Yoga* im Westen wie im Osten erweisen sich als Wege, die die Menschen je selbst als ihren eigenen Weg authentisch zu gehen und zu erfahren haben.

*Der ursprüngliche Yoga - Lehre und Praxis aus der Lebendigkeit des Herzens*

Wenn nur das Äußere übernommen werden kann, das Innere und Eigentliche des *Yoga* jedoch von jedem Einzelnen selbst in der Tiefe seiner eigenen Existenz zu leben ist, dann kann das Entscheidende des *Yoga* nicht übernommen werden. Was aus der Tradition übernommen werden kann, mag zwar nicht das Entscheidende sein. Es wird sich jedoch trotzdem durchaus als hilfreich zeigen. So sind es gerade die Übungsformen der *āsanas, prāṇāyāmas* oder der Meditation, die nicht nur Indern, sondern in angepasster Form auch dem westlichen Menschen große Dienste leisten können. Ähnliches gilt auch für den Bereich der Lehren. Christliche Begriffe wie Demut, Hingabe oder Gnade haben im Westen oft ihren ursprünglichen, lebendigen Sinn verloren. Viele eigene Glaubensvorstellungen und Lehren erscheinen manchen Christen als geistlos und in ihrer Dogmatisierung unannehmbar geworden. Der Sprung in die Kulturwelt Indiens mit ihren Begriffen und Vorstellungen mag dann wie eine Befreiung wirken. Das Fremde scheint manchmal eher mit innerem Leben zu erfüllen als das Gewohnte, wenn es den ursprünglichen Sinn verloren hat.

Yoga meint somit keinesfalls Bewahrung der Tradition um der Tradition willen, sondern kreativen Wandel aus einer inneren Lebendigkeit heraus. Selbst der indische Yoga kann keinesfalls als ein einheitliches System angesehen werden. *Patañjali* wagte in seinen *Yoga-Sūtras* den Versuch, die ihm damals bekannten und für wert befundenen Formen des Yoga zusammenzufassen. Aber auch nach *Patañjali* wurden neue Wege des *Yoga* gefunden. Es entstanden religiöse, aber auch nicht-religiös orientierte

*Yoga*-Formen, asketische oder auch spezifisch den Körper betonende Methoden des Übens, dualistische oder auch monistisch ausgerichtete Konzeptionen. Hierbei kann der heute so bekannte *Haṭha-Yoga* als eine relativ junge Entwicklung in der Geschichte des *Yoga* gelten.

Wenn nun ein neuer Abschnitt des Yoga in den modernen Kulturen des Westens und auch Indiens beginnt, so erscheint es als wichtig, an diese lange Tradition der Entwicklung und der ständigen Erneuerung des *Yoga* aus dem Geist innerer Lebendigkeit heraus anzuknüpfen. Ein *Yoga,* der stehenbleibt und sich nicht erneuert, würde bald ausschließlich auf seine äußeren Formen reduziert.

Will der moderne *Yoga* den ursprünglichen Sinn von Yoga verwirklichen, so müssen sich seine äußeren Formen in einem kreativen Dialog zwischen Ost und West auch weiterhin verändern können. Soll *Yoga* auch in Zukunft lebendig bleiben, so können nicht nur, sondern es müssen für den modernen Menschen adäquate Übungsformen, Lehrmethoden und auch Lehren gefunden werden. Die Weiterentwicklung des Yoga steht somit nicht im Widerspruch mit der großen, dreitausendjährigen Tradition des *Yoga*, sondern sie erfüllt ihren ursprünglichen Sinn.

# Anhang

# Anhang 1: Wege zum Studium der Yoga-Philosophie in Indien

Heute ist es möglich, den Yoga Indiens zu studieren, ohne je selbst den eigenen Fuß auf indischen Boden gesetzt zu haben. Inzwischen sind auch in den westlichen Ländern viele überzeugende wie auch authentische Yogalehrer und Yogalehrerinnen zu finden. Es mag aber auch durchaus als reizvoll erscheinen, den Weg zurück zu den Quellen zu gehen und die eigenen Kenntnisse und Fähigkeiten in Sachen Yoga im Ursprungsland selbst zu vertiefen. Was Yoga in seinem Ursprung heißt, ist in Indien in einer ganz neuen Weise zu erfahren. Trotz aller intuitiven Inspiration sollte allerdings eine gute Vorbereitung die unabdingbare Voraussetzung für die yogische Indienreise bilden.

Erste Informationen können heute natürlich über das Internet eingezogen werden. Aber natürlich handelt es sich bei den Selbstdarstellungen der Institutionen nicht um sachlich neutrale Darstellungen, sondern um Werbung für die eigene Sache. Die ersten Fragen sollten deswegen nicht an Google, sondern an uns selbst gestellt werden. Indische Lehrer verstehen sich oft als Gurus, welchen das eher partnerschaftliche Verhältnis zwischen Lehrer und Schüler in der westlichen Kultur nicht zwangsläufig vertraut sein muss. Wenn so einem gewissen Personenkult um den ‚erleuchteten' Meister kaum ausgewichen werden kann, ist zu fragen, inwieweit man dies mittragen oder zumindest tolerieren kann. Hält sich die besuchte Yoga-Institution noch an den alten yogischen Grundsatz des *aparigraha*, dass der wahre Yogameister für seine Unterweisungen nur freiwillige Spenden entgegennehmen darf, so werden die Räumlichkeiten, wie auch die Unterbringung, nicht dem gewohnten westlichen Standard entsprechen können. Auch hier gilt es sich zu fragen, inwieweit man sich auf den Charme einer einfachen indischen Behausung einlassen kann. Wer auch noch die richtige Reisezeit wählt, insbesondere der heiße Süden Indiens ist zur Regenzeit für den Europäer meist schwer zu ertragen, und darüber hinaus auch noch des Englischen mächtig ist, der wird sich im indischen Mutterland des Yoga von einer oft überraschend fremden Welt inspirieren lassen können.

Das Studium der Philosophie und der Spiritualität des Yoga in Indien ist an vielen Orten möglich, in den traditionellen Klöstern, an den Universitäten und insbesondere in den im 20. Jahrhundert gegründeten, modernen Yogazentren und Ashrams.

**Die traditionellen Klöster**

Die bedeutendsten Zeugen der spirituellen Tradition Indiens bilden die oft schon Jahrhunderte bestehenden Klöster des *Svāmī*-Ordens, die auf den großen *Śaṅkara* zurückgehen. Der Zugang zu ihnen gestaltet sich für den Menschen aus dem Westen jedoch meist als schwierig. Nicht selten bildet ein langes Studium der Rezitation der vedischen und yogischen Sanskrit-Texte die Voraussetzung, um vom Meister schließlich in die Bedeutung ihres Inhalts eingeweiht zu werden. Allein die Anforderungen für eine korrekte Aussprache des Sanskrit erweisen sich für die westlichen Studenten meist als ein unüberwindbares Hindernis. Darüber hinaus tritt vor allem auch die Schwierigkeit auf, dass die zum Teil weit abgelegenen Klöster den Suchenden aus dem Westen oft nur wenig aufgeschlossen begegnen. Es kann auch nicht vorausgesetzt werden, dass man hier Englisch spricht. Aber auch ohne die Kenntnis des Sanskrit, Hindi, Tamil usw. kann mit der Hilfe eines zuverlässigen Übersetzers mit einzelnen Personen Kontakt aufgenommen werden. Der *Śaṅkarachārya von Śarada Math* in Sringeri gilt als besonders gelehrter Mann, zu dem sich die Pilgerschaft mit Sicherheit lohnen würde. Ein tiefergehendes Studium ist jedoch ohne entsprechende Sprachkenntnisse von vornherein nicht möglich.

**Die Universitäten**

Wer dem Personenkult um den Meister ausweichen will, der findet inzwischen auch an vielen Universitäten und Hochschulen ein umfangreiches Angebot an Yoga-Programmen. Möglichkeiten, ein akademisches Yoga-Studium aufzunehmen, bieten sich an den 'Philosophical-', 'Religious Studies-' oder 'Sanskrit-' Departments der Universitäten. An vielen Orten kann man hier vom einfachen Zertifikat über den Bachelor-Abschluss bis hin zum Doktorat akademische Abschlüsse in Yogic Studies erwerben. Neben dem Yoga widmet man sich hier meist auch anderen Philosophien und religiösen Ausrichtungen (z.B. Vedānta, Buddhismus, Jainismus, Shivaismus, Ästhetik, Sozialphilosophie usw.). Eine Universität wie die *University of Mumbai* entspricht dabei eher den Vorstellungen eines westlichen akademischen Studiums, als zum Beispiel die *Bihar School of Yoga*, die sich als universitäres Yoga-Ashram versteht. Aber selbst in

Mumbai sieht man Studenten die Tische und Stühle aus den Hörsälen heraustragen und ihre Matten ausbreiten, um sich dann intensiv der Übungspraxis zu widmen. Insbesondere an den größeren Universitäten kann davon ausgegangen werden, dass der Unterricht in Englisch stattfindet. Die meisten Programme sind zwar primär für indische Studenten gedacht. Es können sich aber durchaus auch TeilnehmerInnen aus dem Ausland einschreiben.

**Die modernen Yogazentren und Ashrams**

Als dritte Gruppe sind die modernen Ashrams zu nennen. Nicht jede Institution, die sich in Indien als Ashram bezeichnet, ist allerdings ein Ashram im Sinn eines Zentrums für Yoga oder eines spirituellen Zentrums. Oft werden Schulen, Krankenhäuser oder Waisenhäuser als Ashram bezeichnet. Viele Ashrams verstehen sich auch als ausschließlich religiöse, das heißt hinduistische Institutionen. Umgekehrt bezeichnet man in Indien die von uns gesuchten Yogazentren auch mit ganz anderen Begriffen wie Mandiram/Tempel, Kendra/Zentrum oder auch westlich orientiert als Institute, Centre oder einfach als School. Wir haben somit nicht auf die äußere Bezeichnung, sondern auf den Inhalt zu achten.

Mit dem Aufbruch der Yogabewegung in Indien wurden darüber hinaus unzählige Yogazentren gegründet, wobei die meisten mit Sicherheit auch eine gute Arbeit auf dem Gebiet der körperlichen Ertüchtigung und Gesundheitspflege leisten. An der Spiritualität des Yoga zeigt man sich hier oft nur wenig interessiert. Als besonders geeignet für das Studium der Philosophie des Yoga zeigen sich vor allem die Ashrams, die von den großen Meistern des 20. Jahrhunderts ins Leben gerufen worden sind. Die Meister der Yoga-Renaissance, denen wir die Wiederentdeckung des Yoga für unsere Zeit zu verdanken haben, von *Svāmī Vivekānanda* und *Svāmī Śivananda*, über *Śri Yogendra* und *Svāmī Kuvalyānanda* bis zu *Śri Aurobindo Ghose* und *T. Krishnamacharya*, alle sind inzwischen tod. Die von ihnen initiierten Institutionen haben jedoch unter der Leitung ihrer Nachfolger weiterhin Bestand und wirken heute wie ein Fels in der Brandung des gegenwärtigen Massenyoga. Man sollte jedoch nicht nur die von den offiziellen Nachfolgern geführten Yogazentren beachten, sondern auch die von den anderen Schülern der Meister geleiteten Schulen, die sich oft ganz in der Nähe des Ursprungsashrams angesiedelt haben.

Die Praxis in den Yogazentren ist sehr vielfältig. Neben Haṭha-Yoga oder klassischer Meditation werden meist auch andere Übungsformen praktiziert, wie die religiösen Gesänge

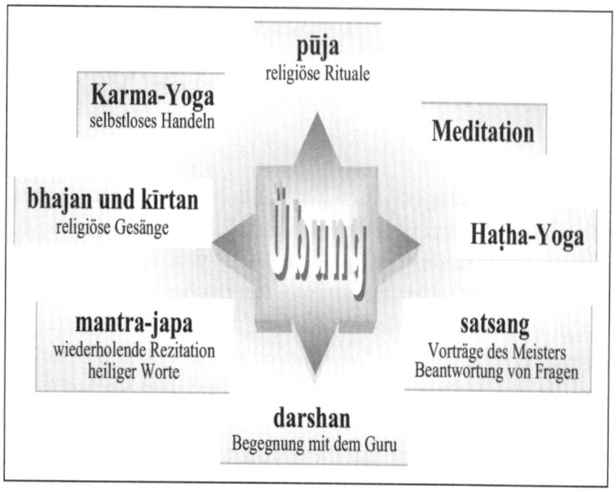


*Die Vielfalt der Übungsformen in den Ashrams Indiens*

der Bhajans und Kirtans (Skrt.: *bhajana* (n.) - Verehrung, Kult; *kīrtan* (n.) - Lobpreis, Lobgesang), die Mantra-Wiederholungen des Mantra-Japa (Skrt.: *japa* (m.) - Murmeln), die Rituale der Pujas (Skrt.: *pūjā* (f.) - Anbetung, Verehrung) oder das selbstlose Handeln des Karma-Yoga. Die Orte der Yoga-Philosophie sind das Darshan (*darśana* (n.) - Schau) oder der Satsang (Skrt.: *saṅga* (m.) - Haften (an), Zusammenkunft; *sat* (n.) - Sein, reale Welt). Darshan bedeutet die Möglichkeit, den Meister zu schauen, um durch seinen Anblick Segnung und Hilfe zu erlangen. Man versteht unter darshan dann aber auch jede Begegnung mit dem Guru, sei es das persönliche Gespräch oder das Hören eines Vortrages. Die philosophischen Unterweisungen vor der Ashram-Gemeinschaft, die sich auch in der Form eines Frage und Antwort-Dialoges abspielen können, werden meist Satsang genannt, die Zusammenkunft derer, die das Sein suchen.

Interessant für den Suchenden aus dem Westen sind dann jedoch vor allem die vielfach angebotenen, mehrtätigen Kurse zu zahlreichen Themen der Yoga-Philosophie und der Yoga-Praxis. Auch ist es heute möglich, ein formalisiertes Yoga-Studium zu absolvieren, vom Vierwochenkurs mit Zertifikat bis zur nach westlichem Vorbild in Modulen strukturierten, mehrjährigen Ausbildung mit Abschlussdiplom. Einmal bildet ein persönliches Gespräch die Voraussetzung für die Aufnahme. Das andere Mal kann sogar ein Antragsformular von der Website heruntergeladen werden. In jedem Fall sind die einzuhaltenden Regeln und besonderen Bedingungen in einer vorhergehenden Kontaktaufnahme zu erfragen. Die zahlreichen Drop-in-Touristen werden in allen Yogazentren mit einer spirituellen Ausrichtung nur wenig geschätzt. Alle großen Ashrams sind inzwischen im Internet vertreten und haben auch E-Mail-Adressen. Allerdings sollte man sich nicht immer darauf verlassen, über E-Mail wirklich eine Antwort zu bekommen. Die Telefon-Vorwahl für Indien ist 0091. Es folgt die jeweilige Ortsvorwahl und die Rufnummer. Bei Telefonaten von außerhalb Indiens ist die 0 der Ortsvorwahl wegzulassen.

Die folgenden Beschreibungen und Informationen zu den wichtigsten Institutionen des spirituellen Yoga in Indien werden demjenigen, der Yoga an den Quellen in Indien studieren möchte, eine große Hilfe sein. Es soll jedoch nicht verschwiegen werden, dass mit Sicherheit Yoga-Meister und vielleicht sogar Meisterinnen existieren, die selbst gefunden werden wollen, zu welchen auch keine noch so gut gestaltete Landkarte führt. So kann es auch lohnenswert sein, sich selbst auf das Abenteuer der eigenen Suche einzulassen.

# Nordindien

Das am Fuße des Himālaya gelegene Rishikesh ist eine bedeutende hinduistische Pilgerstadt und wird oft als Hauptstadt des Yoga bezeichnet. Dutzende von Yoga-Zentren und Ashrams bieten Kurse in Haṭha-Yoga und anderen Richtungen des Yoga an. Viele lehren auch die Philosophie und den spirituellen Weg des Yoga. Allerdings hat sich oft auch ein Yoga-Massenbetrieb entwickelt.

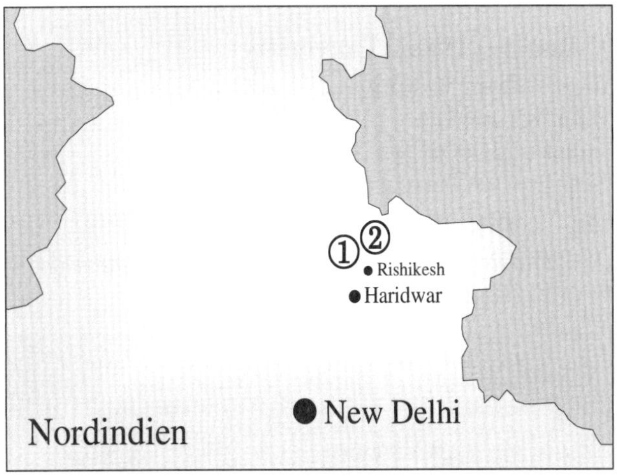


## ① The Divine Life Society

***(Svāmī Śivananda, 1887-1963)***

Muni-ki-Reti
Shivanandanagar
Rishikesh 249 192
Dt. Tehri-Garhwal
Uttarakhand
Tel. 0091 - (0)135 - 2430040 oder 2431190
E-Mail generalsecretary@sivanandaonline.org
Website www.sivanandaonline.org

*Rishikesh ist von New Delhi aus mit dem Zug oder Bus über Haridwar zu erreichen. Vom Bahnhof aus sind es noch drei Kilometer mit dem Taxi bis zum Ashram.*

Das älteste und wohl bis heute bedeutendste Yogazentrum von Rishikesh wurde von *Svāmī Śivānanda Sarasvatī* gegründet, einem der einflussreichsten *Yogīs* des 20. Jahrhunderts. Nach dem Tod des Meisters wurde und wird das Ashram von von ihm eingeweihten *Svāmīs* geleitet, die den auf Yoga und Vedānta basierenden spirituellen Weg *Śivānandas* weiterführen. Heute bietet die Divine Live Society ein umfangreiches Programm an, sowohl für die Bewohner als auch für die von außerhalb kommenden Gäste: Mantra-Japa, Meditation, Bhajan-Singen, Pujas, āsana-Praxis sowie regelmäßigen Vorträge über Yoga- und Vedānta-Philosophie. Der besondere Schwerpunkt liegt auf der Vedānta-Unterweisung. Das angeschlossene Institut der *Yoga Vedānta Forest Academy* bietet Ausbildungskurse in Yoga und Vedānta an. Unterkunft und Verpflegung ist auf Spendenbasis im Ashram prinzipiell möglich, aber keineswegs garantiert. Ein Formular ‚Application for Accommodation' kann sogar online heruntergeladen werden. Man kann jedoch auch in einem der umliegenden Ashrams oder in einem Hotel wohnen und die Vorträge oder Kurse im *Shivananda-Ashram* besuchen.

### ② Sadhana Mandir

**(*Svāmī Rāma, 1925-1996*)**
Ramnagar
P.O. Pashulok
Rishikesh 249203
Uttarakhand
Tel. 0091- (0)135 - 2431693
E-Mail mailbox@sadhanamandir.org
Website www.sadhanamandir.org
*Rishikesh ist von New Delhi aus mit dem Zug oder Bus über Haridwar zu erreichen. Das Ashram liegt südlich von Rishikesh Richtung Haridwar. Für das letzte Stück empfiehlt sich ein Taxi.*

Das am Gangesufer gelegene Ashram wurde von Svāmī Rama gegründet und nach seinem Tod von seinem Schüler *Svāmī Veda Bharati* geleitet. Es werden verschiedene, mehrwöchige Kurse angeboten. Auch stellt die Ashramleitung ein individuelles Studienprogramm zusammen, wobei dann keine feste Aufenthaltsdauer festgelegt ist. Im Zentrum der Praxis steht vor allem die Meditation, insbesondere die Mantra-Meditation, wobei auch die Haṭha-Yoga-Praxis und das Leben im Alltag als eine Form der Meditation gesehen wird. Die Erarbeitung der Yoga-Philosophie setzt einen wesentlichen Schwerpunkt bei den Texten von *Svāmī Rama*, geht dann aber auch zu Saṃkhya, Vedānta, den Yoga-Sūtras und anderen Schriften der Yoga-Philosophie über. Unterkunft und Verpflegung sind im Ashram möglich.

## Ostindien

### ① Benares Hindu University

**Yoga Sadhana Kendra**
**Malavīya Bhavan**
Varanasi 221 005
Website: www.bhu.ac.in/malviya
Tel. 0091 - (0)542 - 31 02 91
*Das Malavīya Bhavan liegt mitten auf dem Campus der Benares Hindu University.*

Die angebotenen Zertifikats- (1 Monat) und Diploma-Kurse (4 Monate) richten sich stark an den im *Yoga Institute* in Mumbai (*Śrī Yogendra*) und im *Kaivalyadhamma Institute* in Lonavla (*Svāmī Kuvalyānanda*) entwickelten Programmen. Im Zentrum steht die Ausbildung in Haṭha-Yoga, ergänzt durch Vorlesungen über die wissenschaftlichen und philosophischen Aspekte des Yoga. Die Yoga-Philosophie bezieht sich auf die Upaniṣads, die Bhagavadgītā, die Yoga-Sūtras, die Texte des Haṭha-Yoga bis hin zu den Autoren des modernen Yoga wie Vivekānanda, Gandhi oder Aurobindo. Die Kurse sind zunächst für die Studenten der Benares Hindu University gedacht, es können sich aber auch Teilnehmer und Teilnehmerinnen von außen einschreiben. Über diese Kurse hinaus bietet die Universität zahlreiche Möglichkeiten, Vorlesungen und Seminare in den Sanskrit- oder Religious Studies-Departments zu besuchen.

### ② Bihar School of Yoga

**(*Paramahaṃsa Satyānanda, 1923-2009*)**
Fort
Munger 811201
Bihar
Tel. 0091- (0)63 44 - 22 43 0
E-Mail bsy@yogavision.net
Website www.yogavision.net
*Nach Munger fahren Züge von Delhi, Mumbai oder von Kalkutta aus. Ganga Darshan befindet sich ca. 6 km von*

*Jamalpur Railway Station entfernt und kann von dort aus mit dem Taxi erreicht werden.*
Ganga Darshan mit seinen verschiedenen Institutionen wurde von *Paramahaṃsa Satyānanda* gegründet und darauf von *Paramahaṃsa Niranjanānanda* geleitet. In der Bihar School of Yoga werden zahlreiche Kurse angeboten, aber auch ein Programm nach den individuellen Bedürfnissen der Besucher zusammengestellt. Unterkunft und Verpflegung sind zu einem festen Kostensatz möglich, wobei erwartet wird, während des Aufenthalts den Ashram nicht zu verlassen. Besonders interessant ist die *Bihar Yoga Bharati*, eine inzwischen staatlich anerkannte Yoga-Universität. Es leben hier Studenten mit den Lehrern in der gleichen Anlage. Akademische Studien sind mit dem typischen Ashram-Leben verbunden. Die Lehre erfolgt nach einem festen Rhythmus mit Mantra-Chanten, Haṭha-Yoga, Karma-Arbeit, Vorträgen und Selbststudium sowie Yoga-Nidrā und kīrtan. Studenten kommen aus aller Welt. Die Unterrichtssprache ist Englisch. Obwohl es möglich ist, verschiedene akademische Abschlüsse zu erreichen, sind die Studiengänge nicht berufsbezogen ausgerichtet, sondern arbeiten im Sinne der Bewusstseinsschulung der Yoga-Philosophie. Die Studiengänge reichen von den viermonatigen Zertifikatskursen bis zum zweijährigen Studium mit Master-Abschluss, der dann neben Studien zur Yoga-Philosophie, der Yoga-Psychologie auch Anwendung des Yoga für die heutige Zeit beinhaltet. Ein Formular ‚Accommodation Application Request‘ kann online heruntergeladen werden. Es ist ratsam, vor einer Reise nach Bihar eine positive Antwort der Ashramleitung abzuwarten.

### ③ Ramakrishna Mission Institute of Culture

***(Śri Ramakrishna, 1836-1886;***
***Svāmī Vivekānanda, 1863-1902)***

Gol Park
Kolkata 700 029
West Bengal
Tel. 0091 - (0)33 - 24641303
E-Mail rmic@vsnl.com
Website www.sriramakrishna.org

*Das Institut liegt in einem südlichen Teil von Kalkutta und kann mit Bus, Autorikscha oder Taxi erreicht werden.*
Das Institute of Culture bietet Vorlesungen, Wochenendseminare und auch mehrmonatige Kurse in Englisch und Bengali an zu Leben und Lehre Ramakrishnas, Vivekānandas, zu den Upaniṣads oder auch anderen Aspekten der indischen Philosophie. Die meisten Veranstaltungen sind auch für Ausländer offen, soweit man über die entsprechenden Sprachkenntnisse verfügt. Eine große Bibliothek bietet Möglichkeiten zu Forschungsarbeiten über die großen Meister der Ramakrishna-Bewegung. Ein Gästehaus bietet Wohnmöglichkeiten.

### ④ Belur Math

***(Śri Ramakrishna, 1836-1886;***
***Svāmī Vivekānanda, 1863-1902)***

P.O. Belur Math 711202
Dist. Howrah
West Bengal
Tel.: 0091 - (0)33 - 654 1144
E-Mail mathoffice@belurmath.org
Website www.belurmath.org

*Belur Math liegt am Westufer des Ganges, etwa 8 km entfernt von Howrah Train Station.*
Das Kloster, in der Nähe des *Ramakrishna*-Tempels in Dakshineswar gelegen, ist das Hauptquartier aller *Ramakrishna*-Klöster und aller Zentren der Ramakrishna Mission. Es werden zwar keine Kurse oder öffentliche Veranstaltungen angeboten. Der Kontakt zu den *Svāmīs* des *Ramakrishna*-Ordens kann jedoch recht hilfreich sein. Gäste können an den Meditationen und Pujas teilnehmen oder das Museum und die Bibliothek besuchen. Unterkunft und Verpflegung ist im Gästehaus vor allem für die Mitglieder der Vedānta Gesellschaften und Verehrer *Ramakrishnas* auf Spendenbasis möglich.

## Westindien

### ① Kaivalyadhāma Institute

***(Svāmī Kuvalyānanda, 1883-1966)***

Lonavla 410 403
Maharashtra
Tel. 0091 - (0)2114 - 273039
E-Mail info@kdham.com
Website www.kdham.com

*Lonavla liegt auf der Zugstrecke von Mumbai nach Poona. Das Institut ist vom Bahnhof aus mit der Autorikscha zu erreichen. Manche Besucher bevorzugen auch die drei bis vierstündige Taxifahrt direkt vom Flughafen in Mumbai.*

Das *Kaivalyadhama Institute* wurde von *Svāmī Kuvalyānanda* gegründet und wird bis heute von mehreren Nachfolgern weitergeführt. Entsprechend der Grundintention Kuvalyānandas bemüht man sich, westliche Wissenschaft und östliche Spiritualität zusammenzuführen. Das Zentrum bietet widmet sich der Yoga-Therapie, der wissenschaftlichen Erforschung des Yoga und der Herausgabe textkritischer Ausgaben der Haṭha-Yoga-Texte (Scientific and Philosophic-Literary Research Department). Auch werden verschiedene Zertifikatskurse angeboten (21 Tage), aber auch ein 9-monatiges Postgraduate Diploma in Yoga Education. Der philosophische Bezug konzentriert sich hier auf die Texte des Haṭha-Yoga und auf die Yoga-Sūtras des Patañjali, aber auch die Schriften des Vedānta und anderer spiritueller Traditionen werden herangezogen. In der großen Bibliothek (25 000 Bände) sind viele Bücher zur Philosophie des Yoga zu finden, die sonst nur schwer erreichbar sind. Eine Anmeldung kann über die Website des Instituts erfolgen. Unterkunft und Verpflegung ist zu festen Kostensätzen möglich.

### ② Ishwardas Chunilal Yogic Health Centre Kaivalyadhāma

**(*Svāmī Kuvalyānanda, 1883-1966*)**
43, Netaji Subash Road (Marine Drive)
Mumbai 400 002
Tel. 0091- (0)22 - 28 18 417
E-Mail kaivalyadhamamumbai@yahoo.com
Website www.kdhammumbai.org
*Das Zentrum befindet sich in der nördlichen Innenstadt Mumbais und ist leicht mit dem Zug oder dem Taxi zu erreichen.*

*Svāmī Kuvalyānanda* gründete das Zentrum in Mumbai schon früh als Ableger seines Instituts in Lonavla. Die Institution versteht sich in erster Linie als Zentrum der Haṭha-Yoga-Therapie. Moderne Ärzte werden hier zu Yoga-Therapeuten ausgebildet. Neben Vorträgen und Wochenendworkshops werden auch mehrere Zertifikats- und Diplomkurse in Yogic Education oder Yogic Therapy angeboten (2 bis 12 Monate). Die zum Teil aufeinander aufbauenden Kurse integrieren technische Fähigkeiten der Haṭha-Yoga-Praxis mit Wissen zum philosophischen und psychologischen Hintergrund. Alle Kurse haben feste Gebührensätze. Die Kurssprache ist Englisch. Eine erste Kontaktaufnahme ist über das Internet möglich. Es bestehen im Zentrum selbst allerdings keine Übernachtungsmöglichkeiten.

### ③ The Yoga Institute

**(*Śrī Yogendra, 1897-1989*)**
Shri Yogendra Marg
Prabhat Colony
Santa Cruz (East)
Mumbai 400 055
Tel. 0091 - (0)22 - 26122185
E-Mail info@theyogainstitute.org
Website www.theyogainstitute.org
*Santa Cruz ist von der Innenstadt aus (Churchgate) mit dem Zug zu erreichen. Der Bahnhof ist über den rechten, vorderen Ausgang zu verlassen, um dann der Straße entlang der Bahnlinie ca. 500 Meter zu folgen. Direkt vom Flughafen aus erreicht man das Institut mit dem Taxi in 15-20 Minuten.*

Das Institut wurde schon im Jahre 1918 von *Śrī Yogendra* als das erste Yoga-Ashram des 20. Jahrhunderts gegründet. Sein Sohn hat darauf zusammen mit seiner Frau die Institution im Geist *Yogendras* zu einem modernen Yogazentrum weiterentwickelt. Als therapeutische Einrichtung ist man um die Hinführung der Patienten von den jeweiligen

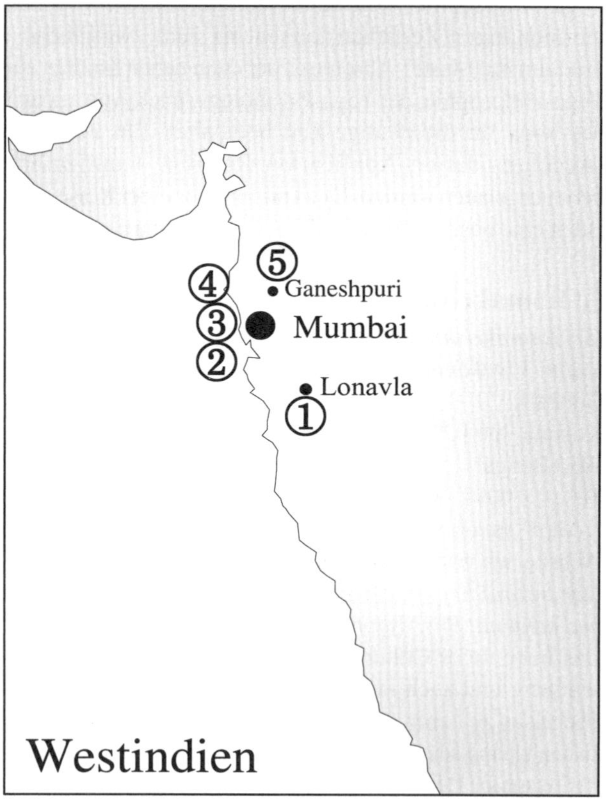

Leiden hin zu einer ganzheitlichen und umfassenden Gesundheit durch Haṭha-Yoga, Yoga-Philosophie und āyurvedische Heilmethoden bemüht. Es werden zahlreiche Kurse angeboten, unter anderem auch ein einmonatiges und ein siebenmonatiges Teacher Training in Englisch. Das 7-Tage Residential Camp mit Haṭha-Yoga in Verbindung mit Vorträgen zur Yoga-Philosophie gibt eine gute Möglichkeit, die Arbeit des Instituts kennenzulernen. Es beginnt an jedem zweiten Samstag eines Monats. Für die Teilnahme an den Kursen ist es notwendig, im Ashram selbst zu wohnen. Jeden Sonntagmorgen ist Satsang, zu dem auch Gäste von außen eingeladen sind. Ein Museum für klassischen Yoga steht den Besuchern offen.

### ④ University of Mumbai

**Department of Philosophy**
Sant Jnaneshwar Bhavan
Vidyanagari
Kalina Campus
Santacruz
Mumbai 400 098
E-Mail deptofphil@hotmail.com
Website www.mu.ac.in/arts/social_science/Philosophy/profile
Tel. 0091 - (0)22 - 2656 6091 oder 2652 6388

*Zum Kalina Campus kommt man von der Innenstadt aus (Chuchgate) mit dem Zug bis zum Bahnhof Santa Cruz. Von dort aus kann man eine Motorrikscha nehmen. Direkt vom Flughafen aus erreicht man den Campus mit dem Taxi in 20-25 Minuten.*

Das *Department of Philosophy b*ietet 12-tägige Trainings-Workshops in Yoga Philosophy oder auch mehrteilige Yoga-Ausbildungskurse an, vom ‚Diploma course in Foundations of Yoga' bis zum ‚Advanced Diploma in Yoga'. Diese Kurse gehen jeweilig über ein akademisches Jahr (Juni bis April). Pro Woche werden drei Stunden unterrichtet. Jeder Teil endet mit akademischen Prüfungen (Theorie, Praxis, Projekt) und der Verleihung eines Diploms. Über diese Kurse hinaus bietet die Universität zahlreiche Möglichkeiten, Vorlesungen und Seminare in den *Philosophy-* oder *Religious Studies-Departments* zu besuchen.

### ⑤ Gurudev Siddha Peeth

***(Svāmī Muktānanda, 1908-1983)***
P.O. Ganeshpuri 401 206
Dist. Thana
Maharashtra
Tel. 0091 - (0)2522 - 302600
E-Mail internationalapplications@gspa.org
Website www.siddhayoga.org

*Ganeshpuri ist von Mumbai aus mit dem Zug bis Vasai und dann mit dem Bus oder der Autorikscha zu erreichen.*

*Svāmī Muktānanda* gründete den Ashram, der heute von *Gurumayi Chidvilasānanda* als seiner offiziellen Nachfolgerin geleitet wird. Von allen, die den Ashram besuchen wollen, wird eine vorhergehende länger Praxis des Siddha Yoga erwartet. Sowohl die Wochenend-Retreats als auch die mehrmonatigen Ausbildungskurse verbinden Meditation, Haṭha-Yoga, Chanten, hingebungsvolle Arbeit und das Studium der spirituellen Philosophie des Yoga. Nur von der Ashramleitung akzeptierte und für einen Kurs eingeschriebene Studenten können im Ashram selbst wohnen.

## Südindien

### ① Dakshinamnaya Sri Sringeri Sharada Peetham

Sringeri 577 139
Chickmagalur District
Karnataka
Tel. 0091 - (0)8265 - 250123
E-Mail info@sringeri.net
Website www.sringeri.net

*Sringeri befindet sich ungefähr 100 km nord-östlich von Mangalore, das mit dem Zug zu erreichen ist. Von dort aus fahren Busse nach Sringeri.*

Das *Sharada Peetha* ist eines der vier über ganz Indien verteilten, von Śaṅkara im 9. Jahrhundert n. Chr. gegründeten Klöster der *Daśanāmi-Saṃnyāsins*. Der Sarasvatī-Zweig des *Daśanāmi*-Ordens, dem zum Beispiel *Svāmī Śivānanda* oder *Svāmī Satyānanda* angehören, ist diesem Kloster zugeordnet. Das seit 1989 residierende Oberhaupt des Klosters, der 36. *Śaṅkarchārya Jagadguru Bharati Tirtha*, ist ein sehr weiser und gelehrter Mann. Im Kloster werde intensive Studien der Sanskrittexte betrieben sowie tägliche Pujas durchgeführt. Die Teilnahme an den Ritualen und Feierlichkeiten des Klosters ist mit Sicherheit ein Erlebnis. An der Philosophie des *advaita-vedānta* interessierte Besucher sind willkommen. Kontaktaufnahme oder die Reservierung von Pilgerunterkünften ist über E-Mail möglich.

## ② Vivekananda Yoga Anusandhana Samasthana (VYASA)

Eknath Bhavan19 (Main City Office)
Gavipuram Circle
Kempegowda Nagar
Bangalore 560 019
Tel. 0091 - (0)80 - 22639901
E-Mail enquiry@vyasa.org
Website www.vyasa.org

*Das Main City Office in Bangalore organisiert ein Taxi oder einen Van, um zu dem ca. 30 km außerhalb der Stadt gelegenen Campus (Prashanti Kuteeram Residential Campus) zu gelangen.*

Der Name *Vivekananda Yoga Anusandhana Samasthana* (VYASA) bezieht sich zunächst auf *Svāmī Vivekānanda.* Der Schwerpunkt liegt jedoch, sowohl hier als auch in der angeschlossenen Yoga-Universität (SVYASA), in der modernen, wissenschaftlich und auch therapeutisch orientierten Lehre und Erforschung des Yoga als Übungssystem von Geist und Körper. Jährliche Konferenzen zur Yoga-Forschung widmen sich Themen wie ‚Kann die Wissenschaft das Bewusstsein erklären?' oder ‚Die Quantenphysik und die Upaniṣads'. Es wird jedoch auch ein umfangreiches Kursprogramm angeboten von einwöchigen Yoga-Retreats, über einmonatige Yogalehrausbildungen, bis zu akademischen Langzeit-Programmen, in welchen Diploma-, Bachelor-, Master- und sogar Doctoral-Degrees in Yogic Sciences und Yoga Therapy erworben werden können. Hierbei ist es möglich, zu einem festen Kostensatz auf dem Campus zu wohnen oder auch von außen anzureisen.

## ③ Saccidananda Ashram

***(Henry le Saux, 1910-1973; Bede Griffiths, 1906-1993)***

Shantivanam
Tannirpalli 639 107
Kulittalai
Dist. Tiruchirapalli
Tamil Nadu
Tel. 0091 - (0)4323 - 222 60
E-Mail saccidananda@hotmail.com
Website www.bedegriffiths.com

*Der nächste Ort ist Tiruchirapalli, der von Madras oder Madurai aus mit dem Zug oder Bus zu erreichen ist. Von dort aus sind es noch 30 km mit dem Bus oder dem Taxi bis Kulittalai und 3 km mit dem Taxi oder der Autorikscha zum Ashram.*

Das christliche Ashram wurde 1950 von *Henry le Saux (Svāmī Abhishiktānanda)* zusammen mit einem französischen Priester als christliches Meditationszentrum gegründet und später von dem Benediktiner *Bede Griffiths* übernommen. Heute wird das *Saccidananda Ashram* von dem Benediktiner *Father Christudas* geleitet. Ein besonderer Schwerpunkt des Lebens liegt im christlich-hinduistischen Dialog, der im Studium des Vedānta und des Yoga, aber auch der Lehre der christlichen Tradition zum Ausdruck kommt. Neben Gebet, Meditation und Gottesdiensten wird das Studium der Upaniṣads und der Bhagavadgītā angeboten, aber auch Gespräche zu Yoga und indischer Spiritualität. Einfache Übernachtungsmöglichkeiten auf Spendenbasis sind möglich.

## ④ Krishnamacharya Yoga Mandiram

**(T.K.V. Desikachar)**

31, Fourth Cross Street
Ramakrishna Nagar
Chennai 600028
Tamil Nadu
Tel. 0091 - (0)44 - 24937998
E-Mail admin@kym.org
Website www.kym.org

*Das Krishnamacarya Yoga Mandiram liegt im Stadtteil Ramakrishna Nagar, mit der Autorikscha oder dem Taxi gut zu erreichen*

Das Yogazentrum wurde von *T.K.V. Desikachar* gegründet, der die Einrichtung nach seinem berühmten Vater und Lehrer *Krishnamacharya* benannt hat. Ein besonderer Schwerpunkt der Arbeit ist die Yoga-Therapie vor allem in der individuellen Betreuung der Patienten. Für Yogaübende und Yogalehrende aus dem Ausland werden zahlreiche Programme angeboten, vom zweiwöchigen Seminar ‚The Flow of Prana', über einen viermal 10-Tageskurs ‚International Vedic Chant Teacher Training', bis zur über zwei Jahre sich erstreckenden Yogalehrausbildung in drei Modulen von je 4 bis 5 Wochen. Anmeldeformulare mit einem umfangreichen Fragekatalog können über die Website heruntergeladen werden. Es bestehen im Institut selbst keine Wohn- oder Übernachtungsmöglichkeiten.

## ⑤ Vasanta Vihar Study Centre

***(Jiddu Krishnamurti, 1895-1986)***

124 Greenways Road
Raja Annamalai Puram
Chennai 600 028
Tamil Nadu
Tel. 0091 - (0)44 - 24937803
E-Mail info@kfionline.org
Website www.kfionline.org

*Das Studienzentrum liegt im Stadtteil Raja Annamalai Puram, mit der Autorikscha oder dem Taxi gut zu erreichen.*

Das *Vasanta Vihar Study Centre* ist das Hauptquartier des indischen Zweigs der Krishnamurti Foundation. Neben sogenannten Residential Retreats werden Halbtagesprogramme angeboten. Anmeldung ist über Internet möglich. Darüber hinaus erlauben eine große Bibliothek mit Videos, Tonbändern, Fotografien und auch nicht publiziertem Material ein individuelles Studium der Lehren Krishnamurtis. Wohn- und Übernachtungsmöglichkeiten sind vorhanden.

## ⑥ Theosophical Society Headquarters

Adyar
Chennai 600 020
Tel. 0091 - (0)44 - 2491 2474
E-Mail intl.hq@ts-adyar.org
Website www.ts-adyar.org

*Das Zentrum liegt im Stadtteil Adyar im Süden von Chennai, mit der Autorikscha oder dem Taxi gut zu erreichen.*

Das Hauptquartier der *Theosophischen Gesellschaft* unterhält eine äußerst umfassende Bibliothek (250 000 Bücher und viele Palmblatt-Handschriften), die auch der Allgemeinheit zugänglich ist. Es wird ein Kurs *School of Wisdom* (von den Upaniṣads über Ramana Maharshi bis zur modernen Physik) angeboten. Die Aufnahme in den Kurs ist allerdings nur durch Empfehlung eines Mitgliedes der *Theosophischen Gesellschaft* möglich. Das Antragsformular kann auf der Website heruntergeladen werden. Wohnmöglichkeiten bestehen nur für Mitglieder.

## ⑦ Sri Aurobindo Ashram

***(Śri Aurobindo Ghose, 1872-1950)***

Information Centre
Cottage Complex
3, Rangapillai Street
Pondicherry 605001
Tel. 0091- (0)413 - 2233604
E-Mail bureaucentral@sriaurobindoashram.org
Website www.sriaurobindoashram.com

*Von Chennai aus ist Pondicherry mit dem Bus oder, bei Reservierung, mit einem Abholtaxis zu erreichen. Vom Bahnhof aus liegen die Zentralgebäude ca. 25 Fußminuten entfernt.*

Das Ashram, eine Lebens- und Arbeitsgemeinschaft von ca. 2000 Menschen, liegt über viele Häuser verteilt mitten in Pondicherry. Übernachtungsmöglichkeiten werden in den verschiedenen Gästehäusern des Ashrams zu einem festen Kostensatz angeboten. Besucher sind jedoch hier weitgehend auf sich selbst gestellt. Teilnahme an Meditationen, der Besuch der *Aurobindo*-Ausstellung mit Videovorführungen und an Führungen durch den Ashram ist möglich. Mehrere Male in der Woche werden Gruppenmeditationen am Grab Aurobindos (*samadhi)* durchgeführt. Der Ashram unterhält überdies eine Bibliothek mit einer großen deutschen Sektion. Es werden zwar keine Yoga-Philosophie-Kurse angeboten, gelegentlich finden jedoch Vorträge zur Philosophie *Aurobindos* oder über *Mirra Alfassa* im Ashram oder im privaten Bereich statt. Im persönlichen Kontakt zu den Ashram-Bewohnern wird jedoch manches Gespräch zum Yoga des Aurobindo ermöglichen.

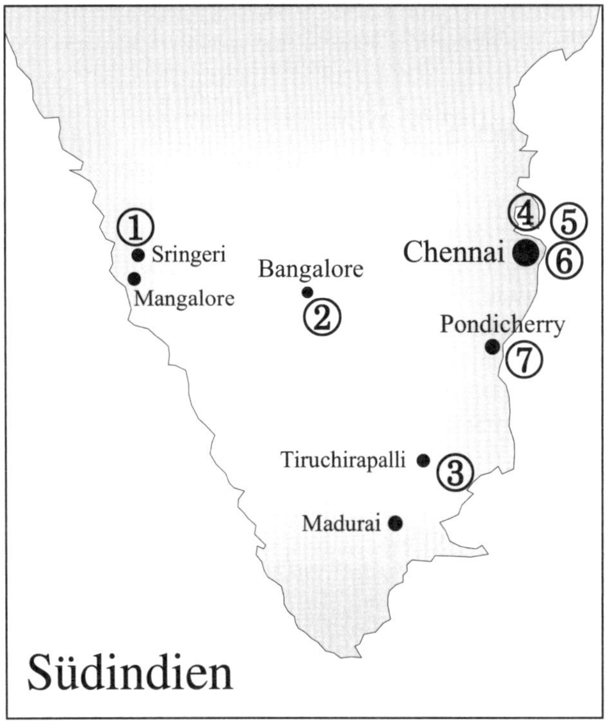

# Anhang 2: Weiterführende Literatur

Die Literaturliste versteht sich als Arbeitsinstrument für das weiterführende Studium der Yoga-Philosophie. Ihre Einteilung lehnt sich an die Ordnung der Kapitel dieses Buches an.


## Nachschlagewerke

*Atlas der Weltreligionen.* Das Basiswissen, v. Eckard Wolz-Gottwald, Petersberg 2010.
*Das Lexikon des Hinduismus*, hg.v. Kurt Friedrichs, Bern u.a. 1992.
*Das Yoga-Wörterbuch.* Sanskrit-Begriffe, Übungsstile, Biographien, v. Wilfried Huchzermeyer, Karlsruhe 2006.
*Lexikon östlicher Weisheitslehren*, Buddhismus, Hinduismus, Taoismus, Zen, München. 1986 (2. Aufl.)
*Die Mystik der Weltreligionen. Spirituelle Wege und Übungsformen,* v. Eckard Wolz-Gottwald, Petersberg 2011.
*Spirituelles Wörterbuch Sanskrit - Deutsch*, hg. v. Martin Mitwedde, Dietzenbach 1999 (3. Aufl.)
*Wörterbuch der Mystik*, hg. v. Peter Dinzelbacher, Stuttgart 1989.
*Wörterbuch Sanskrit-Deutsch*, hg.v. Klaus Mylius, Langenscheidt, Berlin u.a. 1992.

## Zeitschriften

*Deutsches Yoga-Forum*, hg.v. Berufsverband der Yogalehrenden in Deutschland e.V. , Göttingen.
*Viveka.* Hefte für Yoga, Verlag Viveka, Berlin.
*Yoga aktuell.* Das Magazin für Yoga, Spiritualität und Bewusstsein, Yoga-Verlags-Gmbh, Kempten/Mariaberg.
*Yoga Austria*, hg. Vom Berufsverband der Yogalehrenden in Österreich, Wien.
*Yoga. Das Magazin*, hg. v. Swisswell Medien AG, Jeggenstorf/Schweiz.

## Überblickswerke

*Berufsverband der Yogalehrenden in Deutschland (BDY)* (Hg.): Der Weg des Yoga. Handbuch für Übende und Lehrende, Petersberg 2007 (5. Aufl.).
*Eliade, Mircea*: Yoga. Unsterblichkeit und Freiheit, Frankfurt a.M. 2004.
*Feuerstein, Georg*: Die Yoga Tradition. Geschichte, Literatur, Philosophie und Praxis, Wiggensbach 2008.
*Frauwallner, Erich*: Geschichte der Indischen Philosophie, 2 Bde., Salzburg 1953/56.
*Glasenapp, Helmuth von*: Die Philosophie der Inder. Eine Einführung in ihre Geschichte und ihre Lehren, Stuttgart 1974 (3. Aufl.)
*Gonda, Jan*: Die Religionen Indiens, 2 Bde., Stuttgart 1960 u. 1963.
*Hauer, Jakob Wilhelm*: Der Yoga, Südergellersen 1984.
*Iyengar, B.K.S.*: Licht fürs Leben, Frankfurt a.M. 2005.
*Krishnananda, Swami*: Die Philosophie des Yoga. Eine Einführung, Wien 1996.
*Meisig, Konrad*: Shivas Tanz - Der Hinduismus, Freiburg i.Br. 1996.
*Michaels, Axel*: Der Hinduismus - Geschichte und Gegenwart, München 1998.
*Radhakrishnan, Sarvapalli*: Die Lebensanschauung der Hindus, Leipzig 1928.
*Schmidt, Christian*: Erfahrungsweg Yoga. Gottesbegegnung durch Selbstfindung, München 1993.
*Schneider, Ulrich*: Einführung in den Hinduismus, Darmstadt 1989.
*Tietke, Mathias*: Der Stammbauch des Yoga. 5000 Jahre Yoga - Tradition und Moderne, Stuttgart 2007.
*Trökes, Anna*: Die kleine Yoga-Philosophie. Grundlagen und Übungspraxis verstehen, München 2013.
*Weiss, Hartmut* (Hg.): Quellen des Yoga. Klassische Texte der Körper- und Geistesschulung, Bern u.a. 1986
*Wilber, Ken*: Wege zum Selbst, München 1979 (3. Aufl.).
*Ders.*: Die drei Augen der Erkenntnis, München 1983.
*Zimmer, Heinrich*: Philosophie und Religion Indiens, Frankfurt a.M. 1973.

## Yogathemen

*Brück, Michael von*: Einheit der Wirklichkeit. Gott, Gotteserfahrung und Meditation im hinduistisch-christlichen Dialog, München 1986.
*Bühler, Karl-Ernst; Wolz-Gottwald, Eckard*: Therapie und Spiritualität. Autogenes Training - Meditation - Yoga, Gladenbach 1989.
*Distelbarth, Margret*: 108 Gespräche über Yoga und Christentum, München 1985.
*Ebert, Dietrich*: Physiologische Aspekte des Yoga und der Meditation, Stuttgart 1986.
*Engel, Klaus*: Meditation - Geschichte, Systematik, Forschung, Theorie, Frankfurt a.M. 1999 (2. Aufl.).
*Gharote, M.L.*: Yoga - Anwendung in Therapie und Alltag, Düsseldorf 2001.
*Jacquemart, Pierre; Elkefi, Saida*: Yoga als Therapie, München 1993.
*Jain, Mukesh D.; Hepp, Hedwig H.*: Yoga als adjuvante Therapie. Einführung in die Krankheitslehre, Heilmethode und Übungen, Stuttgart 1998.
*Mukerji, G.S.; Spiegelhoff, Werner*: Yoga und unsere Medizin, Stuttgart 1963.
*Trökes, Anna*: Yogameditation. Ein Handbuch, Berlin 2004.
*Unger, Carsten; Hofmann-Unger, Katrin*: Yoga und Psychologie - Persönliches Wachstum und Risiken auf dem Übungsweg. Ein Leitfaden für Übende und Lehrende, Ahrensburg 1999.
*Varenne, Jean-Michel*: Yoga und die Tradition des Hinduismus, Aachen 1996.
*Wilber, Ken*: Spektrum des Bewußtseins. Eine Synthese östlicher und westlicher Psychologie, München 1977.
*Wolz-Gottwald, Eckard*: Heilung aus der Ganzheit. Āyurveda als Philosophie in der Praxis, Gladenbach 1991.

## Der religiöse Yoga

*Avalon, Arthur*: Die Schlangenkraft, Die Erfahrung schöpferischer Kräfte im Menschen, Bern 1982 (3. Aufl.)
*Bhagavadgita, Aschtavakragita*. Indiens heilige Gesänge, übers. v. Leopold von Schroeder und Heinrich Zimmer, München 1978.
*Bhagavadgita*. Wege und Weisungen, übers. v. Peter Schreiner, Zürich 1991
*Bhagavadgita*, übers. v. Michael von Brück, spiritueller Kommentar v. Bede Griffiths, München 1993
*Bhagavadgita*, übers. v. S. Radhakrishnan, Baden-Baden 1958.
*Bharati, Swami Agehananda*: Die Tantra-Tradition, Freiburg i.Br. 1977.
*Deussen, Paul* (Übers.): Sechzig Upanishad's des Veda, Leipzig 1905.
*Deutsch, Eliot*: Advaita Vedanta. A Philosophical Reconstruction, Honululu 1969.
*Hinze, Oscar Marcel*: Tantra Vidya. Wissenschaft des Tantra, Freiburg i.Br. 1983.
*Krishna, Gopi*: Kundalini. Erweckung der geistigen Kraft im Menschen, Bern 1983.
*Nayak, Anand*: Die innere Welt des Tantra - eine Einführung, Freiburg i.Br. 2001.
*Shankara*: Das Kleinod der Unterscheidung, übers.v. Ursula v. Mangoldt, Bern 1981.
*Torwesten, Hans*: Vedanta. Kern des Hinduismus, Freiburg i.Br. 1985.
*Vivekananda, Swami*: Vedanta. Der Ozean der Weisheit, München 1989.
*Wolz-Gottwald, Eckard* (Übers.): Die drei kleinen Upaniṣaden, Sankt Augustin 2007 (3. Aufl.).

## Der klassisch-philosophische Yoga

*Deshpande, P.Y.*: Patañjali: Die Wurzeln des Yoga. Die Yoga-Sūtren des Patañjali, Bern u.a. 1976.
*Desikachar T.K.V.*: Patañjali, Über Freiheit und Meditation. Das Yoga Sūtra des Patañjali, Petersberg 1997.
*Feuerstein, Georg:* The Yoga-Sūtra des Patañjali. A new Translation and Commentary,Rochester 1989.
*Govindan, Marshall*: Die Kriya Yoga Sutras des Patañjali und der Siddhas, Kempten-Mariaberg 2002.
*Hariharānanda Āraṇya Svāmī:* Yoga Philosophy of Patañjali, Calcutta 1981.
Iyengar, B.K.S.: Der Urquell des Yoga. Die Yoga-Sūtras des Patañjali, München 2010.
*Palm, Reinhard*: Der Yogaleitfaden des Patañjali. Sanskrit/Deutsch, Stuttgart 2010.
*Sriram, R.*: Patañjali. Das Yogasutra, Berlin 2006.
*Vivekānanda, Swami*: Rāja-Yoga. Mit den Yoga-Aphorismen des Patañjali, Freiburg i. Br. 1978 (5. Aufl.).

## Der Haṭha-Yoga

*Desikachar, T.K.V.* (Übers.): Yogayājñavalkya Saṃhitā, The Treatise of Yājñavalkya, Madras 2001.
*Gharote, M.L.* (Hg.): Haṭhapradīpikā of Svātmārāma and Yogaprakāśikā-Commentary by Bālakṛṣna, Lonavla 2001.
*Ghosh, Shyam* (Hg.) : The Original Yoga as Expounded in Śiva-Saṃhitā, Gheraṇḍa-Saṃhitā and Patañjala Yoga-Sūtra, New Delhi 1980.
*Harf, Anneliese*: Yoga-Praxis. Lebenskraft für jeden Tag, Freiburg i.Br. 1986.
*Pfretschner, Helga*: Yoga-Üben in Schritten. Der Einheit auf der Spur - über 40 āsanas im Detail, Petersberg 2001.
*Rieker, Hans Ulrich*: Das klassische Yoga-Lehrbuch Indiens. Haṭha-Yoga Pradīpikā, Zürich 1957.
*Sacharow, Boris*: Das große Geheimnis (Gheraṇḍa-Saṃhitā,), München 1981 (3. Aufl.)
*Tatzky, Boris; Trökes*, Anna; Pinter-Neise Jutta: Theorie und Praxis des Haṭha-Yoga. Ein Leitfaden zur Erfahrung der Energie, Petersberg 1996.
*Sacharow, Boris*: Das große Geheimnis (Gheraṇḍa-Saṃhitā), München 1981 (3. Aufl.).
*Trökes, Anna*: Das große Yoga-Buch. Das moderne Standardwerk zum Hatha-Yoga, München 2010.

## Der Yoga in der Gegenwart

*Aurobindo, Sri*: Die Synthese des Yoga, Gladenbach 2000 (4. Aufl.).
*Baier, Karl*: Yoga auf dem Weg nach Westen. Beiträge zur Rezeptionsgeschichte, Würzburg 1998.
*Boulay, Shirley du*: Überwindung der Dunkelheit. Bede Griffith - das Leben des Mystikers und Meisters, Petersberg 2001.
*Capra, Fritjof*: Das neue Denken. Aufbruch zum neuen Bewußtsein, Bern u.a. 1987.
*Clerc, Roger*: Grundlagen des Yoga der Energie, Petersberg 1990.
*Desikachar, T.K.V.*: Yoga - Tradition und Erfahrung, Petersberg 1991.
*Fuchs, Christian*: Yoga in Deutschland. Rezeption, Organisation, Typologie, Stuttgart u.a. 1990.
*Gandhi, Mahātma*: Freiheit ohne Gewalt, Köln 1968.
*Griffiths, Bede*: Die Hochzeit von Ost und West. Hoffnung für die Menschheit, Salzburg 1983.
*Halbfass, Wilhelm*: Indien und Europa. Perspektiven ihrer geistigen Begegnung, Basel 1981.
*Iyengar, B.K.S.*: Licht auf Yoga, Weilheim 1969.
*Krishnamacharya, T.*: Yoga Makaranda. The Nectar of Yoga, Chennai 2011.
*Krishnamurti, Jiddu*: Vollkommene Freiheit. Das große Krishnamurti-Buch, Frankfurt a. M. 1999.
*Lemaitre, Solange*: Ramakrishna, Reinbeck 1963.
*LeSaux, Henry*: Der Weg zum anderen Ufer, Köln 1980.
*Lysebeth, André van*: Yoga für den Menschen von heute, München 1990.
*Mohan, A.G.*: Krishnamacharya. His Life and Teachings, Boston u. London 2010.
*Muktananda, Paramahamsa*: Von der Natur Gottes. Der Siddha-Yoga-Weg zum höchsten Ziel, Freiburg i.Br. 1979.
*Roy, Dilip Kumar; Devi Indra*: Der Weg der großen Yogis, Frankfurt a.M. 1977.
*Satyananda, Swami*: Yoga-Nidra, Wasserburg 1986.
*Singleton, Mark:* Yoga Body. The Origins of Modern Posture Practice, Oxford 2010.
*Sivananda, Swami*: Yoga-Praxis für den Westen, Bern 1976 (2. Aufl.)
*Sriram, R.*: Yoga: Neun Schritte in die Freiheit, Berlin 2010.
*Śrīvatsa Rāmaswāmī*: Yoga for the Three Stages of Life, Rochester 2001.
*Trökes, Anna*: Power durch Yoga, München 2000.
*Yesudian, Selvarajan*; Haich, Elisabeth: Sport und Yoga, München 1984 (29. Aufl.)
*Yogananda, Paramahamsa*: Autobiographie eines Yogi, Freiburg. i.Br. 1977 (10. Aufl.).
*Maharishi Mahesh Yogi*: Die Wissenschaft vom Sein und die Kunst des Lebens, Bielefeld 1998.
*Zimmer, Heinrich*: Der Weg zum Selbst. Leben und Lehre des Shri Ramana Maharshi, Köln 1985 (5. Aufl.).

## Führer zu Ashrams und Yoga-Zentren in Indien

*Cushman, Anne; Jones Jerry*: From Here to Nirvana. The Essential Guide to the Yogis und Gurus, Ashrams and Temples of Spiritual India, London u.a. 1999.
*Earth.org* (Hg.): Yoga in India. A Journey to the Top 24 Yoga Places, München 2012.
*Murray, Muz*: Seeking the Master. A Guide to the Ashrams of India, Jersey 1980.
*von Rohr, Wulfing*: Indien - Geburtsland von Mystik, Magie und Meditation, München 1991.

# Anhang 3: Lexikon der wichtigsten Sanskrit-Begriffe

Sanskrit wurde von größeren Kreisen der Bevölkerung nur zur Entstehungszeit der ersten und ältesten Texte des Yoga gesprochen. Als dieser allgemeine Gebrauch schwand, setzte sich Sanskrit als die Fachsprache der heiligen Texte des Hinduismus und auch als Sprache der Texte des Yoga durch. Nahezu alle Texte der Yoga-Philosophie sind somit in Sanskrit verfasst. Sanskrit spielte somit für die hinduistische Kultur eine ähnliche Rolle wie im Abendland das Griechische oder Latein. Erst heute entstehen Texte des Yoga in den indischen Landessprachen, in Englisch oder im westlichen Yoga auch in den jeweiligen Nationalsprachen des Westens.

Zur Aussprache der Sanskrit-Laute
Die Vokale e und o werden stets lang gesprochen. Die anderen gedehnten Vokale sind mit einem Balken über dem betreffenden Buchstaben gekennzeichnet. Für die rechte Aussprache ist es somit wichtig, zum Beispiel zwischen einem kurzen a und einem langen ā zu differenzieren. Diese Unterscheidung wird vor allem bei der Bestimmung des richtigen Geschlechts der Substantive wichtig. Die Endung mit kurzen a weist auf das Geschlecht Maskulinum oder Neutrum, langes ā deutet auf Femininum. Aus diesem Grund heißt es nicht die Yoga, sondern *der Yoga*, nicht die prāṇa, sondern *der prāṇa*, aber auch nicht der mudrā, sondern *die mudrā*. Zur Erleichterung ist bei allen Substantiven das entsprechende Geschlecht des Sanskrit-Begriffs angegeben.

| | |
|---|---|
| ṛ | wie ri |
| ṃ | Nasallaut |
| ḥ | tonloser Hauchlaut |
| c | wie tsch |
| j | wie dsch |
| ṅ | wie deutsch ng |
| ñ | wie spanisch señor |
| ṇ | Cerebrallaute, d.h. mit zurückgebogener, |
| ṭ ṭh | gegen das Gaumenloch gepresster Zungenspitze |
| ḍ ḍh | gesprochen |
| v | wie w |
| ś | palatales sch mit gesenkter Zungenspitze gesprochen |
| ṣ | cerebrales sch mit zurückgebogener Zungenspitze gesprochen |

| | |
|---|---|
| *a- (Präfix)* | nicht |
| *abhiniveśa* (m.) | Am-Leben-Hängen |
| *abhyāsa* (m.) | Übung, Wiederholung |
| *āchārya* (m.) | (spiritueller) Lehrer |
| *ādhāra* (m.) | Stütze |
| *adhiṣṭhāna* (n.) | Fundament |
| *advaita* (m.) | Nicht-Zweiheit |
| *ahaṃkāra* (m.) | Ich-Macher |
| *ahiṃsā* (f.) | Gewaltlosigkeit |
| *ājñā* (f.) | Befehl, Auftrag |
| *ākāśa* (m.) | Raum, Äther |
| *amanaska* | undenkbar |
| *amūrti* | unkörperlich |
| *anāhata* (n.) | das Nicht-Angeschlagene |
| *ānanda* (m.) | Glückseligkeit |
| *aṅga* (n.) | Glied |
| *anta* (m.) | Ende |
| *antara* | innen |
| *antarāyā* (f.) | Hindernis |
| *antaryāmin* (m.) | innerer Lenker |
| *anusandhāna* (n.) | Achten auf, Anwendung |
| *aparādha* (m.) | Fehler |
| *aparigraha* (m.) | Nicht-Besitzergreifen |
| *ara* (m.) | Radspeiche, Blütenblatt |
| *artha* (n.) | Gegenstand, Wohlstand, Zweck |
| *ās* | sitzen |
| *āsana* (n.) | Sitz, Sitzhaltung |
| *āśaya* (m.) | Ruheort, Behälter |
| *asmitā* (f.) | Ich-Sinn |
| *āśrama* (m.n.) | Einsiedelei, letzte Lebensphase |
| *aṣṭa* | acht |
| *aṣṭāṅga* | achtgliedrig |
| *asteya* (n.) | Nicht-Stehlen |
| *ātman* (m.) | Selbst |

| | |
|---|---|
| *avadhūta* (m.) | abgeschüttelt, Asket geworden, Asket |
| *avasthāna* (n.) | Ruhen |
| *avatāra* (m.) | Herabsteigen, Inkarnation |
| *avidyā* (f.) | Unwissen, Unbewusstheit |
| *āyāma* (m.) | Regelung, Hemmung |
| | |
| *bāhya* | außen |
| *bandh* | binden, fesseln, |
| *bandha* (m.) | Verschluss, Riegel |
| *bhajana* (n.) | Verehrung, Kult |
| *bhakti* (f.) | (religiöse) Hingabe, Liebe |
| *bhāvanā* (f.) | Meditation |
| *bhoga* (m.) | Genuss |
| *bhukti* (f.) | Genuss |
| *bīja* (n.) | Samen, Ursprung, Wurzel |
| *bindu* (m.) | Tropfen, Punkt |
| *brahma* (m.) | Gott |
| *brahmacarya* (n.) | reiner Lebenswandel |
| *brahmadvāra* (n.) | Tor zum Absoluten |
| *brahman* (n.) | Absolutes |
| *brahmarandhra* (n.) | Öffnung zum Absoluten |
| *buddhi* (f.) | Erkenntnis, Erwachen |
| | |
| *cakra* (n.m.) | Kreis, Rad |
| *car* | bewegen, gehen |
| *carya* (n.) | Wandel |
| *cikitsā* (f.) | Therapie |
| *citta* (n.) | Geist |
| | |
| *dakṣiṇa* | rechts |
| *darśana* (n.) | Schau, philosophische Ausrichtung |
| *daśan* | zehn |
| *devatā* (f.) | Gottheit |
| *dhāraṇā* (f.) | Konzentration |
| *dharma* (m.) | kosmische Ordnung, Gesetz |
| *dhyāna* (n.) | Loslassen, Meditation |
| *dikṣā* (f.) | Einweihung |
| *duḥkha* (n.) | Leiden |
| *dvaita* (n.) | Zweiheit |
| *dvāra* (n.) | Eingang, Tor |
| *dveśa* (m.) | Hass |
| | |
| *ekāgratā* (f.) | Einpünktigkeit, Konzentration |
| *ekam* (n.) (auch *tad ekam*) | das Eine |
| *ekatva* (n.) | Einheit |
| *ghaṭastha* (m.) | physischer Körper |
| *gṛhastha* (m.) | Hausvater |
| *guṇa* (m.) | Qualität, Grundeigenschaft, Faden |
| *guru* (m.) | spiritueller Meister |
| | |
| *haṃsa* (m.) | Schwan, Seele |
| *haṭha* (m.) | Kraft, Gewalt, kraftvolle Anstrengung |
| *hṛt* (n.) | Herz |
| | |
| *iḍā* (f.) | die Erquickliche, Name eines Energiekanals |
| *īśvara* (m.) | Herr, persönlicher Gott |
| | |
| *japa* (m.) | Murmeln |
| *jñāna* (m.) | Wissen, Erkenntnis, Weisheit |
| *jyotis* (n.) | Licht, Glanz |
| | |
| *kaivalya* (n.) | Freiheit, Einzigkeit, vollkommene Loslösung |
| *kāma* (m.) | Begierde |
| *kanda* (m.) | Wurzelknolle, Zwiebel |
| *karma* (n.) | Handlung |
| *kāya* (m.) | Körper |
| *kevala* | allein, absolut |
| *kha* (n.) | Raum |
| *khecarī* (f.) | Himmelsflug |
| *khyāti* (f.) | Schau, Erkenntnis |
| *kīrtan* (n.) | Lobpreis, Lobgesang |
| *kleśa* (m.) | Leiden, Leidensfaktor |
| *kośa* (m.) | Hülle |
| *krama* (m.) | Gang, Reihenfolge |
| *kriyā* (f.) | Handlung, Opferritual, Therapie |
| *kṣema* (m.) | Sicherheit, Schutz |
| *kula* (n.) | Familie, Wohnung |
| *kumbhaka* (m.n.) | Krug, Atemanhalten |
| *kuṇḍalin* (m.) | geringelt, Schlange |
| *kuṇḍalinī* (f.) | Schlangenkraft, göttliche Urkraft |
| | |
| *laya* (m.) | Ruhe, Untergang, Tod, Auflösung |
| *liṅga* (n.) | Phallus, Kennzeichen, Götterbild |
| | |
| *madya* (n.) | Wein |
| *mahā* | groß |
| *maithuna* (n.) | Geschlechtsverkehr |
| *makāra* (m.) | der Laut M |
| *māṃsa* (n.) | Fleisch |
| *manas* (m.) | Denk-Organ, Verstand, Wille |

| | |
|---|---|
| *maṇḍala* (m.n.) | rund, Kreis, Gebiet |
| *maṇi* (m.) | Edelstein |
| *mantra* (m/n.) | Meditationswort |
| *mārga* (m.) | Weg |
| *marman* (n.) | Gelenk, Verbindung |
| *matsya* (m.) | Fisch |
| *mauna* (n.) | Schweigen |
| *-maya* | gemacht aus ... |
| *megha* (m.) | Wolke |
| *mīmāṃsā* (f.) | Erörterung |
| *mokṣa* (m.) | Befreiung, Freiheit, Erlösung |
| *mudrā* (f.) | Siegel, geröstetes Getreide |
| *mukti* (f.) | Befreiung, Freiheit, Erlösung |
| *mūla* (n.) | Wurzel |
| *mūrti* (f.) | Körper, körperlich |
| | |
| *nāda* (m.) | Laut, Ton |
| *nāḍī* (f.) | Kanal, Gefäß, Ader, Fluß |
| *naiṣṭika* | endgültig, vollendet |
| *nāman* (n.) | Name |
| *neti, neti ...* | es ist nicht dies, es ist nicht das ... |
| *nirbīja* | keimlos |
| *nirmāṇa* (n.) | Schaffen, Herstellung, Umwandlung |
| *nirodha* (m.) | Hemmen, zur-Ruhe-Kommen |
| *niyama* (m.) | besondere Hemmung,Regel, Gebot |
| *nyāya* (m.) | Regel, Prinzip |
| | |
| *pada* (n.) | Schritt, Kapitel |
| *padma* (m.n.) | Lotus |
| *pañca* | fünf |
| *parama* | höchster, höchstes |
| *paramahaṃsa* (m.) | höchste Seele, hervorragender Asket |
| *paraṃparā* (f.) | ununterbrochene Reihe |
| *pāta* (m.) | Flug, Fall |
| *piṅgalā* (f.) | die Rotbraune, Name eines Energiekanals |
| *pariṇāma* (m.) | Entwicklung, Transformation Verwandlung |
| *pradīpikā* (f.) | Leuchte |
| *prajñā* (f.) | Bewusstsein |
| *prakṛti* (f.) | Natur, Urnatur, Materie |
| *prāṇa* (m.) | Atem, Lebensenergie |
| *prāṇāyāma* (m.) | Atemregelung, -übung |
| *praṇidhāna* (n.) | Hingabe |
| *prasāda* (m.) | Klarheit |
| *pratibodha* (m.) | Erwachen, Erkenntnis |
| *pratiprasava* (m.) | Rückkehr, Umkehr |
| *pratyāhāra* (m.) | Rückzug |
| *pūjā* (f.) | Anbetung, Verehrung |
| *pūra* (m.) | Stadt, Überfluss |
| *pūraka* (m.) | Strom, Einatmung |
| *purāṇa* (n.) | alte Sage, Legende |
| *pūrṇa* (n.) | Fülle |
| *puruṣa* (m.) | Geist, Geistseele |
| *pūrva* | vordere, frühere |
| | |
| *rāga* (m.) | Liebe |
| *rāja* (m.) | König |
| *rajas* (n.) | Staub, Leidenschaft, Begierde |
| *rāma* (m.) | Freunde, Eigenname |
| *randhra* (n.) | Tor, Öffnung, Loch |
| *recaka* (m.) | Entleerung, Ausatmung |
| *ṛṣi* (m.) | Seher, Heiliger |
| *ṛta* (n.) | ewige Ordnung |
| | |
| *sabīja* | keimhaft |
| *sādhana* (n.) | Weg, Durchführung, Werkzeug, spiritueller Weg |
| *sahasra* | tausend |
| *sahita* | verbunden, zusammengesetzt |
| *śakti* (f.) | Kraft, Potenz, Macht |
| *samādhi* (m.) | Einung, Versenkung |
| *samāpatti* (f.) | Zusammenfallen, Transformation |
| *samatva* (n.) | Ausgeglichenheit, Gleichmut |
| *śaṃbhu* (m.) | Beiname des Gottes Shiva |
| *saṃhitā* (f.) | Sammlung (von Texten) |
| *sāṃkhya* (n.) | Zahl |
| *saṃnyāsa* (m.) | Niederlegen, Entsagung |
| *saṃnyāsin* (m.) | Asket, der Welt Entsagender |
| *saṃsāra* (m.) | Kreislauf d. Wiedergeburten |
| *saṃskāra* (m.) | Eindruck, Nachwirkung |
| *saṃtoṣa* (m.) | innere Zufriedenheit |
| *saṃyama* (m.) | Zusammenhalten, Zügeln |
| *saṃyoga* (m.) | Verbindung, Gebundenheit |
| *sanāthana* | unvergänglich |
| *saṅga* (m.) | Gebundenheit, Haften (an), Gemeinschaft, |
| *śarīra* (n.) | Körper |
| *sarpa-rajnī* (f.) | Schlangenkönigin |
| *sārūpya* (n.) | Gleichheit, Gebundenheit |
| *śāstra* (n.) | Belehrung, Lehrbuch |
| *sat* (n.) | Sein, reale Welt |
| *ṣaṭ-kriyā* (f.) | sechs Reinigunsübungen |
| *sattva* (n.) | Sein, Gutes, Reines, Vollkommenheit |

| | |
|---|---|
| *satya* (n.) | Wahrheit |
| *satyagraha* (m.) | Wahrheit ergreifen, Wahrhaftigkeit |
| *śauca* (n.) | Reinheit |
| *savicara* | mit Unterscheidung |
| *savitarka* | mit logischem Denken |
| *sevā* (f.) | Dienst, Verehrung, Gebrauch |
| *siddha* (m.) | Vollkommener |
| *siddhi* (f.) | Vollkommenheit, außergewöhnliche Fähigkeit |
| *śiva* (m.) | Name eines Gottes, reine Transzendenz |
| *smṛti* (f.) | das Erinnerte, Lehre |
| *śodhana* (n.) | Reinigung, Säuberung |
| *śrī* (f.) | Pracht |
| *śrī-* | (in Namen) Erhabener, Ehrwürdiger |
| *śruti* (f.) | das Gehörte, Offenbarung |
| *stha* | stehend |
| *sthūla* | grobmateriell |
| *sthūlabhūtāni* (n.) | Elemente der Grobmaterie |
| *sthūla-śarīra* (n.) | Grobkörper |
| *sūkṣma* | fein |
| *sūkṣma-śarīra* (n.) | feinstofflicher Leib |
| *suṣumnā* (f.) | die sehr Gnädige, Name des mittleren Energiekanals |
| *sūtra* (n.) | Faden, Leitfaden |
| *sva* | selbst, eigen |
| *svadharma* (m.) | eigenes Gesetz, Bestimmung, Pflicht |
| *svādhyāya* (m.) | eigenes Studium |
| *svāmin* (m.) | Herr, Mönch |
| *svarūpa* (n.) | Wesensidentität |
| *svastha* | gesund |
| | |
| *tamas* (n.) | Finsternis, Verblendung, Unwissenheit |
| *tanmātra* (n.) | feinstoffliche Materie |
| *tantra* (n.) | Webstuhl, 'was sich hindurchzieht', Textbuch |
| *tapas* (m.) | (innere) Askese |
| *tāraka* | hinüberführend, rettend, der Retter |
| *turīya* (n.) | der Vierte, Viertel |
| *tattva* (n.) | Element, Grundprinzip, wahres Wesen |
| | |
| *unmanī* (f.) | Ekstase |
| *upaniṣad* (f.) | Dicht-nieder-Sitzen, Geheimschrift |
| *upāsana* (n.) | Dienst, Verehrung |
| *uttara* | höher, später |
| | |
| *vairāgya* (n.) | Loslösung |
| *vaiśeṣika* (n.) | Besonderheit |
| *vāma* | links |
| *vana (n.)* | Wald |
| *vāsanā* (f.) | Wunsch, Wohnung, Eindruck, Vorstellung |
| *veda* (m.) | heiliges Wissen |
| *vedānta* (m.) | Ende des Veda |
| *vedānuvacana* (n.) | Rezitation des Veda |
| *vibhūti* (f.) | Macht, außergewöhnliche Fähigkeit |
| *vidyā* (f.) | Wissen, Bewusstheit |
| *vikṣepa* (m.) | Zerstreuung |
| *viniyoga* (m.) | Übertragung, Anwendung, Gebrauch |
| *vinyā sa* (m.) | Anordnung, Hinsetzen, Stellung |
| *viśiṣṭa* | unterschieden, besonders |
| *viveka* (m.) | Unterscheidung |
| *viyoga* (m.) | Trennung |
| *vṛtti* (f.) | Aktivität |
| | |
| *yama* (m.) | Hemmung, Regel, Gebot |
| *yantra* (n.) | Stütze, Instrument |
| *yajña* (m.) | Opfer, Gottesdienst |
| *yoga* (m.) | Anschirren, Verbindung, Einung, Übung |
| *yogin* (m.) | Yoga-Anhänger |
| *yoginī* (f.) | Yoga-Anhängerin |
| *yonī* (f.) | Vagina, Schoß |

# Anhang 4: Sach- und Personenregister

# Danksagung

Durch die Anregungen meiner Studentinnen und Studenten, sowohl an der Philosophisch-Theologischen Hochschule Münster als auch in den Yogalehrausbildungskursen, konnten viele der in diesem Buch nun gedruckten Grafiken weiterentwickelt werden. Frau *Angelika Beßler* und zahlreiche weitere Fach-Kolleginnen und -Kollegen haben das Buch gegengelesen, wodurch manche Fehler berichtigt werden konnten. Die *āsana*-Darstellungen auf den Seiten 24, 25, 27, 40, 114, 125, 127, 154, 155, 156, 169 und 198 stammen von *Reiner Mausen*. Ihnen allen sei für ihr E ngagement bei der Entstehung dieses Buches herzlich gedankt.

## Weitere Bücher aus dem Verlag Via Nova:

### Atlas der Weltreligionen

**Das Basiswissen**

**Eckard Wolz-Gottwald**

Hardcover, 168 Seiten, 133 Grafiken,
ISBN 978-3-86616-181-8

Begegnungen mit anderen Religionen gehören heute zu unserem Alltag. Für einen offenen und fruchtbaren Dialog bildet ein exaktes, wissenschaftlich abgesichertes Basiswissen über die anderen Religionen das Fundament. Der vorliegende Atlas bietet nicht nur Texte, sondern auch zahlreiche grafische Darstellungen, die selbst komplizierte Zusammenhänge einsichtig und verständlich machen. Neben der Darstellung der einzelnen Religionen, deren Geschichte, heilige Schriften, Lehren, Praxis und spirituell-mystische Wege werden auch die Frage nach der Wahrheit gestellt und Möglichkeiten gezeigt, wie das Verhältnis der Religionen zueinander gedacht werden kann.

### Die Mystik in den Weltreligionen

**Spirituelle Wege und Übungsformen**

**Eckard Wolz-Gottwald**

Hardcover, 288 Seiten, über 200 Grafiken, ISBN 978-3-86616-206-8

Das vorliegende Buch zeigt in einer umfassenden Übersicht die vielfältigen spirituellen Erkenntnisse, Entwicklungen und Übungsformen auf, die in den großen Weltreligionen entwickelt wurden. Es ist eine Enzyklopädie dieser mystischen Traditionen, die wissenschaftlich fundiert und exakt erarbeitet wurden und im Textzusammenhang auch durch zahlreiche Grafiken allgemeinverständlich erklärt werden. Der Leser erhält Informationen und Anregungen, den Blick über die Begrenzungen des eigenen Weges hinaus zu wagen und die verwandelnde Kraft in der Auseinandersetzung mit den spirituellen Wegen und Übungsformen der anderen Religionen zu entdecken.

### Yoga-Weisheit leben

**Philosophische Übungen für die Praxis**

**Eckard Wolz-Gottwald**

2. Auflage

Taschenbuch, 168 Seiten, ISBN 978-3-86616-137-5

„Gelebte Yoga-Weisheit" ist ein Übungsbuch für Einsteiger wie Fortgeschrittene, die durch Yoga-Philosophie ihre Praxis vertiefen und weiterführen wollen. Jedes der 18 Kapitel ist verbunden mit Übungen, durch die Yoga-Philosophie nicht nur verständlich, sondern auch im Alltag anwendbar und erfahrbar wird. Das Buch zeigt, dass Yoga-Philosophie weit mehr bedeutet als Theorie. Die philosophischen Übungen helfen, sich des ursprünglichen Sinns der Yoga-Praxis bewusst zu werden. Es wird möglich, Yoga als Weg der Schulung der Bewusstheit von Körper, Geist und Seele, aber auch als Wegweisung für das Leben im Alltag zu erfahren.

### Die Yoga-Sutras im Alltag leben

**Die philosophische Praxis des Patanjali**

**Eckard Wolz-Gottwald**

3. Auflage

Taschenbuch, 192 Seiten, ISBN 978-3-86616-304-1

Dieses Buch ist ein ganz besonderer Schatz des Yogawissens, denn es erschließt den bedeutendsten Text der Yoga-Philosophie für die heutige Yogapraxis. Für den Übenden, ob Anfänger oder Fortgeschrittener, wird so die Essenz des Yoga in seiner ganzen Dimension unmittelbar und konkret erfahrbar. In 18 Lektionen verbindet sich die tiefe Weisheit der berühmten Yoga-Sutras, die in ihrer ganzen philosophisch-spirituellen Bedeutsamkeit fundiert erklärt werden, mit praktischen Übungen, die es ermöglichen, den tiefen Sinn der Texte selbst zu erfahren. Ein großartiges Lehrbuch für alle, die die wahre Essenz des Yogas als Schulung der Bewusstheit von Körper, Geist und Seele und als spirituelle Wegweisung für das Leben im Alltag entdecken möchten.

## Klarer Geist – weites Herz

**Die Wirkung des integrativen Übens im Yoga**

**Helga Simon-Wagenbach**

Hardcover, 240 Seiten, 108 Abbildungen, ISBN 978-3-86616-250-1

Die integrativeYogapraxis, die zur Balance, zur Meditation und zur Heilung führt, realisiert in einfachen und in anspruchsvollen Übungen das Zusammenwirken von Körper, Atem und höchster Aufmerksamkeit. Spürende Achtsamkeit als innere Haltung ermöglicht dadurch in jeder Yogaübung auch die individuell stimmige Balance zwischen Bemühen und Loslassen. Die Kunst des Übens im Yoga ist es, wie die Autorin anschaulich und nachvollziehbar erklärt, diese verschiedenen Aspekte als wechselseitige Ergänzungen zu erfahren, die zusammengehören und miteinander auf vielfältige Weise kommunizieren. Dabei ist es wichtig, sich immer wieder daran zu erinnern, dass es weniger auf das WAS des Übens als auf das WIE ankommt, um eine innere Vision zu verwirklichen.

## Das große Yoga-Therapiebuch

**Yogapraxis für die Gesundheit und einen klaren Geist**

**Vorwort von Rüdiger Dahlke**

**Remo Rittiner**

6. Auflage

Paperback, 200 Seiten, 400 Fotos, ISBN 978-3-86616-149-8

Das Buch basiert auf den Grundprinzipien der Yogatradition des Yogameisters T. Krishnamacharya und seines Schülers A. G. Mohan sowie auf den neuesten Erkenntnissen der westlichen Anatomielehre. Es ist klar und verständlich geschrieben und eignet sich sowohl für AnfängerInnen als auch für fortgeschrittene Yogaübende, die sich für das große Heilungspotential der Yogatherapie interessieren. Remo Rittiner hat seine langjährige Erfahrung mit zahlreichen Menschen, die regelmäßig unter seiner Anleitung Yoga praktizieren, in dieses Buch einfließen lassen.

## Herz-Yoga

**Die heilende Kraft inniger Verbindung**

**Mark Whitwell**

2. Auflage

Paperback, 304 Seiten, 160 Fotos und Grafiken, ISBN 978-3-86616-176-4

„Der höchste Ort yogischer Bewusstheit ist das Herz, nicht der Kopf." Und im Herzen sind wir alle schon erleuchtet, meint Mark Whitwell. Er studierte den Yoga bei bedeutenden Meistern wie T.K.V. Desikachar, der ihn auch in den Yoga des Yogameisters T. Krishnamacharia einführt. Im „Herz-Yoga" wagt Whitwell Revolutionäres: Er formuliert ein neues, ein eigenes Yoga - sutra des Herzens: 44 knapp zusammengefasste Weisheiten über das Leben, die Liebe und die Erleuchtung. Yoga ist für den Autor das Leben selbst, ein Tanz des Männlichen und des Weiblichen in gegenseitigem Respekt. Wie sich dies auf die eigene, tägliche Yogapraxis auswirken kann - auch dies kann man in diesem aufrüttelnden Buch lernen.

## Yoga der Befreiung

**Das Praxisbuch des JIVAMUKTI YOGA**

**Mit einem Vorwort von Sting**

**Sharon Gannon / David Life**

3. Auflage

Paperback, Format: Din A 4, 288 Seiten, über 800 Fotos, ISBN 978-3-86616-161-0

Entdecke die einzigartige Energie und Kraft des Yoga, die dein Leben transformiert. Die Gründer des Jivamukti Yoga Centers in New York erklären in diesem umfassenden Handbuch ihr körperliches und spirituelles Yogasystem, das auf fließenden Bewegungsfolgen basiert. Sie verknüpfen die Weisheit der yogischen Schriften und der Meditation mit der herausfordernden Praxis des Hatha Yoga, beschreiben die körperlichen Haltungen und zeigen auf, wie sie in der jahrtausendealten Tradition entstanden sind, welche psychotherapeutischen Vorteile durch regelmäßige Übung entstehen und wie spirituelle Kräfte freigesetzt werden, wenn die Energie durch Körper und Geist frei fließt. Das Buch gibt in Bild und Text viele sachkundige Anleitungen, wie man durch Übungen physische Stärke, Gesundheit, Gelassenheit, Selbsterkenntnis und spirituelle Freiheit erreichen kann, und erklärt, wie Yoga zum verantwortungsbewussten Handeln führen kann.

## Kraftquelle Yoga

**Das Praxisbuch des Viniyoga**

**Gary Kraftsow**

3. Auflage

Paperback, 360 Seiten, Großformat, über 1000 Fotos, ISBN 978-3-86616-027-9

„Der Stern des Yoga geht auf." Mit diesen Worten beginnt ein Buch, dessen Lektüre für alle Yoga-Praktizierenden zu einer Sternstunde des Yoga werden kann. Im ersten Teil des Buches, das auf einzigartige Weise eine Vielzahl von Themen in großer Tiefe behandelt, erläutert der Autor die Grundlagen der Yoga-Praxis, zu denen körperliche Haltungen, der Atem und der richtige Aufbau einer Yoga-Stunde gehören, sowie die Biomechanik der Bewegung anhand einer Reihe praktischer, in sich abgeschlossener Übungsreihen. Der zweite Teil behandelt das enorm große Heilungspotenzial, das der Yoga-Therapie innewohnt. Für eine Vielzahl körperlicher und seelischer Erkrankungen zeigt der Autor – stets wissenschaftlich fundiert – eine Fülle von Übungsreihen und Haltungen, die in hohem Maße zu ihrer Heilung beitragen können. Einzigartig sind auch die exzellenten, über 1000 fotographischen Darstellungen und detaillierten Anleitungen zu den einzelnen Asanas. Dieses Buch ist eine Goldgrube praktischen Wissens, das den Leser immer wieder zu neuen Erkenntnissen führen wird.

## Sein Bewusstsein auf eine höhere Seinsebene bringen

**Geführte Meditationen**

**Werner Vogel**

CD, Laufzeit: 70 Minuten, ISBN 978-3-86616-123-8

Die Grundübung aller spirituellen Wege ist die Meditation. Das Ziel der Meditation in allen spirituellen Traditionen ist die Erfahrung eines nicht-dualistischen Bewusstseinszustands. Um in den Zustand des Geistes in der bewussten Erfahrung des „ewigen Hier und Jetzt" zu kommen, bedarf es einer stufenweise aufgebauten Übungspraxis. Geführte Meditationen können helfen, den zerstreuten Geist zu sammeln und auszurichten. Dadurch kommt der Übende zur Ruhe und zur Erfahrung der inneren Stille. Der Geist beruhigt sich und wird klar wie die Oberfläche eines aufgewühlten Sees, auf dessen Grund man sehen kann. Schließlich tritt der Zustand der gesammelten inhaltslosen Wachheit im Geist ein und der Übende wird offen und frei für ein höheres Bewusstsein. In der CD werden 3 Meditationsübungen angeboten, teilweise unterlegt mit meditativer Musik.

## Radikales Erwachen

**Nimm dich im Alltag ganz an**

**Jeff Foster**

2. Auflage

Hardcover, 256 Seiten, ISBN 978-3-86616-282-2

Jeder spirituell Suchende sehnt sich nach Einssein, Freiheit und bedingungsloser Liebe, „anzukommen" und im Hier und Jetzt vollständig aufzuwachen. Wer es liest, begegnet keinem neuen spirituellen Konzept, keiner Theorie, sondern der Einfachheit, Schönheit und Tiefe einer überwältigenden Erfahrung. Lebensnah, humorvoll, berührend und im besten Sinne radikal in seiner Direktheit zeigt Jeff Foster, wie die vollkommene Akzeptanz des Lebens und der Gefühle zur Freiheit führen und alles verwandeln kann. In jeder Zeile ist spürbar, dass er aus der eigenen lebendigen Erfahrung schöpft, und so geraten wir schon beim Lesen in den erfrischenden Sog der Freiheit.

## Hatha Yoga Pradipika

**Ursprung und Quelle des Hatha Yoga**

**Yogi Hari**

3. Auflage

Hardcover, 272 Seiten, 35 Fotos, ISBN 978-3-86616-083-5

Die Hatha-Yoga-Pradipika (HYP) ist bis heute der Grundlagentext für den sogenannten Hatha-Yoga, also für jene Übungsform des Yoga, die sich hierzulande zunehmender Beliebtheit erfreut. Um so mehr mag es erstaunen, daß die HYP bis jetzt nur in einer einzigen deutschen Ausgabe vorliegt, die bereits 1893 veröffentlicht wurde. Diese Ausgabe trifft allerdings weder in der Wortwahl noch in den Kommentierungen den Geist unserer Zeit. Ganz anders die vom Verlag VIA NOVA neu herausgebrachte Fassung der HYP von Yogi Hari. Aus diesem Buch spricht nicht nur eine große fachliche Kompetenz, denn der Inder Yogi Hari verfügt über eine jahrzehntelange eigene Praxis. Das Buch atmet auch den freien Geist einer wirklich spirituellen Umsetzung des Yoga. Indische Tradition verbindet sich hier wohltuend mit modernen westlichen Erkenntnissen. Hilfreiche Details zur Ausführung einzelner Übungen kombinieren sich mit einer verständlichen Einbettung in die dahinter stehende Philosophie. Von diesem Buch werden interessierte Laien wie erfahrene Yoga-Übende gleichermaßen profitieren.

## Die Yogaweisheit des Patañjali für Menschen von heute

**Sukadev Volker Bretz**

7. Auflage

Hardcover, 216 Seiten, ISBN 978-3-928632-81-2

Der Verfasser versteht es, in der Erläuterung der Lebensweisheit der Yoga-Sûtras des Patañjali einen tiefen Einblick in die praktische, geistige und spirituelle Dimension des Yoga zu vermitteln. Die leicht verständliche Sprache, die Fülle von praktisch anwendbaren Beispielen aus dem Leben und die zahlreichen Geschichten und Episoden verstärken die Grundaussagen und die Wirkung dieses wichtigen Yogatextes. Diese Auslegung der fundiertesten, maßgebendsten und bedeutsamsten Darstellung dessen, was unter Yoga zu verstehen ist, macht deutlich, dass Yoga mehr zu bieten hat als eine Reihe wirksamer Körper- und Atemübungen sowie Entspannungs- und Meditationstechniken. Die Yoga-Sûtras des Patañjali sprechen alle Ebenen des Menschseins an. Im Mittelpunkt steht der menschliche Geist, seine Funktionsweise, sein Einfluss auf das Leben, aber auch seine verborgenen Kräfte und Möglichkeiten.

## Die Vision vom göttlichen Menschen

**Eine spirituelle Weg-Begleitung in das neue Jahrtausend**

**Barbara Schenkbier**

Paperback, 424 Seiten, 21 ganzseitige Bilder, ISBN 978-3-928632-68-3
Prachtband: Geb., 424 Seiten, Einband Kunstleder mit Goldaufdruck,
21 ganzseitige Bilder, Zweifarbendruck, ISBN 978-3-928632-18-8

Das Buch ist ein umfassendes Standardwerk, das den Durchbruch einer neuen Evolutionsstufe im Bewusstsein des Menschen vorbereiten hilft. Aufbauend auf wissenschaftlichen Erkenntnissen und der mystischen Tradition aller Religionen führt es zu einem tieferen Wissen über das menschliche Bewusstsein, um dann den Weg zum göttlichen Menschen zu beleuchten. Alle wichtigen Schritte werden beschrieben, wesentliche Übungen aus einer neuen Sicht heraus dargestellt und die Transformationsstufe zu einem neuen Bewusstsein geschildert. Beim Lesen und Anwenden der beschriebenen Wahrheiten eröffnet sich dem Leser eine neue Sicht auf den Sinn des Lebens. Alle, die den geistigen Weg beschreiten, werden ihn besser verstehen, ihn bewusster, mutiger und konsequenter weitergehen. Das Buch ist aus der eigenen spirituellen Erfahrung der Autorin heraus geschrieben und eröffnet den Blick in eine Zukunft, die die evolutionäre Schöpferkraft selbst schaffen wird.

## Heilgebärden

**Verbindung mit dem heilenden Feld durch Bewegung und Meditation – Vorwort von Chuck Spezzano**

**Barbara Schenkbier**

2. Auflage

Klappenbroschur, 160 Seiten, 42 mehrfarbige Fotos, ISBN 978-3-86616-175-7

Die Heilgebärden sind im Rahmen der Ausbildung für spirituelle Heilung inspirativ von der Autorin Barbara Schenkbier empfangen und ausgestaltet worden. Sie sind für jeden leicht durchzuführen. Achtsame Gebärden und Haltungen öffnen den Übenden für den Strom der Heilenergie aus dem heilenden Feld. Dynamische Bewegungen und Energiemassage aktivieren die Lebensenergie, so dass der Körper und die Feinstoffebenen durchströmt und geheilt werden. In der wachen Vergegenwärtigung der strömenden Heilkraft und in den Meditationen werden auch Geist und Seele angesprochen und wichtige spirituelle Grundhaltungen wie Achtsamkeit, Hingabe und Demut entfaltet.

## Die befreiende Kraft der Vergebung

**Eine Anleitung, um wirklich verzeihen zu können**

**Jim Dincalci**

Paperback, 288 Seiten, ISBN 978-3-86616-198-6

Manchmal sind es nur kleine Dinge, die man nicht verzeihen kann, manchmal traumatische Ereignisse, die das ganze Leben überschatten. Aber immer, so betont der amerikanische Psychologe und Vergebungsexperte Jim Dincalci, vergiften sie das eigene Leben. Vergeben bedeutet darum freiwerden. Aber wie? Dincalci hat dazu ein Vergebungsprogramm entwickelt, das wirklich hilft: um die Blockaden auf dem Weg der Vergebung zu lösen, um die inneren Helfer zu entdecken, die stärken, und vor allem: um sich auch selbst vergeben zu lernen.